Heibonsha Library

ローマ書講解 上

Der Römerbrief

平凡社ライブラリー

Der Römerbrief
von
Karl Barth

Heibonsha Library

ローマ書講解 上

Der Römerbrief

カール・バルト著
小川圭治・岩波哲男訳

平凡社

本書は、一九六八年に河出書房新社より刊行されたものを
全面的に改訳したものです。

目次

下巻　目次

凡例

一、奇数ページ上欄（柱）の括弧内に入れた数字は、その見開きのページにとり上げられているローマ書のテキストの章と節である。

一、原文のゲシュペルトは傍点で表わした。ただし、最初に掲げられたローマ書のテキストは太字で表記した。

一、原文のギリシア語、ラテン語は、訳の右側に、その音をルビで付した場合と、〔原文ギリシア語〕等の表記をもって示した場合がある。

一、原文のハイフンで結合されている語のうち、日本語の成句として熟しているものは省略し、分離した時の意味が、文脈中で生かされているものは＝で表わした。また並列的意味で結合されているものは・で表わした。

一、「　」は、原文の引用を表わし、（　）は、原文のまま使用した。意味を明瞭にするために必要になった時は、適宜〈　〉の括弧を訳者が使用した。

一、〔　〕は、原文にはない訳者の解説、または比較的短い注である。

一、原注は★1、訳注は☆1などの番号を付し、巻末に一括掲載した。

一、なお、聖書の引用は新共同訳を尊重したが、バルト訳には新共同訳と異同があり、その場合はバルト訳を尊重した。新共同訳と異なるルター訳等は、そのつど明記した。また特に断わりのないかぎり、（　）の中はローマ書からの引用箇所である。引用箇所が誤記であると考えられるところには〔?〕をつけた。明らかな誤記は断わりなしに訂正した。

第一版への序

パウロは、その時代の子として、その時代の人たちに語りかけた。しかしこの事実よりもはるかに重要なもう一つ別の事実は、かれが神の国の預言者また使徒として、すべての時代のすべての人たちに語りかけていることである。昔と今、あちらとこちらの区別には、注意しなければならない。しかしこのことに注意するのは、この区別が事柄の本質においては何の意味も持たないと知るためでしかありえない。聖書の歴史批判的研究法は、それなりに正当である。むしろ聖書の理解のために、欠くことのできない準備段階を示している。だが、もしわたしがこの方法と、古めかしい霊感説とのどちらかを選ばなければならないとすれば、わたしは断然後者を取るだろう。霊感説は、はるかに大きく、深く、重要な正当さを持っている。なぜなら、霊感説は、理解の仕事そのものを示しており、それなしでは、すべての装備は価値を失ってしまうからである。もちろんわたしは、この二つのどちらかを選ぶ必要のないことを喜んでいる。むしろわたしがひたすら注意力を集中したのは、歴史的なものを透視して、永遠の精神である聖書の精神を洞察することであった。かつて重大であったことは、今日もまた重大であり、また今日重大であって、ただの偶然や気まぐれでないものも、かつて重大であったことと直接のかかわりを持っている。われわれが自分自身を正しく理解しているならば、われわれの問いはパウロの問いである。またパウロの答えの光がわれわれの行く手を照らすならば、パウロの答えはわれわれの答えでなければならない。

　　真理《まこと》は、見出されてすでに久しく
　　気高き精神の持ち主たちを結びつけた。
　　古き真理《まこと》――それをとらえよ。☆1

歴史理解とは、昨日の知恵と今日の知恵との、絶えることのない、ますます率直さを増し、洞察の深まる対話である。この二つの知恵は一つの同じものなのだから。この点について、わたしの父フリッツ・バルト教授のことを、尊敬と感謝に満ちて思い出す。かれの生涯をかけた仕事の全体は、この洞察を実証することであった。

確かに飢え渇きながら義を追い求めたすべての時代にとって、傍観者として冷静に距離をおいてパウロと向かい合って立つ代わりに、事柄そのものに関与しつつパウロと並んで立つ方がはるかに自然であった。おそらく今やわれわれは、このような時代の一つに足を踏み入れつつあるのだ。わたしがもしこの点で間違っていないならば、この書物も今の時点ですでに一定の制限内での寄与をなしうる。この書物が発見者の喜びに溢れつつ書かれていることに、だれしも気づくであろう。パウロの力強い声は、わたしには新鮮であった。そして他の多くの人たちにとっても、その声は新鮮であるに違いないだろう。しかし、そこにはなお多くのものが、聞かれず、発見されずに残っているということが、この著作を書き上げたときにわたしには明らかになった。だからこの著作は、もはや協力を求めるための予備的著作以上のものであることを求めない。まさに、多くの、はるかに適任の人たちが現われて、この同じ場所に水脈を掘りあてるよう協力してくれればと思う。だがもし、聖書が告げる音信《おとずれ》を、新しく、共に問いかけ、また研究することへの喜びに満ちた希望がわたしの考え違いであるならば、この書物は、時が——来るのを待たねばならない。言うまでもなくローマ書そのものも、時の来るのを待っている。

一九一八年八月、ザーフェンヴィルにて

第二版への序

……エルサレムにも上《のぼ》らず
アラビアに退いた〔原文ギリシア語〕。
ガラテヤ書一・一七

第一版への序において、わたしはこの書物を「予備的著作」と呼んだ。この言葉に、あのほとんど悪評高いといわれるほどになった結びの言葉（「この書物は……が来るのを待っている」）に払われたのと同じくらいの注意が向けられているならば、この書物を、第一版からみれば、この第二版には、いわば石ころ一つも残っていないほどの新しい改訂版として出版しても、今日特にわたしが弁明する必要はないであろう。第一版は、わたしが当時思い切って期待したのに、実際にはほとんど期待できなかったその「一定の制限内での寄与」を果たしてくれた。幾人かの人たちの注意を、以前はそうではなかったのに、ともかくもパウロと聖書に向けさせたという寄与である。第一版は、今日、その長所と短所と共に、舞台から消え去ることができる。わたしは、始めた仕事をやり続けた。そしてその後に得られた成果を暫定的なものとしてここに提出する。当時獲得された陣地は、さらに前進地点にまで移され、まさにその地点で新しく整備され、補強された。そのために全く面目を一新することになった。歴史的対象と主題的事実《ザッヘ》そのものとの一致が、こちらとあちらとの連続性を用意したのであり、また読者においても、もし労を厭わないなら、この第二の「予備的著作」においても協力する用意があるであろう。というのは、予備的著作、つまり、この第二版もそれ以外の何ものでもないのであるが、そのことは、第三版の約束でもなければ、とりわけ、決してある究極的著作の出版の約束でもないからである。すべて人間のすることは予備的な仕事でしかない。そして他のすべての仕事にもまして、神学の書物にはこのことが妥当する。わたしがこれらすべてのことを言うのは、わたしの『ローマ書講解』の中に、新しい正統主義の妖怪が現われるのを見た人たちが、事態を全く誤解して、しかしながらその誤解は起こりえないとは言えず、読者の一部にはそういう人もいることをわたしは知っているのだが、今度は、もしかしてあまりに自由自在に動き過ぎるという全く逆の非難をわたしに浴びせることがないように、と希望するからである。

　この第二版と第一版との関係についての意を尽くした報告をするのは、この書物自身でなければならない。もっとも大抵の場合、沈黙しているのだが。不思議に思えてならないのは、公表された批判は第一版の本当の弱点に、全くと言っていいほど気がついていないことである。しかし、第一版について、それを言えばほとんど破壊的な結果をもたらすことができたし、またもたらしたに違いないであろうような事柄を定式にまとめ、ここで読者に、また特に批評家に伝えるなどということをわたしは考えていない。[★1] ただ、前進と戦線移動が遂行されたときに協力した主な四つの要素があったことは、言っておくべきであろう。第一にとりわけ重要なのは、さらに続けてパウロと取り組んだこと。この仕事は、特にわたしの研究方法によればさらに数編のパウロ文献にしか及びえなかったが、それでも、一歩進むごとに、ローマ書に新しい光を投げかけてくれた。第二にはオーヴァーベック。[☆3] すべての神学者に対するかれの警告については、エドゥアルト・トゥルナイゼン[☆4]と共著の別の論文で精細に論じた。わたしはかれのこの警告を、まず最初に自分自身に結びつけてみた。そしてその上で初めて敵に対して向けてみた。この全く注目すべき、珍しく敬虔な男との対決を、わたしはこの『ローマ書講解』第二版において試みたのであるが、それが成功したかどうかの判定を、わたしが受け入れることのできるのは、オーヴァーベックが決定的な仕方で提出した、あの問題の核心に触れる謎（そしてまさしく伝記的、心理学的な謎というだけでなく）を認め、それを解くために少なくとも努力はしてみたことを証明できた人たちからだけである。したがってたとえばエーバーハルト・フイッシャー[☆5]などの判定を受け入れることはできない。第三にわたしの弟ハインリッヒ・バルト[☆6]の諸論文のおかげで学ぶことができたプラトンとカントの思想の本来の方向設定に関するいっそうすぐれた教示と、新約聖書の理解のためにキルケゴールとドストエフスキーから獲得するべきであったものに対する増大した注意。それには特にエドゥアルト・トゥルナイゼンの示唆がわたしの目を開いてくれた。第四に、第一版の引き起こした反響を正確に追跡したこと。それについて付言すれば、第一版に対する好意的な論評の方が、そうでないものよりわたしの自己批判に役立った。二、三の賛辞を読んでわたしは全く驚き、ただちに主題《ザッヘ》の核心を言い換え、全力をあげて陣地の転換を行なわざるをえなかったからである。――以上のことは、何事によらず、特に由来を問わずにはおれない人たちの推測を、少なくともただちに正しい軌跡に導くために述べたものである。世の中のすべてのことが、それぞれその由来を持っていけないわけがあるだろうか。

わたしにとってははるかに重要なのは、二つの版の共通点についての、二、三の根本的な事柄である。

本書は、一人の神学者が神学者たちとの間に持った一つの対話以外の何物であろうともしない。〈バルト自身も神学者である〉とのユリヒァー[☆7]やエーバーハルト・フィッシャーの勝ち誇ったような断定は、全く余計なことであった。わたしは神学以外の何かをやってみようと思ったことはなかった。ただ問題はどのような種類の神学をやるのかにあった。今日では神学そのものと手を切って、だれにでも分かるようなことを考え、特に語り、また書くことがとりわけ重要だとの意見は、全くヒステリックな、思慮のない意見だと思う。むしろ、このようにすべての人に向かって語りかけたり書いたりすることを引き受けようとする人たちこそ、まず第一に自分たちの間で主題について今日の実状より多少ともよい意思疎通をはかる方が当を得ているのではないかというのがわたしの問いである。それは頑固な神学的高慢のなせる業だ、という、ラガツ☆8とその一派が慌てて行なった告発を拒否することを許していただきたい。わたしの問いが今のところ本当に余計なものと思える人は、安らかに自らの道を行かれるがよい。すべての者が街路に繰り出して叫ぼうとしているように思われる時代にこそ〈何を〉という問いが重要な問いであるというのが、かれらと違ったわれわれの意見である。したがって、本書の中で読者を待ちうけているのは、善かれ悪しかれ神学であることをわたしは隠そうとはしない。このような警告をものともせず、神学者でない人たちの中にもこの書物を手にする人があるなら――そしてわたしは、この書物に書かれていることを、多くの神学者たちよりよく理解するであろう人たちを知っている――それはわたしにとって一つの大きな喜びである。というのは、わたしはこの書物の問いは、すべての人の問いであるから、その内容はすべての人にかかわっていると確信しているからである。しかしかれらのことを考慮しても、わたしに許されている以上にやさしくすることはできなかった。またそれらの人たちには、翻訳してしまえば重みを失ってしまうかも知れないいくつかの外国語の引用や、時には神学的・哲学的なちんぷ《アブラ》んかんぷん《カダブラ》を好意をもって我慢していただかなければならないであろう。もしわたしがそれほど大きく間違っていないなら——この点でわたしはアルトゥール・ボヌス[☆9]に反対せざるをえないのだが——われわれ神学者が、ともかくも「信徒」の関心をもっとも強く引きつけるのは、われわれがあまり表立って、意図的にかれらのことを顧慮するときではなく、すべての実直な職人がそうであるように、ただ単純にわれわれの問題に取り組んでいるときである。

ラガツ派のある人は、「単純さは、神的なもののしるしである」との父ブルームハルト[☆10]の言葉でわたしを片付けてしまおうとした。それに対してわたしはこう答える。わたしは「神的なもの」について語ったり書いたりしようとは全く考えていないと。「神的なもの」は、わたしの知るかぎりでは、決して書物の中にはない。少なくとも、父ブルームハルトでないわれわれ自身にとって、神的なものを問うことが課題であるとするならば、神に基づいて聖書やその他の二、三のものを理解するさいの単純さ、また神自身がその言葉を語るさいの単純さは、われわれの辿る道の、初めにではなく終わりにある。三十年もたてば単純さについて語ってもいいだろうが、今は真理について語ろう。われわれにとってパウロのローマ書も、神学の今日における状況も、今日の世界情勢も、神に対する人間の状況も要するに単純ではない。このような状況の中でその人にとって真理が問題となるならば、その人は勇気を奮い起こして、まずいったんは単純ではありえないという状況に立たねばならない。今日における人間の生は、どの方面においても困難で複雑である。いったい人びとの感謝ということが問題であるべきだというならば、息ぜわしい偽りの単純さに対して、かれらがわれわれに最後に感謝することになるだろう。しかしわたしが真剣に問題にしたいのは、この「単純さ」を求める叫び声の全体は、直接的な、非逆説的な、ただ信じるに足るものであるというだけではない真理を求める願望、すなわち、それ自身としては理解可能な、大抵の神学者によっても担われている願望とは違ったものを意味しているのではないかということである。わたしはヴェルレーヌ[☆11]のようにきわめて真面目で純粋な人と一緒に体験した経験のことを考えているのである。わたしが「単純素朴に」、たとえば、〈キリストは復活なさったのだ〉とでも言えば、かれは、その至聖所を汚された近代人の名において、偉大な終末論的箴言だと嘆き、困難きわまりない思想問題の暴力的弾圧だと訴える。しかし、わたしが腰をすえて、同じことを思想の用語で、ただし弁証法的に言い表わすと、かれは不意に、単純素朴なキリスト者の名において、そのような教説の奇妙さと才知ぶりとむずかしさにため息をつく。わたしはかれにどう答えたらよいのだろうか。もしわたしが信仰の断絶線を放棄し、あのよく知られた、扱いやすい、直接的な、非逆説的なことを述べようと決心すれば、そのとき初めてかれのお気に召すであろうことは明らかではないか。そういったものは、まさしく真理の領域、つまり全く子どものようなものと、全く子どもらしくないものの領域においては、そのどちらからも排除された第三のものでしかないのである。確かにわたしも、ローマ書において問題となっている事柄を単純に語ることができればと切に願っている。いつかそれができる人が現われるなら、ただちに、わたしは自分の書物と神学への固執を止めるということを実行に移すであろう。しかし今までのところわたしの出会った「単純に」語る人とは、単純に――何か別の事柄について語っており、したがってわたしをかれらの単純さへと回心させることはできない人たちであった。

もう一つ別の面に目を転じてみよう。わたしは「歴史批判の公然の敵」と呼ばれた。このような興奮した言葉を使う代わりに、どうして、もっと冷静にそこで何が問題となっているのかを熟考しないのだろう。実際わたしは、歴史批判的注解だけでなく、たとえばツァーンやキュールのような人たちの注解をも含めた最近のローマ書の注解に異議を唱えた。しかしわたしはその歴史批判のゆえにかれらを非難するのではない。むしろわたしは、歴史批判の正当さと必要性とをもう一度はっきりと承認しておきたいと思う。わたしが非難の声を上げたいのは、解釈とは言えないような、むしろ解釈の最初の初歩的な試みでしかないような本文の解釈に留まって一歩も先へ進もうとしない態度である。すなわち、ギリシア語の言葉と語句を、それと対応するドイツ語の言葉と語句に移しかえ、書きなおし、そのようにして得られた結果を文献学的・考古学的に解釈し、個々のものを歴史的・心理学的実用主義にかなうように、多少とも納得できるような仕方でまとめ上げることによって、「そこにどう書いてあるか」を確定しようとする態度に留まって一歩も先へ進もうとしない態度である。この「そこにどう書いてあるか」の確定に際してもすでに、歴史家がどれほど不確《ふたし》かであるか、またしばしば問題を残した推測にどれほど頼っているか、それについてはユリヒァーやリーツマンがわたしよりよく知っている。このような初歩的な解釈の試みもまた、精密な学問とは言えない。ローマ書についての精密な学問とは、厳密に言えば、写本の解読とその聖書語句索引作りに限られなければならないであろう、しかし、歴史家がその範囲に留まろうとしないのは当然である。むしろ「積極主義者たち」[☆12]のことは取り上げないまでもユリヒァーやリーツマンの注解も、もともとあの初歩的な試みの限界を越えて、パウロを理解しようと突き進んでいる数多くの証拠を示している。つまり、そこに書かれていることをただギリシア語かドイツ語でともかく繰り返して語るというだけでなく、それをどのように追＝考するべきであるのか、またそれがたとえばどのようなことを意味しうるのかを理解しようとしている。そして意見の相違が現われ始めるのは、この点においてであって、そこに入る前にしておくべき仕事をきっかけとして、歴史批判を自明なこととして用いる際においてではない。歴史家たちが、あの初歩的な解釈の試みに没頭しているかぎり、わたしは注意と感謝を注ぎながらかれらに従うし、「そこにどう書いてあるか」を確定するという領域においては、ユリヒァー、リーツマン、ツァーン、キュールや、かれらの先輩であるトールク、マイアー、B・ヴァイス、リプシウスなどの学識豊かな人たちの足下にひざまずいて、ただ耳を傾けるだけで、何か他のことをしようとは夢にも考えはしなかったと言えよう。――ところがわたしが、かれらの本来の理解と解釈に進もうとする努力を考察するやいなや、再三再四かれらの要求の控え目なことに驚かざるをえない。本来の理解と解釈とわたしが呼ぶのは、ルターがその注解の中で直観的な確信をもってやった仕事、カルヴァンが組織神学的な形を取ってではあるがその釈義の目標とした仕事、近代の注解者たちの中では、特にホフマンやJ・T・ベックやゴデやシュラッター[☆13]が、少なくともはっきりと努力の目標にしたあの仕事のことである。たとえば、ユリヒァーをカルヴァンと比べてみるがよい。後者は、「そこにどう書いてあるか」を誠実に確定した上で、どれほど精力的にその本文を追考する仕事に立ち向かっているかを。すなわち、一世紀と十六世紀との間に立っている壁が透明になるまで、パウロが向う側で語るのを十六世紀の人間がこちら側で聞くに至るまで、原典と読者との対話が主題《ザッヘ》の核心そのもの（それはあちらとこちらで異なったものではありえない！）に全く集中するに至るまで、その本文との対決の仕事に立ち向かうのである。正直なところ、カルヴァンの方法を「霊感説の無理強い」という全く使い古された標語で片付けてしまうことのできる人は、この方面でその人が、まだ全く実際に仕事に従事したことがないことを証明しているにすぎない。しかしユリヒァーは（かれの名をあげるのはただ一つの例を示すためでしかない！）逆に原文の依然として不可解な謎の文字《ルーネ》の側に、しっかりと留まっているのだが、研究に基づく意味の掘下げをほとんど経ていない釈義上のあれこれの素材を、そのまま直ちにパウロの独特の意見や教説であると主張し、二、三の、ごくわずかの、自己の宗教的思考のいささかつまらなすぎるカテゴリー〔感情、体験、良心、確信など〕を用いてパウロをそこかしこで全くたやすく理解し解明してしまったと考え、しかしそれが立ちどころに成功しないときには、またあまりにもたやすく大胆にもパウロの船からヴィルヘルム・テルのように飛び出して逃れ、本文の意味〔の解明〕に対する責任を、パウロの「人柄」や、信じがたいことまで解釈するかに見える「ダマスコ体験」や後期ユダヤ教やヘレニズムや古代全般や、その他のいくつかの半神の偶像に委せてしまう。「積極主義的」傾向を持った釈義家たちは、その点では「自由主義的」な同僚たちより幸福である。というのは、かれらがいつもそこに立ちかえる多少とも力強い正統主義や、歴史的なものと結びついたその他のキリスト教的傾向が、文化プロテスタント主義の良心宗教よりも、いくらかでも立派な岩の足場をテルに提供できるからである。しかし根本的に考えると、そのことはかれらの場合には、理解し解釈しようという強靭な意欲の欠如が多少うまく隠されているということを意味するにすぎない。それに対するわたしの考えはこうである。あの最初の初歩的な書き換えの試みとそれに付随したことは、弾力的であると同時に仮借のない弁証法的運動というあらゆる梃子《てこ》と槌で遂行されるべき、主題に即した本文研究への出発点である。歴史批判的研究者たちは、もっと批判的でなければならないとわたしには思われるのだ。というのは「そこに書いてある〔da-stehen〕こと」をどう理解する〔ver-stehen〕べきかは、たまたま挿入され、また注解者の何かある偶然的な立場に規定された本文の言葉と語句の評価によって決めるべきでなく、その明瞭さに多少の差はあるとしても、本文に示されている概念の内的緊張をできるかぎり柔軟にまた自発的に介入することによってのみ決められるべきである。批判《クリネイン》するとは、歴史的文書に対して用いられるとき、わたしには次のことを意味する。その文書に含まれているすべての言葉と語句を、すべてが欺くのでなければ、その文書が明らかに語っている主題の核心に即して判定すること、その文書の中に与えられているすべての答えを、それらの答えと誤解の余地がないほど対立する問いにまで、すなわち、これらの問いをすべての問いを内に含んでいる一つの基本的な問いにまでさかのぼって重ねて関係づけること、その文書が語っているすべてのことを、語られうる、それゆえにまた実際ただ一つ語られうる事柄の光の下で解釈することである。ただ歴史的な、ただ与えられただけの、ただ偶然的な諸概念の集積の中からは、ほとんど何も残るわけはないであろう。それらの言葉の中にある単語に対する、もろもろの言葉の関係を、できるだけ立ち入って明らかにするよう努めなければならない。わたしがほとんどわずかに事柄の謎の前に立ち、その文書そのものの謎はもはや問題ではなくなる地点まで、したがってわたしが著者ではないことをほとんど忘れてしまう地点まで、わたしが著者をよく理解して、かれをわたしの名で語らせ、わたし自身がかれの名で語りうるようになるほどの地点まで、理解しようとする者であるかぎり、わたしは突進しなければならない。こういう言い方は、またわたしに対する激しい非難を巻き起こすであろうことを知っている。しかしわたしはこう問わざるをえない。少なくともこういった方向に努力しようという（それ以上のことはわたしもできないが）用意すらほとんどなく、それなりに別の方向には驚くべき熱心さを見せるのに、この点では全く努力しようとせず、きわめてつまらないもので満足して、そこに真の学問性の勝利を見ると考える場合、――どういうことを「理解」とか「解釈」とか言うのであろうか――たとえばリーツマンは、そもそもこういった問いを真剣に問うたことがかつてあったのだろうか。あるいは、わたしが歴史家として本当に尊敬しているこれらの学者たちは、一つの事柄《ザッヘ》、一つの基本的な問い、もろもろの言葉の中の一つの言葉が存在することを、全く知らないのだろうか。また、たとえば新約聖書の本文のように、どんな犠牲を払ってもそれを語らせることが、言うならば究極的な、もっとも深い文化的事柄――かつてそう呼ばれたのだが――であるような本文があるということを知らないのだろうか。やがて教会の責任を負うかれらの学生の将来が、まことに、単に実際的であるばかりでなく、非常に事柄に即した《ザッハリッヒ》問いがかれらに投げかけられていることを知らないのだろうか。理解し解釈すべきであり、そうしようと欲しながら、それができないままで、来る年も来る年も説教壇への通路を歩まねばならないということが、何を意味しているかをわたしは知っている。なぜなら、大学でわれわれに与えられたのは、有名な「歴史に対する畏敬」以上のほとんど何ものでもなく、その畏敬は、美しい表現にもかかわらず、ただ単に、真剣な、畏敬に満ちたあらゆる理解と解釈の断念を意味するにすぎないからである。歴史家たちは、せいぜい《レ・ベネ・ゲスタ》第五巻になって——ニーバーガル[☆14]に語らせることで一般の人たちに対する自分たちの義務を果たせたと本当に考えているのであろうか。まさにわたしは、牧師としてのわたしの課題の困難に迫られて、聖書を理解し解釈しようという意欲をより切実に感じるに至った。しかし、いったい新約学の専門家の陣営では実際のところ、今やこれこそまさにユリヒァーがわたしに対して、ふたたびあの昔ながらの途方もない確信をもって断言したことなのであるが、「実践神学」の問題であると考えることができたのだろうか。わたしは、かれがわたしをそう名づけたような「霊感主義者」ではない。わたしは「歴史批判の仇敵」ではない。わたしも、問題は単純でないことを知っている。しかしこのことが相手側でも認められ、したがってそのことについて多少とも悔悛の意志を込めて語られたときに初めて、わたしが危機神学と呼ぶものの、わたしも気づいている困難と危険について、またそれを回避しうるということについて了解に達する見込みが立ちうる。それまでは、その見込みは立たないであろう。

しかしわたしが主題《ザッヘ》の内的弁証法と本文の文面におけるその認識とを、理解と解釈のための決定的要素と呼ぶとき、わたしは何を言おうとしているのだろうか。それによって、言うまでもなく、ただわたしの「体系」が意味されているにすぎないと言いうるとわたしに言う人がいる（あるスイスの書評者は、特に粗野な言い方でそう言った）。ここでは解釈〔読み出し〕[☆15]されているというよりは、むしろ読み込みがなされているではないかとの疑いが、言うまでもなく実際わたしの試みの全体に対してもっとも言いやすいことである。その点についてわたしは次のことを言わねばならない。もしわたしが「体系」を持っているとすれば、それはキルケゴールが時と永遠の「無限の質的差異」と言ったことを、わたしがその否定的、肯定的意味においてできるだけしっかりと見つめることにおいてである、と。「神は天にあり、汝《なんじ》は地上にいる」。この神のこの人間に対する関係、この人間のこの神に対する関係が、わたしにとっては、聖書の主題であると同時に哲学の全体である。哲学者たちは、この人間の認識の危機を根源と名づけた。聖書はこの十字路にイエス・キリストを見る。ところでわたしがローマ書のような本文と取り組む場合には、わたしがとりあえず前提にするのはパウロも、かれの概念を構成する時、あの関係の単純であると共に計り知ることのできない重要さを、わたしが今かれの概念を注意深く追考するのに没頭している場合と同じくらいの鋭さで見つめているということである。それはまさに、他の注解者が、もっと実際的な、ある種の予備的前提をもって、たとえば、ローマ書が実際に第一世紀にパウロによって書かれていると想定して、本文と取り組むのと同じである。これらの前提が確証されるかどうかは、すべての前提と同様、実際の行為においてのみ、すなわち、この場合には、本文を一節一節と正確に研究し熟考することによってのみ示される。言うまでもなく、このようにして確証される場合には、いつもただ相対的な、多少なりともある程度の確かさを持った確証しか問題となりえず、当然わたしの前提もこのような原則に従うことになる。今わたしがあらかじめ、パウロはローマ書において、本当にイエス・キリストについて語っており、何か別のことについて語っているのではないと前提しても、それもさしあたり一つの想定であって、善くも悪くも歴史家の予備的想定の一つと変わらないのである。わたしの想定を貫き通すことができるかどうか、またどこまでそれが成功するかを決定しうるのは、講解のみである。もしその想定が間違っているなら、つまりパウロが時と永遠の永続する危機以外の何ごとかについて、本当に語ったのならば、かれの本文そのものを追って行くうちにわたしは不条理《アド・アブスルドウム》に陥るであろう。もちろん、どのような根拠に基づいてわたしがこのような想定を立ててローマ書と取り組んだのかとさらに尋ねられるなら、わたしは次のような反問によって答えるであろう。それでは一人の真面目な人間が、もともとどのような真剣さにも値しないことはないある本文と取り組むさいに――あるいは神は神であるとの想定以外の想定を立てることができるだろうかと。また、わたしがこの想定によってパウロを非常に歪めてしまっていると頑固に非難され続けるとすれば、わたしは次のように非難し返さなくてはならないだろう。すなわち、見かけの上ではパウロにイエス・キリストについて語らせておきながら、実際には絶対的相対性と相対的絶対性の、まことに人知学的な混沌について、つまりまさにかれがそのすべての手紙において、もっとも烈しい嫌悪の言葉を浴びせたあの混沌について語らせる時、まさにこれこそがパウロを歪めることではないかと。わたしがすべてを満足ゆくように説明したとは全く考えない場合も、わたしの想定を撤回しようとは思わない。確かにパウロは神について何かを知っている。それは、われわれが普通は知らないが、あくまでも知ることができるかも知れないことである。これをパウロが知っているとの事実をわたしが知っていることが、わたしの「体系」であり、わたしの「教義学的前提」であり、わたしの「アレクサンドリア主義[☆16]」であり、その他人々がいろいろと言いたいと思っていることである。そのさい歴史批判的考察もなされたが、それもある程度、最良といえるほどうまくいっているとわたしは考える。というのは、近代のパウロ像は、わたしにとっても、また他の二、三の人たちにとっても、歴史的にももはや全く信頼できないものだからである。——現代の現象や問題をいくつも引用したが、それはただ解説の意味を持つにすぎない。わたしの意図は、状況についてあれこれ言うことではなく、ローマ書を理解し、解釈することである。他の注解書のほとんどすべてを占めている時代史的並行記事が、われわれ自身が証人となりうる出来事よりも、この目的そのものにとって意味が深いというのはどうしてであるかをわたしが理解できないのは、わたしの講解の原則と関係がある。

そして本文に対するわたしのこの立場を、聖書主義[☆17]と呼んで、ある人たちは称賛し、他の人たちは非難した。このような比喩をわたしが造ったのではないが、それをわたしが解釈することが許されるという条件の下でなら、わたしはそれを受け入れることができる。ヴェルンレは、いくらか怒りをこめて、「パウロの思想の中には、バルトにとって気に入らないところは一点もなく、……どのようなわずかばかりの時代史的残滓も余計なものではない」と書いた。そしてかれが「気に入らない点」として、また「時代史的残滓」として「残る」ことになるとして数えているすべてのものとは、イエスの地上の生涯の業《わざ》に対するパウロの「過小評価」、神の子としてのキリスト、キリストの血による和解、キリストとアダム、パウロ的な旧約聖書による論証、いわゆる「洗礼礼典主義」、二重予定説、政治的権威に対するパウロの立場である。これらの八つの小さな点を説明せず、すなわち「気に入らない点」として、時代史的並行記事という装飾品の名のもとに「残る」と主張するローマ書注解を思い浮かべてみよ！　この場合、「注解」という名称はいったい何であるか。だからわたしの聖書主義とは、このように気に入らないものをそのまま好意的に捨てておくのとは反対に、これらの「近代的意識にとっての躓《つまず》きの石」を追考して、一部はまさにそれらの中にもっとも優れた洞察を発見しようと考え、一部はいずれにもせよ、幾分かは説明的に語ることができたというところまで考え抜くという立場なのである。わたしがそれをどの程度まで正しく説明したかは、また別の問題である。以前と同様その後も、ローマ書の中にはわたしにとっても、説明の困難な箇所がある。わたしはさらに進んでヴェルンレの次の意見を認めてもよいかも知れない。すなわち、わたしの計算は、厳密に言うとどの一節においても問題もなく、もしかしてすらすら行ったわけではなく、またわたしは（また注意深い読者はきっとわたしと共に）いたるところに、その背景において、多少とも明瞭に、なお究明を期待されている、理解されず解明されていない「残滓」があるのに気づいている。しかし究明することが期待されているのであって——それを「余計なもの」として放置することが期待されているのではない。解明されていない歴史的断片がそのままで、真の研究的態度のしるしであるべきだというのは、いわゆる「聖書主義者」という名で呼ばれ、アレクサンドリア主義者と言われたわたしの頭に入ってこようとしないことである。ともかく、隠さずに言えば、わたしの「聖書主義的」方法の定式は、ただ〈意識を集中せよ〉ということなのだが、もし老子やゲーテを解明することがわたしの職務であるならば、わたしはこの方法を老子やゲーテにも適用するであろう。また他面、二、三の他の聖書の文書についてもその方法を適用するために、いくらかの努力をささげるであろう。厳密に言えば、わたしについて立証することができるという「聖書主義」の全体は、聖書は善い本であり、その思想を少なくともわれわれ自身の思想と同じくらい真剣に受けとめるならば、かならず報われるとの先入見をわたしが持っているということでしかないであろう。

　さて、わたしのこの『ローマ書講解』の内容に関して言えば、三年前も今もわたしにとっては、いわゆる福音の全体よりもむしろ真の福音が問題であったことを告白する。なぜなら、真の福音の把握に通じる道以外に福音の全体に至る道はないとわたしは考えるからである。もっとも、その真の福音は、まだだれに対しても同時に全面的に姿を現わしたことはないのであるが。福音の全体についての目標のはっきりしないありふれた話や書きものは、信仰と愛と希望、天と地と地獄を均衡のとれた割合で平等に包括しているのであるが、わたしはこのようなものを建徳的だとは考えない。わたしは、だれかがキリスト教の名の下に、本書で言われていることとは違ったことを言おうとしても、かれを非難しない。しかしわたしはかれに少なくとも次のように問いたい、〈どうしてあなたは、そのようにして、本書で言われていることを素通りしてしまうのか〉と。パウロ主義は、いつも異端との境界線上に立っていた。だからわれわれは、大抵のローマ書注解や他のパウロ研究書が、全く無害で、躓《つまず》きにもならない本であることにただ驚かざるをえないだけである。それはどうしてであろうか。おそらくは、そこでは「気に入らない点」がヴェルンレの処方箋にしたがって取り扱われているからである。神学上の子たちにとわたしが言うのはもちろん神学生のことなのだが、今度はわたしがヴェルンレに先んじて自ら忠告したい。この本は非常に注意して読んでいただきたい、あまりに早く読まず、わたしのやり方をギリシア語本文や他の注解書と照合してほしい、と。またどうかできるだけ「感動」したりしないでいただきたい。問題は、ここでなされるべき、真剣な、深い意味で批判的な仕事である。K・ミュラー＝エルランゲンが正当に言ったように、この本はまだ十分成熟していない精神を持った人たちには、全く深刻な影響を与えるかもしれない。しかしそのためにわたしを非難しようという人は、さらに熟考すべきである。われわれがキリスト教の危険な要素と共に、依然としてその光をも升の下に置きはしなかったか〔マタイ福音書五・一五〕、またシュペングラーがわれわれは「鉄の時代[18]」にまさに踏み込もうとしていると言っているのが、もしかすると正しいのではないか、またこの場合に、神学も神学者たちもそれを感知するに至るのを避けるべきかどうかと。

わたしがこの仕事をしている最中に、ハルナックのマルキオンについての書物[19]が出た。その書物を知っており、またわたしの書物のページをちょっとでもめくって見た人は、どうしてわたしがその書物のことに言及しなければならないか、ただちに分かるであろう。あの著作についての、初めに書かれたいくつかの書評を見た時、ある注目すべき類似がわたしをも驚かせた。しかし、二つの書物を厳密に見比べてみるように、そして、あまり急いでわたしをマルキオン主義者だとして称賛したり、非難したりしないようにお願いしたい。まさに決定的ないくつかの点において、決して一致していないのである。ユリヒアーは、もちろんすでにハルナックの書物が出る前に、わたしをマルキオンと対比した。ハルナック自身は――トマス・ミュンツァー[20]に、またヴァルター・ケーラー[21]は、わたしが間違っていなければ、カスパール・シュヴェンクフェルト[☆22]に対比した。おそらくこの機会に次のような問いを投げかけることが許されるであろう。神学史家がきわめて好んでやることだが、古い、あるいはまた大昔の異端の帽子をかぶせるというこのようなやり方は、ともかくかれらが自ら多少ともよりよく習熟してからでなければ、成功しないのではないか。三人の研究者の命名の結果が何と違っているのかとわたしが驚き怪しむとしても、この場合驚いているわたしを、人びとは寛大に扱ってくれるであろう。

細かいことについてであるが一言いっておきたい。ギリシア語のピスティス[☆23]を「神の真実」と訳したことが重要なことと考えられているが、わたしはどちらにしてもそれほど重要視しなかった。ユリヒァーはその上、このことによって、わたしが第一版への序でいささか感動的に語ったあの「発見者の喜び」を感じたのであろうと言った。何よりもまずここで告白しなければならないのは、ルドルフ・リーヒテンハン[☆24]がこの新造語の精神的な生みの親だということである。かれは当時手紙で、こういう訳し方が可能であることにわたしの注意を促し、他方その主張を公表もした。一般の人たちからの抗議を考慮して、わたしはこの訳をとる箇所の数を多少制限した（この訳の反対者たちを不愉快に感じさせるほどしばしば出てくるのは、第三章だけであろう）。その上わたしは誓ってもよいが、わたしはこの訳によって、ただその概念の持つさまざまな光沢を示そうとしているだけである。明らかに「信仰」という慣例的な、一本調子の翻訳ではそれは示されない。それはちょうど、臨機に用いられるべき「真実」という訳語を、わたしが学者ぶって普遍的にしてしまうならばそれが示されないのと同様である。その概念が事実さまざまな光沢を持っていることには、ローマ書三・三を見ても、七十人訳[☆25]ハバクク書二・四のよく知られた異本文を見ても、愛《アガペー》、知識《グノーシス》、希望《エルピス》、恵み《カリス》、正義《ディカイオシュネー》、平和《エイレーネー》など同種の諸概念について起こる類似の事情を見ても、だれも反論しようとしないであろうし、また反論することもできないであろう。

文献注を付けることは、今回は、さまざまな理由から取り止めた。第一版で言及したC・H・リーガー[☆26]（一七二六—九一）の『新約聖書の考察』（一八二八年）にあるローマ書注解が、不思議にも、一八五一年に編集されたF・C・シュタインホーファー（一七〇六—六一）の注解と三章以下は一字一句一致しているのは訂正されるべきである。この盗作は、いずれにしても、尊敬すべきリーガー自身に責任が降りかかることはありえないだろう。おそらく、だれかヴュルテンベルクの専門家が、この不明瞭な事柄に光を与えてくれるであろう。——本文批判に関する注については、ユリヒァーがわたしを実践神学という平坦な牧場に追いやることに熱中して、その注から全く手を引くことを望んだのであるが、ほとんどの神学関係の読者が手にしているとわたしが前提しているネストレの本文と違った読み方をしなければならないと信じた箇所にだけ注をつけたことだけは断っておかなくてはならない。わたしが不得手であると悪評高い事柄には、一切立ち入らなかったつもりである。しかし多少とも重要な箇所で、もっとよい読み方を学びたいからこそ、どうしてわたしが違った読み方をするのかという理由を一言述べることを、全く止めてしまうわけにはいかなかった。

ある書評者たちに、もし許されるならば、次のことに注意するよう特に勧めたい。この書物について、急いで安易に、有頂天になったり、不機嫌になったりして何かを書くことは、今度は、前よりもはるかに危険であると。またかれらに忠告したいのだが、この書について然りあるいは否を答えることが何を意味するか、しかしまた、この書について親切にも、然りと否の混合した答えをすることが何を意味するかをよく考えてみるべきである。しかしわたしがかれらにこのように呼びかけてみたところで、かならずかれらがその忠告を聞き入れてくれるかどうか、それはわたしの力の及ばないところである。

最後に、わたしの友人たち、ザンクト・ガレンのエドゥアルト・トゥルナイゼン、チューリッヒのルドルフ・ペスタロッチ[☆27]、ミュンヘンのゲオルグ・メルツ[☆28]が、校正の仕事を忠実に手伝ってくれたことに感謝する。最初に名をあげたトゥルナイゼンは、進行中の原稿に全部目を通し、評価検討し、内容を深め、より明快に説明し、意味を鮮明にするたくさんの書き込みをしてくれた。そのほとんどすべてを、わたしはそのまま受け入れたのであるが、かれはこの協力によって、全く自分をむなしくして隠れた記念碑を建てたのである。どのような専門家も、ここにおいても実証されたわれわれの協力において、ひとりの思想がどこで始まり、他の者の思想がどこで終わるかを究明できないであろう。――この『ローマ書講解』第二版の完成は、わたしのザーフェンヴィル教会との別離と同じ時になった。わたしの教会員たちは、この二、三年間は、かれらの牧師がいつも書斎に引きこもっているのを耐え、その他、その牧師のローマ書研究と密接な関係のあるさまざまな心配事をその牧師と共に体験した。かれらがこの状態を耐え忍んだ時に示してくれた、少なくとも部分的には全く理解に満ちた忍耐は、わたしがここでかれらにも感謝の意を表明するに値するものであった。自分も牧師であるこの書の友人たちのだれもが、本書を自分自身にとってだけでなく、かれの教会に対しても――簡単に取り扱いうると軽く考えるべきではない。――すべてこのような友人たち、知人であっても未知の人であっても、古い友人であっても新しい友人であっても、スイス人であってもドイツ人であっても、かれらすべてが、さまざまな道程において同じ一つの困難に出会っている時、かれらに挨拶を送ることは、自ら長い道をここまで辿りつき、なおこの先より長い道程を控えている今、わたしにとって必要なことであり、また喜びでもある。

一九二一年九月、ザーフェンヴィルにて

第三版への序

第三版は、本質的な点では一切変更を加えずに第二版を再刊したものである。すべてをもう一度全く違った仕方で言わなければならない必然性がいつの日にか生じるという恐れもあるが、むしろそれは望ましいことかもしれない。今日のわれわれの生活は、非常に急激な仕方で進行している。それが没落の徴なのか、それともわれわれが重大な精神的決断を迫られていることの徴なのか、だれが言えるというのか。しかし確かに事情は以下の通りである。状況は日々に推移しており、論議も続行されている。われわれは教え、また教えられており、何かを言えば、それが非常に活発な反響を引きおこすのが分かる。そこで、ただ単なる反響が来る前に、正反対のものが生まれるのを避けるために、同じことは二度と言うまいと考える。新たな、有益な反対論が現われて、新たな、危険な賛成意見と並んで適切な考慮を要求する。「われわれは二度同じ流れに入ることはできない。というのは、流れは絶えず拡散し、またふたたび集まって、流れ来ては、また流れ去るからである」[☆29]。ローマ書の注解というような、生気に溢れた、責任を伴う仕事が、どうして長く硬直したままでありうるだろうか。しかし現在のところ、わたしはまだ変更の必然性を感じないし、それゆえに、一年前に書いたことを、内容的にもただ確認することができるだけである。第二版への序をそえて印刷に付したが、それは、この書の理解にとって必要だと考えたからである。もっとも、特にその中に含まれている論争は、わたしにとってもはや繰り返す必要はないと考えられるものなのであるが。

この書物が、その後出会った注目すべき出来事は、ブルトマン[☆30]によって主として好意的な評価をうけ、シュラッター[☆31]からは主として同じように好意的にではあるが拒否されているという事実であろう。第一の点は、本書が最初に取り上げられる理由となった歴史批判的神学に対するディオクレティアヌス的迫害[☆32]について嘆く必要がなかったことの確証として喜ばしいことと考える。第二の点は、わたしがもともと親近感を感じている積極主義神学にも対立して、わたし自身の道を歩んだことの証明だとわたしは考える。シュラッターとブルトマン、ならびにコルフハウス[☆33]によって提出された疑念や要望は、古いものも新しいものもあるが、わたしはこれらを今のところ注意深く、また感謝をもって心に留めておきたい。

方法に関することなので、ここで一つの点だけ、第二版への序において「歴史批判」や「主《ザ》題《ツヘ》の弁証法」や「聖書主義」について言われたことの補いとして短く論じておきたい。ブルトマンは、かれから見ればわたしは徹底さが足りないと言って非難した。そこで論じられている主題《ザッヘ》の核心からする批判は、パウロ自身のある種の主張に対しても向けられるべきであったであろう。なぜなら、パウロ自身も、かならずしも「主題の核心から」語っているとはかぎらないからである。「キリストの霊《プネウマ・クリストウ》ではない異なる霊もまた、かれにおいて語っている」と言う。われわれのうちどちらがより徹底しているかについて、わたしはブルトマンと論争するつもりは全くない――が、わたしはかれより実際もう一歩先に進んで、次のように言わざるをえない。ローマ書において語っているのは、「異なる霊」、つまり、かれがあげているユダヤ的、通俗キリスト教的、ヘレニズム的、その他の「霊」だけであると。さもなければ、どの箇所を指して、ここではまさしくキリストの霊《プネウマ・クリストウ》が語っていると主張できるだろうか。あるいは逆に言えば、キリストの霊は場合によっては異なる霊と並んで競争するものと考えられるような、ある霊なのであろうか。したがってわたしはこう結論する。キリストの霊の名によって二、三の箇所を高く評価し、パウロが「主題の核心《ザッヘ》から」語っていない、他の二、三の箇所は低く評価するという仕方で、キリストの霊、すなわち「主題の核心」を「異なる霊」を打ち負かすときの切り札に使うというようなことを絶対してはならない、と。むしろ問題は、「キリストの霊」が、全体がその中におかれている危機であることを洞察し、明らかにすることである。すべては文字《リテラ》であり、「異なる」霊の声であって――そのすべてがまたもしかして「主題の核心」との関連において（キリストの）霊《スピリトウス》の声として理解されるかどうか、またそれがどこまで可能かということ、それが文字《リテラ》の研究にさいして問われるべき問題である。注解者は次のような、〈あれか―これか〉に直面する。つまり、はたしてこの注解者は、問題が何であるかを自ら知りながら、その著者に対して忠実な態度を取って、その著者もまた明瞭さに多少の差はあっても、最後の言葉に至るまで（というのは、どこに限界を引くべきだというのであろうか、歴史的な依存関係を明らかにすることによってでないとするならば）、問題が何であるか知って書いているのだと仮定してその書を読もうとするのかどうか、という二者択一である。そうするならば、その注解者はパウロについての注解を書くのではなく、もちろん苦しみ、行き詰まりながらではあるが、うまく行けば、最後の一句に至るまでパウロと共に注解を書くことになるであろう。そのさいかれがパウロの中に認め、パウロ自身を再現するさいに明らかにすることができた「キリストの」霊の度合いは、もちろんどこでも同じ大きさではなく、「程度の差」があるであろう。しかしかれは、この主題の核心《ザッヘ》に責任を感じている。「異なる」霊の声が、「キリストの霊」という支配音《ドミナンテ》をしばしば聞こえないようにしようとしても、かれは決して、それによって完全に惑わされてしまうことはない。理解できない時には、かれは常にまずその原因をパウロに求めるのでなく、自分自身に求める。すべての分散したものが事実一つの主題《ザッヘ》に関連づけられ、すべての「異なる」霊が事実何らかの仕方でキリストの霊《プネウマ・クリストウ》に役立つのがどれほど逆説的なものであるかを洞察し、示すのに、かれには憩いも与えられないほどである。言うまでもなく、注解者はあの仮定をもってパウロに近づくこともできず、かれに対してあの信頼を拒否することもできる。おそらくかれは、ローマ書のような文書において、いったい何が主題となっているのかを、自ら知らないか、十分明瞭には知らないかどちらかであろう。あるいは、おそらくかれは、その本文の各行からかれに向かって響きわたってくる「異なる」霊の合唱の中に、あの知識の声を聞き取るという課題に絶望しているのであろう。その場合には、かれはパウロについての注解を書くことになるであろう。そしてパウロと共に注解を書くのは、パウロがたまに何かかれにも分かることを言う時にだけせいぜいついでに、というにすぎないということになるであろう。かれに分かることを一般的に表現しようとする時、パウロにおけるキリストの霊の度合いは、かれにとっては「一方では―だが他方では」という図式で表わされる。かれは無責任な傍観者として、その〔キリストの〕霊と〔異なる〕諸霊との混合物――それがかれにとって聖書本文を意味する――のかたわらに立っているのである。かれはその本文に対する忠実な関係を知らないのだから、またかれは、条件付きで少しばかりその本文と共に行ったとしても、決してその本文と共に立ちもし、倒れもするという決意を固めるには至らないのだから、かれは本文の意味を巡っての不安を知らない。もしあの仮定をあえて立てず、著者に対する忠実な関係を持たないならば、ある著者に対して正当な態度をとり、ある著者を実際にふたたび語らせうるなどということは全く不可能だとわたしは考える。ある人について語るとは、その人をのけものにして勝手なことを語り、かれの墓を固く閉ざせという絶望的な判決を受けるのに等しいとわたしには思われる。絶望のあまり、このような道をも時には辿らねばならないということは分かる。実際確かに、それについて語ることだけがわれわれに可能であるように思われる出来事がいくつも存在する。もちろんその場合、それらの謎の不可解さの根拠を、むしろその出来事の側に求めるべきか、それともむしろわれわれ観察者の側に求めるべきかは、いつも問題である。しかしわたしが理解できないのは、ブルトマンがわたしに差し向けた誘いである。かれはわたしに火と水を混合せよと言うのである。すなわち、パウロと共に考え、書くのであるが、まず初めは、かれのユダヤ的・通俗的・キリスト教的・ヘレニズム的思想界の全くの異国語によって語り、次には、それがわたしに耐えられないほどになると――まるでわたしが、すべてが奇異であるところで、何か特別に奇異なものに出会っているかのように！――突然「批判的に」パウロについて、パウロに反対して語れと勧めるのである。こういったことは文体の純粋さの見地から考えただけでも無理であり、わたしから見ればそれは悪趣味であり、「時代史的残滓」や「気に入らない点」という方法への後退でしかないことを、ブルトマンも洞察しないのであろうか。かれは、ここではわたしの背後に「近代的な霊感説の教理」が立っているに違いないと示唆している。それに対してわたしは、わたしのやり方が古い逐語霊感説とある類似点を持つことを（シュラッターも否認しながらも確認したのだが）第一版以来否定しなかったと答えている。この教説は、たとえばカルヴァンが用いたような形のものならば、少なくとも非常に機知に溢れた、考慮に値するものだと思われる。どの程度までわたしがそれを自分のものとしているかは、まさに示したつもりである。ある文書の（それがどのようなものであっても！）精神に達する道は、その精神がまさしく文字を通じてわれわれの精神に語りかけるであろうとの仮定に基づく期待による道以外にあるとは考えられない。精神による文字の避けられない批判が、それによって全く崩れ去ることはない。それはむしろ逆である。まさに本文に対するあの忠実な態度を前提すればこそ、おのずから結果として、本文の個々の言葉を通して引かれている線を暗黙の内にか、あるいは公然とさらに発展させたり、端折ったりしなければならなくなる。ここでは、ただ言葉の字づらだけにかかわるところで停止しているならば、言葉に表わそうとし、また表わさなければならない事柄を公然と抑圧することを意味するであろうから。カルヴァンはこの種の批判を非常に巧みに行ない、しかもそのさいもちろんのこと守らなければならない規律を軽んずることもなかった。注意深い読者はただちに気づくであろうが、わたしもまたこの種の批判の必要性を無視しなかった。もっとも、それに伴っている、手近な危険にあまりにも抑制なしに陥らないことを願うのであるが。しかしわたしは意図的にこの批判をパウロに対しては適用しなかった。そしてそれに誘惑されるまいと肝に銘じている。キリストの霊《プネウマ・クリストウ》は、そこからパウロであれだれであれ、教師ぶって教えるために、われわれが立ちうる立脚地ではない。われわれが、「異なる」諸霊を持っているにもかかわらず、なおキリストの霊から全くは見捨てられず、学びつつ教えつつパウロと並んで立ち、霊的な意味内容をためらわず霊的に把握し、聞いたことをさらに伝達するわれわれの声も、初めは、全く「異なる」霊の声であることを、ためらうことなく認めることでわれわれには十分であろう。すべての人間の言葉が、パウロの言葉さえも持っている相対性について、わたしはブルトマンとそのすべての理解者と同意見であると考える。しかし相対性とは何を意味するのか。疑わしさのことであるのか。だが確かに、もし必要ならば、その疑わしさを明らかにするため全力をあげて努力することより以上にその疑わしさを明示しうる道があるだろうか。まさにわたしの書物によって、パウロ主義の問題性を確信するに至った読者は一人に留まらなかったではないか。わたしはそれに対して何ら反論を加えようとは思わない。確かに、われわれはパウロを越えてさらに先を見ることを学ばなければならない。しかしわれわれがそれを達成するのは、あの忠実な態度を取りつつ、容赦のない真剣さでかれの内面を洞察する努力をすることによってのみである。

わたしの『ローマ書講解』第二版の独特な内容を顧みて、カルヴァンのヘブライ書一一・一の注解からの次の言葉を、この書にはなむけとして献げたい。「恵みは、見かけ上の矛盾なしには存在しない。信仰は、基礎づけ、すなわち、われわれが足を置くことができる支柱であり、所有地である。しかしどのような事物を所有する場なのであろうか。現に存在しないものを、すなわち、われわれの足下にあるといったものでは決してなく、むしろわれわれの精神の把握力をも越えている事物を所有する場である。それは、信仰が見えない事物の証明と呼ばれているのと全く同じである。というのは、証明とは、現象している事物の明示を意味し、われわれの感覚が届くものにしか及びえないからである。だから、この二種類の事物は、見たところ互いに対抗し合うが、信仰が問題となるかぎり、両者はもっともよく一致する。神の霊は、われわれの感覚がそれを知ることができない隠された事物をわれわれに示す。神の霊は、永遠の生命をわれわれに、われわれ死んでいる者に約束する。神の霊は、祝福に満ちた復活についてわれわれに、死滅に取り囲まれているこのわれわれに語る。われわれは正しい者と呼ばれているが、しかもわれわれには罪が宿っている。われわれは、祝福されていると聞いている。それにもかかわらず無限の悲惨に圧迫されている。すべての財宝が、ありあまるほどわれわれに約束されているが、われわれはただ飢えと渇きに満たされている。神はわれわれと等しくなるだろうと叫ぶ。それなのに、われわれのあらゆる叫びに耳を閉じているかのように見える。われわれが希望において強くあるのでなければ、われわれの心が世界を覆う暗闇のただ中を通って、神の言葉と霊とに照らされた道を急ぐのでなければ、われわれはどうなるのであろうか」。

　今回もわたしは誠意ある援助に謝意を表わしたい。ゲオルグ・メルツは校正を引き受けてくれ、索引を作ってくれた。またプラッテルンのルーカス・クリストは、数多くの箇所でわたしの文体に手を入れ、全く欠くことのできない推敲に協力してくれた。

一九二二年六月、ゲッティンゲンにて

第四版への序

この書には、他の人たちの研究の進展と、われわれの共同研究の進展によって、明確になり、訂正し、別な表現をしなければならなくなった多くの点があるとの疑念は、前の版以来わたしの心を去らなかった。全く去るどころではなかった。しかしわたしは今さらつぎはぎ仕事を始めたくはなかったし、一九二〇年にやることができたような全体にわたる変更を企てる時間をここ当分は見出しえないであろう。それだけでなく、事柄《ザッヘ》を決定的な仕方で改善するに足る優越した立場も見つからないからでもある。いつかわたしがこのような立場を見つけるならば、その仕事の全体をやり遂げるのに必要な時間も確かに見つかるであろう。今のところ、この書物は、ご覧のようなかたちでもう一度出版せざるをえない。これは読者によりけりであるが、今日進行中の神学的発言の助けを借りて、それが『ローマ書講解』の問題にも多少の親密さから触れているかぎり、読書にさいして必要とされる保留や解説を自ら付け加えることを、読者は厭わないであろう。

この書物を巡る外面的な歴史の中で、確かに言及に値するのは、ユリヒァーがその後、第二の書評で、かれの「最後の言葉」を語るのだとして、本書は「聖霊主義者の傲慢」から生まれたものだと言明したことである。他方、オランダの改革派の機関誌は、本書に含まれているすべての「否定性」に異和感をいだき、本書に対しては、「大いに注意をするよう《トート・フローテ・フォールツィヒティヒカイト》」に勧告し、本書の性格については、「それゆえに本書には賛成しかねる《ダーロム・デ・オンゼ・ニエト・ズィン》」と宣言している。もっと考えるべきことをわたしに与えたのは、カトリック神学の側からの、若干の意見表明である。その意見表明においてわたしは、部分的には本書の主題の核心に即した《ザッハリッヒ》理解に出会い、特にあの大きな溝のこちら側の、尊敬すべき書評者たちには認められそうにもなかった神学的討論の水準に突き当たった。ある共通の原則の中で、わたしには本当に予期しなかったこの出会いが成立したことは、どう解釈しなければならないのか。イエス会士エーリッヒ・プシュヴァラは[☆34]、オットーとハイラーの学派に反対して、われわれの「学派」（！）の中に「プロテスタント主義のもっとも古く純正な復活」、つまり「昔の宗教改革者の情熱の白熱する息吹き」を確認した。ヨゼフ・エンゲルトは、それとは反対に、わたしの『ローマ書講解』の内容はそのすべての主要点において（九―十一章に展開されている教会論を除いて！）非常に結構であるが、ただトマスやトリエント公会議決議やローマ教理問答書の命題の方がはるかに明瞭かつ単純に表現しているだけであると言い、それを論証している。この両者は、明らかに全く同一のものではない。おそらく、これらの対話の相手であるカトリックの諸氏がわれわれにそもそも何を語りかけようとしているのかを問う以前に、かれらの間でお互いに話し合っていただかねばならないであろう。そうすれば、われわれも、かれらにさらに答えるべきことを答えないままでいることはないであろう。今のところ率直に言えば、わたしは旧教会の神学者たちと歴史的問題だけでなく、本質的《ザッハリッヒ》問題についても語り合える可能性がここに現われたことを、双方にとって、期待に満ちたよき徴であると考えている。「われわれ」ももちろんそれを願っているのだが、宗教改革者の神学に近づこうとする者は、まさにそのことによって（あらゆる神秘主義的、高教会〔英国国教会内の一派〕的、「プロテスタント・カトリック的」ディレッタンティズムをどこまでも徹底的に嫌悪したとしても）その神学の前提の近く、つまり中世の神学の近くにも立つことを恥じてはならないであろうし、また――恥じてもいない。

一九二四年二月、ゲッティンゲンにて

第五版への序

この書物が引き続いて収めている著作上の、また内容上《ザッハリッヒ》の「成功」は、著者であるわたしを考え込ませる。わたしの考慮への読者の参与をわたしが認めるならば、その時にのみ本書は読者に役に立つであろう。――わたしは次の二つの問いの間の真中に板挟みになっている。いったいわたしは、この著作を書いたとき、人びとが聞きたくてむずむずしていること、戦後〔第一次世界大戦後〕のドイツにおいて特に、何か起こりそうなこと、われわれの時代の、特別な「この世の君」たちに都合のよい、また歓迎されたことを、それほど語ったのだろうか。――その結果、かなり広く流行するに至ったために、（ビスマルク時代に「リッチュル主義者」がいたように）本格的な「バルト主義者」の出現によってわたしは罰を受けねばならなくなった、そういうことを語ったのだろうか。そのために、特に宗教的性格を持った人間的、あまりに人間的な泡沫形成、その原因、種類、結果について、本書に述べられているすべての言葉が、今度はわたし自身に真っ直ぐに向けられると思えるほどになっている、そういうことを語ったのだろうか。わたしがこの書物を書いた当時、わたしは流れに逆らって泳ぎ、閉ざされた扉に向かって槌を振り下ろし、だれにも、あるいは少数の人にしか気に入られないことを語ろうとしたのである。その点で、わたしは思い違いをしていたのであろうか。自分の同時代人を知り抜いている者があるだろうか。自分自身を完全に知っている者があるだろうか。どこまでは自分が歩み、またどこまでは周囲から駆り立てられているかを知り抜いている者があるだろうか。同じ時期に出たどのような神学書が似たような印象を与えたかを見て、わたしは驚かずにおれるだろうか。わたしは世間と自分自身とを誤解して、いやおうなしに《ノレンス・ヴォレンス》悪い神学者として公衆の奴隷となってしまったのだろうか。読者もまた思い違いをして、時流に乗ったにすぎないものを、霊にふさわしいものと考え、ニーチェ、キルケゴール、コーヘンの煎じ汁にすぎないものを、パウロ、ルター、カルヴァンだと考えているのだろうか。——もしそれが事実だとすれば、まさにあの「成功」を自覚するという仕方で明らかにわたしに下されている審判を承認すること以外に、何がわたしに残されているのだろうか。どうしてそれが事実でないことがあるだろうか。もしそれが事実でないならば、それは確かにわたし、またはわたしの書物の手柄ではない。わたしが第一版への序で、本書は〈時が来るのを待つことになるかも知れない〉と言った時、当時はそれはわたしの高慢だと解釈された。それがもし高慢だったとすれば、おそらく本書は今その報いを受けて、他の多くのよりよい書物と違って、時が来るのを待つ必要はなく、空しいものでもある他の書物と一緒に喝采を博したのだろうが、その喝采と共に、判決も宣告されているのである。〈人はみな草のようで〉〔ペトロ第一書一・二四〕あるということは、地上では、それに相応した不成功の形においてよりも、疑わしい成功の形においての方がより明瞭になるものである。これがわたしの第一の問いであって、わたしに好意を持つ読者は、まさにわたしと共にこの問いに出会って狼狽したと感じてくれるであろうし、またその問いの重さを共に担ってくれることをわたしは確かに願った。そうすれば、ここでもまたいつの日にかさらに、〈草は枯れ、花は散る〉〔同上〕と明瞭に言われる時が来たとしても、すでに読者もわたしもそれほど驚き怪しまないであろう。

第二の問いは、もっと真剣なものである。さきの第一の問いの意味で主張されるべき非難がすべて正しいとして、だがその場合に、すべてのこの世的なそれに伴う空しさと倒錯にもかかわらず、公〔法〕の義《ユスティフィカティオ・フォレンシス》によって、本書において見られ語られている事柄と共に（それは同時に、わたしとは無関係に、わたしと違った仕方で、さらに他の人によっても実際に見られ語られていることでもあるのだが）、われわれの時代の神学と教会が耳を傾けて、それによって自己の方向づけをしなければならなかったことが、――そういうことが事実、しばしば起こったのであるが――明らかに示されるということもありうるであろう。しかしその場合にわたしはどのような立場に立っているのであろうか。またさらにわたしと共に、特に好意的な読者はどのような立場に立っているのであろうか。おそらくここで、わたしとは無関係に、わたしに反対して、真なること、正しいこと、必然的なことが明るみに出て、それの純粋な継続、深化、徹底のために、決定的瞬間に角笛を吹き鳴らす者の一人としてわたしも責任を負っており、（驚いたことに、正直に言えば）現実の事態はわたしにそれを要求しているように思われるとすれば、わたしはどう言えばよいのか。この点について、わたしはただ次のように言いうる。わたしがアールガウ州の牧師館の遠くへだたった平和の中でこの書物を書いていた時、わたしは、おそらくすべての熱心な著作家が知っている感じ、何かしら正しいこと、重要なことを書いているという感じを抱いた。しかしその事柄が、わたしも耳を傾けようとした使徒パウロがこれほどの反響を引き起こし、わたしもこの書物によって、これほど多くの真剣な人たちから、ここに明らかにされた事柄の、より広汎な関連と帰結と適用について、またその明瞭な反覆についての質問によって窮地に追い込まれることになるだろうとは予測もしなかった。まるでわたしがそれに向いた人間ででもあるかのように！　ティルピッツ提督[☆35]は、その回想録の中で、旗をマストに掲げることはたやすいが、立派にふたたび下ろすことはむずかしいと書いている。わたしはそれにこう付け加えたい。そしてもっとむずかしいのは——どうしても旗を下ろすことが問題にならない場合に——立派にそれを掲げ続けることであると。そしてこれがわたしの場合なのである。わたしがこの書物を書いたために、この先何をしなければならないかがいよいよ明らかになったとき、わたしはこんな書物を書かなかった方がよかったとすでにしばしば思った。特に軽装兵であるわたしが一夜のうちに大学教師という責任の重い職務に就かせられた時にそう思った。その職務に就いているかぎり、毎日、非常に具体的な仕方で、あてがわれた鋤を実際に使うことを要求されるのだが、それと同じくらい具体的に、キリスト教教理の畑で、どうしても必要な「新しいもの」を掘り起こすことが、個々の場合においてはどれほど無限に困難であるかを、毎日、思い起こすのである。わたしの『ローマ書講解』の「成功」が、このような好意ある側からの解釈が許されるならば、本書に反対して当然言われうるすべてのことにもかかわらず、非常にささやかなものであっても、本書は近代プロテスタント主義が陥っている内的、外的の危急の壁を貫く突破口が打ち抜かれたことの徴である。――その場合に、教会の危急にも、また同時に教会の希望にも正しく対処するために今語られ、行なわれなければならないことを――すべてが蜃気楼ではなかったはずであるが――間断なしに語り、また行なうためにも、われわれはこの瞬間にも全く別の人たちではないということが、わたしにとっても、またわたしの読者にとっても、その読者が好意的な、理解のある、歩みを共にしてくれる読者であるならばなおさら、どれほど恥ずべき、落胆させられることであろうか。わたしはちょうど次のような適切な詩を読んだ。それは、わたしの面識のないヘッセン州のある牧師がわたしに贈ってくれたものだという（『教会と世界』誌、一九二六年一月号所載）。

神は人間を用いる。

人間的な大言壮語する人たちをでなく——
神は犬を用いる。その鋭い鼻を、今日の〔事態の〕中に
突き入れ、そこに永遠を嗅ぎつける犬を。
それがどれほど深く隠されていても
そのにおいの跡を離れず、追いかけ、たどって、
明日にまでたどりつく。

まさに、神は……用いる。そしてこのような主の犬《ドミニ・カニス》〔ドミニコ修道会にかけた言葉〕でありたいと願ったし、またこの修道会にわたしの読者をすべて入会させたいと思う。そしてそのかぎり、わたしの著書についての、これ以上に理解のある書評を、全く思い浮かべることはできないであろう。そしてまた、これ以上鋭く批判的な書評もないであろう。というのも、だれがこの詩にさらに一句でもつけ加えることができるだろうか。そしてあの「成功」は、確かにこの面から解釈されたとしても、事実、われわれに下された審判となるであろう。

われわれは、問題をはらんだ事実についての二つの解釈に注目しなければならないであろう。まさにわたしの鋭敏な、好意的な読者が（その他の人たちについて語ることも、かれらに語りかけることも今回はしようとは思わない）、われわれが共に一人の主を持っていることを考えさせる厳格さと慈愛をわたしと共に洞察してくれるように願う。十六世紀において（常に多少

とも絞首台に脅かされて）プロテスタントのキリスト者、その信仰を持つ神学者として受けてきた具体的な脅迫や苦難に相当する何らかの代償は、まさに二十世紀においても戦う教会たることを恐れない人たちにとっては避けることはできないであろう。わたしとしては、少なくともこのような代償のいくらかでもただちに認めるためには、「成功」の概念の弁証法を思い出せば足りる。いましめられることによってわれわれは学ぶ《モニティ・ディスカームス》。

以上が、今回わたしが本書の前置きとしたかったことである。

一九二六年二月、ヴェストファーレン州ミュンスターにて

第六版への序

第五版以来二年半以上の年月が過ぎ、その間に、この書物とわたしのへだたりは、いよいよ大きくなった。それは、パウロおよび聖書全体の講解において、今日わたしが何か内容的《ザッハリッヒ》に違った主張を持つようになったということではない。人びとがこの書物から受けとめた決定的な、内容的《ザッハリッヒ》な衝撃は、今日もなおわたしが告白しなければならないものと同じである。この衝撃がどうしても与えられなければならず、したがってそれに抗議することは不当であることを洞察するか、それとも、わたしがその衝撃を与えたことは間違っていたことを納得させられるかしないかぎり、わたしはその衝撃をさらに与え続けなければならないであろう。そしてそのようにして、その衝撃は実際また、かつてわたし自身に衝撃を与えたそのもとの姿のままで、この書物の中にさらに現われ続けるであろう。そうは言うもののわたしは本書を世に送り出すにあたって、はっきりと告白しなければならないのだが、もしわたしが今日ふたたびこの書物の担っている課題の前に立たされるとするならば、同じことを言うためにも、すべてを全く違った仕方で言わざるをえないであろう。なぜなら、その間にわたしは、パウロに当時わたしが語らせたのより、一方でははるかに多様な仕方で、しかし他方でははるかに単調に語っていることを知ったからである。多くの点で、もっと簡潔に言うべきだったろうし、また多くの点でもっと詳しく言うべきであったろう。多くの点でもっと注意深くまた慎重に言うべきであったろうし、また多くの点でもっと決然と明白に言うべきであったろう。当時のわたし自身と周囲の一般的な状況に制約されていた多くの付属物は削除されるべきであろうし、また当時わたしが気づかなかった多くの関連は、明らかにされるべきであろう。本書が書かれてからわたしは七歳年を取り、その間にわれわれのすべてのノートも訂正されているという事実から生じる保留を今日の読者は見失わないでほしい。第五版が出版されたのちに着手されたわたしの『教義学試論[☆36]』の刊行は、本書の内容を真面目に批判するためには、その範囲と正確さが増すようそこで努力された、あの第二の広汎な著作をも、少なくとも考慮に入れなければならないであろうから、本書の担う重荷を軽くすることにはなるであろう。したがって本書を読んだ後なおわたしに対する信頼を失わぬ読者がさらに問題を問い続けるならば、上記の書やその他の場所で、ここに始められた事柄が継続されているのを知るに違いないであろう。ノイエンデッテルスアウでは、「カール・バルトについては、もうそろそろ過去の人になり始めたと言ってもよい」のだそうである（『フライムント』誌、一九二八年十一月八日号）。確かにそうでもあろう。死者の乗る馬は速く駆けるが、成功した神学者（「第五版への序」参照）の乗る馬はもっと速く駆ける。

わたしが「今日の人」となる前に、理論的にも実践的にも多少ともその覚悟がなかったら、どうして本書を書くことができたであろうか。わたしの一日も夕暮を迎え、いつかは過ぎ去った昨日の日となるであろうと言われたからといって憤慨するほどわたしは「時間」や「歴史」に注意を払ってこなかっただろうか。もっとも、少なくともそう言ってわたしを非難した人もあるが。それにもかかわらず、感謝すべきことに、これからもひき続いて多少とも訂正したり説明したりすることが許されている。また好意を持ってくれている人たちに、かれらがおそらくわたしはもう救いがたいと考えたとしても、少なくともまだ追悼文は書かないで、わたしがすべてを本当に語り終えて、永遠の相の下に《スブ・スペキエ・アエテルニ》はすでに存在する「昨日」が、時間の中でも議論の余地なく明白になるまで待ってくれるように頼むことは許されるであろう。

一九二八年、待降節第一主日、ヴェストファーレン州ミュンスターにて

第一章　導入部

筆者から読者へ（一・一—七）

キリスト・イエスの僕《しもべ》、召されて使徒となり、神の救いの音信《おとずれ》のために選び分けられた☆37パウロから——この音信は、神が、その預言者たちにより聖書の中でその子について論じつつ、古くから宣べ伝えさせたものである。その子は、肉によればダビデの子孫から生まれ、聖なる霊によれば、死者たちの中からのかれの復活により、力強く神の子と定められた。——この音信は、われわれの主イエス・キリストに関するものである。われわれは、その名の栄光のために、救いの音信において確証されている神の真実にすべての民を服従させるために、かれによって恵みと使徒の務めとを受けたのであり、あなたがたもまた、かれらの中にあって、イエス・キリストによって召された者として存在するのである——このパウロから、ローマにいる、すべての神に愛され、聖《きよ》さへと召された者たちへ。われわれの父なる神および主イエス・キリストからの恵みと平和とが、あなたがたにあるように。

「キリスト・イエスの僕、召されて使徒となったパウロ」。ここで語り始めようとしているのは、「自分の創作に熱中している天才ではなく」（ツュンデル☆38）、かれの委託に縛られている使者である。一人の主人ではなく、僕であり、王の派遣した使節である。たとえパウロが、自らなろうとするものとなったとしても、かれの使命の内容は、その究極の根拠からいって、かれの中にはなく、かれを越えた、克服しがたい異質のものの中に、すなわち、到達不可能なかなたにある。かれは、その使徒職を、かれ自身の生涯の展開の一時期として意識することはできない。「使徒職とは、その生涯の最初と最後の瞬間に、かれ自身との人格的同一性《アイデンティティ》を持たない逆説的事実である」（キルケゴール）[☆39]。かれは、かれ自身であり、またあり続ける。すべての人間は、かれと本質的にほとんど同じである。しかしかれは同時に、かれ自身と矛盾して、また他のすべての人間と区別されて、神によって召され、派遣されている。それでは一人のファリサイ人なのであろうか。そうだ、より高級なものではあるがファリサイ人、すなわち、「**選び分けられた者**」、孤立した者、異なった者である。すべての人と同列であり、すべての点で他と変わりなく、ただ神との関係においてのみ独自な人間である。まさに、その歴史的現実における人間社会に対して秩序立った関係を持たない使徒として、またその点からみれば、むしろ例外者としてのみ可能な、つまりまさに不可能な現象である。このかれの立場の正当さと、かれの語る言葉の信頼性とは神に基づいている。これらのものは、神自身と同様、直接認めることはできない。まさにそれゆえに、かれは自分を鼻にかけ、他人の感情を害するのではないかという気遣いなしに、他人にも近づき、聞くことを要求する勇気を持つのである。かれが神自身の権威にのみ訴えることができ、またそれのみに訴えようとすることが、まさにかれに権威を与えるのである。

「神の救いの音信《おとずれ》」をパウロは伝えなければならない。全く新しく、いまだかつて聞いたこともないほど善い、喜ばしい神の真理を人々に手渡すのである。だが、それはまさに神の真理なのだ。つまり、それは決して宗教的な音信、人間の神性や神格化についての情報や指令ではなくて、全く他なるものとしての神、人間が人間であるかぎり何も知ることができないであろう神、そしてまさにそれゆえに、人間に救済を与える神についての音信である。したがって、直接理解されるべき、一回限りで把握されるべき、他の事物と並ぶ事物の一つではなく、常に新しく恐れとおののきをもって聞きとられるべき、常に新しく語られるからこそあらゆる事物の根源である言葉である。したがって、体験、経験、感覚ではなく、その最高のものであるとしても、目もまだ見たことがなく、耳もまだ聞いたことのないものについての率直で、客観的な認識である。だが、したがってまた、注意するだけでなく参加をも期待し、知解だけでなく深い理解をも期待し、共感のみならず協力をも期待する知らせなのであり、信仰を生み出すことによって、神への、神そのものへの信仰を前提する知らせなのである。

それがまさに、神についての音信であるからこそ、「古くから宣べ伝えられた」のであり、それだからこそ今日の思いつきではなく、歴史の意味、その実りの収穫、永遠の種子としての時間の果実、預言の成就である。それは、古くから預言者たちが語ってきた言葉であり、今聞き取ることのできるものとなり、また聞き取られる言葉なのである。それは、使徒に委託された救いの音信の本質であり、同時にかれの語る言葉の保証であり、それが受ける批判でもある。すなわち、預言者たちの言葉、ながく保管されていた言葉、その言葉が今語るのである。すなわち、エレミヤ、ヨブ、コヘレトの言葉が古くから宣べ伝えていたことが、今聞かれる。われわれは書かれていることを、今や見、また理解することができる。つまり、われわれは、今や「旧約聖書全体への入り口」（ルター）を持っている。したがってここで語る者は、明白なものとなり、理解可能となった歴史の基礎の上に立つ。「かれはただちに革新者としての栄誉を謝絶する」（シュラッター[☆40]）。

「**われわれの主イエス・キリスト**」。それが救いの音信《おとずれ》であり、それが歴史の意味である。この名において二つの世界が出会い、別れ、既知の平面と未知の平面の二つの平面が交わる。既知の平面とは、神によって創られたが、その根源的な神との一致から脱落し、そのために救いを必要とする「肉」の世界、人間と時間と事物との世界、つまりわれわれの世界である。この既知の平面が、もう一つの別な未知の平面によって、父の世界、すなわち、根源的な創造と究極的な救いの世界によって切断されるのである。しかし、われわれと神との、この世界と神の世界とのこの関係は認識されることを求める。両者の間の切断線を見ることは、自明のことではない。——見られるはずの、また現に見られる切断線上の一点が、イエスであり、ナザレのイエス、「歴史的」イエス、「肉によればダビデの子孫から生まれた」イエスである。歴史的規定としての「イエス」とは、われわれにとって既知の世界と未知の世界との間にある断絶点を意味する。時間、事物、人間は、われわれにとって既知の世界のこの点において、それら自身としては、他の時間、事物、人間より優れているわけではないが、時と永遠、事物と根源、人間と神とを分ける隠れた切断線を見うるようにするあの一点を限定するかぎりにおいて、優れている。したがって、紀元一年から三〇年までが、啓示の時、発見の時である。ダビデをふりかえっていることからも分かるように、その時はすべての時間の新しい、別種の、神的な規定が認められる時間であり、時はどの時も啓示の時、発見の時となりうるかも知れない可能性をその時が開いているのであるから、他の時間そのものの中におけるその時間の特殊性を、またもや廃棄する時間でもある。しかし切断線上のあの一点そのものは、その点がその存在を告げる未知の平面全体と同様、われわれにとって既知の平面上には全く広がりを持たない。あの一点が歴史的可視性の範囲内で認められるようになるあの輝きあるいはむしろあの驚くべき弾孔と空洞は、たとえそれが「イエスの生涯」と呼ばれるとしても、イエスにおいてわれわれの世界と接触するあの他なる世界ではない。そしてこのわれわれの世界も、イエスにおいてあの他なる世界によって接触されるかぎり、歴史的、時間的、事物的、直接可視的であることを止める。――イエスは「かれの死者たちの中からの復活により、力強く神の子と定められた」。かれがこのように定められたということがイエスの真の意味であるが、もちろんそれをそのまま、全く歴史的に規定すべきではない。キリスト、すなわち、メシアとしてのイエスは、時の終わりである。かれは、ただ逆説（キルケゴール）としてのみ、勝利者（ブルームハルト）としてのみ、原歴史（オーヴァーベック）としてのみ理解されるべきである。キリストとしてのイエスは、われわれにとって既知の平面を上から垂直に切断する、われわれにとって未知の平面である。キリストとしてのイエスは、歴史的可視性の範囲内では、ただ問題としてのみ、ただ神話としてのみ理解されうる。キリストとしてのイエスは、歴史的可視性の範囲内ではわれわれは何も知りえず、何かを知ることもないであろうあの父の世界をもたらす。――しかし死者からの復活は、転回点であり、上からあの一点を「定めること」であり、それと対応した下からの洞察である。復活は啓示であり、キリストとしてのイエスの発見であり、神の出現とイエスにおける神の認識であり、神に栄光を帰し、イエスにおいて未知の者、見えざる者〔との出会い〕を予期する必然性の介入、イエスを時の終わりとして、逆説として、原歴史として、勝利者として承認する必然性の介入である。復活において、聖霊の新しい世界が肉の古い世界と接触する。しかしそれはまさに、接線が円に接するように、接触することなしに接する。まさに接触しないことによって、その限界として、新しい世界として接する。このようにして復活は、そこで

「介入し」、発見され、認識されたかぎりにおいて、紀元三〇年にエルサレムの城門の外で起こった出来事である。そして復活は、その必然性、出現、啓示があの介入、発見、認識によって制約されているのではなく、むしろそれらを制約するものであるかぎり、またしても全くそのような出来事ではない。イエスが自己を啓示し、メシアとして発見されるかぎり、もちろんかれはすでに復活日の前に「神の子と定められた」のであるから、復活日の後にもまた確かに神の子である。——これがイエスの意味である。すなわち、人の子を神の子と定めることが。このように神の子と定めることを度外視しては、そのことは重要であってもなくても、すべての時間的なもの、事物的なもの、人間的なものそのものと、差異はないのである。「わたしたちは肉に従ってキリストを知っていたとしても、今はもうそのように知ろうとはしません」(コリント第二書五・一六)。かれが過去においてそうであったことによって、かれは現在ある。しかし、かれが現在あることによって、かれが過去にあったものは捨て去られる。神と人との結婚や融合などは、ここでは成立しない。人間が神的なものに飛躍したり、神が人間的なものの中に流入したりはしない。むしろ、われわれに接触しないことによって、キリストであるイエスにおいてわれわれに接するのは、創造者、救済者である神の国である。この国は現実的なものとなった。この国は近づいた(三・二一以下)。——このようなイエス・キリストが「われわれの主」である。世界とわれわれの生の中にかれが現臨することによって、われわれは人間としては廃棄され、神の中に基礎づけられ、かれを仰ぎ見ることによって静止状態に置かれまた動かされて、待ちつつ、急ぎつつある者[☆41]である。かれがパウロとローマ人たちの上に主として立つからこそ、「神」はローマ書においては空虚な言葉ではない。

イエス・キリストから受けたパウロの「恵みと使徒の務め」。恵みとは、神が一人の人間に好意を持ち、人間が神にあって喜びうるという不可解な事実である。それが不可解なものとして理解されるときにのみ、恵みは恵みである。だからこそ、神と人間との距離を引き裂くことによってそれを乗り越えるキリストからの贈物として、恵みは復活の反照の中にのみ存在する。しかし神は人間をはるかかなたから認め、神が人間によってその計り知ることのできない高さにおいて認識されることによって、人間は、人間仲間に対し「使者」として必ず関係する。「わたしは強制されている。もし救いの音信《おとずれ》を告げ知らせないなら、わたしは不幸である」（コリント第一書九・一六）。パウロと他のキリスト者との相違は、程度の差でしかない。キリストの恵みのあるところでは、人間はどれほど大きいためらいと懐疑を持っていたとしても、すべての時代と事物の転回点の告知に、すなわち、復活の告知に参与する。人間にとって、世界の現存在は、人間がそれと取り組まなければならない問題となり、神の現存在は、人間がそれのために戦わなければならない希望となる。人間の確信を貫き、広めることが問題なのではなく、人間がキリストにおいて出会った神の真実、人間がその真実を知ったことにより、応答真実[☆42]を尽す責任を負ったその神の真実を証言することが問題なのである。このような人間の応答真実、すなわち、恵みを受け止める信仰は、当然従順への要求でもあり、その要求はまた他の人間にも向けられるものである。この要求は、呼びかけ、照明を当て、揺り起こす。このような要求こそが宣教であって、それ以外に別な宣教が存在するわけではない。その者において、二つの世界が出会い、分離するのだが、その者の名は、栄光を受けるべきである。恵みが、権能を与えて、それを可能にする。なぜなら、恵みそのものが、破砕なのだから（五・二）。

パウロを異邦人たちの使徒としたその同じ神は（一・一）、ローマのキリスト者たちをも、近づいた神の国のために独占的に用いた。かれらは、聖《きよ》さへと召された者たちとして、もはやかれら自身のものでも、古い過ぎ行く世界のものでもなく、かれらを召した方のものである。かれらのためにもまた、人の子は復活の力により神の子と定められたのである。かれらもまた今ここにおいて、偉大な危急と希望の認識の中に捕らえられている。かれらもまたかれらの仕方で、神のために選び分かたれ、単独者となった者たちである。かれらの新しい前提もまた、「われわれの父なる神および主イエス・キリストからの恵みと平和」である。この前提がいつも新しい出来事として生起するように！　かれらの平安がかれらの不安となり、かれらの不安がかれらの平安となるように！　このことがローマ書の初めであり、終わりであり、内容である。

個人的なこと（一・八—一五）

八節　まず初めに、わたしは、イエス・キリストによって、わたしの神に感謝する。あなたがたの信仰が全世界に言い伝えられているからである。

復活はその力を実証した。ローマにもキリスト者がいる。かれらは、パウロと個人的な関係なしにキリスト者となった。しかしだれがかれらにキリストの呼びかけをもたらしたとしても（一・六）、かれらは現に召されている。それだけで十分感謝する理由がある。墓の戸から石は取りのけられた。言葉は流れ出る。イエスは生きている。かれは世界の首都にもいる。いたるところでキリスト者たちは、この知らせに耳をそばだてた（一五・一九）。たとえそれが一つの比喩にすぎないとしても、なお一つの比喩ではある。パウロは、ローマのキリスト者たちの、敬虔さや、その他の人間の目に見える美点を神に感謝したのではなく、ただ単純にキリスト者としてのかれらの存在を感謝したのである。特別な性質や特別な行為よりもはるかに重要なのは、旗が立てられ、主の名が呼ばれ、告白され、神の国が待ち望まれ、宣べ伝えられるという事実である。そこに、まさに信仰が、すなわち、神の真実に出会う人間の応答真実が成立する。この事実が存在するところでは、イエスの復活によって導入される危機が進行し、かれが神の子として定められたことが啓示され（一・四）、主の僕《しもべ》は感謝する根拠を持つ。そしてローマにおいては、主に対して戸が開き放たれているのだから、僕であるかれにとっても戸は開かれている。

九―一〇節　パウロとローマのキリスト者たちとの間には、偶然的、外面的という以上の関係がずっと以前から存在している。というのは、わたしが霊により、その御子の救いの音信を伝えることによってあがめている神こそが、わたしが祈りのたびごとに、どれほど絶えずあなたがたを覚え、いつかはきっと神の意志にかなって、あなたがたの所に行けるようにと願わないことはないということについてのわたしの証人だからである。

この使者は、確かに神に属しているが、かれらにも属している（かれは実は多くの人に属しているのである、一・一四）。恵みを受けた者の霊、主の栄光を求める情熱がその身を焼き尽くす（一・五）証人の霊は、同じ啓示と発見に感動している者たちの霊から遠く離れ、無縁であることはできない。かれの祈りは、かれのための仕事であると同様に、かれらのための仕事でもある。かれが祈る時には、かれらのために祈る。それと同じように、かれらも戦いの手をゆるめないかぎり、かれのためにも祈る（一五・三〇）。救いの音信《おとずれ》に注目することが、互いに会ったこともなく、この世におけるその行路が触れ合ったこともない者たちの間の連帯を作り出す。そのとき主題的事実《ザッヘ》におけるこの交わりから、個人的にも顔を見たいとの願いも高まってもよい。神において知り合う者たちは、もし許されるなら、顔を合わせて知り合いたいと思うのは当然である。しかしそれは許されるのだろうか。そうでなければならないのだろうか。ただちにその通りだとは言えない。もちろんこの願いは、神の国とは直接何のかかわりもない。何よりもまず神の意志が生起しなければならない。おそらくそのあとで、人間の願いの成就が付け加えられるか、あるいはおそらく付け加えられないかどちらかであろう。何ごとでも、神の望むこととかかわりを持つべきことは、それなりにふさわしくもある。この間に、互いに未知の者として最善を信じ合い、さらに神の意志を知ろうと努めるということである。神の意志は、与えられた外的状況と内的状況との、真実に実現した調和において、キリスト者に可能となった正しいことへの洞察によって知られる（一二・二）。瞬間のこの認識は、人間の願いの成就が考えられる唯一の道である。

一一―一二節　わたしは、あなたがたに会うことを熱望している。あなたがたに霊の恵みのいくらかを分け与えて、力付けたいからである。というよりはむしろ、あなたがたの中にいて、あなたがたとわたしとが共に出会うであろう信仰によって、共通の慰めに達するためにである。

その願いには根拠がある。神の道において出会う人たちは、互いに分かち合うべきものを持っている。ある人は、他の人にとって何ものかでありうる。しかしもちろんそれは、かれがその人に対して何ものかであろうと意志することによってではない。だから、たとえば決してかれの内面の豊かさによるのではない。かれが現にあるところのものによるのではなくて、まさに、かれが現にないところのものによって、かれの欠乏によって、かれの嘆きと望み、待つことと急ぐことによって、かれの存在の内にあって、かれの地平を越え、かれの力を越えるあると他者を指し示すすべてのものによってである。使徒とは、プラスの人間ではなく、マイナスの人間であり、このような空洞が見えるようになる人間である。そのことによってかれは他の人たちにとって、何ものかである。そのことによってかれらに恵みを分け与える。そのことによって、彼らの集中と待望と祈りを強める。かれは自己を積極的に目立たせることに少しも重きを置かないからこそ、霊はかれを通じて恵みを与える。そしてその時、分け与える者は、与えれば与えるほど、おのずから受ける者となる。受ける者は、受ければ受けるほど、分け与える者となる。当然キリスト者の間では、それは君からか、それともわたしからかと問うことはしない。というのは、それは君からでもわたしからでもなく、われわれはどちらも無であり、何も持たないからである。われわれを越え、われわれの背後に、われわれの彼岸に、それが現にあるということで十分である。優越者と初心者を共に、その人間的な外面と内面の破れと試練の中で慰めるもの、つまり信仰が、その信仰の音信、信仰の内容、神の真実があるということだけで。このように共に天国の戸を叩きたい、このように共に霊によって活動したいとの願いがわれわれの内に起こってもよいであろう。もっとも、この共同性ということ自体は、確かに空虚なこと、つまらないことであるが。

一三節　兄弟たちよ。あなたがたに知ってもらいたい。わたしはあなたがたのところに行こうとしばしば企てた。――しかし今までそれが妨げられてきたのだが――それはほかの異邦人の間でも得たように、あなたがたの間でも実を得るためである。

ローマに旅したいとのパウロの願いは、明らかにローマのキリスト者の願いを容れたものではあるが、すでにしばしばかれの決意であった。しかし、ローマにおいて起こったことは、多くの場所ではまだ始められていない。だから、処女地における種蒔きの仕事、このかれの生涯の仕事は、かれをいつも繰り返して他の道に導いた（一五・二〇―二二）。しかし、かれが種を蒔かなかったところでも取り入れをし、他の人がすでに働いたところでも働こうとの熱望と意図を持ち続けていた。今まで神の意志にかなって（一・一〇）、実現できなかっただけである。

一四―一五節　わたしには、まさにわたし自身にとって、ギリシア人にも未開の人にも、教養ある者にも無知な者にも、果たすべき責任がある。そこでわたしの願いは、ローマにいるあなたがたにも、救いの音信《おとずれ》を告げ知らせることである。

パウロは義務を負わせられている（一・一）。それは、かれの個人的な願いの限界を意味すると共に、その達成の可能性をも意味する。国境も文化の限界も、かれを決してひるませないであろう。そして、もし必要とあれば、ローマの思想と宗教の大市においても、イコニオンやリストラの愚かな人たちの間でと同様、恐れずにかれの務めを果たすであろう〔使徒言行録一三、一四章参照〕。最後に、救いの音信がまだ聞かれていないところでのみ語るとの原則も、決してメジヤ人やペルシア人の法律のようなものではありえない。というのは、救いの音信をすでに聞いてしまったとだれが言い切れるだろうか！　キリスト者であるローマ人たちも、パウロが神に献身した者として責任を負っている多くの民に属している。かれは、かれらにも古いことを新しいこととして語るであろう。その、よく知られていることは、この場合、いつも、すべての人にとって知られていないことであり、そのことを「ふたたび思い出す」（一五・一五）のにこれで十分だということは決してありえない。共に戸を叩き、共に活動したいとのあの願いの共同性を、前もって手紙で実現しようとの試みはなされてもよいであろう。

主題《ザツヘ》（一・一六―一七）

> というのは、わたしは救いの音信《おとずれ》を恥としないからである。しかしそれは、ユダヤ人をはじめ、ギリシア人にも、すべて信じる者に、救いを得させる神の力である。というのは、神の義は、その救いの音信の中に啓示され、真実から信仰へ至らせるからである。これは

「わたしの真実によって正しい者は生きるであろう」と書いてあるとおりである。

「わたしは恥としない」。救いの音信《おとずれ》は、世界宗教や世界観の争いを探し出す必要も、ことさら避ける必要もない。この音信は、既知の世界を、もう一つ別の未知の世界によって限界づけることについての音信だから、既知の世界の内に、比較的未知な、より高い存在領域をなおも発見し、近づきやすいものとしようとするすべての試みとの競争の圏外に立っている。この音信は、他の諸真理と並ぶ一つの真理ではない。それは、すべての真理を疑問視する。それは蝶《ちょう》番《つが》いであって扉ではない。この音信を理解する者は、全体、つまり生存をかけた戦いの中に移されることによって、すべての戦いから解放される。救いの音信の勝利のための弁証や配慮といったものは存在しない。この音信は、あらゆる所与の廃棄であり、基礎づけであるゆえに、世界を克服する勝利である。それは弁護され支えられることを必要としない。この音信が、それを聞き、宣べ伝える者たちを弁護し、支える。この音信のためには、パウロがあらゆる霊に動揺させられているローマに行く必然性はない。むしろ、かれはこの音信のために確かに慰められ、恥じることなく行くことができるし、また行くであろう。もし神が神でないならば、われわれは神にとって無用であり、神はわれわれを恥じるに違いないであろう。――どちらにしても、その逆ではないのである。

復活という救済の音信は「神の力」である。この音信は神の力《ヴィルトウス》（ヴルガータ・ラテン語訳聖書）であり、神の意義の開示と認識であり、すべての神々に対する神の優越性の実証である。その音信は行為であり、あらゆる奇跡の中の奇跡である。その奇跡において、神は、現に存在する方として、すなわち、ある光の中に住むが、だれも達しえないゆえに知られない神として、聖なる者、創造者、救済者として自己を示す。「あなたがたが知らずに拝《おが》んでいるものを、わたしはお知らせしましょう」（使徒言行録一七・二三）。復活によって引かれた線の此岸にあり、手で造った神殿に住み、人の手によって仕えてもらうすべての神性、「何か足りないことでもあるかのような」、すなわち、それらを知ろうとする人間を必要とするすべての神性は（使徒言行録一七・二四―二五）神ではない。神は知られない神である。このような神として、神はすべての者に命や息や万物を与える。したがって神の力は、自然力でも、精神力でもなく、またわれわれが知っており、できれば知りたいと願う、比較的高い、または最高の力のどれか一つでもない。それらの最高のものでも、それらの総体でも、それらの源泉でもなく、すべての力の危機であり、それらの力が何ものかであると共に無であり、無であると共に何ものかであることがわかる基準としての全く他なるもの、それらの最初の起動因であると共に最後の静止となるもの、それらすべての力を廃棄する根源であると共にそれらすべてを基礎づける目的である。神の力は純粋で卓越しており、制約され・制約するすべての力と並んだり、（「超自然的に」）越えたりするのではなく、それらの彼岸にあり、それらと混同したり、同列に置いたりできないものであり、非常な注意深さを持っている場合にだけそれらと比較しうるものである。神の力、すなわち、イエスをキリストと定めるということは（一・四）、もっとも厳密な意味においてい前＝提であり、把握できるどのような内容をも持たない。それは霊において生起し、霊において認識されることを求める。それは自己充足するものであり、無制約なものであり、それ自身において真である。それは絶対的に新しいものであり、人間が神を意識することにおいて、決定的な、方向決定要因となるものである。まさにこの音信を語りかけ、聞きとることが、パウロと、かれの聴衆と読者たちとの間の問題なのである。キリストの教会の、すべての教義、すべての道徳、すべての儀式は、それらすべてのものが、そこであの音信が自らを示す弾孔であるにすぎず、ただ空洞であろうとするにすぎないかぎりにおいて、この音信にかかわる。キリストの教会は、それ自身において聖なる言葉も業《わざ》も物事も知らない。知っているのは、欠如態として聖なる者を指し示す言葉と業と物事だけである。すべての「キリスト教的な」存在が、救いの音信にかかわっているわけではなく、それは人間的な付加物かも知れず、危険な宗教的残滓であり、嘆かわしい誤解かも知れないであろう。それは要するに、空洞である代わりに内容、凹である代わりに凸、マイナスである代わりにプラス、欠如と希望の表現である代わりに所有と存在の表現であろうとするからである。キリスト教的な存在が、右に挙げたようなものであろうとするなら、キリスト＝教は、キリスト者＝教となり、復活の此岸で、自己の中で揺れ動くこの世の現実との平和協約となり、あるいはたかだかそれとの協調的態度《モドゥス・ヴィヴェンディ》にすぎないものとなるであろう。だとすれば、それは神の力とはもはや何のかかわりもないであろう。いわゆる福音は、この場合には、他の諸世界＝宗教、諸世界＝観の間の争いの外に立つのでなく、その争いの非常な雑踏の中に立つことになるであろう。というのは、この世は、自己を誤解しているキリスト教よりははるかに、宗教的欲求を満足させることに精通しており、神についてのわれわれの知識に関する、特に神と共に生きるわれわれの生活に関する生き生きとした幻想を造り出すことにもよりよく精通しているからである。「福音」を恥じるのには、あらゆることが動機となりうるであろう。しかしパウロが言おうとしているのは知られない神の力である。「目が見もせず、耳が聞きもせず、人の心に思い浮かびもしなかったこと」である（コリント第一書二・九参照）。それゆえにかれは福音を恥としないのである。

神の力は「救いを得させる」力である。人間は、この世においては、捕らわれの身である。今、ここにおいてわれわれの意のままになる可能性が制限されていることについては、少し深く反省すれば不明瞭なままにはならないであろう。しかしわれわれは、われわれが夢想しているよりははるかに遠く神から離れており、われわれの神からの離反もはるかに大きく（一・一八、五・一二）、またその帰結も、はるかに深刻である（一・二四、五・一二）。人間は、自分自身の主人となっている。かれの神との一致は、その再建をもはや決して考えられないような仕方で破られている。かれの被造性は、かれの束縛である。かれの罪は、かれの負い目である。かれの死は、かれの運命である。かれの世界は、自然力、精神力、その他いくつかの力が姿なく起伏する混沌である。かれの生は、仮象である。これがわれわれの状況なのである。「神は存在するか」。これは、当然出てくる問いである。この世を神との合一において捕らえようとすることは、罰を受けるべき宗教的傲慢であるか、誕生と死の彼岸における真実を見ぬく究極的洞察、すなわち、神からくる洞察であるか、そのどちらかである。神からくる洞察が場所を占めることになれば、宗教的傲慢は消滅しなければならない。偽造貨幣が流通しているかぎり、本物の貨幣も怪しまれる。救いの音信《おとずれ》は、究極的洞察を可能にする。しかしその実現のためには、この音信がすべての究極前の洞察の流通を停止させなければならない。この音信は、存在する神について語る。それは神そのもののことを考え、神のみを考える。それは、われわれの救済者となるその創造者について語り、またわれわれの創造者であるその救済者について語る。それは、われわれを完全に転回させようとする。それは、われわれの被造性を自由へと変える変化、われわれの罪の赦し、死に対する生の勝利、失われたものすべての回復を、われわれに告げ知らせる。それは、到来する新しい世界を示す警報であり、のろしである。これらすべてのことは、何を意味するのか。われわれは、今、ここにおいては、このものやあのものに拘束されていては、それを知ることはできない。われわれはそれを、ただ聞き分けることができるだけであり、救いの音信によって造り出される神への反省が、それを聞き分ける。人間がそれを聞き分けることによって、世界は世界であることを止めず、人間も人間であり続ける。罪の重荷の全体と死の呪いの全体を、かれは背負わなければならない。われわれの存在《ダア・ザイン》とその在り《ゾオ・ザ》方《イン》の現状について、どのような自己欺瞞も許されない。われわれの脱出口である復活は、われわれの障壁でもある。しかしその障壁がまた脱出口でもある。われわれの出会う否《いな》は、神の否である。われわれに欠けているものが、われわれを助けるものでもある。われわれを制限するものが、われわれの新しい地である。すべてのこの世の真理を廃棄するものが、それらの真理の基礎づけでもある。まさに神の否が完全であるからこそ、神の然《しか》りも完全である。このように、われわれは神の力において、眺望と出入り口と希望を持つ。そしてそれと共に、この世においても、狭い道の方向指示と、絶えず次のきわめて小さな一歩を「慰めにみちた絶望」〈ルター〉の内に踏み出す可能性を与えられる。囚人は、看守となる。囚人が獄房に閉じ込められているように、看守もその部署に縛られているが、明け始める日を待ち望むのである。「わたしはわたしの歩哨の部署につき、砦の上に立って見張り、神がわたしに何を語り、またわたしの訴えにかれが何と答えられるかを見よう。主はわたしに答えて、言われた。〈この啓示を書き記せ。これをはっきりと読めるようにこれを板の上に明らかに記せ。この啓示はなお定められた時を待ち、終わりに向かって急いでいる。それは欺かないであろう。おそくなっても待っていなさい。というのは、それはかならず来るからである。遅れることはしないからである〉」（ハバクク書二・一―三）。

救いの音信は、「信仰」を要求する。信仰者にとってのみ、この音信は「救いを得させる神の力」である。したがってその真理は、直接に伝達することはできず、また直接に洞察することもできない。「霊《ガイスト》によれば」、キリストは神の子と定められた（一・四）。「精神《ガイスト》は、直接的無媒介性の否定である。キリストが真の神であるならば、かれは不可知性の中にいなければならない。直接的可知性は、まさに偶像の持つ特徴である」（キルケゴール☆43）。救いを得させる神の力とは、この世においては、全く新しいもの、全く類例のないもの、予期しえないものであって、この世においてはただ矛盾としてのみ現われ、聞きとられ、受け止められうるのである。救いの音信は、自己釈明をせず、自己推薦をせず、嘆願せず、取引きせず、脅迫せず、約束しない。救いの音信は、それ自身のために聞かれるのでないところではどこでも、自らを委ねることを拒否する。「信仰は、見えないものに向かう。したがって信仰への機会があるためには、すべて信じられるものが隠されていなければならない。しかし、それが実見や感覚や経験に対置される時、もっとも深く隠されている。したがって神が生かす時には、殺すことによって生かすのである。神が義とする時には、われわれに罪を負わせることによって義とする。神がわれわれを天に引き上げる時には、われわれを地獄に落とすことによって天に引き上げる」（ルター)。救いの音信は、ただ信じられるべきものである。それはそもそも、ただ信じられるだけである。その音信の持つ真剣さは、選択を迫るところにある。すなわち、矛盾と矛盾に留まり続けることとに耐えられない者には躓《つまず》きとなり――矛盾の必然性を回避しえない者には信仰となる。それが信仰である。すなわち、神の微行《インコグニト》への尊敬、神と人間、神と世界との質的差異を意識しつつ神を愛すること、世界の転回点として復活を肯定すること、したがって神の否！　をキリストにおいて肯定すること、衝撃を受けつつも神の前に停止すること、である。矛盾対立する真理による世界の限界づけを、つまり矛盾対立する意志による自己自身の限界づけを認識する人間、この矛盾についてあまり多くのことを知り過ぎて、それから逃れることはできず、甘んじてそれと折り合って生きざるをえなくなったために、とげのある鞭を蹴るのがむずかしくなった人間〔使徒言行録二六・一四参照〕(オーヴァーベック)、したがって遂にはこの矛盾を承認し、その上にかれの生を基礎づけようと試みる人間、この人間は信仰する。神を信頼する人間、神そのものを、そして神のみを信頼する人間、すなわち、われわれが、この世界の存在《ダア・ザイン》とその在り方《ゾオ・ザイン》に対する矛盾の中に置かれることに神の真実を認める人間、この真実に応答真実をもって答える人間、神と共に〈しかしながら〉、〈それにもかかわらず〉と言う人間、この人間は信仰する。そして信仰者は、救いの音信の中に、救いを得させる神の力と永遠の祝福の先ぶれの光芒と歩哨の部署につく勇気とを見出す。しかしこの発見は、全く、あらゆる瞬間に、躓きか信仰かの自由な選択である。そして信仰が問題となるところでは、感覚の暖かさ、確信の強さ、心情と礼節の達成された程度などは、本来の出来事にとっては、常にただ随伴的で此岸的で、それゆえにそれ自身としては重要ではない特徴でしかない。それらのものが、信仰の出来事の特徴となるのは、肯定的なものとしてではなく、他の肯定的なものの否定として、また「此岸」において「彼岸」のための場所を開けておくための片付け作業の段階としてである。まさにそれゆえに、信仰は決して「敬虔さ」と同一ではない。仮にそれがもっとも純粋な、もっとも洗練された敬虔さであったとしても。そして「敬虔さ」が信仰の出来事の特徴であるのは、その他のこの世の所与の廃棄としてのかぎりにおいてである――しかし、とりわけ明らかに、敬虔さそのものの廃棄としてのかぎりである。信仰は、神によって生きるのであるから、それ自身によって生きる。これが「パウロの核心《ツェントルム・パウリヌム》」（ベンゲル[☆44]）である。

すべての人間が信じるべきであり、信じることができる。「ユダヤ人をはじめ、ギリシア人も」、この救いの音信《おとずれ》に対して選択権がある。もちろんこの音信は、世界の存在《ダア・ザイン》とその在り方《ゾオ・ザイン》を疑問視する。そしてそれによって直接すべての人間に向けられる。われわれの生の深刻な問題性は、確かに人間全般にかかわる事柄であるが、キリストにおける神の矛盾も、同様である。そしてこの神の矛盾において、あのわれわれの生の問題性は、人間に意識されることを望む。「ユダヤ人」、すなわち、宗教的・教会的人間は、本来、新しい次元の平面上の切断線（一・四）

が認められるに違いないであろうところ（二・一七―二〇、三・一―二、九・四―五、一〇・一四―一五）、すなわち、この世界の周辺にもともと立っているのだから、「はじめ」にこの選択へと呼び出されていると言ってもよいのだが、この優先権は、何らの優越性の根拠とはならない。まして「教会的か世俗的か」などと論じないためにも、「宗教的か非宗教的か」という問いは、根本的には、もはや問題とはならない。救いの音信を聞く可能性は、それが聞かれるということに対する責任、あるいはそれを聞く者に与えられる約束と同様に、普遍的なものである。

　というのは、その音信の中に現われるのは、「神の義」という偉大な、普遍的な、あらゆる段階にいるすべての人間の肩にかかってくる秘密だからである。全世界において、ユダヤ人にもギリシア人にも、もっとも疑問視される神の自己自身との一致が、キリストにおいて明らかになり、栄誉を受ける。人間が復活の此岸において神と名づけるものは、もっとも特徴的な仕方で、神でない神である。被造物を救済しない――神、人間の不義を放任する――神、われわれに自らが神であることを明かさない――神、世界と人間との存在《ダア・ザイン》とその在り方《ゾオ・ザイン》の最高の肯定としての神、このようなものは、耐えがたいものであり、たとえわれわれが最高の感動をもって飾り立てた、最高の属性を付与されたとしても、このようなものは、〈神でない神〉なのである。このような神に対する反逆者の叫びは、このような神を正当化しようとする者たちの術策よりも真理に近い。はっきりした無神論は、復活の此岸においては一般に回避されるけれども、それはただ何かよりよいものが欠けているからであり、絶望する勇気が欠けているからである。しかしキリストにおいては、あるがままの神が語りかけており、この世の〈神でない神〉の虚偽を罰する。神は、あるがままのわれわれと、あるがままの世界を否定することによって、自己自身を肯定する。神は、自己自身が神であることを明らかにする。われわれの離反の彼岸で、時間と事物と人間との彼岸で、捕らわれた者の救済者であることを、そしてまさにそれゆえに存在するすべてのものの意味であることを、つまり創造者であることを明らかにする。神は、われわれと神との距離を設定し維持することによって、われわれの味方であることを明らかにする。神は、われわれの危機を導入することによって、われわれを裁きの前に立たせることによって、われわれに恵みを与える。神はキリストにおいて神であることを欲し、神として承認されていることを欲することによって、われわれの救いの現実性をわれわれに保証する。神は自己自身を義とすることによって、われわれを「義とする」。

「真実から」、すなわち、神のわれわれに対する真実から、神の義があらわになる。真の神は、人間を忘れなかった。創造者は、被造物を放棄しなかった。秘密は「長き世々にわたって、隠された」ままであったし、これからも隠されたままであり続けるであろう（一六・二五）。人間にとってはその神でない神の方が、それに対する神の矛盾よりもいつも変わらず耐え易いと言えよう。あらわにされえないものの現われは、われわれにとって起こりえないことと言えよう。

その前で恐れてひるまないのはただ無思想な態度だけであると言えよう。しかし人間に対する神の真実は変わらない。神が欲するものと、人間も自己自身からの解放を望みつつひそかに欲するものとがそのもっとも深いところで一致しているという事実は変わらない。人間の究極的な問いがわれわれの内で目覚めるときに、われわれに与えられる神の答えは変わらない。「われわれは、義の宿る新しい天と新しい地を待ち望む」〔ペトロ第二書三・一三〕。われわれがこの待望の中に移されることによって、われわれは神の真実を知るのである。

神が真実によってあらわにするものは、「信仰へと」あらわにされる。それは、直接的伝達を断念した人たちに伝達される。あえてそれと対決しようとする人たちに、存在する神が語りかける。神の否《いな》という重荷を自ら負う人たちは、より偉大な神の然《しか》りによって支えられる。苦しむ人たちと重荷を負う人たちは、元気づけられる。その矛盾を回避しない人たちは、神の中に匿われている。あの待望の中に正しく移された人たちは、待ち望むことが許されており、待ち望むべきであり、待ち望みうるという点で、神の真実を知っている。神に敬意を払い、距離を置く人たちは神と共に生きる。

かれらにおいて、「**真実によって正しい者は生きるであろう**」〔ハバクク書二・四〕との預言が成就する。「正しい者」とは、看守となった囚人のことであり、神の現実の戸口に立つ番人のことである。神の裁きの下に立つ人間の義、恐れを感じて希望する者の義以外の他なる義というものは存在しない。かれは生きるであろう。かれはこの生の空虚さを知ったことによって、真の生の相続権を持っている。そしてかれは、この生において真の生の反照を持たないわけではなく、過ぎ去るものの中において過ぎ去らぬものへの期待を持たないわけではない。偉大な不可能性は、小さな不可能性の終極と目標をかれに告知した。かれは神の真実によって生きるであろう。〈神の真実によって〉と言おうと、〈人間の信仰によって〉と言おうと同じことである。すでにこの預言者の言葉の伝承が二つの方向を示している。神の真実とは、神が、全く他なる者として、聖なる者として、その否《いな》をもって、全く逃れることのできないような仕方で、われわれに向かって現われ、われわれの後を追うことである。そして人間の信仰とは、この否《いな》を甘んじて受ける畏敬であり、空洞への意志であり、否定の中に動揺しつつ踏み留まることである。神の真実が人間の信仰に出会うところに、かれの義が現われる。そこにおいて正しい者は生きるであろう。

これがローマ書で問題となっている主題《ザッヘ》である。

夜

原因（一・一八―二一）

一八節　というのは、神の怒りは、真理をかれらの不服従の枷でとりこにする人間たちのあらゆる不敬虔と不服従とに対して天から啓示されるからである。

神！　われわれは、この言葉によって何を言っているのか知らない。信じる者は、われわれがそれを知らないということを知っている。信じる者は、その計り知ることのできない高みにあって、ただ恐れるより他ない神をヨブと共に愛し、隠された神《デウス・アプスコンディトウス》をルターと共に愛する。信じる者に神の義が啓示される。信じる者、ただかれのみが救われる。「捕らわれた者のみが解放され、貧しい者のみが豊かになり、弱い者のみが強くなり、謙遜な者のみが高められ、空しいもののみが満たされ、無のみが何ものかとなる」（ルター）。しかし人間の不敬虔と不服従に対しては、神の怒りが啓示される。

「神の怒り」は、その裁く者をわれわれが愛していないかぎり、われわれが受ける裁きである。われわれがそれを肯定しないかぎり、われわれの前に置かれる否《いな》である。われわれがそれを自分のものとしないかぎり、この世界の存在《ダア・ザイン》とその在り方《ゾオ・ザイン》に対して、絶えず、いたるところであげられる抗議である。われわれがそれを理解しないかぎり、生の問題性である。それがわれわれに必然性であると意識されないかぎり、われわれの制限であり、はかなさである。われわれが受ける裁きは、それに対するわれわれの態度とは全く無関係に、まさに事実である。この裁きは、われわれの生にとってもっとも特徴的な事実である。この事実が到来する世界とその事実がもたらす救いとの光の中に現われるかどうかは、信仰の問題に対するわれわれの答え方にかかっている。われわれが信仰の代わりに躓《つまず》きを選んだとしても、この事実は、事実である（一・一六）。永遠から見れば時間は無であること、その根源と終極とから見れば、すべての事物は仮象であること、われわれが罪人であること、われわれが死ななければならないこと、これらすべてのことは、障壁がわれわれの脱出口とならなくても、事実存在する。生はその疑わしさの全体を伴ったままその道を進み、われわれに付けられた大きな疑問符を見なくても、われわれは生と歩みを共にする。人間は、救いについて何ひとつ知らなくても、破滅している。その場合には、障壁はどこまでも障壁であって脱出口となることはない。囚人はどこまでも囚人であって、看守となることはない。その場合には、待望は喜びではなく、避けがたいことへの、甘苦い忍従である。その場合には、矛盾は、希望ではなく、苦しみに満ちた抵抗である。その場合には、われわれの存在の実りある逆説は、その隠れた虫食い跡である。その場合には、否定は、われわれが普通そう呼んでいるもの――そのものである。その場合には、聖なる神の代わりに、運命、物質、全存在、偶然、必然《アナンケー》が現われる。われわれが不信仰による神でない神（一・一七〔?〕）に「神」の名を与えることを避けようとし始めるならば、それは洞察を持っていることを表わしている。しかしわれわれが復活の信仰なしに「神」と名づけるものもまた、神の怒りの一つの究極的帰結である。神の名との矛盾対立において、この世界の存在《ダア・ザイン》とその在り《ゾオ・ザイン》方を肯定する神もまた神ではあるが、怒りにおける神であり、われわれのために苦痛を背負う神であり、かろうじてわれわれから顔をそむけ、かろうじて否《いな》を言うことのできる神である――まさにそのゆえに、この神はすべての正直な人によって、保留つきでしかないが神と名づけられた。確かに、神の怒りはかれの最後の言葉ではありえず、かれの真の開示ではありえないのだ。神でない神は、真剣な意味では神と言うことはできないのだ。しかし実際のところ、われわれが出会うものは常に神なのである。不信仰もまた神に出会う。ただ不信仰は、不信仰にとって隠されている神の真理に出会うまで突破できず、したがってファラオのように（九・一五―一八）、神に打ち砕かれるだけである。「神によって創造された生命の阻害と破壊、死の運命という括弧でくくられた被造物の生命が全体として持つもろさと制限は、神の反作用である」（ツュンデル）。ただもちろんのことであるが、われわれがこの神の反作用を自分自身の認識としないかぎり、この神の反作用においてわれわれは滅び去るより他はない。全世界が神の痕跡をとどめている。ただもちろんのことであるが、われわれが信仰の代わりに躓《つまず》きを選ぶかぎり、全世界は、その絶対的な謎めいた姿において、神の怒りという唯一の痕跡をとどめるだけである。不信仰に対して啓示された神の義が、神の怒りである。というのは、神は愚弄することを許さないからである。キリストの外にある、キリストなしでの神の義が、神の怒りである。

〈キリストの外にある、キリストなしでの〉とはどういうことか。神の怒りは「人間のあら**ゆる不敬虔と不服従とに対して**」啓示される。これが、復活の此岸で造り上げられるわれわれの神に対する関係のきわ立った特徴である。このような関係は不敬虔である。「神」と言うとき、われわれは何を言っているのか知っているつもりでいる。われわれは神にわれわれの世界における最高の位置を与える。そのことによって、われわれは原則的には、われわれや事物と同一線上に置くのである。われわれは、神が「だれかを必要としている」と考える。われわれは、他の諸関係を正常化するように、神に対する関係を正常化しうると考える。われわれはさし出がましくも神の近くに迫り、深い考慮も払わずに神をわれわれの近くに引き寄せる。われわれは神と習慣的関係に入ってもかまわないと考える。われわれは、まるで当然のことのように神と取引きしてもかまわないと考える。われわれは自らをもかえりみず、神の親友、恩人、弁護人、代理人の役割を演じようとする。われわれは永遠と時とを混同しているのである。それは、われわれの神関係に含まれている不敬虔さである。そしてそれが、不服従である。われわれ自身が、ひそかにこの関係における主人となっている。そこでわれわれにとって問題となっているのは神ではなく、われわれの要求であって、神もその要求に従わなければならないのである。われわれの傲慢は、他のすべてのものに付け加えて、超世界の認識とそれへの到達可能性とを求める。われわれの行為は、より深い基礎づけと、彼岸での称賛と報償とを求める。われわれの生の欲望は、敬虔な時間とその永遠への延長とを欲求する。われわれは神をこの世の王座に就かせることによって、われわれ自身を王座に就かせようと考える。神を「信じる」ことによって、われわれ自身を義認し、享楽し、崇拝する。われわれの敬虔とは、われわれ自身と世界とを厳かに保証し、信心深い態度であの矛盾を回避してしまうことである。われわれの敬虔とは、謙遜と感動の有様をあらゆる仕方で示しながら神に反逆することである。われわれは時と永遠とを混同している。これがわれわれの不服従である。——そしてこれが、キリストの外における、キリストなしでの、復活の此岸での、われわれが正しい秩序に召し出される以前の、われわれの神関係である。そこでは、神自身は神として承認されず、神と言われているものは、本当は人間自身なのである。われわれは、われわれ自身だけで生きることによって、神でない神に仕えているのである。

「真理を不服従でとりこにする人間たち」。第二にあげられた特徴が、時間的には第一に来る特徴である。われわれはまず自分自身に迷い込み、そのあとで神でない神に迷い込む。われわれはまず〈あなたがたは神のようになるであろう〉との予告を聞く〔創世記三・四―五参照〕。そしてそれから永遠に対する感受性を失うのである。われわれはまず人間を高ぶらせ、それから神との間の距離を見失うのである。キリストの外における、キリストなしでの神関係の中枢は、奴隷の不服従である。われわれは、ただ神についてのみ考えることを許されている事柄を、われわれ自身について考えるからこそ、われわれ自身について考えることより高い次元で神について考えることができないのである。われわれにとって神であるに違いないであろうものが、われわれ自身にとっては、われわれでしかないのであるから、神はわれわれにとって、われわれがわれわれ自身にとってであるより以上のものではないのである。神とのひそかな同一化は、神に対する公然の孤立化を結果する。小さな神は、大きな神なしですませる方が好都合であるに違いない。人間は、真理、すなわち、神の聖《きよ》さを、捕捉し、閉じこめ、自分の基準に合わせ、それによって、その真剣さを奪い、その到達範囲を狭《せば》め、平凡な、無害無益なものとし、非真理に変質させてしまった。このことは、かれの不敬虔によって明るみに出る。そしてかれの不敬虔は、間違いなくかれをいつも新しい不服従に陥れるであろう。人間が自ら神となるならば、偶像が現われるに違いない。そしてその偶像が崇拝されるならば、人間は自分が真の神、神が造ったこの被造物の創造者であるかのように感じるに違いない。――それが抵抗となって、われわれの世界の境界であり、われわれの救いでもある新しい次元の平面をわれわれが眺望できないようにする。このような抵抗を越えて自己を開示できるのは、神の怒りだけである。

一九―二一節　**このようにして、神の観念はかれらに知られており、神がそれをかれらに知らせた。しかし神の不可視性は、世界の創造このかた神の業《わざ》において理性的に認めることができるので（そしてそれがまさに神の永遠の力と神性なのだ！）、かれらには弁解の余地がない。このようにして、神を知る知識にもかかわらずかれらは、神を神としてあがめず、感謝もせず、かえってかれらの思考は空しくなり、かれらの無知な心は暗くなった。**
「神の観念はかれらに知られている」。これが、真理の受難史における悲劇である。すなわち、真理――知られない神による人間の限界づけと廃棄という、復活によって明らかになる真理は、知られた真理である。人間精神の、もっとも素朴な自覚も、もっとも進歩した自覚も、「絶望的謙虚」と「理性の自己皮肉化《ゼルプストイロニジールンク》」（H・コーヘン）によって、われわれの限界を洞察し、われわれの限界の廃棄である制限者を眺望するところにいつも見出されるであろう。神がわれわれが知らない方であることを、またまさにこの無知がわれわれの知の問題であり根源であることをわれわれは知っている。神がわれわれがそれでないところの人格であることを、またまさにこのわれわれがそれでない存在が、われわれの人格を廃棄し、また基礎づけることをわれわれは知っている。この神の観念、われわれがその下に立つ絶対的他律の洞察は、自律的である。われわれが抵抗する場合には、異質のものに対してでなく、われわれのもっとも固有なものに対して抵抗するのであり、遠いものに対してではなく、身近にあるものに対して抵抗するのである。神の想起は、問いまたは警告として常にわれわれに伴っている。神は隠れた深淵であるが、われわれのすべての行程の初めと終わりにある隠れた故郷でもある。われわれが神に対して不真実であるならば、われわれは、われわれ自身に対しても不真実である。

というのは、神の「不可視性は認めることができる」からである。われわれは、そのことを忘れた。われわれはもう一度それを言ってもらわなければならない。神に対するわれわれの図々しさ、無思慮、大胆さがわれわれにとってそれほど当然のことになっているのは、神とわれわれとの間の事物の必然的状態ではない。プラトンの知恵は、すでに古くから、すべての所与の根源として、所与でないものを認識した。もっとも冷静な人生の知恵は、すでに古くから、主を畏れることは知識の初めだと主張した〔箴言一・七参照〕。ヨブ記の作者やコヘレトの言葉の記者ソロモンの目のような開かれた公正な目は、すでに古くから、直観の鏡の中に、その原型、不可視的なもの、神の計り知ることのできない高さを再発見した。いつも、主の語りかけは、嵐の中から聞き取ることができる。いつも、主の語りかけが要求しているのは、われわれが神の賛美者、または告発者として、われわれの同輩との間に訴訟を起こすように、神との間に訴訟を起こす場合、われわれは、自分たちにはあまりに高すぎること、自分たちの知らないことを愚かにも語っているのだという事実を知ることである。われわれの存在《ダア・ザイン》とその在り方《ゾオ・ザイン》の持つ問題性、存在するものとわれわれの実態のすべての持つ空しさと全面的な疑わしさは、開かれた教科書としていつもわれわれの目の前にある。全く謎にみちた神の「業《わざ》」（たとえば動物園の動物を見よ！）はいったい何であるか。直接的な答えのない、神のみが、ただ神自身のみが答えであるような純粋な問い以外の何であろうか。われわれの制限へとわれわれを指示し、それによってわれわれの制限を越えたところをわれわれに指し示す神の否《いな》は、「**世界の創造このかた**」かれの業《わざ》において「**理性的に認められ**」、冷静な、事態に即し《ザッハリッヒ》た、宗教的偏見のない考察によって確認され、把握されうる。神の観念がわれわれを救いに満ち溢れた危機の中に置くことには、われわれ自身がそれを妨げないかぎり、何の妨げもない。われわれが「理性的に認め」ようとしさえすれば、われわれはすでにこの危機の中に立っている。そして「理性的な認知」にとって、常に議論の余地のない事実であったこと、すなわち、神の不可視性、これこそが、まさに復活の音信《おとずれ》と一致して、神の「**永遠の力と神性**」なのである。まさにそれこそである。われわれが神については何一つ知ることができないこと、われわれが神でないこと、主は畏れかしこむべきであること、これがすべての神々に対する神の優越点である。これが神を神として、創造者、救済者として特徴づける点である（一・一六）。時と永遠、現在の世界と未来の世界の断絶線は（一・四）、事実全歴史を貫いて走っている。それは「古くから宣べ伝えられたもの」（二・二）である。それはいつも見られたかも知れない。神の怒りが、神の裁きの下に立つ人間にいつもかならず現われるということではない。その人間たちも、その裁く者を知り、愛することもできたかも知れない。もしかれらが見もせず、聞きもしないならば、「**それだから、かれらには弁解の余地がない**」。見る目を持ち、聞く耳を持つ者が、見もせず、聞きもしないのである。かれらの不敬虔は、弁解の余地がない。というのは「理性的に認めることができる」神の業《わざ》が、かれの「永遠の力」によって語りかけており、すでに知られている神でない神が、神をこの世のものである自然力、精神力、その他の諸力の仲間にしてしまうその仕事に対して、前もって抗議しているからである。かれらの不服従も、弁解の余地がない。というのは、「理性的に認めることができる」事実が、神の「永遠の神性」について証言しており、宗教的傲慢が、その体験に陶酔して神について語りつつ自分のことを言うのに対して、前もって抗議しているからである。——われわれが神の真理を閉じ込め、それによってかれの怒りを引き出したとするならば、それは、われわれがそれ以外の可能性を持たなかったからではない。「神はわたしたち一人一人から遠く離れてはおられません。われわれは神の中に生き、動き、存在するからです」（使徒言行録一七・二七、二八）。神から見れば、状況は全く違う状況なのかも知れない。

しかし「かれらの神を知る知識にもかかわらず」である。われわれの生の不可解さ、不完全さ、取るに足りないことをただ見さえすれば与えられる神を知る知識は、〔本格的〕認識とはならなかった。神の不可視性は、われわれが好んで「神」と呼んでいるものの、非常に問題を含んだ可視性よりも、はるかに耐えがたいものに思われる。創造者の永遠の根本的前提から、他の諸事物を越え、またそれと並んで物自体が生まれ、あらゆる具体性の生き生きとした抽象化から、最高のものであっても他のものの上に立つ一つの具体性が生まれ、あの霊から一つの霊が生まれ、近づくのがむずかしいが、それゆえに非常に近いものから、われわれの体験の永遠に不確実な対象が生まれた。創造者の光の中に――その光は、「だれも近づくことができない」から、永遠の光なのであるが――光そのものを見る代わりに、創造者を、たとえ最大の、非感覚的、超自然的光であっても、他の光の中の一つの光とし、その当然の帰結として自分自身の光を点じ、同じように当然の帰結として事物の中に、それら自身の光を求める。もし神がわれわれにとってもはや知られない方でないならば、われわれが当然神に献げるべき「栄光」はどこにあるのか。またもし、神がわれわれにとって、われわれと全く違ったものでないならば、神に献げるべき「感謝」はどこにあるのか。ゼウス、すなわち、神の代理を務めている神でない神に対して、プロメテウスが反抗するのは当然である。

このようにして、光はわれわれの中において暗闇となり、われわれに対する神の怒りは避けがたいものとなった。「かれらの思考は空しくなり、かれらの無知な心は暗くなった」。今やわれわれの障壁はただわれわれの障壁であり、神の否《いな》は、否であり、否を意味する。人間は、無意味に自己自身に頼って、無意味に支配するこの世の諸力に対立する。というのは、われわれの生は、この世においては、ただ真の神に対する関係によってのみ意味を獲得するからである。しかしこの関係が成立するのは、われわれの思考とわれわれの心が（「理性的認知」によって）、永遠を想起することを通じ打ち砕かれる場合においてであるに違いないであろう。ヨブの歩んだ道に成立する関係以外に、真の神に対する関係は存在しない。この破砕が行なわれないならば、思考は空虚であり、形式的であり、単に批判的でしかなく、不毛であり、満ち溢れる現象を統制できず、個を全体との関連で理解することもできない。打ち砕かれない思考は、事物に対して現実的な関係を持つことを放棄する。そして打ち砕かれない心、すなわち、どのような究極的洞察によっても見張りを受けていない、事物についての感覚は、逆に、思考を支配することはできない。この心は、暗黒で、目が見えず、無批判的で、偶然に委ねられてしまっているために、独自な実体を現わす。思考は、直観なしに理解することによって心情を失い、それゆえに空虚となる。そして心は、概念なしに直観することによって、無思想になり、それゆえに目が見えなくなる。精神と世界が知られない神を認識することなしでは、すなわち人間が自己と世界とを再発見するために、両者をそこで喪失せざるをえない真の神を回避するならば、精神は世界と異質になり、世界は精神喪失になる。

これが、われわれがさまよっている夜の原因であり、われわれの上に現われる神の怒りの原因である。

結果（一・二二―三二）

二二節　**かれらは自ら知者と称しながら愚かになった。**

逆説も持たず、永遠も持たない世界像、無知という背景を持たない知、知られない神を持たない宗教、われわれに対抗する否《いな》の想起を持たない人生観、これらのものは、それはそれで非常に結構である。特に単純さと直線的であることと何ら障害を持たぬこと、比較的確実で均衡が取れていること、「経験」や実践生活の要求に非常によく一致していること、すべての概念と基準が、適当に不明瞭で柔軟であること、そこに現われる無限の可能性への自由な展望――これらすべてのものは、繰り返して、この大地への信頼を呼び覚ますであろう。一度「理性的認知」（一・二〇）を断念したのちにも、この大地の上に立って、自分が賢明であると思い込むこともできる。夜もまたその知恵を持つ。しかしそうだからといって、ここに現われた、思考が空しくなり、心が暗くなる現象が、事実でなくなるのではない。あの打ち砕かれていない知恵の輝きは、神の怒りの下では避けられなくなった物事の進行を停止させないであろう。というのは、神が神として認められていないことは、単に一つの内面的、または理論的誤謬を意味するのではなく、人生に対する間違った基本的態度決定を意味するからである。空しい思考と暗くなった心とからは、かならずまた倒錯した行動が生じる。そしてこの打ち砕かれない人間が自己の確実な道を誇れば誇るほど、より確実にかれは愚かになり、深淵の忘却と故郷の忘却の上に立てられた道徳、すなわち生き方は、それだけ確実に虚偽となる。このことを洞察するのは、それほど困難ではないであろう。

二三―二四節　そしてかれらは、過ぎ去ることのない神の栄光を、過ぎ去る人間や鳥や獣や虫けらの像と取り違えた。それゆえ、神は、かれらを見捨てて、その心の欲情にしたがって、自分の体を互いに辱めるにまかせた。

「かれらは、過ぎ去ることのない者の栄光を、過ぎ去るものの像と取り違えた」。すなわち、神の特殊性に対する感覚が失われてしまったのである。過ぎ行くものから、過ぎ去ることのないものへの歩みが本当に踏み出されるはずである場合に、越えて行かなければならない氷河の裂け目や極地帯や荒廃地域についての思いが念頭から失われてしまったのである。神と人間の間の距離は、もはや何ら原則的な、鋭角的な、酸のような分解力を持った、ただ一回かぎり注目されるべき重要性を持たなくなる。神の不朽性、根源性、優越性と、われわれの存在《ダア・ザイン》とその《ゾ》在り方《オ・ザイン》の無常性、相対性、制限性との間の区別は消失する。ここでそれを見つめるはずの目が、見えなくなった。ここと向こうの間、われわれと全く他なる者との中間に、宗教的な霧または混合物が発生する。多かれ少なかれ性的な色合いを持った、さまざまな種類の同一化の技術や混合過程によって、あるときは、人間的または動物的な出来事が神体験へと高められ、あるときは、神の存在と行為が、人間的または動物的な体験として「経験」される。この霧の中にひそむ核は、（垂直に上から）奇跡がなくても、すべての与えられたものの廃棄がなくても、生誕と死の彼方にあるあの真理を度外視しても、神と人間との統一または、少なくとも両者の間の結合可能性は成立すると考える妄想である。宗教的体験とは、それがどのような段階でなされていようとも、空洞以上のものであろうとするかぎり、すなわち、神の内容、所有、享受であろうとするかぎり、かならず知られない神から与えられたときのみ真であり、真となることができることを、厚顔無恥にも先取りしようとして結局は失敗に終わる試みのことである。それがどのような歴史性、事物性、具体性を持つとしても、常に神に対する裏切りである。それは、神でない神、すなわち偶像の誕生である。というのは、この霧の真中においては、すべての過ぎ去るものが、比喩ではある〔ゲーテ『ファウスト』第二部最後の合唱参照〕が、ただ一つの比喩にすぎないことが忘れられているからである。過ぎ去ることのない神の栄光が、過ぎ去ってゆくものの模像（詩編一〇六・二〇）と取り違えられる。人間がその恐れ、また願いの対象に対して、かれの生存のための有力な手段に対して、かれ自身の思考または行為の結果に対して、あるいは、自然か歴史の印象深い現象に対して持つ関係のある一つのものが、それ自体として重要な意味を持つようになる。それが非常に重要なものと考えられるので、あの創造者、つまり知られない方の栄光を、模像の知られた栄光と取り違えることはできず、たとえこの模像の栄光がどれほど精巧で純粋なものであっても、創造者の栄光とは比較にならないから、取り違えることはできないのだが、この創造者、つまり知られない方を、固有な、究極的な仕方で指し示したとしても、この人間の関係が打ち砕かれることはないと思えるほどになる。神との、いわゆる無媒介的な出会いはそれ自身が真であろうとせず、濃縮されて一つの「経験」になろうともせず、それ自身を、ただちにふたたび廃棄して、ただ開かれた空間、指標、機縁、機会であろうとする時のみ真だと言えるのだが、この無媒介的な出会いから、今やまさにあの媒介的、派生的、間接的で、主を持たない神々や諸力や権力や支配（八・三八）が生じる。そしてこれらのものが、真の神の光を変色させ、曇らせる。ロマン主義的無媒介性の支配する国におけるほど多くの媒介性を持つところはどこにもない（インドを見よ）。そしていつでも人間と人間の根拠である究極の者との間にある質的に加重されたあの距離が見過ごされ、軽視されるところでは、かならず物神崇拝が生じ、「**鳥や獣や虫けら**」において、そして最後に、というよりは最初に、「**過ぎ去る人間の像**」（「人格」、「子ども」、「女性」）において、その精神的・物質的被造物や構成物や表現物（家族、民族、国家、教会、故郷など）において神を体験し――そしてすべてのあれこれのものの彼岸に住む神を放棄する。このようにして、神でない神が立てられ、偶像が立てられる。

「それゆえ、**神はかれらを見捨てた**」。あの取り違えは、報いを受ける。その取り違えがかれら自身の罰となる。真の神を忘れることと自身が、すでに神を忘れた者に対する神の怒りの爆発である（一・一八）。神でない神を立てるという企ては、それが成功することによって報いを受ける。神格化された自然力や精神力が、今や神々であり、ジュピターとマルスやイシスとオシリスやキュベレとアッティスとなってわれわれの生活環境を支配する。われわれの行動は、今やわれわれの欲するものによって規定される。強制的に、われわれは、自分で設定した目標を達成する。すなわち、われわれがその意味を誤解したすべての模像や比喩そのものが、目的となり、内容となり、終極となるのである。今や人間は、すべての事物の、すなわち、すべての「自然」と「文化」の奴隷となり、玩弄物になる。それらの事物の神における廃棄と根拠づけとを人間は見過ごし、今や人間自身が最高のものとしたもの以外に、より高い何ものもかれを護らない。かれの神関係の汚れは、かれの生をも汚れの中に突き落とす。神がその栄光を失ったならば、人間もまた栄光を失う。内面と共に外面も汚され、精神と共に肉体も汚される。というのは、人間は一体の人格だからである。今や人間の生の事物性と被造性は、かれの不名誉となる。今や情欲《リビドー》、すなわち狭い意味と広い意味における性欲は、人間の欲求と努力の全体の原動力として、非常に危険な、疑わしいものとなる。今や人間は、この世の成り行きの中に含まれる汚辱の全体を、汚辱として背負い、嘆き、呪い、神から遠く離れているために、いつも新たに汚辱を造り出して行かねばならない。人間は、この世の知られた神を体験しようとしたのである。今やかれは、知られた神を体験している。

二五―二七節　かれらは神の真理を変えて虚偽とし、造《つく》り主の代わりに、造られた世界を聖なるもの、崇拝に値するものとして取り扱った。――造り主こそ永遠にほめたたえられるべきものである。アーメン。それゆえ、神はかれらを見捨てて恥ずべき情欲に任せられた。すなわち、かれらの女は、その自然の性関係を不自然なものに変え、男もまた同じように女との自然の関係を捨てて、互いにその情欲の炎を燃やす。男は男に対して恥ずべきことを行ない、そしてその乱行の当然の報いを、自分自身の身に受けたのである。

「かれらは神の真理を変えて虚偽とした」。神からの離反、原則的なものとして入りこんできた離反は、やがてより尖鋭な形を取るであろう。被造物において神を直接的に体験することは、偶然的な、いわば冗談半分の取り違えであり、はるかに表面的な誤謬であり、神の真理を、たくさんのあらゆる種類のこの世の諸真理の中に解消することでもありうるだろう。しかし一度このような可能性が生まれると、真理と虚偽とを取り違える深刻な誤りは、それほど長く待たされてはいないであろう。神と人間との間の真中に立つ小さな霧は、あの距離がそこで消失するのであるが、みるみるうちに雲海となり、そこではこの対立する両極そのものは分からなくなる。知られない神に対する半ば意識された対立は、まぎれもなく明白なものとなる。強い光線でくらまされた目は、病気になる。偶然に王座につかせられた権力と支配力は、その地位になじんで「永遠の力と神性」（一・二〇）という後光で取り囲まれる。他方、永遠の根源である造り主は、いよいよ「抽象的な」、「理論的な」、あまり好まれない、大して重要でもない者となる。もっとも具体的な者である神でない神が勝利する。とはいっても、知られない者の不毛な残滓が、世界内的な重要性と栄光の上部になお残っており、最後の、偶然的に呼び出された秘密が、われわれが神と呼ぶものの彼岸に残っているのではあるが。唯一の現実、すなわち、知られない、生きている神は、今や架空の、問題に満ちた、非現実的なものとして現われ、——それに反して、きわめて架空のもの、問題に満ちたもの、非現実的なものが、すなわち、神と無関係になった世界、神への想起によって打ち砕かれない人間が、確実性と必然性と現実性の後光をもってそこに立っている。世界は、「聖なるもの、崇拝に値するものである」——いざとなれば、創造者のことはさておいても。この点については、自然科学的・歴史的世界観と哲学的・神学的世界観とは、外見よりはるかに一致している。世界は、単に神と並んで立つだけではない。むしろ世界は、神の代理となった。世界そのものが神となり、「古い型の信心家がかれの神に要求するのと同じ敬虔」（D・Fr・シュトラウス『著作集』VI 97）を要求する。しかしながら、この神の世界の内部での対立（自然と文化、唯物論と観念論、資本主義と社会主義、この世性と教会性、帝国主義と民主主義など）は、実際現われているほど深刻ではない。これらのものは、この世界の内部における対立であって、そこには逆説も否《いな》も永遠も存在しないのである。

「それゆえ、神はかれらを見捨てた」。打ち砕かれない自然性は純粋ではない。その自然性が、宗教的な光明で輝くとしても、それは何の役にも立たない。その自然性の中には、ただその発現の時を待ち望んでいる不自然、反自然がいつも隠されている。神と世界の取り違えは、自然の放任を意味するから、そこからは、欠くことのできないもの、避けることのできないものと、それの悪魔的な諷刺画との取り違えが生じる。しかもこの諷刺画は、根本的には、あの欠くことのできない人と同一線上にある。もともと疑わしいものが、不条理に転化する。すべてのものが情欲《リビドー》となり、生は限界を知らぬ色情性《エロティーク》となる。というのは、神と人間の間に、遮断された境界、究極的な、容赦ない障壁と障害がないならば、「正常なもの」と倒錯したものとの境界は越えられてしまうからである。

二八—三一節　なおこの状態のもう一つ最後の尖鋭化が考えられる。そして事実、この倒錯した神関係においても、なお、「理性的認知」が残っており、宗教的傲慢に対抗する神の秘密についての、究極的な自覚が警告を発し続けている。この秘密の反照は、神々となった世界の諸力の上にも、神格化された世界の万有の上にも残っている。そしてこの神でない神を越えて、その上に残っている知られない者の不毛な残滓は、ときおり、予感または戦慄となって妨げながら力を振るうこともある。しかしこのようなことも止むことがありうる。病める目は、見えなくなりうるし、認識の欠如は、神についての不認識、すなわち「無知」（コリント第一書一五・三四）となりうるのである。「神を認めるのに必要な判断を失ったように（かれらは、もはや真剣に驚いたり、恐れたりできなくなり、感覚や経験や体験以外のものを計算に入れることができない。かれらは、およそ今ではもう上からの光も背景もなく、多少とも気のきいた詭弁で考えるだけである）、神はかれらを見捨てて、役に立たない思いに引き渡し、かれらがかろうじて倒錯したことだけを行なうにまかせ、ただ不服従と無益なことと貪欲と悪意とに溢れ、ねたみと殺意と争いと詐欺と悪念に満ち、讒言《ざんげん》する者、そしる者、神を憎む者、不遜な者、高慢な者、大言壮語する者となり、俗悪なことをたくらみ、親に逆らい、無知、無性格、無情、無慈悲になるに任せる」。このようにして、最後の空無化と破壊が始まる。混沌は、その構成要素に分解し、何をやっても構わないということになる。ある時は原子群は旋回し、ある時は生存競争は激化する。理性そのものが非理性的となり、義務や共同体の観念は、実質内容のないものとなる。個人的な欲望と社会的不正に満ちた世界が現われる——それは皇帝支配の時代のローマだけとはかぎらない。ここに現われるのが、われわれの打ち砕かれない生存の真の本性である。われわれの不敬虔と不服従は、神の怒りの下に置かれる。そして今や、かれの裁きは、われわれの裁きであり、裁き以外の何ものでもない。そしてわれわれは、人間の不可能性を、真の、究極的な不可能性として経験する。

三二節　このような問題関連を洞察することは、決してむずかしくないはずであろう。しかし、かれらは、こうした方向で生きようとする者どもが死に値するという神の定めを知っていながら、自らも共にそれを行なうばかりでなく、このような方向の生き方を是認しさえしている。

これが、自ら愚かになった（一・二二）夜の知恵である。この夜の知恵が愚かであるのは、絶えず事実によって反論される人間的事物についての浅薄な考察に、動揺もせず固執しているからである。その知恵は、打ち砕かれることのない人間の道がどこへ通じているのかを知っている。その方向と目標の意味についても、はっきりした理解を持っている。その知恵は、原因と結果を知っている。しかし自ら、停止命令をあえて受けとめることはしない。いつも地上の存在のもろさに対する奇妙な嘆きと、人間の罪性に対する、これまたこの大地に根拠を持っていることを洞察しえない訴えとが、自己の創造者を忘れた人間の行く手につきまとっている。

しかし、いつも最後になると、かれらはこの大地を見つめ、その上に築かれたすべてのものを肯定し、求め、継続させ、是認し、そして——すべての根本的な抗議からこれを守るのである。この忘却の結果、すなわち夜の彷徨の終局は死であることが、これほど明らかに知らされているのに、この忘れられた者を想起することが、どうしてこれほどむずかしいのであろうか。

第二章　人間の義

裁く者（二・一―一三）

「神の怒りの啓示」（一・一八）と理解されなければならないのはだれの状態であるのか。この世の知られた神、神でない神とはだれの神か。不敬虔で、不服従で、そのために神に捨てられているのはだれか。問題なのは人間一般なのか、個々の人間なのか。障壁とは認められないが、それゆえに障壁であり続ける障壁と、この神関係に対応する生の空無化と暗黒化とは、われわれすべてがそこから由来する前提なのか。あるいはたとえ大多数の人々が問題であるにしても、やはりごく特定の人間だけが問題なのか。神の怒りはやはり歴史的また精神的に制約された、他の可能性と並ぶ一可能性にすぎないのか。神の怒りの夜の中には、それ自体としてはもはや暗黒の中にいない光の軍勢に属する戦士も存在するのではないか。不敬虔、不服従と並んで、人間の義もまた存在するのではないか。人間が、それによって生存のいっそう高次の段階を占め、そこに立てばあの死に値する普遍的な定め（一・三二）を免れる多くの畏敬と謙遜が考えられ、存在するのではないか。信仰もまた一つの歴史的、精神的現実ではないのか。信仰者はその信仰によって、われわれすべてを制御するものから遠ざかり、この世が神と異質的であるという重荷を免れることができるような状態に移されるのではないか。普通の一般的な者と対立する一つの地盤を獲得することができるような状態に移されるのではないか。つまりこの地盤に基づいて信仰者は（「しかもわれわれは」）おそらくは気の毒に思い、思いやりをもって、しかし原則的にはもはや関与しないで、まだ自分でできる状態にはなく、「それ」をまだ理解せず、自分のものとしなかった人たちに視線を向けることができ、またそうしてもかまわないのである。古くから宣べ伝えられた神の救済の音信《おとずれ》を聞くことによって不幸の海のただ中に幸いなる人たちの島ができたと言えるのではないか。アブラハム、イサク、ヤコブの未知の神に栄光を帰すという想像できる可能性が、重くのしかかる神の怒りを免れるという、同様に想像できる可能性を与えるのではないか。われわれの存在《ダア・ザイン》とその在《ゾオ・ザイン》り方に対して神の与える危機に人間が率直にさらされ、またこうして神と共に批判する者となるという、考えることのできる例外的場合がこの人間に対して暗闇からの出口を開くのではないか。あるいは原因と結果、離反と破滅というあの円環は、実際逃れることができないように閉ざされていて、常にいたるところで人間としての人間、世界としての世界の特徴であるというのではないか。

一―二節　それゆえに、人間よ。あなたがだれであろうとも、あなたの判決について弁解の余地はない。というのは、あなたは他人に判決を下すことによって、自分自身を断罪し、判決を下すことによって、あなたは同じことを行なっているからである。しかしわれわれは、神の判決が真理の尺度により、このようなことを行なう者たちすべての上に下るとい

うことを知っている。

「弁解の余地はない」。知られない神を知らない者に対しても（一・一八、一九）――知っている者に対しても、自分を受け入れるどのような根拠も可能性もないのだ。神を知っている者もまた時間に属している。かれらもまた人間である。人間を神の怒りから免れさせるどのような人間の義もありえないのだ。人間を神の前に義とするどのような事物の大きさも、どのような場所の高さもないのだ。それ自体で神を喜ばせるようなどのような心身状態も姿勢もなく、どのような心情も気分もなく、どのような洞察も概念的理解もないのだ。人間は人間であり、そして人間世界の中にいる。「肉から生まれたものは肉である」（ヨハネ福音書三・六）。すべての物にはその時がある。人間において、人間をとおして、存在と形態と拡張とを得るものは、いつでもどこにおいてもそのものとしては不敬虔であり、不従順である。人間の国は決して神の国ではない。だれも例外とされず、だれも重荷を軽減されず、だれも免責されない。幸福な所有者は一人もいない。

「あなたは他人に判決を下すことによって、自分自身を断罪する」。あなたはある立場を取ることによって、自分自身を不正に引き渡す。あなたが「わたしは」とか「われわれは」とか「それはつまりこうだ」と言うことによってあなたは、過ぎ去ってゆくものの栄光を過ぎ去らないものの模写と取り違える（一・二三）。あなたは何か可能なことを企てるかのように知られない神に栄光を帰することを企てて、改めて真理を殻に閉じ込めてしまう。あなたは畏敬と謙遜をあなたの善として要求する、――そしてあなたはまさにそうすることによって不敬虔な、不服従な者となる。あなたはあなたの洞察と眺望とを口実として、この世の重荷から解放される。――そしてまさにそれゆえにその重荷は他のどのようなものにもましてあなたの上により重くのしかかる。あなたは神の秘密を知る者として自分をあなたの兄弟たちから切り離す。それはおそらくかれらを追いこしておいてから、かれらを助けようという最良の意志をもってそうするのである――そしてまさにそれゆえにあなたは神の秘密については全く何も知らず、人を助けるのに全く向かない者である。あなたは他人の愚かさを他人の愚かさとして見抜く――そしてあなた自身の愚かさはまさにそのとき天に向かって叫ぶ。それは否《いな》と言うことでも、生の逆説への洞察でも、神の裁きに対する屈服でもなく、神への期待でも、「打ち砕かれること」でも、「聖書的人間」の姿勢でもない。それらが姿勢、立場、方法、体系、主題《ザッヘ》であるかぎり、また人間がこれによって自分を他の人間から引き立たせようとするかぎり、それはそういうものではない。信仰もまた、何らかの意味で空洞以上のものであろうとするかぎり、不信仰である。というのは、もちろんまたしてもそういうものが、すなわち、神の〈現われた真理〉を、言い換えれば、あらゆる不安の中の不安を抑えようとする奴隷の不服従が存在するからである。もちろんまたしてもそういうものが、すなわち、神と人間との距離を誤認し、間違いなく神でない神を王座に高めるであろうような高慢、不遜が存在する。もちろん、またしても不可避的に神に対する人間の孤立化を引き起こすであろうような人間と神との同一視、すなわち、「主の神殿だ」（エレミヤ書七・四）というあの古い叫び声を持った直接的なもののロマン主義が存在する。あなたが今行なっているまさにそのことが神の怒りを起こさせる人間の反抗である。「あなたは他人に判決を下すことによって、自分自身を断罪する」。

「判決を下すことによって、あなたは同じことを行なっている」。したがって人間一般について語るべきことは、神の人たちについても語るべきである。かれらは人間として他の人間と何ら変わるところがない（一・二）。一般史中の小部分、一定量としての特殊な神の歴史というものは存在しない。すべての宗教史も教会史も徹底してこの世の中で演じられる。ところでいわゆる「救済史」はすべての歴史の連続的危機にすぎず、歴史の中の、あるいは歴史と並んだ一歴史ではない。聖徒でない者たちの間には聖徒はいない。まさにかれらがそういう者であろうと望むかぎり、かれらはそういう者ではない。まさに自分たちの批判、自分たちの抗議、自分たちの告発は、自らその下に立つ代わりに、これをこの世に投げ返すかぎりで、それはかれらを不可避的にこの世と同列に置く。この告発は世界の内部で生じるのであり、それは危急から生じるのであって、援助から生じるのではない。それは生についての言葉であって、生そのものではない。夜の人工的光であって、日の出や夜明けではない。そのことは預言者であって神の国の使徒であるパウロにも当てはまるのだ。エレミヤにも、ルターにも、キルケゴールにもブルームハルトにも当てはまるのだ。「愛」と無邪気さと厳格さとについてはイエスをはるかに凌駕し、まさにそれによって本質的に告発者の役割を果たす聖フランチェスコにも当てはまる。トルストイの破滅的な聖《きよ》さについてまでは言わないとしても。駆り立てられ、自ら駆り立てながら、すべての人間的なものは流れと共に浮かび、流れの上をただよい、またそれどころか、その流れに逆らうようにさえ見える。キリストはどのような意味においても正しい者たちの間には住まない。神のみが正しい者であろうとする。そして神の正しさのために戦いつつも、自らを不正に引き渡すより他ないというのがあらゆる神の人たちの悲劇である。しかし、それはそうでなければならない。というのは、神の人たちが神の代わりをするべきではないからである。

「われわれは、神の判決が真理の尺度により下るということを知っている」。真の神の人たちは自分たちのこの悲劇的で逆説的な状態を知っている。かれらは、ある立場を取るとき自分たちが何をするのかを知っている。また本来そういうことはありえないということを知っており、自分が召命を受けているからといって自分が赦されているとは見なさない。かれらは、信仰とは、どのような歴史的、精神的現実をも要求しないで、言い表わすことのできない神の現実であるかぎりでのみ信仰であるということを知っている。かれらは「理性的な認知」（一・二〇）

がどのような方法でも策略でもなく、永遠の認識根拠であることを知っている。かれらは、信仰自体が他のあらゆる人間的なものと同様に義とするのではないということを知っている。かれらは、逆説を新しい所与性と事物性とするが、それによって、まさか逆説から免れることはないであろう。だがかれらは神の否《いな》を、かれら自身の人間的否とあまりにも近いものとすることによって、決してこの神の否を無力にすることはないであろう。しかしかれらは、裁きに対して当然するべき屈服を、時間の中で進む救済の道（救済の秩序《オルド・サルーティス》☆45）の途上の停留所として経験し、その結果それを何かすでに経験されたこととして置き去りにすることによっても裁きの厳しさからは決して逃れることはないであろう。かれらは救いの音信《おとずれ》という現われ始めた神の義を、どのような意味においても、自分のための隠れ家、他人に対する要塞とはしないであろう。かれらは、神の判決が真理の尺度により下ることを知っている。人間が神の真理の尺度で測られるとき、だれがこれに抵抗できるだろうか。そのときすべてのものが、いつ、いかに、どこで転覆しないというのだろうか。

三―五節　人間よ。もしやあなたは、この全方面でのあなたの判決を下し、自ら共に同じことをしながらまさに神の判決を逃れるであろうと計算に入れているのか。それともあなたは神の慈愛の豊かさと神の手控えと神の忍耐とを誤解し、神の慈愛があなたを悔い改めへと駆り立てようとすることに気がつかないのか。そうだとすれば、あなたは自分のかたくなさと悔い改めのない心をもって、神の正しい裁きの現われる怒りの日に怒りの宝を積み重ねているのである。

「もしやあなたは、まさに神の判決を逃れるであろうと計算に入れているのか」。これは人間の義の誤算であろう。いわば間違った簿記である。すなわち、神の貸方に記入されるべきものを、人間の義は自分自身の貸方に記入する。神によって人間の義に与えられているものを、人間の義は人間の可能性と現実性にする。人間の義は、永遠の中で自らに贈られているものを、時間の中での権利として要求する。人間の義は、この世においては、いっそう高次の見張台に立つことが、何とつまらないことかを見逃す。人間の義は、答えることのできない問いが、今ここで自分に向けられているのを見逃す。人間の義は、世界史が世界法廷[☆46]〔裁き〕でないということを見逃す。そして人間の義は、愚かにも目に見える時間的なものを捕らえていながら、目に見えない永遠的なものを取り逃がす。人間の義は、信仰があたかも人間の業《わざ》であるかのように、それを鼻にかけるが、まさにそれと共に、信仰の中に働く神の業は休止し、信仰もまた、地上のすべてのものが無価値で滅ぶべきものであるという法則に服する。あなたは真理の尺度にしたがって下された神の判決を逃れようとすればするほど、それを逃れ切れないであろう。

「あなたは、神の慈愛があなたを悔い改めへと駆り立てようとすることに気がつかないのか」。とにかく光の軍勢に属するこのような戦士、すなわち、洞察と眺望を持った人間、イエスの時代のユダヤ人のように究極の事物について何かを認めた人間、神自身を、神のみを待望することが自分たちにとって何か既知のことである人間が、どうして存在することになるのか。それにもかかわらずそのような人間もまさに人間であり、その人間が生きているこの世もまたまさにこの世である。しかしこのような人間を越えて、その背後に、その上に一つの奇跡が起こった。かれらに恵みが与えられている。すなわち、主がヨブと語ったように嵐をついてかれらと語ったという不可解な事が〔ヨブ記三八・一〕。かれらはかつて、不敬虔な、不服従な態度で驚いた。かれらは、われわれの神と呼ぶものが神であるかのように思っていた夢から揺り起こされた。宗教的な霧と神の怒りの雲というヴェールが裂けて、かれらは究めがたいものを——見、神の否《いな》！　を——聞き、われわれの生存の限界、裁き、逆説を——感じ、危急と希望に満ちて、人間生活において問題となっているものを予感した。かれらは恐れとおののきとをもって正気にかえり、敬意を払うにいたり、「理性的に認める」ようになった。かれらは——神自身の前に停止するより他なかった。しかしこれらすべてのことは何なのか。それは特に才能を与えられ、また指導された人間の神秘主義、直観、エクスタシー、奇跡的行為なのか。それは純粋な魂の体験か、それとも賢明な頭脳の発見か、それとも確固たる意志の成果か、それとも心からの祈りの結果か。否、というのは他の人たちの方がいっそう純粋で、賢明で、精力的で、誠実であるが、神は決してかれらと語り合わなかったからである。「理性的に認め」なかった神秘家や、エクスタシーに陥る人がいる。人間が付け加えるものは、重要なものとなりえない。それは神の前には、常に無に等しいようなものである。神の前にあって人間の驚きとなり、目覚めとなるものは、それ自身としては人間に属するのではない。神が語り、認識されるところでは、人間の存在、所有、享受は問題となりえない。神に選ばれている者は、神を選んだとは言わないであろう。神に対する畏敬と謙遜がある人間の中に場所を持つという事実、すなわち、信仰の可能性は、ただ不可能性としてのみ理解されるべきである、言い換えると、〈わたしは目が見えないのに、見えるという資格があるのだろうか〉という説明しがたい「神の慈愛の豊かさ」としてのみ理解され——〈どうしてわたしが何千人中の一人の例外者となるにいたったか〉という神の怒りの説明しがたい「手控え」としてのみ理解され、——〈いったい神が、まさにわたしにこのような前代未聞の可能性を与えたのは、神がわたしに何を期待できるからか〉というわたしに対する神の説明しがたい「忍耐」としてのみ理解されるべきである。この「わたしが」と「わたしに」を根拠づけ、説明するためには、何も、全く何も持ち出すことはできない。それは完全に未解決である。それは純粋な、絶対的な、垂直の奇跡である。それは人間の体験なのだとして語られるどの言葉も、それがあるという主張すらもすでに行きすぎである。もちろんわれわれはまたしても、それ自身はどのような延長も持ちえないあの断絶線に直面するのだ。しかし「神の慈愛があなたを悔い改めに導こうとする」というこの奇跡の弁証法からこういうことが生じる。神に由来して、ただ神にのみ由来して、人間において真となるものは、全く神のもとへ来なさいとの新しい呼びかけ、すなわち、回心を勧め、畏敬と謙遜とを勧める新しい呼びかけ以外の何か別のものとなることはできない。それは改めてすべての確かさを手放し、すべての名声を見捨て、改めて神、すなわち、知られない神に栄光を帰するよう勧めるが、あたかもいまだかつて、いまだ何も生じたことがないかのように、それを勧誘するのである。そこから導き出されるどの要求も、どの所有権も、選びの誤解であり、呼びかけの誤解であり、神の誤解である。例外者の地位を積極的に主張することはいずれの場合も、神について何ものかを認めた人をまだ全く何も認めなかった人と同じにしてしまう。「あなたは、神の慈愛があなたを悔い改めへと駆り立てようとすることに気がつかないのか」。これが唯一可能な真の承認であるということを、あなたは知らないのか。

それに気がつかなければ、「**そうだとすれば、あなたは自分のかたくなさと悔い改めのない心をもって、怒りの宝を積み重ねている**」。この誤解は凝縮し、濃縮し、すなわち、硬化してただちに誤解の塊になる。そして人間がさらに考え、語り、行動し続けるすべてのことは、それがたとえ最高の純粋なものであろうと、ひとたびそのように誤解され始めると、このような誤解の塊となる。(生一般と対立する何か特殊なものとしての)典型的に「宗教的な」生が成立するが、このような生はロマン主義的な信じるに値しないものであるという点については、宗教軽蔑者に対するどのような講話☆47もそれを救うことはできない。預言者の神の義からファリサイ派の人間の義が生じる。しかし人間の義はそれ自体としては不敬虔であり、不服従である。誤解された神の慈愛、すなわち、神へと向けられた態度の事物的、対象的存在は、ファリサイ派となった預言者に対して、自分がすでにその下に立たされている神でない神の支配、威嚇的に蓄積された神の怒りをまだ隠している。偽造された貸借対照表は自己の状態の深刻さをまだかれに対して隠している。かれはなおさらに高く高く、神の要求、神の保証、神の享受というバベルの塔を築くことができるかも知れない。しかしかれの送る人生の日を覆うこのようなカーテンの背後には、すでに怒りと正しい裁きの永遠の日が忍び寄っている。このような高みに立っていながら、かれはすでに墜落している。かれは神の友でありながらすでに神のもっとも激しい憤激を買った、憎悪された敵である。かれは正しい者でありながらすでに裁かれている。自分が何ものであるかが突然、明らかになり、また公にされたとしても驚いてはならない。

六―一一節　というのは、その人間が測られる尺度はこの世のものではないからである。それは神自身と同様に永遠である。それは神自身である。神は人間の中に、繰り返して、率直さだけを、それだけを求める。神はわれわれを廃棄することによって、われわれを基礎づける。かれはわれわれを殺すことによって、生かす。われわれはみな変化させられることによって、救われる、すなわち、最後のラッパが鳴り響くときに。問題なのはそういうことである。正しい者もまた、この神の前に立つ。他ならぬ正しい者、信仰者が神の前に立つ。この神は、おのおのの者に、その業《わざ》にしたがって支払いをするであろう。すなわち、善い業の特徴である忍耐強さをもって、神の栄光、ほまれ、不朽性を求める者には、永遠の生命をもって支払いをする。しかし奴隷的心情を持ち、真理に従順でなく、不従順にしたがう者には、怒りと憤りとが待ちうけている。したがって悪を行なうすべての人間の心にも、ユダヤ人をはじめギリシア人の心にも苦悩と困難が待ちうけている。しかし善を行なうおのおのの者の上には、ユダヤ人をはじめギリシア人にも栄光とほまれと平和とがある。というのは神においては人の外見を顧みることはないからである。

「神は、おのおのの者に、その業にしたがって支払いをするであろう」。だれが支払いをするのか。すべての人間がその前では取るに足りない者、偽り者となるその方である。人間が不正に奪い取ったその富についても、決して忘れてはならないその方である。力と憐れみとはかれのものである（詩編六二・一〇―一三、七十人訳）と断固語った方である。人間がこの方について、〈わたしはこの方を知らない〉と告白せざるをえず、ところがさらに自分がこの方に知られていると認めるその方である（箴言二四・一二、七十人訳）。その方、すなわち、神が人間の業《わざ》の代価を支払う。この方は、人間たちに分かち与える評価によって人間たちの価値と無価値とを創造する方である。したがって何が善であり、何が悪であるかは、この方において決定される。

この方においてわれわれは、われわれの意味か無＝意味かを、われわれの天国か地獄かを体験する。「業」、すなわち、人間としてのわれわれのすべての行動、精神的、歴史的形態を取るわれわれの態度と気分、これらのものもただ精神的、歴史的意味を持つにすぎない。たとえその意義がその望むとおり、どんなに高かろうとも、われわれはそれを過大評価したり、永遠にまで高めてはならない。永遠の買い手、その永遠の代価を支払い、永遠の価値を与える一人の方、唯一の方は神であり、しかも常に変わらず神である。

さてそこで、神は「神の栄光、ほまれ、不朽性を求める者には、永遠の生命をもって」支払うという奇跡、したがって、人間の制限の中で、歴史的、精神的に神に対する畏敬と謙遜として、つまり神自身の、神のみの探求として現実的となるものには、神の事実上の発見が対応するという奇跡が起こるかも知れない。信仰という器《うつわ》は、それがどんなに公然とみすぼらしいものであっても、永遠の生命の内容を持つということが起こるかも知れない。人間の待つことと急ぐこととの「忍耐強さ」が、一人の人間において、またかれをとおして起こる「善い業」の特徴であるということも起こるかも知れない。ある者がこの世において「肉」という全くの弱さを持ち、最高の疑わしさのすべての徴候を持っていながら、行なうことは善であり、到来する世界の栄光、ほまれ、平和をすでに自らにそなえているということが起こるかも知れない。しかしこの可能性は人間的に実現されもせず、ただ現実的なものと考えられもしない。この可能性は、それが成立する時は、徹底的にただ神からの可能性としてのみ成立する。この可能性に対しては、ユダヤ人もギリシア人も、神の人もこの世の人も一列に肩を並べる。両者は約束に、ただ約束に与《あずか》るにすぎない。このような可能性の実現は人間の義として他の人間の義とあるいは不義と、決してどのような形においても対照的となることにはならないであろう。信仰者、すなわち、善い業の実行者は、自分の所有であるこの自分の業を他人が所有しないことに対して最後の切り札とすることは決してないだろう。かれは決して「わたしがする」とは言わず、常に「神がする」と言うであろう。かれは決して「神が支払った」とは言わず、常に「神が支払うであろう」(二・一三、三・三〇、五・一七、一九)と言うであろう。神に対する畏敬と謙遜とは決して空洞、欠如、希望以外の何かであろうとはしないであろう。というのは、人間がこの世においてあがめ求める栄光は神のものであり、またあり続けるからである。

しかし「不従順にしたがう者には、**怒りと憤りとが待ちうけている**」という別の、恐ろしい奇跡もまた起こるかも知れない。すなわち、人間の目にはおそらく明白な畏敬と謙遜であるものに対応するのは真の神の発見ではなくて、神でない神の発見(一・二三、二・一—二)であるという奇跡も起こるかも知れない。すなわち、神の不満の現われに対する期待(二・五)もまた起こるかも知れない。神が人間の行為に怒りと憤りとをもって「支払いをする」ということが起こるかも知れない。預言者的感動として明白に存在しているものが、神の前には「奴隷的心情」、すなわち、「雇い主ならとるような献身的態度なしに、ただ賃金のために自分の労働をするのを常とする日雇い労働者の考え方と人生観」（ツァーン）☆48であるということが起こるかも知れない。真理に対するさらにはっきりとした従順が最高の不従順なのかも知れず、明白な謙遜が不服従以外の何ものでもないのかも知れない。人間が「よいと考える」ことが、悪意の業であり、深く裁きの陰に覆われることがありうる。この可能性もまた人間的には捕らえうるようにはならないだろう。この可能性もまた神によって、ただ神からのみ成り立つ。だれも決していつも安心してこの可能性の前には立たない。他方、ユダヤ人もギリシア人も、神の人もこの世の人もこの可能性に対しては一列に肩を並べる。つまり同じ脅威の下に立つ。人間の義は、神という買い手の目にはどのような価値も持たず、売れ残ったままになるという可能性に直面して、決して、どのような形においても、安心していられない。不敬虔と不服従とは、決して、それとは違ったものとはならないであろう。われわれが歴史的にも精神的にも信仰と呼んでいるもののきわめて美しい形態を取った最高の段階においてさえ、違ったものとはならないであろう。裁く者は決して正しい者をも裁く権利を奪い取られることはないだろう。かれは裁く。かれ自身が、かれのみが。

「というのは、神においては人の外見を顧みることはないからである」。一人の人間が他の人間に対して持つ優秀さとして、精神的にも歴史的にも見えるようになりうるものは、ただ

「人《ペルゾーン》」だけ、容姿だけ、仮面だけ、芝居の中で引き受けた役だけである。人間を人間仲間の間にあって優れたものに見せるものは、すべて仮面である。そうしたものは自分のうちにその価値を持つ。しかしそれは決して永遠の卓越を意味せず、すべての過ぎ去るものの持つ危機を越えて、過ぎ去ることのないものに達する卓越を意味しない。神が測るのに用いる尺度はこの世のものではない。神は仮面を顧みない。正しい者もまた神の前では正しい者の役割で立つのではなく、真にあるがままの者として立つ。すなわち、おそらくは、過ぎ去ることのないものの探求者として恵みを受けて立つのであろう。おそらくは不服従な奴隷として罰を受けて立つのであろう。いずれにしても、人間は人間であって、神は神であると、見抜かれ、洞察されて神の前に立つ。ファリサイ主義の魅惑的な安全保障の何がここに残っているだろうか。

一二―一三節　**律法から離れて罪を犯した者たちも、律法から離れて滅びるであろう。また律法の眼前において罪を犯した者たちは、律法によって裁かれるであろう。というのは律法を聞く者たちが神の前に義なのではなくて、律法を行なう者たちが義と宣告されるであろうから。**

もう一度問おう（二・四）。いったい人間の義はどのようにして成立するのか。答えはこうである。神の啓示によって、神の「律法」の顕示と伝達とによって、ここかしこにおいて人間を信じさせるようにし、畏敬と謙遜において神に従順となる（二・一四）ようにする神の接近と選びとによってであると。しかし主によって起こったことは、われわれの目には奇跡であり、それは人間には優秀さと安全保障に対するどのような要求も与えない。罪人は罪人である。だれが罪を犯さなかっただろうか。離反は離反である。だれが離反しなかっただろうか。かれらにとって未知である律法から離れて罪を犯す者と、かれらにとって既知である律法にそむいて罪を犯す者との間の、すなわち、人間の不信仰と信仰との間の段階的区別が、われわれが精神または歴史と呼んでいる表面的なものにおいてどんなにか目に見える、重要なものになるとしても、人間に対する本来的決定、すなわち、人間が滅びるか救われるかの、かれが神の怒りの下に留まっているか救われているかの決定は、この区別の基準によって下されるのではない。こちらにもあちらにも消滅が存在する。決定的なのは律法を行なうこと、すなわち、神によって命じられた可能性を実現すること、したがって人間が取る態度の内容、意義、意味である。そしてこの意味は、神によって人間に与えられたりあるいは与えられなかったりする。この意味は神の意味であって、人間が律法を持ってか持たないでか、存在しまた生きるという点での人間の意味ではない。「律法を聞くこと」、啓示を認め、理解し、体験すること、それは役に立たない。最高の啓示を体験することすら役には立たない。人間から生じるものは、人間を救うことができない。そのようなものが「**神の前に義なのではない**」。「**律法を行なう者たち**」とは、かれの律法に耳を傾けて聞く者、「隠れたところでユダヤ人であるユダヤ人」（二・二九）である。しかしこのような正しい者の義は、かれらが「義と宣告されるであろう」という点において成立する。よく理解してほしい。「かれらが義である」というのではなく、また「かれらが義と宣告されている」というのでもない。むしろ人間の独善の究極の姿、このような義の所与性と事物性の究極の姿が消失してしまうように、「かれらは義と宣告されるであろう」（三・二四）ということである。かれらは不義であるこの世において、やがて来る世の義を受け継ぐ権利を持つ。かれらは時間の中で、永遠の運動への原動力を受け取った。かれらの義は、かれらが自分たちの人間の義の全体を繰り返して、自分たちが所属する神に引き渡すという点において成立する。その義は、自分自身の義を根本的に断念する点において成り立つ。律法がこのような行為者を見いだし、啓示がこのような信仰を見いだすとき、キリストは「信じる者すべての義のための律法の目標」（一〇・四）である。そこにわれわれをまず認識した方の認識がある。しかし裁く者は、天地が新しくなるまで、裁く者であり、また、あり続ける。

裁き（二・一四―二九）

一四―一六節　さてもし律法を持たない異邦人たちが、かれらの自然状態のままで、律法が要求することを行なうということが起こるとするなら、かれらは律法を持たなくても、自分自身が律法なのである。このような人たちは、律法によって要求された業《わざ》を提示する。すなわち、かれらの心に書き記《しる》されていることを（そのさいかれらの良心と、かれら相互に訴え合ったり、また弁解し合ったりする思いもその証人である）、すなわち（わたしの救済の音信《おとずれ》によると）神がキリスト・イエスによって人間の隠れた事柄に判決を下す、その日に提示する。

神が、裁く者として理解されるなら、そこに生じる洞察に基づく、非常に躓きに満ちた、驚くべき、不可視的な伝達がある。すなわち、啓示を持たない人間が啓示を持つ者として神の前に立つ。眠っている者が目覚めている者として、不信仰な者が信仰ある者として、正しくない者が正しい者として立つのだ。この驚くべき事実、この木製の鉄というようなものが今や人間の義の眼前に立てられなければならない。

「律法を持たない異邦人たちが、律法が要求することを行なう」。「律法」とは神によって与えられはしたが、まさに与えられて一回かぎりで完結した啓示のことであり、時間の中、歴史の中、人間の生活の中に神の啓示によって残された刻印であり、起こった奇跡の聖なる溶岩滓のことであり、神の語りかけの燃え尽きた噴火口のことであり、ある特定の人たちがそういう態度を取らざるをえなかった畏敬の念を持った、謙遜な態度を真剣に想起することであり、他の時代に、他の状況の下で、他の人間たちのために、信仰の、理性による認知の、生きた水が流れる空《から》の水路のことであり、言い換えると、すべてある種の他の人間たちの取ったあの態度を想起させ、それらを維持するよう促す諸概念、見方、命令によって構成されている水路のようなものである。「律法を持つ」人間たちは、この水路のかたわらに住む者である。かれらは真の神、知られない神の刻印を持つ。伝承された、継承された宗教という形式をとってか、または独自の、以前の体験という形式をとって。いずれにしてもかれらはその刻印において、神に対する、われわれの現存在の危機に対する、われわれの世界の限界である新しい世界に対する指示を持つ。まさにこの指示のゆえに、啓示の刻印は常に変わらずかれらにとってなお印象深いものであり、またかれらはこの刻印を印象深いまま維持しようと努める。「**律法を持たない異邦人たち**」には、とにかくこの指示が欠けている。かれらの個人的生活やかれらの歴史的経験は啓示の刻印を持たない。それゆえにかれらはこの刻印を維持しようと努めることさえ知らない。われわれの知らないことを自分があるいは他人が想起することによって、かれらは不安になるかも知れないというようなことをかれらの態度のうちに何も示していないのだから、そのかぎりだれでもかれらを眠る者と呼ぶことができる。自分を越えたものに対するどのような驚きも、敬意も、打ち砕かれた姿もかれらにおいて見えるものとなっていないのだから、そのかぎりだれでもかれらを不信仰者と呼ぶことができる。かれらはこの世の成り行きをためらわず肯定し、妨げられずに参加するのだから、そのかぎりだれでもかれらを正しくない者と呼ぶことができる。だれでも実際かれらを決して空になった啓示の水路のかたわらに住む者と呼ぶことはできない。ところでしかし、律法を持たない異邦人たちが「律法が要求することを行なう」ということが起こりうる。もちろん神が裁き主であるのだから、律法を行なうことは、律法を所有することと聞くこととは少し違っている（二・一三）。「律法を行なうこと」とは、啓示が出来事として起こること、神が語ること、畏敬と謙遜とが自明のことになるということを意味する。というのは人間が神の前に立つからである。そのとき神の前で有効な義が存在する。しかし、啓示は神から来る。啓示は、どこまでも空《から》の水路を通るよう強いられるとはかぎらない。啓示はこの空の水路を通ることもありうる。しかしそれは新しい河床を自分のために掘ることもできる。啓示はすでに以前に残したかも知れない刻印に拘束されてはいない。啓示は自由である。そしてそれゆえに、「異邦人たち」をこのようにただちに眠る者、不信仰な者、不義である者と呼ぶことはやはり誤りである。かれらもまた神を恐れる者、神に選ばれた者でありうる――他人にはそれとはっきりわかるようにならないまでも。信仰そのものは、それ自体常に識別不可能性のうちに覆われている。「異邦人たち」のうちにも不安、衝撃、畏敬の念があるが、それらのことは水路のかたわらに住む者たちに認められ、理解されることだけはない。しかし神はそれらを認め、理解する。人間の義がそれでもなお不信の念をもってかれらを蔑視するところで、神の義はとっくに以前からかれらの前に現われた。かれらは「自然状態のままで」律法を行なう。すなわち、かれらの晴れやかな被造性と世俗性を持ったまま、かれらの行為の単純で、控え目な即事性《ザッハリッヒカイト》を持ったまま、かれらは神に認められ、また神を再認識する。またかれらはことさらすべての人間的なもののはかなさに対する洞察を持たないわけではない。またかれらはわれわれの現存在の持ついっそう暗い雲を取り囲む救いと赦《ゆる》しの銀のように輝く縁に対する眺望を持たないわけではない。また被造物を創造者から区別するあの否《いな》に対する敬意と、被造物を創造者の被造物とするあの然《しか》りに対する敬意とがないわけでもない。かれらの生もまた確かに単にひとつの比喩にすぎない。しかしおそらくはきわめて完全な比喩であるから、その生はこの点で確かにそれなりの正当性を持つ。邪悪の中にあるこの世は、確かに、おそらくすでに非常に腐敗し、ばらばらになり、くつがえされたこの世であるので、神の憐れみは、「神の国」が全盛をきわめるたいていのところにおけるよりもいっそう近く、いっそう信じるべきものであるように見える。そこにあるのは、おそらく最後の、最悪の懐疑主義、すべての「いっそう高次のもの」にとって全く到達できない状態、今なお何ものかによって畏敬の念を引き起こさせることが全くできない状態である。しかしおそらくはまさにそれゆえに、またその点にこそ本当に打ち砕かれた状態、神に対する、神自身に対する感覚がある。おそらく絶えず不平を言ってじっとしておれない状態、すべてのことをとがめだてて抗議し、内面的に不安な状態である。しかしまさにそれゆえに、またその点にこそ、すべての理性より高次である神の平和を示す指示である。ではいったい律法は何を要求するのか。律法はそれを持つ人たちに何を想起させようというのか。それは他でもない、この世の子らの立場からしばしばきわめて明確に、強くわれわれを見るものを想起させるのである。かれらは事実「律法を行なう」と言えるだろうか。かれらは流れ出る泉のかたわらに立つと言えるだろうか。なぜ言えないのか。自ら真にその慈愛について知り、啓示の持つ全く不相応なもの、不可解なもの、推論不可能なものを理解した者なら、だれが「神の慈愛の豊かさ」(二・四)に限界をつけようと言うのか。

「かれらは自分自身が律法なのである」。律法を持たないで律法を行なう人間が存在するならば、かれらはまさに律法を行なうことによって律法を受けとり、かれらは自分自身、律法となった。生きた水は自分の河床を掘り、水路のかたわらに住む者のみせかけの優位もまた消滅する。そこで見えるようになるのは、新しい、荒々しい河床であり、啓示のきわめて慣れない、異種の刻印であり、信仰の奇異な形式であるだろう。しかしただ神のみが異議をとなえることができるという場合に、だれが異議をとなえようというのか。ドストエフスキーの描く人物の宗教と体験とは、おそらくすべての他の種類の宗教と体験とにおいてあえて試みられなければならないのだ。「律法を持つ」人たち(たとえそれが「福音」であっても)の側からは、そのような人々をただ伝道《ミッション》の対象とみなし、非常な慈愛をもってかれらにひそむ「宗教的素質」

について語るどのような動機もない。それもおそらくわれわれがかつて持っていた、また将来持つであろう刻印とは、全く他なる〈神の刻印〉がすでに以前から存在している時にはそうである。「かれらは自分自身が律法なのである」。たとえ宗教と体験が問題となるとしても——それが問題なのではない——神は「異邦人」にそれをも与えることができ、またそれをかれらに与えるのである。

「このような人たちは、律法によって要求された業《わざ》を提示する。すなわちかれらの心に書き記《しる》されていることを」。かれらは神の裁きを受ける。かれらは現に裁かれている——そして人間を神の前に義とするものがかれらのうちに現われる。どの程度まで現われるのか。義とされた「異邦人」が神に対して提示し、かれがそれによって神に喜ばれるような「業」に対しても、どんなに積極的な「この程度まで」と言っても適切ではないであろう。人間の義がかれに対して判決を下さなければならないとすれば、かれは疑いもなく破滅するであろう。いずれにしても人間の義がせいぜいかれにおいて見いだすであろうものはまた、かれを神の前に義とするものではない。神に喜ばれる「業」は、むしろ終極において、すなわち、かれが置かれているすべての人間の義の完全な終極において、かれの疑いもなく見捨てられた状態において、すべての宗教的・道徳的幻想を断念することにおいて、この地上にある、またこの天にある、すべての希望を拒絶することにおいて成り立つであろう。彼岸に、すべての可視性と事物性の彼岸に、律法を持つ人たちがかれにおいてなお認めるすべてのもの（「よい核心」、「ある特定の理想主義」、「宗教的素質」）の彼岸に――中央ヨーロッパ人が評価するすべてのもの（「態度」、「成熟」、「人種」、「人格」、「内面性」、「性格」）の彼岸に、かれが神に提示しなければならないもの、また神によって永遠の生命をもって「支払わ」れる（二・六）ものが存在する。おそらく、それでもなお宗教性（たとえば無意識的な、教会の外にある宗教性）と見なされるべきものは本当に全く何も存在しないであろう。おそらく本当に（ドストエフスキー！）わずかに最後の段階にある裸の人間が存在するだけであろう。おそらくわずかに唯一の大きな危急、困窮、欠乏が存在するだけであろう。おそらく死の瞬間にも、わずかに秘義に対する恐れ、われわれの存在《ダア・ザイン》とその在り方《ゾオ・ザイン》の必然性に対する憤激した反抗、抗議してその場所を去る者の怒りの沈黙が存在するだけであろう。おそらくもちろんそれ以上に、もっと優れた、もっと美しいものがあるかも知れない――しかしそれが問題なのではない。しかし天においては悔い改めを必要としない九十九人の正しい者にもまして悔い改める一人の罪人に対して喜びがある。悔い改めとは何か。神に対する人間の義の最後の、最高の、もっとも優れた行為ではなくて、人間に対する神の義の最初の、基礎的な行為である。すなわち、それが神が「かれらの心に書き記《しる》した」「業《わざ》」であり、それが神から出たものであって人間から出たものではないがゆえに、天に喜びを引き起こす業であり、神への、神そのものへの眺望、しかもただ神のみから、神自身によって見られる眺望にすぎないのである。

「そのさいかれらの良心と、かれら相互に訴え合ったり、また弁解し合ったりする思いがその証人である」。それでは、律法を持たない、神にそむく者たちの中でも語る良心の声をだれが聞くのか。神と宿命、宿命と負い目、負い目と贖い、贖いと――神、という弁証法のうちに人間が立っているのであるが、その弁証法を洞察するのはだれか。神が聞く。神が洞察する。神にあっては沈黙も、ほとんど意識されなかったことも、「関連の中にある摂理」（ゲラート）も語る。人間である裁き人たちの前では決して証言することのできないまさにすべてのことが神の前では人間のために証言する。神はわれわれの知らないことを知っている。それゆえに、律法を持たない者たちが裁きを受けにやって来て、しかもその裁きから解放されるという不可解な可能性がある。

というのは**「神がキリスト・イエスによって人間の隠れた事柄に判決を下す、その日に」**、「異邦人たち」が自分たちの「業《わざ》」を提示して、神に喜ばれるようになるということが起こるからである。神にそむく人たちをも神の中に包括する可能性、人間を宗教的な者と非宗教的な者とに、道徳的な者と非道徳的な者とに分ける「律法」の横断面を無いものと考える可能性、いたるところで、深淵の中でも、神への通路を明白にする縦断面を洞察する可能性はどこから生じるのか。この光をもたらすのは、**「わたしの救済の音信《おとずれ》によると」**、復活において明け始めた人間の新しい日、すなわちキリスト・イエスの日である。この日がまさにすべての時間が永遠となる転回点をもたらし、この日が「人間の隠れた事柄」を引き裂いて、われわれ人間が神から見抜かれているということを明らかにする。「キリスト・イエスによって」神は人間に判決を下す。それが分岐点《クリージス》〔危機〕、すなわち、人間の否定と肯定、人間の死と生とを意味する。終極がキリストにおいて現われた。しかし発端も、消滅も、しかしまた更新も、また常にその両方が全世界、全人間に現われたのである。というのは、キリストのうちに現われた救済者は、何ものも置きざりにしない万物の創造者でもあるからである。したがって高い者も低い者も、正しい者も正しくない者も、知られない神の前で同じ停止命令がかれらに発せられたのであるから、キリストにおいて、父への同じ通路を得る。肉はみな草と同じであり、神は、すべての人間が助け出されることを願う（二・一六、三・二九、一〇・一）。まさにそれゆえにこそ神は「人間の隠れた事柄」に判決を下す。すべての人にかかわるかぎり、この世を包括するもの、すなわち、われわれがそこに立つ劫罰と憐れみ、つまりわれわれがそれによって保たれ、担われている罪の赦《ゆる》しの力、それは不可視的であり、「人間の隠れた事柄」に向けられる。ただそこにおいてのみそれは真であり、真となる。この人たちは光の側に立ち、他の人たちは陰《かげ》の側に立って可視的に対立するかぎり、それは真ではない。しかし真夜中が始まる時――あるいは真昼間が始まる時、両側が暗闇《くらやみ》の中に包まれるかあるいは両側が光に満たされる時、まさにこの対立は無意味なものとなる。キリストは真夜中であり真昼間である。人間たちを分け隔てるすべてのものを越えて、神の包括性が認識されるようになる。神自らが神の問題を提出し、それに答え、すべての時代のすべての段階のすべての人たちを一つの警告と約束の下に置く。神がこのようにして引く切断線は、不可視で、近寄りがたく、永遠に踏み越えることができず、永遠に不安を与えるものである。この切断線は、神自身が判決を下す「隠れた事柄」を繰り返してわれわれに指示する。しかしキリストの救済の音信《おとずれ》のまさにこの厳しさが、解放するもの、慈愛のあるもの、真心のあるものでもある。すなわち、われわれすべてにとって異質な神が、われわれすべてに自らを知らせることができ、また知らせることを欲する。われわれすべてが理解しない神は、だれに対しても自らを全く証言のないままにはしておかないだろう。隠された神は「人間の隠れた事柄」から遠く離れていない。まさに神と人間との「隠れたところで」決定が下されるということがわれわれにはっきりとなればなるほど、神はますます遠く離れることはない。この神、単に神の刻印にすぎないすべてのものを自由に見過ごす神自身、この神が裁きの日の異邦人の希望である。

しかし神は裁く方であるから、すべての人間の義には最高の留保が勧められる。神にそむく者たちに対する人間たちの憂慮に満ちた批判は、全くいわれのないものかも知れず、これらの人たちを回心させようとする熱心ははるかに的はずれになるかも知れないだろう。その善悪の彼岸で神の腕は動いている。人間の義は進み過ぎないようにした方が得策である。

一七―二五節　しかしもし、あなたが自らユダヤ人と名乗り、律法の所有に頼り、神を誇りとし、神の意志を知り、律法に教えられている者として、問題となっている事柄に対する洞察を持っている――がしかしあなたは、律法において認識と真理との完全な刻印を目の前に持つからといって、自ら目の見えない人の手引き、暗闇の中にいる者たちに対する光、無知な者たちの教育者、未成年者の教師であると信じるようなことが生じるとすれば――あなたは他人を教えて、自分自身を教えないのか。盗むなと説きながら、盗むのか。姦淫するなと言いながら、姦淫するのか。偶像を憎悪していながら、宮の物を奪うのか。律法を誇りとしながら、律法に違反して神を汚すのか。というのは、「あなたがたのせいで神の名は、異邦人たちの間で汚されている」〔イザヤ書五二・五〕と聖書に書かれているとおりだからである。あなたが律法を守れば、割礼は価値がある。しかしあなたが律法に違反する者であるなら、あなたの割礼は無割礼と等しくなる。

これは他の面からの、躓きを与える、驚くべき、不可視的な伝達である。すなわち、この場合には目覚めた者がいて、しかも神の判決においてはかれらは眠っている者であり、信仰ある者であるが信仰なく、正しい者であるが正しくない。ここに啓示の刻印があり、また――この世界はこの場合でもこの世界である。人間の義は神の裁きにおいて起こるかも知れないこの可能性についても承知していなければならない。

「**あなたは自らユダヤ人と名乗る**」。あなたが最初の最善の者なのではない。あなたは過去を自分の背後に持ち、しかも自分の前にこれに対応する未来を持っている。あなたの生は、あなたが肉のこの世にあっては例外となるであろうと期待させる関連の中にある。あなたは「あなたはほめたたえる《ユダヤ》」という名を持つ〔創世記二九・三五〕——この名が本当に与えられうることのない多くの者たちと反対に。「**あなたは律法に頼る**」。あなたは生きている神の痕跡に取り囲まれている。あなたはそれを神の痕跡として明確に保持しようと努めている。あなたは、あなたが神について知っていることをあなたの上にかざし持ち、それをあなたに与える権威を喜ぶ——外の者たちの見解や尺度が混沌としているのと反対に。「**あなたは神を誇りとする**」。もちろんあなたは事実神の刻印、神を想起するのだから、あなたの視線は絶えず祈りをもって、実際神が存在するに違いないであろうところに向けられているのだから、どうしてあなたは誇るべきでないというのだろうか——あなたが振り向くところには一点の空虚な場所しかないと主張する懐疑論者や、無神論者とは反対に。「**あなたは神の意志を知っている**」。あなたは、神への想起とは従順を意味し、あなたが絶えず振り向くところから、あなたの生への干渉、この世に対する攻撃が出てくるに違いないということも知っている。またあなたは、それがどの方向で生じなければならないかを知っている。あなたは何かがなされなければならないという不安をことさら持っていないわけではない。また事実いろいろやってみようという熱心さをことさら持っていないわけではない——息苦しい運命の力に駆り立てられるままにしている思慮のない者たちと反対に。「あなたは、問題となっている事柄に対する洞察を持っている」。あなたは、本質的なものに対する、歴史的、心理的ニュアンスに対する、正真正銘のもの、特徴的なものに対する、また重要なもの、特にあらゆる疑わしいものと危険なものとに対する受け継いだ、既得の理解力を持っている。あなたは常に才気あふれる注釈を付し、常に適切な判断を下さなければならない。あなたは適切な基礎づけを行なって自分の立場を他人の立場に対して限定することができる。あなたは深く洞察する。というのはあなたは深いからである——何千という皮相な人物と、生のディレッタントと反対に。——要するに、あなたは多くのものを持っている。あなたはこれ以上何が欲しいというのか。あなたが持っていない何を人間が持つことができるというのか。あなたに提供された機会は大きい。あなたに対する神の慈愛の豊かさは大きい。あなたに対する神の怒りの手控えは大きい。神の忍耐は大きい（二・四、三・二、四・一一、九・四—五）。明らかにあなたに期待されているものは大きい。

さて「あなたは自ら目の見えない人の手引きであると信じている」。あなたが使命を持っていると感じるのは不当ではない。あなたは、あなたと、あなたの啓示の刻印とを、このような刻印を持たない多くの人々と比較する。あなたはこの対立の中に自分の召命を感じる。あなたは、神の計画の、すなわち、あなたが決定的な役割を引き受けなければならない一つの目的論が存在していることを予感する。あなたはこの役割を引き受ける。あなたはすでにこの役割を確信をもって、聖なる責任意識をもって引き受けた。あなたがきわめて真剣に、感動して受けとめたあなたの啓示の刻印(「律法において持つ認識と真理との完全な刻印」)、あなたはそれを、目の見えない人、暗闇の中をさまよう者、無知な者、未成年者である他人にも伝えたいと思う。あなたはそれを続け、広め、宣伝し、長々と述べたいと思う。それはその刻印ができるだけ多くの者の所有となるためである。あなたが現にそれであり、またあなたが現に持つもののためにあなたは行動に駆り立てられ、神と共に働く者として任命されていると感じる。

しかし「**あなたは他人を教えて、自分自身を教えないのか**」。伝道は派遣を前提とする。教えることは教えられることを、分かち与えることは受け取ったということを前提とする。もし律法を持っていながら、その律法が行なわれず、神がこの所有者のために執り成さないなら、いったいこの律法の所有とはどういう意味があるか。もし啓示そのものが先行しなければ、啓示の刻印とは何であるのか。もし神がもはやそこに全然存在しないならば、神が存在するかも知れない方向を注視するとはどういうことであるか。水路が空ならば、水路のかたわらに住むことは裁きの際には何の役に立つか。水路が空であることはありえないというのか。いったいあなたはだれか。いったいあなたは何を持っているのか。あなたはいったいどこから来たのか。

あなたはいったい何をそのようにあらゆる方向に注ぐのか。あなたが他人に植えつけようと思う新しい霊とはどういうものであるか。あなたが神から受けた啓示の刻印も、あなたの感動、あなたの体験、あなたの感激も、肉であり、この世のものである。あなたの宗教的世俗性は他の世俗性より神の怒りを恐れなくてもよいのだろうか。その両方の場合に、真理を監禁し、過ぎ去らないものを過ぎ去るものの模写と取り換えてはいないのか。もし神自らがあなたのために執り成すのでないなら、あなたは何であるのか。もし神が、あなたのところで、あなたの心の隠れたところで、「業《わざ》」を、すなわち、取税人の祈り〔ルカ福音書一八・九―一四〕、放蕩息子の願い〔ルカ福音書一五・一一―二四〕、不正な裁判官の前でのやもめの叫び〔ルカ福音書一八・一―八〕を見いださないなら、どうだろう。そのときあなたの行為はあるがままのものとしてそこに存在する。すなわち、あなたの正直さは盗みとして（だれが盗みをしないと言うのか）、あなたの純潔は姦淫として（いつ性欲が純潔であると言うのか）、あなたの敬虔は思い上がった自惚れとして（実際どのような敬虔な者が神の間近にいないと言うのか）存在する。あるいは神の裁きに際して、いっそう高次の世俗性と、低次の世俗性の段階とを区別するかいがあるのだろうか。神自身だけが生に与えうる義認があなたの生に欠けているなら、すべての義認がそれに欠けている。あなたがもはやあなたに与えた啓示の刻印以上のものを示さざるをえないとするなら、あなたは示すべき何ものも持たない。あなたがもしあなたの信仰だけを拠り所とするならば、あなたは全く何も拠り所とすることができない。神があなたの味方でないなら、すべてのものがあなたに敵対する。

さらにそれ以上に、「あなたは律法を誇りとしながら、律法に違反して神を汚す」。神があなたに味方しないなら、あなたも神に味方することができず、むしろただ神に反対しうるのみである。というのは、この世は聡明だからである。この世はあなたのいわゆる優越を承認しないだろう。この世はすぐにあなたがこの世の肉の肉、この世の骨の骨であることを認識するだろう。あなた自身が非難されるべきであるなら、あなたは神に味方して行動することも、活動することも、指導することもできない。その場合、あなたが不当にではなく、本来引き受けたいと思っていた職務がそれと反対のものへと逆転する。あなたは遣わされることなしに伝道することによって、あなたは伝道とは反対のことを行なう。というのは、律法が存在するところでは、何といっても「この世は」律法の行為に期待するからである。啓示の刻印が存在するところでは、この世は啓示そのものを求めるからである。この世はもちろん、いつも変わらず、神の子たちがこの世のただ中で掲げる、さらに高次の要求を我慢強く信じる。この世は現実に対して徹底的に感受性がないわけではないだろう。なるほどそうだが、この世は幻に対して感受性がない。召命を受けた者たちと照明を受けた[☆49]者たちの間でこの世は思い違いをしていると認め、この世がまたしても、ポチョムキンの村々が自分の目の前に幻のように描き出されていると気がつくなら、また、神の子の姿を取ってこの世に向かって現われて来るものが、他なるもの、新しいもの、征服力を持ったものでないなら、この世はしばらく驚いたのち、非現実的な神の交わりという奇異な芝居から離反し、自分が「この世」として改めて強化され、正当化されていると感じる。真理に対する正しい本能をもっていれば、この世は何らごまかされることはない。これに反しこの世は、敬虔な者たちの「神」へと回心させられることに抗議する。人間が神なしに神の立場を取るなら、また神自身が、神のみが一にして全体〔ヘラクレイトスの言葉〕でなく、人間が、たとえきわめて優れた、また最高の意味においてであれ、神と共に何ものかであり、神と共に何ものかを造り出したいと欲するなら、「神」とはまさにイデオロギーである。神の、空《から》の水路しか見られないのであるなら、「神」に反対する異議、抗議は正しい。その場合神と共に働く者はどこに留まるのか。「あなたがたのために神の名は異邦人たちの間で冒瀆されている」（イザヤ書五二・五）。神の国を支えるのは選ばれた者たち、神の子らだ。このような可能性は、われわれが試みを受ける瞬間、瞬間に待ちつつ急ぐ者たちの預言を最後・最高の人間の義とするようにわれわれを考えさせるのではないか。この可能性が、もちろん、すでに広く現実となっている可能性なのだ。

「あなたが律法に違反する者であるなら、あなたの割礼は無割礼と等しくなる」。そのとき相対主義が不可避的に入り込んでくる。神の子らの持つ啓示の刻印は、他の価値と並んだ一つの人間的、この世的な価値に変わる。自分たちの地位が他の地位に対して絶対的な優位を持つという要求は片づいた。かれらの宗教、道徳性、世界観は到来し、過ぎ行くものである。かれらの教会史は世俗的なものとなり、「本物の指輪はおそらく——なくなってしまったのだろう」〔レッシング『賢者ナータン』第三幕第七場〕という言葉に示されている。というのは神が評価し、それにふさわしく「支払う」（二・六）価値を見いだすのでないなら、人間の優れた位置は何ら特別なことを意味することができないからである。神が「人間たちの隠れたところで」見いだす不潔と不聖とは必然的に、人間が自分自身のところに、あるいは他の人々が自分のところに見いだしうる啓示の刻印の価値を奪い取る。神なしの神の戦士は、指示された道を進む代わりに、道標のかたわらに立ちどまる流浪者と同じである。道標は無意味になってしまった。かれらの信仰、かれらの祈り、かれらの聖書的態度も無意味になってしまった。ユダヤ人において行なわれる割礼という礼典も、他のどの礼典も、もはや神との交わりではなく、むしろ（ツヴイングリや自由主義は神の怒りの下ではどこまでも正しいのだ）わずかにそれを意味しているにすぎない。聖徒たちが期待しつつその回りに座している噴火口は、燃え尽きてしまった。この神聖な形式は、わずかに形式としてのみ神聖であり、そしてどのような霊化の試みも、この神聖さをも引き続き空無化するのを阻止することはできないであろう。割礼は事実上無割礼と等しく、信仰は無信仰と等しく、敬神は背神に等しい。

こうして人間の義は自分自身の家においても攻撃されている。この義は——外部にいる者、「異邦人たち」（二・一四—一六）へのまなざしにおいてだけでなく、自分自身へのまなざしにおいても——誤ることがあるかも知れない。人間の義は、神の裁きにおいて根本的に動揺する。この世の中の何か人間的なものが、それによってこの世のものとならないようなどのような要求も存在しない。

二六—二九節　さてもし無割礼の者が律法の規則を守るなら、その無割礼は事実上割礼と勘定されるのではないか。そしてその自然の状態のまま見て無割礼であって、しかも律法の目標を達成する者は、文字と割礼とを持ちながら律法の違反者であるあなたに判決を下す。熟知されたものとしてユダヤ人がもはやユダヤ人なのではなく、熟知されたものとして肉の世界でなされているのが割礼ではなくて、隠れたところでユダヤ人である者がユダヤ人であり、文字によってでなく、霊によって、心において行なわれているのがそれがかれの割礼である——その報酬は人間からではなく、神からくる。

最後の可能性が現われた。原因と結果、離反と破滅の輪は実際完結していて、逃れることはできない。しかしこの輪は全体としては、不可解な神の憐れみによって囲まれ、支えられているのかも知れない。人間の義それ自体は慢心である。この世に義は存在しない。しかし、神の前での、神からの一つの義は存在しうるかも知れない。律法、啓示の刻印、信念、道徳、礼典の所有によって形成される、聖徒、例外者、英雄、超人、正しい者のどのような目に見える集団も存在しない。しかしすべての対立の彼岸に、神によって、神にしたがって創造されて、新しい人間が存在しうるかも知れない。「無割礼が割礼と勘定されるのか」。したがって背神が神によって敬虔として、永遠の生命をもって「支払われる」のか。不敬虔や不服従が、畏敬と謙遜として神の帳簿に書き込まれるのか。破滅したこの世が、神の裁きにさいして無罪を宣告されて救われるのか。したがってすべての人間の信仰そのものは、神に承認されず、むしろ「不信仰〔聖書テキストでは、不従順〕の下に閉じこめられる――それは神がすべての人を憐れむため」(一一・三二)か。何の功績もなく、何の可視的な基礎づけもなく、少しでもそれに賛成したり反対したりする何の人間的可能性もなしにか。それは神自身の、未知なる神の、われわれに既知の、事物の関連の中への理解できない仕方での侵入、つまり新しい世界の不可能な可能性なのだ。人間には不可能であるが、神には可能なのだ。神は自らの尺度にしたがって勘定する。神は一方では不信仰者を「律法の目標」へ、神との交わりという光の中へ導き入れ、他方では信仰者を、邪悪の中にあるこの世の中に立たせる。神は「熟知されたものとして」生起し、事物として可視的に生起するすべてのものを無視し、自らの正しさにしたがって隠れたところで裁く。神は人間の律法表の文字によって期待されたり、期待されなかったりするものとは全く無関係に、心に宿ったり、宿らなかったりする霊である。神は報酬として与えようと思うものを報酬として与える。神自身が、神のみが。われわれは、それに対して、またそれに逆らって何を言おうというのか。もしかすると神が正しくないというのか。われわれは神の正しさと対置しなければならないようなよりよい正しさを知っているというのか。われわれの生の危機であるということによって、われわれの生の永遠の真理ではないのか。神は、われわれはわれわれの真理をもって何をしたいというのか。いったいわれわれの永遠の真理ではないのか。神の栄光は輝こうとする。神の義は啓示されることを望む。それゆえに神の行為の実際的な面はきわめて不可視的であり、きわめて例のないものでなければならない。神は、われわれが神に与える正しさによっては生きない。神は特有の正しさを持つ神である。神は多くの根拠の中の根拠ではない。結局はまたしてもわれわれが自分で与えることができる答えではない――それゆえにそれはそれと分からぬ、根拠のない出現であり、特有の正しさにしたがって裁く神の裁きである。神の怒りから救われることを願う要求が存在する。すべての要求が廃棄され、それが神自身によって打ち倒される時、すなわち、神の否《いな》が決定的なものと認められ、神の怒りが避けられないものと認められ、つまり神が神と認められる時、この要求は存在する。それは神と人間との間にあの歴史が、すなわち、それが生起し、しかも永遠に生起するがゆえに、それについてはどのような歴史も語ることができない歴史が始まる時である。人間があえて――しかしそのこともまた決して祝福を得るための処方ではなくて、その祝福の永遠の認識根拠である――自らを空中に置いて、究めることのできない神を愛する時である。このことがイエス・キリストにおいて問題となる。

第三章　神の義

律法（三・一―二〇）

歴史とは、一方の人間が他方の人間に対して精神と力のいわゆる優先権を持とうとする試みであり、法と自由のイデオロギーによって偽善的に覆われた生存競争であり、厳粛さと空虚さとを賭けて互いに競い合う新旧の人間の義の浮き沈みである。神の裁きは歴史の終極である。一滴の永遠は、時間に支配されている事物の海全体よりはるかに重い。神の尺度で測れば、人間の優先権はその高さ、その真剣さ、その射程を失う。それは相対的なものとなる。人間の中の最高の、もっとも精神的な、もっとも義なる対立もここであるがままの姿を現わす。すなわち、その自然的、内世界的、世俗的、「唯物論的」意味において。谷は高められ、丘は低くされる。「善と悪との戦い」は終わる。人間は一線に並ぶ。かれらの「隠れた事柄」（二・一六）は神の前に裁かれる、しかし神の前においてのみ。

　しかし神の裁きは歴史の終極であり、新しい第二の歴史の出発点ではない。歴史はけりがついてしまった。歴史は継続されない。裁きの彼岸にあるものは、まだ此岸にあるものから、ただ単に相対的に異なり、分けられているだけでなく、絶対的に異なり、分けられている。神は語る。神は裁く者として認められている。神が語り、裁く者として認められているところで、よく考えられなければならない変化はきわめて徹底的であり、それゆえ、まさにこの変化が、時と永遠、人間の義と神の義、此岸と彼岸とを引き裂くことのできない仕方で結び合わせる。終極は目標でもある。救済者は創造者でもある。裁く者はすべてを正す者でもある。無意味を暴露することは意味を表わすことでもある。新しいものは、旧いもののもっとも深い真理でもある。きわめて徹底的に歴史にけりをつけること、すべての肉がその下に置かれている否《いな》、人間と時間と事物との世界に対して神が意味する絶対的な危機〔分岐点〕は、世界の存在《ダア・ザイン》とその在《ゾオ・ザイン》り方とを貫いて引かれた赤い糸〔ゲーテ『親和力』に記された英国海軍の目印の糸〕でもある。過ぎ去るものは、そのものとして見れば、過ぎ去らないものの比喩である。神の怒りに対する究極の屈服は、神の義に対する信仰である。というのは、知られない神として神は認識されるからである。神はまさにそのような者として物自体ではなく、他の実在と並ぶ形而上学的実在でもなく、神なしに存在するようなものと並ぶ第二の者、他者、異質の者でもなく、むしろ存在するすべてのものの永遠な根源、純粋な根源であり、すべての事物の非存在としてその真の存在である。神は真実である。

そこで歴史中の啓示のすべての刻印は、人間の義は少しもそれを誇ることができず、そこから保証や慰めを引き出すことはできないのだが、裁きによって解消されず、否定されず、むしろ確認され、確証され、強められる。歴史的で精神的な現実を徹底的に廃棄することによって、その現実の段階と対立とを包括的に相対化することによって、そこにその現実の真の意味、その永遠の意味が現われる。

一—四節　いったいユダヤ人にはなおどのような優れた点があるのか。あるいは割礼にはどのような価値があるのか。あらゆる点で大きな価値がある。何よりもまずかれらに神の告知が委ねられたという点で〔価値がある〕。するといったいどうなるのか。たとえ二、三の者がこの委託を裏切ったとしても、かれらの不真実が神の真実を廃棄することになるとでもいうのか。そんなことはありえないのだ。むしろ神は真実であるが、人間はみな偽り者であることが証明されなければならないのだ。それは「あなたが言葉を述べる時は正しく、判決を受ける時は勝利を得るためである」と書いてあるとおりである。

「いったいユダヤ人にはなおどのような優れた点があるのか」。もしすべてのものが神の怒りの下に置かれ、すべての優れた点が、救い、例外形成、慰めとして廃棄されているとするなら、真剣に言って、とにかく何か優れた点が存在するのか。過ぎ去るものの流れの中のもっとも大きな波、他のさまざまな影の中のもっとも濃い影より以上の頂点が、歴史の中に存在するのだろうか。啓示の刻印として歴史的、精神的に見聞きできるようになるすべてのものと、知られない神自身の啓示との間に何らかの関係が成り立つのか。召命を受けた者、照明を受けた者として、英雄、預言者として、善意の人間として、この現世時間の舞台を進む者たちの待望と到来する神の国――そこではすべてのものが新しくなる――との間に一つの関係が成り立つのか。またこの問いの背後には、他の一般的な問い、すなわち、事実上経験することができるものとして起こる事柄の関係と、あらゆる出来事の永遠の内容を問い、事物の存在《ダア・ザイン》とその在り方《ゾオ・ザイン》とその事物の真の存在との関係、努力と認識との関係を問う問いがある。あるいは、場合によっては裁く者である神へのまなざしによってこちらとそちらとの、すべての関連、すべての関係が否定されるだろうか。われわれがいっそう深く意識すればそこへ移されているのを認める神への隔たり、距離は、神とこの世との間の完全な遠さを意味するのか。「割礼にはどのような価値があるのか」。

　われわれは答える。「あらゆる点で大きな価値がある」。神とこの世、そちらとこちらの間の関連と関係はおそろしく大きく、おそろしく強い。特殊な宗教史や救済史の中での神的なものの事物化、人間化は、その場合神としての神が放棄されるので、神へのどのような関連でもない。このことが、まさに認識された時、既知のこの世で起こるすべてのことは、未知の神から内容と意味とを得るということ、すべての啓示の刻印は啓示そのものへの指示であるということ、すべての体験はそれ自身の危機としての認識を自分で担っており、すべての時間はそれ自身の廃棄として永遠を担っているということを確認することができる。裁きは絶滅でなくて、建設である。浄化は空無化でなくて、充実である。神は人間を捨てなかった。むしろ神は真実である（三・四）。

「かれらに神の告知が委ねられた」。ある正しい者、すなわち、神を求め、神に期待する人間の地位は、人間の地位としてきわめてあいまいで疑わしいものであるが（二・一七―二五）、その地位は、神が望み、神が行為するものの徴候であることは明らかであり、それは当然である。このような人間たちがこの世のただ中にあって、あるがままの人間として存在するということが、神の信頼の証拠である。神の国が約束されているから、かれらはあるがままのものとして存在する。かれらが、自分自身の、あるいは他人の「体験」によって、かれらの知らないものの前にたたずむことを強いられることによって、かれらはこの知られないものそのものが認識の対象となることができるかも知れないということの証拠になる。不可能なことを想起することによって、かれらがまさにこの不可能なこと、すなわち、神が可能性の領域内に立つということの証拠になる。もちろん、その神は他の諸可能性の中の一可能性としての神ではなく、まさにかれらにおいて可視的となるとおり、不可能な可能性としての神である。かれらが所有し、守る神の告知は、救いようのないこの世のために救いが存在するという理解のむずかしいことを理解できる証言である。かれらが所有し、守るものがモーセであるのか、あるいはバプテスマのヨハネであるのか、プラトンであるのか、あるいは社会主義であるのか、あるいはまた単純に日常的行為に内在する端的に倫理的な理性であるかどうかは、どうでもよいことである。

すなわち、このように所有し、守ることのうちには、召命、約束、比喩を造る能力があり、きわめて深い認識の提示と、その認識の開かれた扉がある。特別な地位を求めるかれらの要求、特に聞いてもらいたいとするかれらの要求は、かれらには事実上神の告知が委ねられているのだから、決して何が何でも不遜だというのではない。

「たとえ二、三の者がこの委託を裏切ったとしても、かれらの不真実が神の真実を廃棄することになるとでもいうのか」。したがってわれわれの生の真の内容は隠され、埋められ、未知の神は認識されず、神の真実の痕跡は実を結ばず、神の約束と提示とは用いられない。しかしこの確認は、目下のところはそのままにしておいた方がよいだろう。神から見ると、この委託の乱用は偶然的な真理にすぎず、「二、三の者」（たとえこの「二、三の者」がすべての者であるとしても！）の行為にすぎず、神が欲し、行なう事柄の否定でも妨害でもない。神の真実は裏切られることはあっても廃棄されることはありえない。神の提示は忘恩を見いだすかも知れない。しかしそれは撤回されることはない。神の慈愛は反抗する人間にとっては裁きとなる。しかしそれゆえ同様に慈愛でもある。歴史の成り行きの反神性の全体は、この歴史の成り行きの中に、常にどのようなところにおいても、あの特殊性、あの啓示の刻印、あの機会と開かれた扉が存在するという点で、神から見れば、それらは正気を呼びおこし、認識させることができるようなものであるが、その点では何ら変わるところがない。神を待望する人間が存在する時、あくまでも使命、すなわち消えない印号《カラクテル・インデレビリス》☆50が存在し続け、しかもそれがかれら自身の目にもあらゆる人の目にも、きわめて深い識別不能性の中に包まれていようとも、またたとえきわめて重大な精神的、歴史的破局がこれを圧倒しても、それはあくまでも存在し続ける。神は決していつでもどのようなところにおいてもいたずらに自らを啓示はしなかった。「律法」が存在するなら（二・一四）、たとえそれが完全に燃え尽きたかすであるとしても、そのとき神の真実の言葉もまた存在する。

「神は真実であるが、人間はみな偽り者であることが証明されなければならないのだ」。いったい恵みを与えられた人間の不真実は何を行ないうるのか。それはただ「全キリスト教哲学の前提」（カルヴァン）を確証しうるにすぎない。すなわち、神は真実である。神は答えであり、助けであり、裁く者であり、救済者であって、人間が、すなわち、東洋人や西洋人がそうなのではなく、ドイツ人も、聖書的人間も、敬虔な者や英雄や賢者も、待つ者や活動する者や超人もそういう者ではない——神のみが、神自身がそれであるのだ。もしわれわれがこのことをいつか忘れてしまうならば、啓示を担うすべての者の不十分さが啓示に対する距離をふたたびわれわれに想起させずにはいられず、われわれをふたたび出発点、根源に帰らせずにはいられない。啓示の担い手自身もまた、自分自身の不十分さにおいて、神は神なのだ、ということが明らかになることによって生きる。「わたしは信じた。わたしは深く卑下させられたと言うときにも」（詩編一一六・一〇―一四）とかれは告白する。そして告白し続ける。「わたしはおびえて（「われを忘れて」七十人訳）言った。「**人間はみな偽り者である**」と。人間はみなそうだ。神に対する人間のこの包括的な対立をまさに洞察することから、そのような洞察からのみ、神の認識、神との新しい交わり、新しい神礼拝が生じる。「わたしはどのようにして主がわたしに報いたものをすべて主に報いようか。わたしは救済の盃を上げて主の名を呼ぼう。わたしはすべての主の民が見守る前で主にわたしの誓いを果たそう」（詩編同箇所）。

「**あなたが言葉を述べる時は正しく、判決を受ける時は勝利を得るためである**」（詩編五一・六）。召命を受けた者の、常にいたるところでの明白な拒否を顧みて、かれらの召命を疑い、そればかりか、かれらを召した者まで批判することは何の意味もない。神の告知の価値は人間の歴史の成り行きに依存しない。いやそれ以上に、神の告知は、歴史の成り行きの中でその結果として見えてくるものが、同時に常に拒否でもあり、結果のないものでもあるというまさにその点で、神の告知であるということが判明する。人間が詩編第五一編に記述されている状態にある時、人間が神の光の下で、自分自身の中に不純以外の何ものも見いださない時、人間がその不安な精神、その不安な、砕かれた心以外に他のどのような犠牲ももはや考えることができない時、そのとき神は凱歌をあげて勝利者として認識される。したがって、歴史の波の高低を越えて、人間の不真実にもかかわらず、それどころか人間の不真実の中に、神の真実が持続する。「ユダヤ人」が所有しているのではなくて、受け取った「優れた点」（三・一）は持続する。

五―八節　しかし、われわれの不服従が神の義を実証するとしたら、われわれはこれに対して何と言うべきか。それでは神は怒りを下すという点で神自身が不服従ではないのか（わたしは人間の論理にしたがって語っているのだ）。断じてそうではないのだ。いったいどうして神がこの世を裁く[★2]ようになるのか。もし神の真理がわたしの虚偽において、神の賛美にまで大きくなったということによって、わたしが自分を義としてもよいなら、その場合、わたし自身が罪人として裁かれているという事実を何が説明するのか。そしてまことに、二、三の者たちが中傷的な仕方でわれわれが言ったと押しつける言葉、「善が生じるために、われわれは悪をしようではないか」という言葉のようにはならない。そのように言う人たちは、自分たちが断罪されていることを裏付けている。

「しかし、われわれの不服従が神の義を実証するとしたら、それでは神は怒りを下すという点で神自身が不服従ではないのか」。神に選ばれた者の拒否の中で、神が初めてまさに神として自己を啓示する優越性についてのたった今（三・一―四）得たばかりの洞察は、この神の本質に本来的な光を投げかけるように見える。選ばれた者たちにおいても真理を拘束し、かれらの拒否を起こさせるものは、明らかに「不服従」、すなわち、勝手気ままな人間の自己追求

（一・一八）である。ところで人間の不服従が神の義を実証するとしたら、その義とはどのようなものか。その義自身が「不服従」ではないのか。そのとき、神自身が勝手気ままで主人公となるのではないのか、その冒瀆性の点でまさに恐るべき最高の自我ではないのか。そのとき神の怒り、神でない神の支配に対するわれわれの献身は（一・二二―三二）、神自身にとって不利な証言となるのではないか。そのときこの世と人間の状態は、計り知れない、気まぐれな暴君である神のもっとも内的な本質を真に表わすものとなるのではないか。歴史の無意味がその隠れた意味を実証するなら、この意味そのものは必然的に無意味となるのではないのか。

「人間の論理にしたがって」とは、一見きわめて一貫した、しかし実はきわめて無批判的な、あまりにも直線的な、神を考慮に入れるという点では未熟な、粗野な思考にとって、実際に納得のいく推論を意味する。このような論理は、まさにすべての訓戒を無視して、しかも繰り返してその論理が並べる諸所与性のみを考慮に入れるが、すべての所与性の前提である非所与を考慮に入れていない。この論理は、神が問題となる時、その論理がだれとかかわっているのかを見逃すが、それは真に人間的である。その論理は、神は事物の中のどのような既知の事物でもないのだから、結果から原因への推理は神に対しては有効ではないことを見逃している。

「いったいどうして神がこの世を裁くようになるのか」。このような異議の意味において、われわれは神を究極の根源的事柄《ウアザッヘ》（原因）として、この世の他の事柄《ザッヘ》に並べ、これらの事柄から神を推論しうるとすれば、対象的世界全体が明らかに究極的な危機と問題性とにさらされているという事実はこの場合どうなっているのだろうか。対象の思考なしにはどのような対象もない。この特徴の概念をわれわれに手渡す先行の知識がなければ、われわれが対象において確認するどのような特徴も存在しない。したがって、もし神がこの世における対象であるなら、このようなすぐれた予備的知識から生じたのでないような神についての叙述(「暴虐」、「専制」)は存在しない。もし神が三・五の異議の意味において、諸対象中の一対象であるなら、したがってもし神が自らこの危機にさらされているなら、この神は明らかに全く神でなく、むしろ真の神はこの危機の根源において求められるべきであろう。そしてこれが明らかにその場合である。すなわち、三・五の異議はぜんぜん神について語っているのではなく、神でない神、この世の知られた神について語っているのである。真の神は、すべての対象性を持たない、すべての対象性の危機の根源であり、裁く者であり、(人間の論理のあの「神」を含めて)この世の非・存在である。まさにこの真の神について、すなわち、この世では自分自身は当事者とならないこの世の裁き人についてわれわれは語る。神に至ろうとするあまりにももっともなわれわれの推論は、その目標に達しない。それは短絡推理である。真の神は「不服従」ではなく、暴虐でもなく、気まぐれでもない。というのは神の裁きにおいて、神との対立においては、われわれの世界において支配する不服従、暴虐、気まぐれが、初めて問題として意識されるに至るからである。神なしにはわれわれは、全くあの相手違いの訴えをするには至らないだろう。

「もし神の真理がわたしの虚偽において大きくなったということによって、わたしが自分を義としてもよいなら、その場合、わたし自身が罪人として裁かれているという事実を何が説明するのか」。あの異議の動機は、明らかに神の優位についての洞察から生じるように見える人間の無責任性に対する疑念であり——あるいは、このような無責任性から身の安全を確保したいという願望でもある。すなわち、神の真実が選ばれた者たちの不真実の中においても持続し、しかも勝利をおさめるなら、その場合にはすべての者が、自分は虚偽であるのに神の真理は大きくなるという考えに安らうことができる。しかしこの推論もまた根拠のないものである。この推論は、人間は概して、自己の行為において神の真理を大きいものとし、人間として神の栄光をたたえるための何ものかとなりうるという前提から出発する。この前提は誤りである。神が世界でないということが確かであればあるほど、人間はいっそう確かに、自分の従順によっても、その虚偽によっても、神の真理と栄光とに何も加えたり取り去ったりすることはできない。神は神自身を真理とし、自分自身の栄光をたたえる。われわれの行為が従順であるか、虚偽であるかは、常に神において決定される。神が各人にその業《わざ》にしたがって「支払いをする」（二・六）。神が取り上げたり捨て去ったり、恵みを与えたり断罪したりする際に勝利を収める。しかしわたしはいずれの場合にもわたしの存在と行動とを義とし、それを赦し、それを確認することはない。わたしは恵みを受けても断罪されても、ただ神の判決に屈服できるにすぎず、たとえどのようになろうとも、神に栄光を帰することができるにすぎない。これが、なぜ神は神であるのかと問う質問の詭弁とは反対に、神に対する偽りのない態度である。神の至上権による人間の責任の廃棄を恐れるか、またはそれを願う者は、自分が罪人として神の前に裁かれているという事実に目をとめるべきである。それは本当だろうか、それとも本当ではないのだろうか。人間の責任の本質は、この問いに率直に応答するという点に、またそこから生じる主に対する恐れという点にある。自分が神の裁きのうちにあることを知っている者は、神が（自分に味方して、あるいは自分に反対して）行なうことを神の栄光と考え、自分自身の栄光とは考えない。それは、神を、裁く方として知る者が、この世の不名誉を神の不名誉と考えない（三・五―七）のと同様である。したがって人間の「奴隷化された意志」を承認することになりはしないかという疑念をさしはさむことはむだであり、このような承認に結びつきたいとするひそかな願望は無益である。人間が捨て去られる時でも、神の栄光はそこにあることを認める、このような意志の承認のうちにこそ神に対する自由な喜ばしい屈服とあらゆる偽りの術策の断念がある。

「そしてまことに、「善が生じるために、われわれは悪をしようではないか」という言葉のようにはならない。そのように言う人たちは、自分たちが断罪されていることを裏付けている」。

同じ基盤に立ってやりとりする二人の相手のように神と人間について直線的に語る言い方は、真理のもっとも悪い歪曲である。一方の命題は他方の命題から生じることは明々白々であるように思える。すなわち、神は善を生じさせる。たとえわれわれが悪をしても——神は善を生じさせる。したがってわれわれは悪をしよう。そうすれば必ず善が生じるのだから。しかしこの明々白々なことが闇《やみ》なのである。「そのように言う人たちは、自分たちが断罪されていることを裏付けている」。というのは、神と人間とは同列のものではないからである。われわれは神の負担において悪をすることもできなければ、その悪から生じるかも知れない善もわれわれの負担で生じるのではない。われわれが行なうことは決して神によって行なわれたのではなく、神から来たものは、われわれから生じたものではない。もしわれわれがこの点で思い違いをするなら、一見獲得したように見える神の至上権への洞察があっても、改めてその間にある距離を見そこなう。われわれはまさに神ではない、至上の者ではない。神によって悪から善が生じるようになっても悪は悪である。神からすれば無意味の中に意味があるにもかかわらず、歴史の無意味は無意味である。不真実によって迷わされることのない神の真実があるにもかかわらず、不真実は不真実である。神が憐れみをもってこの世を包み、支えるが、その憐れみがあるにもかかわらず、この世はこの世である。もしわれわれが自分自身を許容し、承認し、肯定するなら、われわれがこの世の成り行きをそのあるがままに肯定するなら、われわれはそれによって全能の神をほめたたえるのではなくて、むしろいずれにせよわれわれが明確に断罪されていることを裏付けるのであり、神の怒りが義であることを確認する。ただしそのさい、われわれは傲慢になって自分が神と匹敵すると考え、しかも神の味方をして何かを行なおうと思うが、そのような傲慢が、無条件で、同時に自分を神に身を献げる、唯一の救いの可能性をわれわれから奪い取ってしまうのである。われわれは宿命論を口実として裁きを免れようと望むことによって、まさにこの口実のゆえに裁かれる。というのは、われわれの過去、現在、未来のために「神」を引き合いに出すことは、偶像礼拝であり、神喪失であり、神の怒りを不可避とする「不敬虔と不服従」(一・一八)以外の何ものでもないからである。

九―一八節　それではどうなのか。われわれは言い逃れることができるのか。断じてできない。ユダヤ人もギリシア人もすべて罪の下にあるという、われわれの行なった訴えは、あい変わらず存在する。次のように書かれているとおりである。「正しい者はいない、一人もいない。洞察力のある者はいない。神を問う者はいない。すべての者は迷い出て、すべての者は互いに無用となってしまった。善を行なう者はいない、ただの一人もいない。かれらののどは開いた墓であり、かれらはその舌で欺く。かれらの唇の背後には蛇の毒があり、かれらの口は呪いと苦さとで満ちている。かれらの足は血を流すのに速く、かれらの道には荒廃と悲惨とがある。そしてかれらは平和の道を知らない。かれらの眼中には神への恐れがない」。

「われわれは言い逃れることができるのか」、すなわち、人間が離反しても持続する神の真実に目を向けたとしても。われわれはすでに見た（三・五―八）、「否《いな》」であると。神の至上権に対する洞察が人間の義のあらゆる鎮静剤を確実に破壊するにつれて、その洞察はどのような新しい鎮静剤も造り出さないことはいっそう確実となるだろう。人間は、すぐまた地盤を発見するようにと、空中に置かれているのではない。だれも勝利した神の意志の背後に、隠れることはできない。むしろそれを認識する者は、裁きを受け、衝撃を受け、そして――もはやそれから逃れることはできない。

「すべての人が罪の下にあるという、われわれの行なった訴えは、あい変わらず存在する」。人間は、ユダヤ人もギリシア人も、神の子も生まれながらのこの世の子らも、人間として怒りの子であり、例外も逃げ道もなく、罪という異国の支配（五・一二―一四）に引き渡されているという確認（一・一八―二・二九）は存続する。神はわれわれにとっては知られないものでありまたあり続ける。われわれはこの世にあって故郷喪失者でありまたあり続ける。われわれは罪人であり、また罪人であり続ける。人類を語る者は、救われない人類のことを語る。歴史を語る者は、制限性と無常性を語る。自我を語る者は、裁きを語る。この状態の隘路には、前に行っても後へ行っても回り道は存在しない。われわれは端的にただこの訴えの下に留まりうるだけである。ここに留まって、決してそれを免れようとしない者だけが、つまり、たった今(三・五—八)片づけた「人間的論理」の詭弁によってそれを免れようとしない者だけが、その者だけが神をその真実においてほめたたえることができる(三・一—四)。

「**次のように書かれているとおりである**」。いったいすべてのことは何か非常に新しくて前代未聞のことなのか。失望によるあきらめか。厭世《えんせい》的熱狂であるのか。豊かな人間生活を抑圧することか。歴史との断絶か。高慢なグノーシス的急進主義か。否、このいやいや聞かれた「訴え」は、書かれている。それは「あらかじめ宣べ伝えられ」(一・二)ている。だがまさに歴史の全体が、それ自身に対してこの訴えを叫んでいる。まさにこの訴えが一貫して聞き落とされるなら、歴史的思考とは何のことか。歴史上のすべての注目すべき人たち、立派な人たち、真剣にとり上げるべき人たちのうちで、すべての預言者、詩編の詩人、哲学者、教父、宗教改革者、詩人、芸術家たちのうちで、ただの一人でも、——肝心なのはそのことだったとするなら——人間を善と呼んだり、善を行なうことができるにすぎないと呼んだものがいただろうか。もしかしたら、「原罪」の教説は他の教説と並んだほんの一つの「教説」なのか、否むしろ(その根本的な意味において、ただし五・一二を参照せよ)すべての誠実な歴史考察に由来する教説そのもの、すなわち、歴史に現われたすべての「諸教説」が究極的には帰着させられる教説そのものではないのか。いったいわれわれはこの事柄においては、聖書やアウグスティヌスや宗教改革者たちとは「違った見解」を持つことができるだろうか。いったい歴史は（能動的にも受動的にも）何を示し、何を教えるのか。

少なくともある少数の人間が比較的神に似ているということを示し、教えるのか。否、そうではなく「正しい者はいない、一人もいない」ということを示し、教えるのである。

それはわれわれ人間のうちにある本質的な深遠さ、本質的な生活体験の存在を示し、教えるのか。否、そうではなく、「洞察力のある者はいない」ということを示し、教えるのである。偉大な真理の証人の静かな敬虔さや熱烈な神探求の感動的な姿、たとえば「祈り」を示し、教えるのか、否、そうではなく、「神を問う者はいない」ということを示し、教えるのである。

あれこれの人格とその行為の野性味、健全さ、生粋《きっすい》さ、独自性、興味深く心動かされるもの、理想性、性格の強固さ、愛情の豊かさ、才知、巨大さ、単純さ、堅実さを示し、教えるのか。否、そうではなく、「すべての者は迷い出て、すべての者は互いに無用となってしまった。善を行なう者はいない、ただの一人もいない」ということを示し、教えるのである。

あるいは、宗教的にせよ世俗的にせよ、内面的にせよ外面的にせよ、意識的にせよ無意識的にせよ、能動的にせよ受動的にせよ、理論的にせよ実践的にせよ、とにかくもっと美しい人間の何らかの特性や業績を示し、教えるのか。否、そうではなく、「かれらののどは開いた墓であり、かれらはその舌で欺く。かれらの唇の背後には蛇の毒があり、かれらの口は呪いと苦さ

とで満ちている」ということを示し、教えるのである。これが結局人間の思想と言葉とについて保たれなければならないことである。そして「**かれらの足は血を流すのに速く、かれらの道には荒廃と悲惨とがある。そしてかれらは平和の道を知らない**」。これが人間の行動と行為とについて語られなければならないことである。

「**かれらの眼中には神への恐れがない**」。歴史はこのことを示し、このことを教えている。神への恐れそのものは、この世においては目に見えるように、捕まえることのできるように、決して直接的な意味で「現実的」とはならない。それは歴史的また精神的に見聞きできうるものとならない。見聞きできうるものとなるものは、常に神への恐れではない。ヨブ記一五・四、詩編一五・一—三、五・一〇、一四〇・四、一〇・七、イザヤ書五九・七—八、詩編三六・二にはそのように書かれてある。これらすべてのことを書いた人たち、またこのことをかれらと共に考えて語った無数の人たちは人類の中にあるこの積極的なものに対する目を持たないのか。いや、持っている。かれらはそれを否定しない。かれらも、もし宗教、道徳、文化をその固有の価値において、その意味において、この世の内部において評価することが問題となるなら、感謝をもってそれを承認し、ほめたたえることができるかも知れない。しかしかれらの主題《テーマ》、すなわち、歴史の本来の主題は、人間自体を否定することでも、是認することでもなくて、人間が、人間でないもの、すなわち、自分の永遠の根源である神に対する関係において自分の置かれている問題性を認識することである。この点から言えば、これは、かれらの攻撃のラディカリズムである。それは、すべての宗教、道徳、文化に対して行なわれるべき相対的批判とは本質的には何の関係もない。しかし、まさにそれゆえにこそ、すべての人間的なものがその地盤の上で要求できる相対的な承認に留まっていることはできない。それが引き起こす動揺は、日常の不安のはるか背後にあって、まさにそれゆえに人間の日常の知らない平安を取り出す深みから由来する。その否《いな》は、それがこのように包括的な然《しか》りから生じるので、そのように包括的である。このような攻撃を行なう人たちの本質は、厭世主義、自虐、否定に対する味気ない喜びではない。確かにそうではなく、むしろ幻想に対する激しい嫌悪であり、うつろな天蓋に屈服することを断固として拒否することであり、ひたすら一方的に本質的なものを待望することであり、神と人間との間の状況の現実から逃れようとするすべての試みを徹底的に断念することであり、人間が行なうすべての人生の考察は、全く新しく始めるためにはそれとのかかわりを止めてしまわなければならないその真理について、究極前の、また終わりから三番目の真理によって、欺かれることの明白な不承知である。かれらは唯物論的世界観、世俗的世界観、「懐疑的」世界観に、それに徹底的に帰属する正当さを与える。そしてこのような究極的断念によって、神そのものの認識を、それと同時にこの世の、また歴史の永遠の意味の認識を得るための道を切り開く。被造物の否定による以外に、創造者の肯定と被造物の永遠の意味はいまだかつて認識されたことはない。歴史はそのことをわれわれに語っている。

一九―二〇節　だがわれわれは知っている。律法がそこで言っていることは、まさに律法の味方をする人たちに語られている――それはすべての口がふさがれ、全世界が神の前に負い目を持つようになるためである。というのは肉と呼ばれるすべてのものにとっては、律法の行為に基づいた、神の前の義は存在しないからである。律法によって実現するのは罪の認識である！

「律法が言っていることは、律法の味方をする人たちに語られている」。律法の味方をする人たちは理想主義者であり、神体験かあるいは少なくともそのような体験の思い出を持つ優遇されている者（二・一四、三・二）たちのことである。かれらの啓示の刻印、かれらの宗教、かれらの敬虔は、神の告知、神への指示である。かれらは向けられている、神へと向けられている――しかしまさにそれゆえに神によって向けられている。まさにかれらこそ神と人間の間の状況を少しも見誤ることはできない。かれらは、あたかも何人かの人たちが、たとえばかれら自身が、少なくとも、その精神的、歴史的優位のゆえに神に対して守られ、赦されているかのような（二・一）誤解に陥ることは少しもありえない。かれらは「人間の論理にしたがって」（三・五）、神が神であることを動揺させることは少しもありえない。かれらは、人間が神によってやむなくそこに置かれている緊張、動揺、不和、途絶えることのない転覆と問いかけから少しも逃れることはできない。もし信仰が本当に神に対する信仰であるなら、まさに信仰こそが空洞であり、信仰とはわれわれが決してそれとなり、所有し、行為することのできないものに対する屈服であり、決して世界にも、人間にもならないものに対する屈服である。それはわれわれが今ここで人間と世界と呼んでいるすべてのものの廃棄において、救いにおいて、復活においてでなければ、そうならないであろう。律法、宗教、敬虔の声をわれわれはたった今(三・一〇―一八)聞いたばかりである。空《から》の水路は、そこを流れていない水について語る。道しるべは、道しるべのあるところには存在していない目標について語る。押印(「刻印」二・二〇)は、押印のあるところに存在しない、ただその――陰画を残した印章付指輪について語る。歴史そのもの――しかも人間の醜聞録《クロニク・スカンダレウセ》ではなく、人間の全盛時の歴史――が歴史に対する告発である。

「それはすべての口がふさがれ、全世界が神の前に負い目を持つようになるためである」。ユダヤ人は「優れた点」を持っている(三・一)。ユダヤ人はわれわれが神について何も知らないということを知ることができる。ユダヤ人は、目が見ず、耳が聞かず、人間の心に入らなかったものの前に立ち止まることができる。ユダヤ人は神を畏れることができる。宗教とは、神自身に対する、神のみに対する信頼以外の究極の信頼が人間から奪い取られる可能性である。敬虔とは、考え、表象することのできる究極の地盤が、なおわれわれの足下から奪い取られる可能性である。まさに歴史に味方する人たちに下される歴史の判定は、まさにかれらを最後の断念に駆り立てて、神自身の前に沈黙させることができる。もしこの可能性が実現されるなら、もし律法に味方する人たちが、律法の言うことを聞き、神のみが正しいということを聞くなら、もしかれらの宗教がかれらの宗教をも廃棄することに変わり、かれらの敬虔がかれらの敬虔をも徹底的に屈服させることに変わり、かれらの精神的、歴史的な高みがすべての人間的な高みを卑下することに変わるなら、もしすべての独善的な、勝利を確信した、しかもなお一つの真理を宣べ伝えようと欲する人間の口が、まさにかれらの口によってふさがれるなら、もし他ならぬ世界の頂点を歩むかれら個人において、全世界が神の前に負い目ある者となるなら——そのときかれらの優れた点が実証され、確認され、裏付けられる。そのとき歴史の永遠の意味が明らかになる。そのとき神は、人間の不真実によって迷わされることのない人間に対する神の真実を主張する。

「肉と呼ばれるすべてのものにとっては、律法の行為に基づいた、神の前の義は存在しない」。「あなたの僕《しもべ》を裁きにかけないでください。御前に正しいと認められる者は命あるものの中にはいません」(詩編一四三・二)。「まことに、わたしはどうなっているか知っている。死ぬべき者がどうして主の前に義でありえようか。もしかれが主を裁こうと望んだとしても、かれは立つことができないだろう。なぜなら、かれは千に一つも主の言葉に答えることができないからである」（ヨブ記九・二―三、七十人訳）。したがってまた確かに、われわれがさきに想起した（三・一〇―一八）歴史に対する歴史の個々のあの証言の一般化も、はっきりと言えば、われわれがそれらの証言に与えた根本的な意味もまた「古くから宣べ伝えられ」（二・二）ている。同様に「死ぬべき者」（ヨブ記九章）と呼びうる「命あるもの」（詩編一四三編）、すなわち、出生と死との間にいる人間、生存競争にとりつかれ、食べたり、飲んだり、とりわけ眠ったり、求婚したり、求婚されたりしている、歴史的な、時間的な、肉の人間、そのような人間は、そのものとしては神の前に義ではない。肉とは被造物が創造者に対して持つもっとも徹底的な不十分さである。肉とは不純さ、どうどうめぐりの進歩、単なる人間性のことである。肉とは判定されない、しかも人間の尺度によっては判定しようもないこの世性のことである。肉と呼ばれるすべてのものにとっては、神の前にどのような義も存在しない。というのは、「律法の行為」は、神がそれを人間の心に書き記すかぎり（二・一五）、肉の人間に反対し、神の味方にならないからである。それは人間に何の保証も、何の慰めも、何の赦しも与えない。それらは人間の義の解体であって、建設ではない。それはわれわれの側から見れば、すなわち、肉的・人間的領域内で見れば、否定であって、肯定ではない。それらは常にただ神から見る時にのみ、何か価値のあるもの、貴重なもの、優れたものなのである。われわれの知っている人間には、どのような支えも、安らぎも、砦《とりで》も残らない。人間の本質のもっとも隠れた深みと浅瀬とにおいても残らない。確かに神が「人間の隠れた事柄」(二・一六)を裁くかぎり、すなわち、人間において、神にのみ知られ、また知られうることを確かに裁くかぎりにおいて。確かに神が、そして神のみが各人に「その業《わざ》にしたがって支払う」(二・六)かぎり、人間のあらゆる業のうちには、人間が自分のために提出しうるようなものは何も残っていない。人間が義であると公言し、価値ありと公言するものは、そのものとして肉であり、しかも神の前では不義であり無価値である。しかし神が義であると公言し、その評価にしたがって「支払う」ものは、そのようなものとしては肉でなく、われわれ固有のものでなく、この世にあって重大で重要なものと見なすべきでもない。神のみが問いへの答えであり、創造者と被造物の間の距離によってわれわれに与えられる危急からの救いである。次の嘆きは確かに正当である。「わたしの霊はわたしのうちで悲しみ、わたしの心はわたしのうちで揺らぐ。わたしはいにしえの日を思い出し、あなたのすべての言葉に思いをいたす。わたしはあなたに向かって手を伸べ、わたしの心は乾ききった地のようになって、あなたの前にある」(詩編一四三・四―六)。また次の訴えは確かに正当である。いわく「神がわたしのかたわらを通っても、わたしは神を見ない。神が姿を変える時、だれが神にふたたびもとに帰れと命令しようか。あるいはだれが神に「あなたは何をするのか」と言うだろうか。天の下にある権力を持つ者たちは神の前に屈服させられる。しかし神がわたしに聞き、わたしの言葉を聞きとるというこのわたしとはだれなのか。たとえわたしが義であっても、神はわたしに聞くことはないだろう。むしろわたしはわたしを裁く者として、神に切願しうるにすぎない。たとえわたしが神に呼びかけ、神がわたしに聞くとしても、わたしは神がわたしの声を聞いたと信じることはできない。神はわたしを闇の中で破壊するのではないだろうか。しばしば神はそれどころかわたしに傷を与えて打った。どうしてだろうか。神はわたしに息つく暇も与えないようにする。神は苦しみでわたしを満たす。神はわたしの力よりも強い——だれが神の裁きに反抗するだろうか。というのは、たとえわたしが義であっても、わたし自身の口がわたしを神にそむく者と宣告するからである。たとえわたしが欠点のないものであっても、わたしは偽り者であることが証明される。たとえわたしが敬虔であっても、わたしの魂は、わたしの生が奪い取られるであろうということ以外には、そのことについて何も知らない」（ヨブ記九・一一―二二、七十人訳）。したがってここでは、律法の味方をし、自分にとって宗教や敬虔をまじめに考えるような人は、このような嘆きと訴えの深みの中で、態度を決めなければならない。その人は「律法の業《わざ》」すなわち、人間が真心から神においてすることとは、神の変わらない裁きであるということを知っている。

「**律法によって実現するのは罪の認識である！**」。「ユダヤ人にはどのような優れた点があるのか」とわれわれは問うた（三・一）。今答えが与えられた。ユダヤ人には一つの優れた点がある。かれは律法、啓示の刻印、体験、宗教、敬虔、洞察、眺望、聖書的態度を持つ。そして律法こそは、律法を持つ人たちをすべての感傷とロマン主義から引き離し、創造者と被造物、霊と肉の間に口を開いた深淵の前に連れて行かざるをえないものである。律法はかれらを告発し、かれらを神の前に罪人として宣告する。律法はかれらから、かれらのすべてのものを奪い取り、かれらを無条件で神に引き渡す。このようなことが起こるなら、すなわち、人間が律法の判決を聞き、したがって人間がその優れた点において、その体験において、その敬虔において自分自身を理解するなら、そのとき人間は究極の真理、救いの真理、和解の真理、すなわち、墓の彼岸の真理を聞く。このような聞くことと理解することと関連して、われわれは、歴史の最高点が存在すると言いたい。この最高点は、歴史が自己を越えて出て行くことを指示するところ、歴史の中で、歴史を越えて奇異の念や驚きが生じるところ、そこに見いだされるべきである。啓示の刻印は、それが刻印としては無であり、啓示を指し示すものとしてはすべてである時、永遠の実在である。敬虔な者たちの待望は、かれらがまことに待望する者であるにすぎず、まさにかれらの待望するという敬虔を忘れてしまったかぎりで、神の国のうちにある。すべての単に事実的なものがその徹底した不確かさの証言であるかぎり、その待望はあらゆる事実的なもののうちにある永遠の内容である。すべての存在《ダア・ザイン》とその在り方《ゾオ・ザイン》は、その非・存在が認識されているかぎり存在に関与している。そして裁く者である神へのまなざしこそが、こちらとあちらの間の唯一の積極的な関係を示す。神と世界の間の根本的な隔たりを認識する時、この世における神の唯一の可能な臨在が明らかになる。というのは、この、すべてを包括する根本的な危機の光に照らして見ると、神として神は、その尊厳において理解されるからである。——これがユダヤ人の優れた点であり、割礼の価値である。神は知られない神として認識される。すなわち、神にそむく者を義と宣し（四・五）死者をよみがえらせ、存在しないものを存在するものと見なす（四・一七）者と認識され、希望もないのに希望して信じるより他ない（四・一八）者として認識される。もし「ユダヤ人」がこの特殊な可能性を実現するなら、もしかれが自分の置かれている二つの世界の境界をそのものとして認識するなら、かれは絶えず自分の優れた点を喜んでもよい。しかしこの実現、この認識はそれ自身すでにわれわれに知られた可能性の彼岸にある。それは可能になりつつある不可能である。

イエス（三・二一―二八）

二一―二二節前半　しかし今や、律法とは別に、律法と預言者たちによって証《あか》しされている神の義が啓示されている。すなわち、それは、信じるすべての人たちのための、イエス・キリストにおける神の真実による神の義である。

「しかし今や」。われわれは、時間と事物と人間との世界の包括的で、拒むことのできない廃棄の前に、究極にまで進む徹底した危機の前に、あらゆる存在を、その圧倒的な非存在によって巻き取ることの前に立っている。世界は世界である。われわれはすでに(二・一八―三・二〇)それが何を意味しているかを知っている。しかしこの危機はどこから来るのか。危機の意識さえも、すなわち、危機を目にとめる能力さえもどこから来るのか。世界を世界と呼び、世界そのものを未知の他者に対立させて局限する可能性はどこから来るのか。時間を時間と呼び、事物を事物と呼び、人間を人間と呼ぶ、しかも不可避的な「さえも」という言葉でそれをとらえる可能性はどこから来るのか。あらゆる存在と出来事とを評価し、そして――事物性、制約性、相対性という不動の思想で軽視する可能性はどこから来るのか。この批判的思想は、どれほど優れた高みから来るのか。われわれがそれによってすべてのものを測る究極的な未知の事物についてのわれわれの知識、われわれには見えないがわれわれを裁くわれわれの審判者についての衝撃的な知識は、どのような深みから生じるのか。これらすべての〈どこから〉は明らかに放射的に、われわれが由来した一点に、すなわち、われわれが出発した前提に差し戻す。そこからわれわれはやって来ており、そこから世界は見られ、局限され、廃棄され、巻き取られ、裁かれる。しかしこの点は他の点と並んだどのような点でもなく、この前提は他の前提と並んだどのような前提でもない。もし根源が語り、天地の主のもとにあるわれわれの故郷への再想起が語るなら、天は裂け、墓は開き、そのとき日はギブオンに留まり、月はアヤロンの谷に留まる〔ヨシュア記一〇・一二〕。したがって「しかし今や」は、非時間的時間、非空間的場所、不可能な可能性、非被造的光の光を表わす。そしてこの「しかし今や」をもって、転回点の、近くにやってきた神の国の、否《いな》の中にある然《しか》りの、この世の中にある救いの、断罪の中にある無罪判決の、時間の中にある永遠の、死の中にある生の音信《おとずれ》がそれ自身基礎づけられる。「わたしは新しい天と新しい地とを見た。というのは最初の天と最初の地は過ぎ去ったからである」〔ヨハネ黙示録二一・一〕。神が語る。

「**律法とは別に**」。神が語るということ、われわれが神に認められて、自分と世界とを神の光に照らして見るということ、そのことはすべての宗教、すべての体験、神に向けられた人間のすべての態度の中で、またそれらと並んで、何か他なること、独特なこと、特殊なこと、新しいことである。それは人間のすべての所有、部分的所有、非所有のただ中を貫いている。それはすべての宗教の真理である。しかしまさにそれゆえに宗教の現実と同一ではない。それはすべての宗教史、教会史の、それどころかすべての歴史一般の意味である。しかしまさにそれゆえに歴史の一部分、一区間、一歴史ではない（それが歴史中の一歴史を持つかぎり、すべての歴史的事物の疑わしさを免れない）。それが（広い意味での）啓示の刻印、崇拝、信仰として歴史的に精神的に可視的となるすべてのものの基礎づけであり、しかしまさにそれゆえに決してどこにおいてもそれとは一致しない。それは他の可視性と並んで可視的にならない。それは不可視的なものとして可視的となる。神の力である（一・一六）神の声は、あくまでも神の声でありまたあり続ける。それがあくまでもあらゆる人間の声のかなたで、神の声でありまたあり続けるのでないなら、それは神の力ではないだろう。神は「律法」のあるところで語る。しかし神は「律法」のないところでも語る。神が「律法」のあるところでも語るのは、「律法」がそこに存在するからではなく、神が語ろうと欲するからである。神は自由である。

「神の義」。神は、神が現にそれであるところのものであると語る。神は人間とその世界に公然と味方することを明らかにすることによって、人間を気にかけるのを止めないことによって、自分自身を自分自身の前に義とする。神の怒りもまた神の義である（一・一八）。神の怒りは、神の否を否として聞かざるをえない不信仰者に現われる神の義である。しかし、神が不信仰に対して怒ることによって、人間が神によって自らに課せられた限界に突き当たって途方にくれることによって、人間が神でない神、すなわち、この世の神（一・二二、二三）に委ねられることによって、神は現にあるとおりの者、この世の創造者、あらゆる事物の主、然りであって否ではない、このような然りを神は表明する。神は自らの要求を主張する。この世に対して主張されるのは永続的、最終的、究極的、決定的な要求である。われわれの直面する制限の彼岸に常にいるのが神である。これが神の発言の内容である。この制限が、その制限の鋭さと踏み越えがたさとにおいて意識されるに至れば至るほど、いっそう明確にまた力強く神は自らの正しさとその国についてわれわれと語ろうとする。すべての人間的なものが、すなわち、われわれ固有のものが、われわれの善も悪も、われわれの信仰も不信仰も、ガラスのように透明になればなるほど、あるがままのわれわれは神に認められ、認識されて、神の支配の領域にあって、いっそう確実にその力の影響を受けるようになる。神の義とは、それによって神自身がわれわれの神であると言明し、われわれを自分のものと見なす〈それにもかかわらず!〉のことであり、この〈それにもかかわらず!〉は、不可解で、無根拠で、ただ自分自身においてだけ、ただ神においてだけ根拠づけられており、すべての「それゆえに」が混じっていない。というのは、神の意志は少しも「何ゆえに」を知らないからである。神は神であるがゆえに意志する。神の義とは罪の赦しのことであり、神と人間との関係の根本的な変革であり、人間の不敬虔と不服従と、またそれによって造り出されたこの世の状態は神の前には取るに足りないものであり、われわれが神のものとなるために、われわれを神のものと呼ぶのを妨げないという言明である。神の義は公〔法〕の義《ユスティティア・フォレンシス》、他なる義《ユスティティア・アリエナ》である。すなわち、自分自身の法以外には何ものにも拘束されていない裁く者が語るのである。そして、こうこうである(何らかのかたちでこれと違ったものではない)とかれが語るように、そのようになる。かれはかれの敵であるわれわれをかれの友として話しかける。「それゆえ、われわれの義と救済と慰めはわれわれの外にあり、われわれは神の前に義であり、御心に適い、聖であり、賢明であるとわれわれが信じることは、一つの高尚な説教であり、天上的知恵である。しかし、われわれのうちには、ただ罪と不義と愚かさがあるだけである」(ルター)。神の義とは、われわれによって捕らえられてきた真理(一・一八)の自己解放である。それは、われわれの側で、このような解放のためになしうる、可能な、あるいはまた、ただ考えうるすべてのことを全く別にして、したがって文字どおりに、また厳密な意味で、神の国、神の王的権力展開、奇跡、復活である。神の義は、空中の立場である。それは、われわれに既知のすべての立場の可能性の外にあり、われわれがただ神によって、神自身によって、神のみによって支えられているところに、われわれが恵みの中にあるにせよ、ないにせよ、無条件で神の手の中に置かれているところにある。——これが神の義であり、神と人間との積極的関係であり、そして「たとえ天地が崩れ、何も残らなくなろうとも、この信仰箇条を見捨てたり、譲歩したりすることはできない」(ルター)。いったいわれわれは、およそ十五万年の人間の疑問に直面して、何か他の積極的な関係、たとえば直接的な、歴史的、精神的に可視的な関係を一般的に考慮しうるであろうか。ヨーロッパについては言うまでもないが、アジア史、アフリカ史、アメリカ史に対して、神自身、神のみ、神の憐れみ以外の他の答えがあるだろうか。

神が義であるということが「**啓示されている**」。そしてこれがわれわれの〈どこから〉であり、われわれの〈そこから〉であり、われわれの「しかし今や」である。〈神の憐れみが勝利する〉という答えがわれわれに与えられているということ、神と人間との、この積極的な関係、つまり絶対的に逆説的な関係が成り立つということである。これが、ここで恐れとおののきとをもって、しかし不可避的な必然性に圧倒されて宣べ伝えられる救済の音信《おとずれ》の内容である（二・一、一六）。すなわち、出来事としての永遠なるものである。われわれは、手で造られている神殿に住まず、だれをも必要とせず、それ自体は万人に生命と息とすべてのものとを与える天地の主なる知られない神の認識を宣べ伝える。われわれは、神によって人間に与えられているすべてのものが、万人が神を求めるために与えられていると宣べ伝える。すなわち、われわれのだれもから遠くない神を求めるのであり、われわれが生き、活動し、存在するもののすべてを越えた彼岸で、その中でわれわれが生き、創造し、存在する神を求めるのであり、それは人間に対しては、姿をかえても、そのあり方は真実であり続ける神を求めるのである。神のあり方は人間に対して真実であり続けるが、まさにそれゆえに、神性は人間の手腕や発明の構築と同等視されえないということ、また、神は無知である時代を見逃してきたが、「しかし今や」すべての人間に対し、いたるところで悔い改めるよう告げさせるということをわれわれは宣べ伝える。神が義によって、自らの義によって人間世界を裁こうとする日が始まったことをわれわれは宣べ伝える（使徒言行録一七・二三―三一）。神の義が啓示されている。われわれはもはや神の義を考慮に入れないわけにはいかない。われわれは所与をこの前提的所与の光に照らして見るより他にもはや見ようがない。われわれはこの前提から出発するより他に、もはや出発のしようがない。われわれは、われわれがその下に立たされている否を聞くのには、もはや神の然りから聞くより他に聞きようがない。神による罪の赦しの低い声によって支えられるより他に、もはや人間の不敬虔と不服従の声を聞くより他に、しようがない。神の〈それにもかかわらず〉という安らかな和音を重ねて消してしまうより他に、人間の反抗の叫びをもはや聞きようがない。もはや他にないというのか。確かに、啓示されていることをわれわれが信じるかぎり、もはや他にありえないのである。われわれは信じるが、そのかぎりでわれわれは人間が神によって廃棄されたのを見る。しかしまさにそれゆえわれわれは神において廃棄されているのを見る。われわれは人間が神によって限定され、制限され、垣根で囲われているのを見る。しかしまさにこの限定するものこそが、人間自身の第一のものであり最後のものでもある。われわれは人間が裁かれているのを見る。しかしまさにそれによって正されているのを見る。われわれは歴史の無意味の中に意味を見る。われわれは真理がその鎖を引き裂くのを見る。われわれは人間のうちに「肉」より以上のものを見る。われわれは突然現われた救いを見る。われわれは人間の最高の期待と希望とが崩壊する中でも神の確固不動の真実を見る。この啓示されたもの、現われたもの、示されたもの、われわれによって見られたものから、われわれは由来する。この啓示されたものについて、われわれは語る。見たり聞いたりする目と耳とがあるなら、この啓示されたものに対して注意を喚起したい。

さてこの啓示されたもの、すなわち、神の義は、「律法と預言者たちによって証しされ」ている。それは「古くから宣べ伝えられ」ている（一・二）。アブラハムは、神がこの世を義によって裁く日を見た。モーセはその日を見た。預言者たちはその日を見た。ヨブと詩編の詩人たちはその日を見た。われわれは、われわれの周囲に、すべてこの日の光に照らされて立つ雲のように多くの証人を持つ（ヘブライ人への手紙一二・一参照）。というのはどの時期の意味も直接神につながっているからである。神の義はすべての約束の成就である。それはすべての宗教の意味である。それはすべての人間の希望、憧憬、努力、待望への回答であり、それはまさに希望以外のどのようなものでもあろうとしなければしないほど、いっそう確かにそうである。神の義はすべての存在《ダア・ザイン》とその在り方《ゾオ・ザイン》がより明らかに裁きの下に、つまり否の下に立てば立つほど、いっそう永遠の内容である。神の義は、すべての歴史の意味であり、しかも歴史がそれ自身の告発者となればなるほど、そうである。神の義は、すべての被造物の救いであり、その単なる被造性のまま認識されて、いっそう確かに自己自身を越えて外へと指示されるにつれてそうである。啓示の刻印があるところ、――そしてどこにこのような刻印が全然ないところがあるだろうか――そこにたとえ最悪の種類の魔神や畏敬の念に満ちた無知に隠されていようとも、知られない神に対する指示も（使徒言行録一七・二二―二三）存在する。どこで、いつ「あなたがたの詩人のうちのある人たち」がそのことを語りもしなかったというのだろうか（使徒言行録一七・二八）。体験の在るところには、可能な認識についての証言も存在する。われわれは何か新しいことを宣べ伝えるのではない。むしろあらゆる古いもののうちにある本質的な真理、すなわち、あらゆる過ぎ去るものがその比喩である過ぎ去らないものを宣べ伝える。比喩が語るということ、証言が証《あか》しするということ、目がすでにその前にあるものを見るということ、耳がすでにそれによって語ることを聞くということ、神の教会の中で、常に、いたるところですべての者によって信じられたことが本当に信じられるということ、こういうことが問題となる。

神の義は、「イエス・キリストにおける神の真実によって」啓示される。神の真実とは、神のあの忍耐のことである。この神の真実によって歴史の多くの拡散された時点に、繰り返して神の義の認識の可能性、機会、証言が存在する。ナザレのイエスは、これら多くの時点の中で、他の時点が前後の関連的意味上、線として、すなわち、歴史の本来的な、赤い糸として認識されるまさにその一点である。キリストはこの認識の内容、すなわち、神自身の義である。神の真実とキリストであるイエス、これらは互いに一方は他方において確認されなければならない。――神の真実は、キリストがイエスにおいてわれわれに出会うことによって確認される。われわれが人間として全く不十分であるにもかかわらず、神に対する拡散された歴史的指示の中に神に対する真の可能性を認めることができ、またわれわれが神の告知のこの世的な痕跡において、この世的偶然以上のものを見いだすことができ、また時間の中にあるわれわれの場所において永遠の約束を頼みにすることができるのは、われわれが時間の一つの場所、現実の一つの点において、照らし出された時間、照らし出された現実、他の秩序を持った神の答え、真理に出会うからであり、また出会うときのことである。キリストであるイエスの日はすべての日々の中の日である。この一つの点の明らかな、認められた光は、すべての点の隠れた、不可視的な光である。ここでの神の義の一回かぎりの認識は、いつでもどこでも「義〔とされた者〕の希望」（ガラテヤ書五・五）である。イエスは、キリストとして認識されると、すべての人間の待望を実証し、確認し、裏付ける。イエスとは、待望するのは人間ではなく、真実の中にいる神であるということの伝達である。——われわれがまさにナザレのイエスにおいてキリストを見いだしたということを保証するのは、神の真実のすべての告知が、まさにイエスにおいてわれわれに出会ったものの指示であり、預言であるということによる。律法と預言者との隠れた力は、イエスにおいてわれわれに出会うキリストである。すべての宗教の意味は、救いであり、時代の転回点であり、復活であり、まさにイエスにおいてわれわれに停止を強いる神の不可視的なものである。人間のすべての出来事の内容は、その出来事がその下に立っており、まさにイエスによって宣べ伝えられ、イエスにおいて具体化されている罪の赦しである。この力、この意味、この内容がイエスにおいて以外の場所にも見いだされるということ、そのことでだれもわれわれを非難する必要はない。もちろんまさにそのことを主張するのはわれわれ自身であり、まさにわれわれがそれを主張することができるのである。というのは、神がいたるところで見いだされるということ、人類はイエス以前とイエス以後に神によって見いだされているということ、神を発見し、神によって発見されるということ自体がすべて認識可能となるその場合の尺度、この発見し、発見されることを永遠の秩序をもった真理として把握する可能性——これがまさにイエスにおいて認識され見いだされるからである。多くの者は救いと罪の赦しと復活との光の中を歩む。われわれがかれらが歩むのを見、われわれがそれに対する目を持っているのは、あの一人の方のおかげである。われわれはその方の光において光を見る。——そしてわれわれがイエスにおいて見いだしたものはキリストであるということが、イエスが究極の言葉、他のすべてのものを説明し、きわめて鋭く表現する言葉、すなわち、律法と預言者によって証言された神の真実の言葉であるということによって確認される。神の真実とは、もっとも深刻な人間の疑わしさと暗闇の中に神が入り込み、留まることである。しかしイエスの生涯は、真実な神の意志に対する完全な従順である。かれは罪人として罪人たちに立ち向かう。かれは、この世がその下に立たされている裁きの下に自分自身を完全に立たせる。かれは神がおただ神への問いとしてしか現臨しえないところへ自分自身を立たせる。かれは僕《しもべ》の姿をとる。

かれは十字架へ、死へと赴く。かれは自分の進む行程の絶頂で、その目標において、純粋に否定的なものであり、決して天才ではなく、決して明白な、あるいは隠れた精神的な力の保持者でもなく、決して英雄、指導者、詩人、思想家でもなく、またまさにこの否定という点で（「わが神、わが神、どうしてわたしをお見捨てになったのですか」〔マタイ福音書二七・四六〕）、まさにかれがある不可能なこれ以上のもののために、ある不可視的な他者のために、すべての天才的、精神的、英雄的、美的、哲学的な、とにかくすべての考えることのできるかぎりの人間の可能性を犠牲にするという点で、まさにその点でかれは、自分自身を越えたところを指示しつつ、律法と預言者とにおいて絶頂にまでのぼる人間の展開の可能性の実現者である。それゆえに神はかれを高いところへ挙げ、この点でかれはキリストとして認められ、それと共にかれは、すべての人の上からまたすべての人のために照らす、究極の事物の光となる。われわれは本当に地獄の底にいてもかれにおいて神の真実を見る。メシアは人間の終極である。そこにおいても、まさにそこにおいてこそ神は真実である。神の義の新しい日は「廃棄された」人間の日と共に始まる。

「信じるすべての人たちのための」。これは内容豊かな異論である。新しい日を見ることは間接的でありまたあり続ける。イエスにおける啓示は、あくまでも逆説的な事実であり、またあり続ける――その内容がどんなに客観的で、普遍妥当的であっても。神の真実の約束がキリストであるイエスにおいて実現されているということ、またまさにイエスが、すべての約束が指し示すキリストであるということ、またイエスは、かれにおいては神の真実がその究極の隠れた姿をとって、そのもっとも深い秘義において現われるがゆえに、まさにそれゆえにキリストであるということ、これらすべてのことは決して自明のことでもなければ、自明のこととなるのでもない。これは、決して精神的、歴史的、宇宙的、自然的な所与の事実ではなく、また最高位の所与の事実でもない。それは、直接検討を加えることによって手に入れることはできない。無意識的なものの解明によっても、祈りに神秘的に沈潜することによっても、隠れた精神的能力を発展させることによっても、手に入れることはできない。むしろそれは、こうした方向でのあらゆる試みによっては、それだけいっそう手に入れにくくなるにすぎない。それは伝承されたり、教えられたり、働いて得られるものではない。そうでなければ、それはもちろん普遍妥当的なものではないだろうし、この世のための神の義でもなく、すべての人のための救いでもないだろう。信仰とは逆転することであり、裸で神の前に立ち、一個の高価な真珠を得るために貧しくなり、イエスのために自分の魂をも失う人間の徹底的な、新しい方向づけのことである。信仰とはそれ自身、神の真実であり、あい変わらず、繰り返して、神に対する人間のすべての肯定、考え方、成果の背後に、またそれを越えたところに隠されている。それゆえに信仰は、決してできあがった、与えられた、保証されたものではない。信仰は、心理学から見れば、いつもいつも改めて、不確実なものへの、暗黒への、虚空の中への飛躍である。血肉はわれわれにそのことを現わさない（マタイ福音書一六・一七）。人間はだれもそれを他人に言うことができず、だれも自分自身にすら言うことができない。わたしが昨日聞いたことを、わたしは今日改めて聞かなければならず、明日、ふたたび改めて聞かなければならないであろう。そしてこれを啓示する者は常に天にいますイエスの父、ただかれのみである。イエスにおける啓示はもちろん、それが神の義の啓示であるがゆえに、同時に考えられるかぎりで最強の、神の隠蔽であり、識別不可能化である。神はイエスにおいて、真に秘義となり、自らが知られない方であることを知らせ、永遠に沈黙する者として語る。神はイエスにおいて、すべての厚かましいなれなれしさや、すべての宗教的な図々しさから身を守る。神はイエスにおいて啓示されると、ユダヤ人にとっては躓きとなり、ギリシア人にとっては愚かとなる。イエスにおいては神の伝達は、反撥し始め、ぽっかり口を開いた深淵がその口を開き始め、もっとも力強い躓きの意識的提示が始まる。「キリスト教界においてなされたように躓きの可能性を取り除くなら、キリスト教の全体は直接的伝達であって、そうなるとキリスト教の全体が取り除かれる。キリスト教は、十分深く傷つけることも、いやすこともしない軽薄な、何か皮相なものとなった。すなわち、神と人間との無限の質的差異を忘れる単なる人間的同情の虚偽の作り事となった」（キルケゴール）[☆51]。イエスへの信仰は、徹底的な〈にもかかわらず〉であり、その内容である神の義もまた徹底的な〈にもかかわらず〉であることと同じである。イエスへの信仰は、全く「愛のない」神の愛を感じて把握し、いつも不快感と躓きを与える神の意志を行ない、その完全な不可視性と隠蔽性にある神を神と呼ぶ前代未聞のことである。イエスへの信仰はあらゆる冒険の中の冒険である。この〈にもかかわらず〉、この前代未聞のこと、この冒険が、われわれの指示する道である。われわれは信仰を要求するが、それ以上のものもそれ以下のものも要求しない。われわれは、われわれ自身の名において信仰を要求するのではなく、この要求がそこで逃れられない仕方でわれわれ自身に出会うイエスの名において、信仰を要求する。われわれはわれわれの信仰に対する信仰を要求しない。というのは、われわれは、われわれの信仰の中において見られるもの、われわれから生じるものは信じるに値しないということを知っているからである。われわれはわれわれの信仰を他人に要求しない。というのは、もし他人が信仰するというのであるなら、かれらはわれわれ自身と同様、自分自身の危険と約束とをかけてそうするであろうから。われわれはイエスへの信仰を要求する。われわれはその信仰をすべての人に、今ここにいる、すなわち、まさにかれらが立っている生の段階にいるすべての人に要求する。信仰に先んじて満たさなければならないような人間的前提（たとえば教育的、知的、経済的、心理学的な前提）は少しも存在しない。たまたままず進み終えておかなければならないような、信仰に至る人間の付加的誘導路、救済の道、段階は存在しない。信仰は常に第一のもの、前提、基礎づけである。われわれは、ユダヤ人としてギリシア人として、子どもとして老人として、教養のある者として教養のない者として、単純な人間として複雑な人間として、われわれは嵐の中でも平穏なときも、またすべてのただ考えることのできるかぎりの人間の階段のすべての段階においても信じることができる。信仰の要求は、宗教と道徳と、生活態度と生活経験、洞察と社会的位置のあらゆる差別を横切って進む。信仰はすべての人にとって同じようにやさしく、同じようにむずかしい。信仰は常に同じ〈それにもかかわらず〉であり、同じ前代未聞のことであり、同じ冒険である。信仰はすべての人にとって同じ困惑と同じ約束とを意味する。信仰はすべての人にとって空虚への同じ飛躍である。信仰はすべての人にとって不可能であるがゆえにすべての人にとって可能である。

二二節後半―二四節　というのは何の差別も存在しないからである。すなわち、かれらはみな罪を犯した、そして神の栄光を持たない。かれらは神の恵みにより、キリスト・イエスにある救いによって、贈り物として義と宣告される。

「注意せよ。これがこの手紙と聖書全体の主要点であり中心点である」（ルター）。「何の差別も存在しない」。神の義の実在性はその普遍性において確証される。イエスのもとで恵みのみに頼る勇気を得たほかならぬパウロが、イエスにおいて、すべての人間的差別を破る神の破砕をも認めるのは、決して偶然ではない。かれがこちらにおいて勇気を認めるがゆえに、かれはあちらにおいても勇気を持つ。かれは異邦人の使徒であるがゆえに、神の国の預言者であり、それは、この関連が不明確となった後世の「伝道」と呼ばれていたものとは違っている。パウロの伝道は差別を立てず、むしろそれはすべての差別を破壊する。あらゆる段階の人間が同列に並ぶことによってのみ、ただ最高の段階に住む人たちもまた「人類の最高の力として、同情しつつ同時代人すべての重荷を担う」(S・プライスヴェルク)ことより他の何ものも欲しないことによって、心の豊かな者たちが、自分の富のことを思わず(たとえそれを分け与えるためにもそのことを思わず)、むしろ貧しい者として貧しい者の兄弟となるなら、そのことによってだけ神は認められる。もっとも現実的な交わりの深みにおいてのみ、廃棄し、また支持する神の憐れみも真である。祈るファリサイ人(ルカ福音書一八・九―一四)はなるほど伝道者になることができても、神の国の伝道者になることはできない。(人間と人間の間の)異常な結びつきは、そこで神の義が認識される(神と人間の間の)異常な、救いに役だつ分離を明らかにし、確定しなければならない結びつきである。逆説が絶対的となり、神と人間との間の深淵が全体的に口を開き、躓きが全体的に与えられ、キリスト教が全体的にあるがままのものとして、「歴史の中ですべてのものを疑問とする、根本的に謎の性質を持つ問題」(オーヴァーベック)として立てられるということは、もちろん必要なことである。しかしある者が他の者たちに対して優れているとか優れたものを持つとかいう妄想が完全に取り除かれないかぎり、逆説を回避し、何か非現実的なもの、幻想的なもの、つまりただ確実で、救いをもたらす、神の憐れみでないような、何か単に宗教的なもの、体験的なもの、道徳的なもの、知的なものを回避する人間の可能性のうちのなお何ものかが残ることもありうるだろう。したがって「何の差別も存在しない」ということが聞かれなければならないし、しかも繰り返して聞かれなければならない。信仰、信仰のみがすべての者に向けられる要求であり、すべての者が進むことのできる——しかも進むことのできない道である。すべての肉が神の救済者を見るためには、すべての肉は神の不可視性の前に、停止させられざるをえない。

「かれらはみな罪を犯した、そして神の栄光を持たない」。このような洞察において、すべての差別の廃棄、すなわち、異常な分離を保証するに違いない異常な結合が実現される。われわれの連帯性が相互に基礎づけられるのは、何か人間的に言って積極的なものにおいてではありえない。というのは人間的に言ってすべての積極的なもの（「宗教的素質」、「人倫的意識」、「人間性」）のうちには常に確実に社会的崩壊の芽がひそんでいるからである。このような積極的なもののうちに含まれた積極的なもの、それは何か違いをつけられたもの、違いを基礎づけるものである。人間同士の真の交わりは、消極的なものにおいて、すなわち、かれらに欠けているものにおいて成立する。われわれは、われわれが罪人であると認めることによって、われわれが兄弟であると認める。他の人たちとのわれわれの連帯が確固とした地盤を持つのは、われわれが他の人たちと共に（あるいは他の人たちをぬきにして、というのはわれわれは他の人たちに期待してはならないからだ）われわれの存在と所有のすべてを凌駕し、われわれ自身をわれわれの根本的な疑問の姿のままとらえるときである。「かれらは神の栄光を持たない」。神の栄光は神の可視性である（栄光は見える神性《グローリア・ディヴィニタス・コンスピクア》。ベンゲル）。この可視性がわれわれに欠けている。それがわれわれを結合させるものである。すべての高いものはそこまで下らなければならない。またすでにはるか下の方に立つ人たちは幸いである。というのは、神の可視性の欠けているところ、そこに信仰の問題が成立する（「見ないのだが信じる」）からである。ここで考察の対象となる罪の赦し、唯一の救いが、意味のある可能性となる。この認識は、悲観主義、悔恨、罪の悲嘆とも、「死の説教者」の「深い憂鬱」（ニーチェ『ツァラトゥストラ』一・九「死を説教する者たちについて」一〇）とも、オリエント的自責とギリシア的快活との対立とも何の関係もない。もちろん、もしこの認識がここに挙げたあれでもなくこれでもないというのでないなら、もしその否が最高の人生の否定と最高の人生の肯定とに同様に向けられたあの否でもないなら、もしそれがユダヤ人とギリシア人とを一つの裁きの下に屈服させるものでないなら、われわれはこの認識をディオニュソス的な熱狂と同じように理解することができるかも知れない。この認識は、まさにわれわれのきわめて深い究極の欠如（われわれの然りの中にもわれわれの否の中にもあるわれわれの欠如）の認識として、真の、彼岸的、根源的人間性の認識である。この純粋な人間性において、人間は神の憐れみの手中にある。

「かれらは神の恵みにより、贈り物として義と宣告される」。その言葉によって、裁く者は自分自身を主張し、そして——万物を支える（ヘブライ書一・三）が、その裁く者の言葉以外にはわれわれはもはや何も聞くことができない時、またわれわれの聞くことがもはや神への信仰、すなわち、神が存在するがゆえに存在するという信仰以外の何ものでもありえない時、われわれが現実に神の前に立つという事実は、われわれに保証される。信仰以外の動機がまだ活動しているかぎり、われわれは神の前に立っていない。まさにそれゆえにこそ、われわれはわれわれ人間相互のすべての差別の背後に戻らなければならなかった。神は「宣告する」。神は自分の義を人間のすべての義と不義の背後の、それを越えたところにある真理として宣告する。神は、われわれの味方であると宣告し、われわれがかれのものであると宣告する。神は、神の敵であるわれわれが神に愛された子であると宣告する。神は天地をことごとく更新して、自分の義を確立する決意を宣告する。法的な、原因と条件に制約されない、ただ神自身にのみ基づいた標語は、無からの創造《クレアティオ・エクス・ニヒロ》という宣言である。確かにこの創造は、創造、すなわち、何ものかの創造、われわれのうちとこの世とにおける神の現実的な義の創造である。というのは、神が語ると出来事が起るからである。しかしこの創造は新しい創造である。それはわれわれがそこに立ち、またわれわれの日々の終わりまで立つであろう古い「創造的発展」からのただ単なる新しい突発、新しい流出、新しい展開ではない。古い創造と新しい創造の間には常にわれわれの日々の終わり、この人間の終わりとこの世の終わりがある。神の言葉が創造する何かあるものは、その他にわれわれの知っているすべての「何かあるもの」とは違った、永遠の秩序に属し、それはこのわれわれの知っている「何かあるもの」から出て来たのでも、それと並ぶものでもなく、この他なる「何かあるもの」と比べれば常にあくまでも——無でありまたあり続ける。つまり血肉は神の国を継ぐことができない。この死ぬべきものが不死性を着、この滅びるべきものが不滅性を確かに着なければならないにしても。この「着るということ」は神の業であって、人間の業ではない。そのかぎりで、この死ぬべき、滅びるべきものは、自己の述語の根本的変化、すなわち、変形、死者の復活（コリント第一書一五・五〇—五七）をあくまでも期待し続けている。「われわれは新しい天と新しい地とを期待する」（ヨハネ黙示録二一・一）。そしてそれゆえ、われわれのうちとこの世とにおける神の義もまた人間の義とはならないし、それはさまざまな人間の義とせり合って現われるのでもなく、むしろ「あなたがたの命《いのち》はキリストと共に神の内に隠されている」（コロサイ書三・三）。それが隠されていなければ、命ではないのだ。神の国は地上で「始まった」のではない。ほんの小さなかけらとしてでも、始まったのではなく、宣べ伝えられたのである。きわめて崇高な形においてさえ、「到来した」のではなく、近づいたのである。神の国は繰り返して、イエスにおける神の啓示において初めて正しく——

信じられなければならない。というのは神の国は新しい世界として宣べ伝えられ、近づいたのであって、古い世界の継続として宣べ伝えられ、近づいたのではないからである。現実的には「われわれの」義は、あくまでもただ神の義としてのみ存在しまた存在し続ける。新しい世界はあくまでもただ永遠の世界でありまたあり続け、われわれも今ここでその照り返しの中に立っている。われわれに向けられた神の憐れみはただ奇跡として（「上から垂直に」）のみ真理でありまたあり続ける。神の憐れみの歴史的、精神的側面は常にその非真理である。われわれが神の言葉の実現を信仰をもって待つかぎり、われわれが神の前で、神の側から義とされているということの宣言は、ただ神の恵みによってのみ、「神の恵みによる贈り物として」生じる、ということを繰り返してわれわれが理解するかぎり、われわれは実際に神に直面する。恵みとはわれわれを受け入れようとする神のよき、自由な意志であり、そうなる必然性であるが、その必然性は、神から、ただ神からのみ成立する。神が、神の栄光を持たない純粋な心を持つ者たちに〈かれらは顔と顔とを合わせてわたしを見るだろう〉〔コリント第一書一三・一二〕と約束せざるをえないということ、拘束された神の真理は、その鎖を打ち砕かざるをえないということ、神がわれわれの側には何の理由もないまま――神が神であるがゆえに――われわれに対しその真実を保ち、その真実を論証せざるをえないということ、そのことが恵みの優位である。恵みはこの人間のうちにある心理的力となるのでも、この自然のうちにある物理的力となるのでも、この世のうちにある宇宙的力となるのでもない。恵みは常に神の力（一・一六）であり、新しい人間の、新しい自然の、新しい世界の、神の国の告知でありまたあり続ける。恵みは此岸においては否定的で、見えず、隠れたままでありまたあり続ける。そしてこの世の消滅、あらゆる事物の終極を布告するものとして、すべての此岸的なものに衝撃を与え、動揺を与え、基盤をくつがえす働きをする。恵みはただ然りであり、救い、慰め、建設であるということ、内なる人が外なる人の消滅につれて、日々新たにされるということ、そのことは神の創造の言葉によって、すべての日の中の日に真実となる。そのことは神の創造の言葉に基づいて、イエスにおいて告知された成就の日を顧《かえり》みて——信じられなければならない。

というのは、この創造の言葉が「**キリスト・イエスにある救いによって**」語られているからである。キリスト・イエスには何があるか。驚くべきことは、歴史の中にこの歴史の廃棄があり、事物のすでに知られた関連の中にこの関連の破壊があり、時間の中にこの時間の休止が生じるということである。「あなたの御名があがめられるように、あなたの御国が来るように、あなたの御旨が天になるように地にもなるように」〔ドイツ語の主の祈り〕。人の子はこの人間の死を宣べ伝え、神を最初で最後の方として宣べ伝える。そして反響は、そこで宣べ伝えられていることの明白な証言としてこう答える。「かれは力強く説教する」、「かれは気が変になっている」、「かれは民を惑わす」、「かれは取税人と罪人の仲間である」。他の諸可能性のうちの一つの可能性はナザレのイエス、「肉によるキリスト」である。しかし不可能性のあらゆる徴候を身につけているその可能性である。かれの生涯は、歴史の中の一つの歴史、事物の中の事物的なもの、時間の中の時間的なもの、人間性の中にある人間的なものである。しかし歴史は、意味に満ち、事物性は根源と終極への示唆に満ち、時間は永遠性の想起に満ち、人間性は語りかける神性に満ちている。この一片の世界の世俗性のうちに（見る目、聞く耳の前に）何ものかがこの世から解放され、それがこの世界に新しい輝きを与え、それが確かに夜のただ中にも輝く。それが――いと高きところには栄光、神にあれ、地には平和、御心に適う人にあれ（ルカ福音書二・一四）――あらゆる世俗性を引きつけ、新しい天と地とを創造しようとする神自身である。われわれは今、この世とこの世の国との映像を見る。それは大きく、高く、きらきら輝いて、恐ろしいものに見え、金、銀、青銅、鉄、陶土で作られている。しかしわれわれは、イエスの生涯の隠れたところで石が切り出され、それが像の足下に当たり、人手によらずにこの足を打ち砕くのを見る。そしてこの像全体は、夏の脱穀場のもみ殻のように風に吹き払われて、打ち砕かれる。「だが像を打った石は大きな山となり、全世界を満たした」（ダニエル書二・三四―三五）。サタンは雷光のように天から落ちた（ルカ福音書一〇・一八）。サタンの国は終わった。神の国が到来する。確かにその前ぶれが存在するからである。「目の見えない人は見え、足の不自由な人は歩き、重い皮膚病を患っている人は清くなり、耳の聞こえない人は聞こえ、死者は生き返り、貧しい人には救済の音信《おとずれ》を告げ知らされる、そして——わたしに躓かない人は幸いである」(マタイ福音書一一・五—六)。この「イエスの生涯」という一かけらの世界の世界性を貫き通して、この到来する救いを見、神の創造の語りかけを聞く者、これからのち他のどのようなものにも期待せず、この救い、この神の語りかけにすべてを期待する者(マタイ福音書一一・一—四)は幸いである。ただ信じられるだけのもの、キリスト・イエスにおいて存在するものに直面して信じられうるものを信じる者は幸いである。

二五—二六節　神はこの方を神の真実により、その血をもって和解の覆いと定めた。それはかつて神が忍耐している間に犯された罪の赦しのうちに神が義であることを示すためであり、今の瞬間に神が義であることを示すためであった。こうして神は正しい方であり、イエスにおいて確認される真実に基礎づけられている者を義であると宣告する方となる。

「神はこの方を神の真実により、その血をもって和解の覆いと定めた」。「和解の覆い」とは旧約聖書の祭儀において、翼を持った二人の天使の姿をしたもの(ケルビム)によって覆われ、契約の箱の内容である神の告知を公示し、同時に覆い隠す金の板であるカポレツ(契約の箱のふた《ヒラステリオン》、七十人訳)のことである(出エジプト記二五・一七—二二)。それは神自身の宿る場所であり(サムエル記上四・四、サムエル記下六・二、詩編八〇・二)、神がモーセに語りかける場所であり(出エジプト記二五・二二、民数記七・八九)、しかし何よりもまず大贖罪日に血をふりかけて神と民との和解が執り行なわれる場所である（レビ記一六・一四―一五）。それは単に場所であってそれ以上のものではないが、最高に権限を与えられた場所であるというまさにそのことが、イエスと比べるのにきわめて適切な点である。神が宿り、そこから神が語りかけるそのような場所として、すなわち、和解の場所として、イエスは、永遠の昔より神の御心のうちに決定され、今や、時間の中で、人間の前へ、歴史の中へと組み入れられる。イエスの生涯は、神によって和解の権限を与えられた場所、和解の目的のために神によっていわば発破坑を掘り、爆薬を仕かけられた歴史上の場所である。「神はキリストによって世をご自分と和解させるために働いた」（コリント第二書五・一九）。神の国はこの場所のすぐ近くへやって来た。すぐ近くへやって来たため、神の国の到来、その救いをもたらす力と意義とがまさにここで認められ、すぐ近くへやって来たため、まさにここで人の子らの中に神が宿ったこと、かれらと神が語ったこと、神の平和のうちにこの世を呼び戻そうとする神の意志が見誤られることはありえないことになり、すぐ近くへやって来たため、まさにここで信仰が有無を言わせぬ必然性として迫ってこざるをえないであろう。しかし旧約のカポレツが神の証言の存在を隠すとともに示しているように、すなわち、それが神の隠蔽性と現臨とを宣べ伝えたように、イエスにおける神の国も、イエスにおける神の和解の活動も、イエスにおいて始まった救いの日（三・二四）も隠されると共に啓示される。イエスがキリストであるということは、認めなければならず、見誤るべきでなく、向こうから迫ってくる。しかしそれはきわめて鋭い逆説の姿をとり、ただ信じられることができるのみである。和解は、和解の場所で、ただ血によってのみ、つまり神は殺すことによって生かすことを荘厳に想起することによって、生起する。和解はイエスにおいてもただ「神の真実により、その血をもって」生起する。すなわち、肉のあらゆる罪、あらゆる弱さ、あらゆる悲しみとの完全な連帯性という地獄の中で、かれはわれわれにとっては否定的なものであるという秘義の中で、人間的な光を放ち、イエスが人間の中の人間であったからこそ、またそのかぎりで、かれの生涯の中でも光を放っていたあらゆる光（英雄、預言者、奇跡を行なう者）が薄れゆき、消えてゆく中で、十字架上の死という絶対的な躓きにおいてこの和解は生起する。まさにその血をもってイエスがキリストであるということが確認される。かれが人類に対する神の真実の、最初にして最後の言葉であること、われわれの救いの不可能な可能性の顕示であること、非被造的光の光であること、神の国の告知者であることが確認される。「血は救済者を描く絵の基色である」（Ph・Fr・ヒラー）。なぜなら、十字架へ至るかれの道において、かれの生命の放棄において、かれの死において、かれのもたらした救いのラディカリズムが、かれの宣べ伝える新しい世界の新しさが初めて明らかとなるからである。われわれがこのラディカリズムに耐えられず、神の世界や内なる人間のこの新しさの告知に耐えられないとき、それは明らかとなる、でなければそのとき初めて本当に隠されてしまう。というのは「この子はイスラエルの多くの人を倒したり立ち上がらせたりするためにと定められ、また反対を受けるしるしとして定められています――そして剣はあなたの心を刺し貫くでしょう――多くの人の心にある思いがあらわにされるためです」（ルカ福音書二・三四―三五）とあるからである。イエスの血による和解の秘義は、どこまでも神の秘義とその開示であり、またあり続ける。不可視的なものが可視的となることは、繰り返して神の行為であり、神の真実の行為、あるいは、（同じことではあるが）信仰の行為である。しかしこの神の行為が行なわれるなら、神の真実が持続するなら、信仰の冒険が敢行されるなら、そのかぎりで、新しい世界の日の夜明け、神の憐れみとわれわれの救済の現実性、人の手で造られたものではない、永遠に天にある住まいをやがて上に着せられるということ（コリント第二書五・一以下）、そういうことがイエスの血をもってわれわれに示され、伝えられ、保証され、確証される。さらにわれわれは、今ここですでに到来する事物の反映の中に立ち、ことさら困窮していないわけではないが、ことさら希望がないわけでもなく、現にそうであるとおり神に病んではいるが、しかも神にいやされる分岐点《クリージス》に立つ。「それゆえに、われわれはこの卵を抱いためん鳥の翼に身をすり寄せなければならないのであって、自分自身の信仰を抱いて不遜にも飛び立ってはならない。でないと鳶がわれわれをたちまち食ってしまうだろう」（ルター）。

「神が義であることを示すため」。罪の赦しは、いつでも、どこにでもあった。人間の上には、神の慈愛の豊かさ、神の怒りの手控え、神の忍耐（二・四）という奇跡がいつでも、どこにでもあった。人間は、いつでも、どこにおいても神に病んでいたし、またいやされた。しかしわれわれはイエスを通して、現にあるとおりのものを見る目を得た。神の義はイエスにおいてわれわれに証明され、示された。われわれはイエスを通して、歴史（「以前に犯された罪」）を神から見、すべてを廃棄する憐れみの光に照らして見ることができるようになった。われわれはかれを通して、この憐れみが何を意味しているかを知っている。すなわち、すべての事物の終極と新しい出発点とを意味することを。われわれはその憐れみがわれわれにとって何を意味しているかを知っている。すなわち、それはわれわれを悔い改めに導こうとしている（二・四、六・二以下）ということを知っている。神の義は、ただイエスを通してのみ人間とその歴史とを支配する事実上の秩序と力として理解しうるもの、また誤解しようのないものとなった。さてわれわれは、イエスにおいてわれわれに与えられた前提に立って、いつでも、どこにも、ただ単に（律法の味方をして、三・一九）肉と罪とを見るだけではなく、それを越えたところ、またその背後に、いつも「人間の隠れた事柄に」（二・一六）人間の真実に根ざす根拠、信仰に根ざす根拠を見いだす場合には、断罪することによって無罪を宣告する裁く者を見るのである。この裁く者は、空虚への飛躍があえてなされるとき、義であり、また義であると宣告する。われわれがイエスを信じるなら、われわれは神の真実の現実性と普遍性とを信じる。われわれがイエスを信じるなら、神の義と、神の義の宣告は不可能な可能性であることが証明され、示される。この前提から、われわれは自分自身を見、われわれは人間に歩みよる。この前提から、われわれは自分自身と人間とをあえて信じようとする。確かに、このような前提を無視しては、決してわれわれはそうすることはできない。われわれはこの前提から、信仰の――まさにこの前提に対する信仰の要求を、すべての人に（三・二二）向ける勇気を持つ。神が義であり、義であると宣告するのだから、われわれは神との平和（五・一）を持つのである。

ただ信仰によってのみ（三・二七―三〇）

二七―二八節　するとどこに誇りがあるのか。それはありえないものとされた。どのような律法によってか。業《わざ》の律法によってか。否、神の真実の律法によってなのだ。というのは、われわれは人間が義であると宣告されるのは律法の業とは別に神の真実によると計算に入れるからである。

「するとどこに誇りがあるのか。それはありえないものとされた」。墓の彼岸からの真理は、イエスにおいてわれわれに、神は義であると語りかけた。神は義であると宣告する。かれ自身が、かれのみが、である。神からのみ、いつも変わらずただ神からのみ人間の義は存在する。

このことは、律法、宗教、人間の体験、歴史、この世界のすべての存在《ダア・ザイン》とその在り方《ゾオ・ザイン》、すべての所与に対するわれわれの批判的な態度の前提のうちへと向かっている。人間において、また人間を通して存在し、生起するすべてのことは、まさにイエスにあっては、御心のままに人間に価値や無価値を与える神を尺度として測られる。存在するすべてのものは、この不安に陥らざるをえず、この天秤にのせられざるをえず、この検査に合格しなければならない。この批判的態度は、この世的なものを理解することを、人間的なものを把握することを意味し、それは世俗的、相対的な、また究極的には無意味な関連の中で歴史的なものを見ることを意味するが、比喩としての、証し（三・二二）としての、全く他なる世界の、全く他なる人間の、全く他なる歴史の想起としての、神の比喩、証言、想起としての意味においても歴史的なものを見るということを意味している。ただ一つのことだけはこの批判的な態度からはもはや理解できないし、把握できないし、見ることができない。すなわちそれは、それ自体が、神の裁きに屈服することなく、神の義認を待つことなく、重要なもの、偉大なもの、何らかの意味で神的となろうと欲し、またそうあることを主張する事物や体験や人間であり、さらにそれは、時と永遠の混合であり、この世の中で（どんなに深い背後世界もまた「いっそう高次の世界」もすべてこれに属するのだ）神の世界が自称の、事物的な形で突入し、崩落し、出現することであり、したがってやはりただ改良された此岸性にすぎない彼岸性、あらゆる種類の偽りの内在や不徹底な超越、神と人間の相対的な関係、すなわち、何らかの形で人間の存在、所有、行為として現われる神的なものと、何らかの形で神の存在、所有、行為と自称する人間的なものとである。このような中間地帯の全体は、その真の本性が暴露されることを甘受しなければならない。というのは、イエスの周りで死ななければならないし、しかも繰り返して死ななければならないのは、神の否と然りとの下に立たない人間、（「血によって」三・二五）和解から救いへの、十字架から復活への途上にいない人間、したがって打ち砕かれない人間、神的なもの、本来的なもの、実在的なものを、何らかの形で事物的に、時間的に、人間的に見、知り、持ち、行ない、いやそういうものであると妄想する人間――自分が受け取らなかったもの、また常に改めて受け取らなければならなかったものは何一つないことを忘れて――常に変わらず、あるいはまたしてもすぐ信仰の逆説を回避しようとする人間、ただ恵みによってのみ救われようとして、いまだに、あるいはすでにもはやすべての確実なもの、安全なもの、可視的なもの、快適なものを放棄しようとしない人間、「希望」（四・一八、五・二、一五・一三）以外に「誇る」何らかの動機をあい変わらず持っている人間だからである。ただ人間の間でだけ重要なものを神の前に呼び出したり、ただ神の前でだけ存在するものを人間の前に呼び出したりする可能性、時間というものを永遠の中へ、永遠というものを時間の中へ投射する可能性、人間の前にあるものを、あらかじめ与えられた義認として、人間の関連から神の裁きの中へと、あるいは神の前にあるものを、補足的な義として、神の裁きから人間の関連の中へと移し入れる可能性、このような可能性は「ありえないもの」とされ、断ち切られたのだ。神の義の大きな不可能性は、まさに、先行する、あるいは後から従う人間の義のこの一見非常に可能な可能性を、絶対的な妨害となって妨げる。前に、あるいは後にあるもの、最後のラッパが鳴らされて、人間が神の前に裸で立ち、裸のまま神の義を着せられる（時間の中の瞬間ではない）瞬間の前後にあるもの、それを誇ることは不可能である。イエスから見ると、まだ神の否に屈服せず、あるいはもはや、神の然りを期待しない人間の存在、所有、行為は、決して実在的な要素ではない。神の断罪と神の無罪宣告によって、人間の義であることを止めなかったあらゆる人間の義は、神の前にも人間の前にも決して実在的要素ではない。

「どのような律法によってか。業の律法によってか。否、神の真実の律法によってなのだ」。

この〈不可能だ〉というのはどのような地盤に基づいて言われ、また真であるのか。すべての人間の義の断絶は、どのような秩序の下に遂行されるのか。なお何らかの誇るべき動機を持ち、あるいはその動機を求める人間自身のこの死は、どのような空気の中において起こるのか。このようなことが起こるのは、どのような「律法」の下においてなのか、どのような宗教、敬虔または道徳の下において、どのような体験の下においてなのか。律法、宗教、体験を語る者は、経験する、知る、感じる、行なうということ、すなわち、人間の「業」を語る。「業の律法」

以外の律法が存在するのか。われわれは神の業と行為について何を知っているのか。まさにこの点で最高の誤解が生じる危険がある。すなわち、究極の事物についての知識が人間知性の最大業績と解され、神自身の前に沈黙すること（たとえばアンゲルス・ジレジウス[☆52]の箴言が心理学的処方と考えられたり、読まれたりする時）が人間の敬虔のもっとも大胆な飛躍と解され、「瞬間」（それはわれわれがそこに立ちうるような瞬間ではない）に立つことが、最高、最極限の、人間の体験と解され、「死の知恵」（オーヴァーベック）がもっとも新しい人間の生の知恵と解されるかも知れないのだ。ファリサイ主義の勝利として、新しいファリサイ主義が、以前のどのファリサイ主義よりも恐ろしい姿をとって、決して「自己義認」しないで、しかもすべてのことに対して謙遜に振舞う新しいファリサイ主義が現われるかも知れないのだ。もちろん人間の義は、どんなことでもできる。そうしなければならない場合には、自己放棄、自己抹殺（仏教、神秘主義、敬虔主義）さえも。他のすべてのものにもましてこの誤解にわれわれは用心しなければならない。この誤解によってすでに神の義の門の直前にいた多くの者たちは最後の瞬間にやはり「閉め出されて」しまったからである。というのは、神の否に屈服し、神の然りを期待することは、本当に神の内在と超越とを熱望する人間の、最後の、もっとも大胆な、巨人の一撃ではないからである。「業の律法」という地盤の上では、人間の「誇り」は止まず、神の義の現実性は始まらない。ともかくも自ら誇りを持ち、ともかくも人間として、人間の前と神の前に正しくあろうとする者は、非我と非存在とに非常に深く沈潜していることをも常に誇り（できるならば自分の不確かさや破れをも誇るのだ）、そして——かれは人間として（ただ人間としてなのだ）正しい者として立つであろう。否、「業の律法」という地盤は、われわれの足下に崩壊してしまわなければならない。どのような「業」も、たとえもっとも素晴らしい、もっとも精神的な業でも、たとえ一つの否定的な業であってももはや考慮できない。われわれの体験はわれわれの体験ではないものであり、われわれの宗教はわれわれの宗教を廃棄したところに成り立つ。われわれの律法はすべての人間的な経験、知識、所有、行為を原則的に廃止することである。この世に存在するすべてのものと同様に、空洞、欠如、可能性、指示以上のもの、この世の現象の中でもっとも目だたないもの以上のもの、すなわち、神の前に塵やごみ以上のものであろうと欲していた人間的なものは何も残っていない。信仰は、神の前にも人の前にも、自己価値なしに（自己否定という自己価値さえなしに）、自分自身の力なしに（謙遜という自分自身の力すらなしに）、重要なものであろうとせず、ただ信仰として残る。これは「誇り」が止んで、神の現実的な義が始まる地盤、秩序、光である。したがってわれわれが身を置くことのできる地盤でなく、われわれが従うことのできる秩序でもなく、われわれが呼吸できる空気でもない。人間から見れば、またその他、宗教、信念、律法と呼ばれているものから見れば、それはむしろ地盤喪失、無政府主義、空虚な空間である。それは「神の真実の律法」または、同じことであるが、「信仰の律法」、すなわち、もはや神だけがわれわれを支えることができるにすぎない場所であり、神自身、神のみをのぞく他のすべてのものが無視される場所、要するにどのような場所でもない場所、むしろ神による、すなわち、人間とすべての人間的なものの創造者で、その救済者でもある真実な神による人間の活動の動因《モメント》であるにすぎない場所、すなわち、人間が自分自身とすべての人間的なものを神に献げるところである。そして神による人間の活動の瞬間《モメント》は、それ自身人間の彼岸にあり、どのような意味においても手段、方法、方式となることができない。それは、その根拠がふたたび神そのもののうちにのみ求められ、見いだすことができる神の御心に適うことに基づく。この「生命の霊の律法」（八・二）は、そこに立つときわれわれはだれかある人間の「誇り」が「ありえない」ものとされるのを見る立場（決して立場でない立場）である。

「というのは、われわれは人間が義であると宣告されるのは律法の業とは別に神の真実によると計算に入れるからである」。諸宗教の立場からイエスの「立場」への移行とは、神と人間との間を考慮する旧来の考え方から、かつてない新しい「計算」の方法への移行を意味する。すべての宗教は、一方ではこの世における人間の業を「計算に入れる」、すなわち、神の御心に適うことを呼び起こし、神の「支払い」に値するものでありなさい（二・六）とそのまま要求しうる人間の何らかの可視的な態度や行動の仕方を「計算に入れる」か――さもなければ、神によって「支払われた」人間の業を、すなわち、そのものとしてはこの世にあって可視的となり、知りうるものとなる人間の態度や行動の仕方の神から出発する変化を「計算に入れる」。神の前に裸で立つ人間が神によって着物を着せられる「瞬間《アウゲンブリック》」とは別に、神によって人間が動かされる瞬間《モメント》とは別に、この瞬間の前後、すなわち、価値と意義とにおいてこの瞬間と等しいか、あるいはそれに近いか、あるいは全く比較を絶したというのではなく、全く比較不可能というのではないこの瞬間の前後というものが、あらゆる宗教にとって存在する。それゆえ、あらゆる宗教のうちには、人間的・神的な存在と所有と行為を「誇る」という可能性がある。それゆえ、あらゆる宗教には、信仰の逆説を回避するか、あるいはそれを繰り返し回避するという可能性がある。イエスの「立場」からすれば、違った仕方で「計算」に入れられなければならない。すなわち、この世における行為の意義のために、神の御心に適うようにできる、あるいは神の御心に適うものとしてのこの世的意義を要求できるような人間の「業」は原則として一つも存在しない。この世で生起することは、イエスにおいて神の否の下に屈服させられ、神の然りの期待を頼りとする。まさに、人間が神の前に立ち、神によって動かされる瞬間の前後とは「別に」、この瞬間そのものにふさわしく、あるいはそれに比較できるようなすべての前後とは「別に」。神の存在と行為と、人間の存在と行為とはあくまでも別のものでありまたあり続ける。前者と後者との間には死の一線が越えがたく引かれている——もちろんそれは生の一線である死の一線、出発点である終極、然りである否である。神が宣告し、神が語り、神が支払いをし、神の御心に適うことが選び、評価する。然り、この宣告が創造者の言葉であり、現実は神の言葉によって措定され、神が価値を見いだすところに価値は存在する。しかし神の業と行為は被造物である。それゆえ、それは新しい被造物である。神が支払いをするものは、神のものであって、もはや人間のものではない。神が評価するものは、神の前に価値があり、そしてまさにそれゆえにこの世においては価値がない。神の真実は、人間を義と宣告することによって賛美される。神の真実の力によって、新しい人間が立ち上がり、新しい世界が現われ、新しい日が始まる。しかしこの世のこの人間が、この日の光に照らされて賛美されているのでも、賛美されるのでもない。然り、この死ぬべき者が不死性を着、この滅びるべき者が不滅性を着なければならない。しかし、この着るということが神の創造の言葉によって起こるかぎり、死ぬべき者は可死性を、滅びるべき者が死滅性を免れ、この世はその時間性と事物性と人間性を免れる。しかし可死性と死滅性とが、すなわち、この世がこれによって何らかの仕方で高められ、保証され、栄光を与えられるのではない。「瞬間」は、あらゆる前後に対してあくまでも、何か独自的なもの、他なるもの、異質のものでありまたあり続ける。それは以後に続きもせず、以前に根ざしてもいない。それはどのような時間的、因果的、論理的関連のうちにもなく、それはいつどのようなところにおいても端的に新しいものであり、それは常に、ひとり不死性を持つ神の存在、所有、行為である。不合理なるがゆえにわれ信ず《クレドー・クイア・アブスルドゥム》。人間は常にただ神の前に断罪された者として無罪宣告を受ける。生は常にただ死からのみ生じ、初めは終わりからのみ、然りは否からのみ生じる。イエスの血による義（三・二五）は、常に「律法の業とは別の」、人間の側で（神の前と人間の前に）義と見なされうるようなあらゆるものとは別の義であり、それゆえに、人間が「希望して」でなければ、すなわち、神においてでなければ決して「誇る」ことのできない義である。われわれと神との間には、終わりの日に至るまで十字架が立ちまた立ち続けるであろう。両者を一つにしつつ、しかも距離を設けて、また約束に満ちていながら、しかも警告を与えつつ。信仰の逆説は決して回避されるべきでなく、決して廃棄されない。信仰によってのみ《ソラ・フィデ》、人間は神の前に立ち、神によって動かされる。すなわち、神の真実は、まさにそれが神の真実であるがゆえに、信じられるだけなのだ。すぎたるは及ばないであろう。これが新しい考慮である。

二九―三〇節　それとも神はユダヤ人だけの神か。また異邦人の神ではないのか。まことに異邦人の神でもある。確かに神は唯一の神であって、この神は割礼のある者を真実によって義と宣告し、無割礼の者をも真実によって義と宣告する。

「神はユダヤ人だけの神か。また異邦人の神ではないのか。まことに異邦人の神でもある」。神の言葉の真理性に対する確信、確かさ、保証はどれだけ多くても、それは実際には及ばないであろう。人間の可視性は、ここで見られるべきものを、見えなくするであろう。人間の確信とは、ここで知るべきことを知らないことであろう。神はただ神によってのみ理解することができる。神の真実はただ信仰によってのみ理解することができる。神的なものが人間の姿で存在し、それを所有、行為するというすべての主張、神的なものに対するいわゆる直接的なすべての関係も、神的なものから神性を奪い取り、それを時間と事物と人間との段階に引き落とし、その現実的意義を取り去る。というのは神的なものの現実性は、その普遍性にかかっているからである。しかしその普遍性は、すべての口がふさがれて、全世界が神の前に負い目を持つようになる（三・一九）ということに、人間には神の栄光が欠如しているということが人間の一般性において異議なく確定されている（三・二三）ということに、かかっている。もしこの世に、わずかに存在するだけで、あるいは全く存在せず、所有せず、行動しないものとは反対に、神との関係において存在し、所有し、行動するものが存在するとするなら、「神」は明らかに他のものと並ぶ精神的、歴史的なものであり、他の精神的、歴史的な力、光、財宝とは単に相対的に相違していると言えるかも知れない。そうすると神は、「ユダヤ人だけの神」、これこれしかじかという性質を持ち、そのように行動する人間だけの神であり、「宗教」と同様、あれこれの集団、時代、気分の一つの特殊性であるだろう。神は、比較的安価に所有でき、比較的簡単に手放すことができるものかも知れない。そうすると「神」という言葉でおそらく非常に多くのことが語られるが、しかし義や、救いや、復活が語られるのでなく――究極のもの、すべてのもの、永遠なものが語られるのでもない。またそれゆえに〔語ることが〕少なければ少ないほど（確信、確かさ、保証が少なければ少ないほど）かえってより多くのことが〔語られる〕。もしわれわれが、ただ信仰によってのみ、神という言葉で神の真実の不可能な可能性ということを表わすなら、「神」という言葉は永遠の、究極の言葉である。われわれにとっては信仰の逆説の中にある神の真実で十分である。なぜなら、われわれはそれによって確かな根拠の上に立ち、確かな道を進むからである。この世において人間が神とあらゆる点で一体となることはなくなる。神がすべての人間の神であり、異邦人にとってもユダヤ人にとっても神であるということが、なおさら明らかになる。神はどのような精神的、歴史的なものでもなく、すべてのものの尺度、総体、根源として、われわれにとって光、力、財宝であるすべてのものとは絶対的に違ったものであるということが、なおさら明らかとなる。神の「永遠の力と神性と」（一・二〇）がなおさら明らかに照りかがやく。このように理解するなら、「神」という言葉で、何かあるものがではなくて、すべてのものが語られ、何か究極以前のものではなくて、究極的なものが語られる。その言葉は、裁きと要求と希望の言葉であって、すべての人に向けられており、すべての人に対して意義を、しかも決定的な意義を持つ。

「確かに神は唯一の神であって、この神は割礼のある者を真実によって義と宣告し、無割礼

の者をも真実によって義と宣告する」。それ自身で重要なものであろうと欲するすべての者の多様性から、この世におけるあらゆる派生的な、権威を奪われた神々の多様性から、イエスにおいて神の唯一性が現われて来る。信仰によってのみ認識されるべき神の義において、唯一の創造者、救済者の現実と生命と人格とが現われる。イエスにおいて永遠の真理の座標が据えられる。すなわち、一方では、普通は排斥し合うもの、つまり人間と人間とが結合しつつ、他方では、普通は融け合おうとするもの、つまり人間と神とが分離して。この分岐点《クリージス》の光に照らされて、神は認識され、あがめられ、愛される。——そして宗教上の習慣がその分離と結合ということで本来考えていること、それがそのどちらの場合にも、イエスにおいて取り戻される。神と人間との間の最高の隔たりは、両者の真の一体化である。時と永遠、人間の義と神の義、此岸と彼岸とが、イエスにあって明確な仕方で分け隔てられることにより、両者はイエスにおいても神においても統合され、同様に明確に統合される。すべての「律法」、すなわち、人間のすべての存在、所有、行為、この世界のすべての存在《ダア・ザイン》とその在り《ゾオ・ザイン》方は指示、比喩、可能性、期待であり、そのかぎりで常に欠如、不足、空洞、憧憬である。しかしそれがそのようなものと認められることによって、それを照らすのは、断罪することによって無罪を宣告し、殺すことによって生かし、なおその否だけが聞かれるところにおいて然りを語る神の真実である。神は、イエスにおいて未知の神として認識される。——しかしまた人間と人間の最高の結合も、すべての個々の人間の真の特性、真の歴史的・個別的なもの、真の「優れた点」〔三・一〕以外の何ものでもない。すべての個人の特殊な可能性は、その本来の内容である、不可能なものと関係することによって絶滅されるのではなく、実現される。すべての個人の人格は「まだ……ない」と「もはや……ない」との大きな不安によって抹殺されないで、むしろ基礎づけられる。まさにすべての人に向けられた信仰の要求こそが、個別化の混沌から個人を存在するようにと呼びだす創造者の言葉である。「わたしのために自分の命を失う者は、これを得るであろう」〔マタイ福音書一〇・三九〕。この両者、すなわち「割礼のある者」と「無割礼の者」から、すべての誇りを奪う者、罪人をその深みから呼び出し、正しい者をその高いところから呼びおろす者は、信仰によってのみ両者が神の前に立つかぎり、かれらを両方とも、義と宣告するであろう（というのは、かれらの現在はあい変わらずまだ神のうちに安らうかれらの未来ではないからである）。信仰のあるところ神の真実がある。「誇り」がやむところに、「優れた点」〔三・二〕が始まる。そこに、罪の赦し、救い、新しい創造がある。

しかしわれわれがこのことを発言することによって、われわれにとって未知である可能性について語るのだということをわれわれは知っている。その可能性そのものは、またしても――繰り返して――ただ信じることができるだけである。

第四章　歴史の声

信仰は奇跡である（三・三一―四・八）

三一節　するとわれわれは信仰によって律法を廃止するのか。そんなことはありえないのだ。われわれはまさに律法を立てるのである。

「われわれは信仰によって律法を廃止するのか」。一切の生物を飲み込む化け物のように、復活は歴史の中へ、イエスにおいて立てられた前提は所与の関連の中へ、信仰の逆説は人間における心の出来事の中へ押し込まれるように見える。世界は神の前に消え失せ、創造は救済の前に、体験は認識の前に、内容は形式の前に、律法はそれのみが実在的な、ただし信仰にとってのみ見ることのできる、立法者の真実の前に消え失せる。われわれはグノーシス的二元論の、このような考えとこれと結びついた非難とを、どのようにして遠ざけるべきであろうか。もしここに現われ出る真理のラディカリズムが必ずしも全くラディカルに理解されていないなら、われわれはいずれにせよこれを遠ざけることができない。否定が肯定と並んだ否定であり続けるなら、決して真の、批判的否定ではないだろう。そのような否定は、それ自身即刻ふたたび否定されるに違いないだろう。他の諸歴史と並ぶ異質の歴史としての復活なら、それは復活ではないだろう。というのは、それではその場合何が復活するというのか。すべての所与において確認され、実現されない前提は、究極の前提ではないだろう。また特別な出来事として、（少し言いすぎであるかも知れないが、たとえば「悪霊的なもの《デモーニッシュ》」として）普通の精神的な出来事に結びついた逆説は、まさにそれゆえにこそ逆説ではないであろう。すべての存在するもの、既知のもの、事物的なもの、時間的なもの、人間的なものに対して他なるもの、すなわち、われわれがそこから由来している他なるものは、もしそれがすべての点で、その根源的な、実現する、究極的に肯定的な意味においてそのような他なるものと認識されていないなら、それは決してその全く他なるものではないだろう。「もしわれわれが信仰によって律法を廃止するなら」、もしわれわれが信仰を律法の中に置く代わりに、第二のもの、他なるもの、相違したものとして律法と並んで置くならば、モーセをキリストにおいて理解する代わりに、キリストをモーセと並べて置くなら、もしわれわれがすべての、人間の進路に対する神の裁きの中に、同時にそれらに進路を与えるものを認めないなら、すべての人間の感動、活動、憧憬が神によって廃棄される際に、それらが神において廃棄されてもいるのだということを認めないなら、したがって、信仰が提出する究極の問いが、――まさに究極の問いとして――同時にすべての問いに対する答えでないなら、信仰は信仰ではない。もしそうであるなら、われわれは速断したのかも知れないであろう。そうであるなら、われわれは単に一つの反作用だけを遂行し、「憎悪《ルサンティマン》」に表現を与え、それ自身またしても廃棄、弁証法的修正、究極の統一への還元を必要とするような対照作用に達したのかも知れないであろう。

しかし、まさにこのようなことが考えられているのではない。むしろ「**われわれはまさに律法を立てるのである**」。われわれはまさに歴史、所与、精神的出来事からその偶然性を取り去る。われわれは神を未知の神と呼ぶことによって、まさに神を天地の主として宣べ伝え、救いを説教することによって、すべての被造物中の創造に適ったものを宣べ伝え、すべての体験を認識の光の中へ移すことによって、すべての体験の意味深さを宣べ伝え、信仰の逆説を律法の永遠の否として立てることによって、律法の永遠の真理を宣べ伝える。われわれは、個人の魂が神の前でまた神において失われ、神において廃棄され、しかも救われていると宣べ伝えることによって、まさに個人の権利、すなわち、単独者の無限の価値（キルケゴールを参照せよ）を宣べ伝える。われわれは、（神から見て、また神にとっては）すべてのものはいつでも、どこでも失われていないのであるから、それゆえにいつでも、どこでも神の義認を待たなければならないの下に屈服することを要求し、それゆえに人間のすべての存在、所有、行為が、神の裁きいと要求する。われわれは、その完全な異質性のままでこの瞬間の光に照らされもせず、この瞬間の尊厳と意義に与りもしないような以前も以後ももはや見ないのであるから、それゆえに、われわれは最後のラッパの瞬間とそれ以前と以後にあるすべてのものとの間にあるすべての同等性を廃棄し、それと同時に、すべての時間の、すなわち、その以前、以後にある一切のものの同時性を宣べ伝える。神の裁きと義は、まさに神の真の超越においてもっとも真である内在をわれわれに保証する。キリストのうちに現に存在する者は、かつて存在した者であり、これから存在するであろう者でもある。われわれがそこから由来しているイエスにおける啓示とは、留まるところのない、必然的な、現実的なものを時代の縦断面において暴露することである。したがって歴史そのものが復活を、所与そのものがその非＝所与的前提を、人間的出来事そのものが、その手放すことのできない基礎としての信仰の逆説を証言する。よく理解された律法は、徹底的に神の真実の証明、義認、啓示である。われわれは律法を廃止しないで、むしろ律法、聖書、宗教をその現実のままに語らせ、歴史に語らせ、それ自身の意味について「証し」(三・二一）させ、そして、信仰は律法の意味であるということ、すなわち、徹底した奇跡としての信仰（四・一―八）、純粋な出発点としての信仰（四・九―一二）、根源的創造としての信仰（四・一三―一七a）が律法の意味であるということを聞き取らせる。「われわれはまさに律法を立てるのである」。

一―二節　ところでわれわれは、肉によるわれわれの先祖アブラハムについて何と言おうか。★3 もしアブラハムがかれの業《わざ》によって義と宣告されたなら、それはかれの誇りとなるのだ、然り、しかし神の前ではそうではないのだ。

「ところでわれわれは、アブラハムについて何と言おうか」。信仰が律法の意味であるという命題に対する範例として、われわれはできるだけ遠い、できるだけ古典的な人物を律法の領域から選ぶ。これを選ぶことによってわれわれの課題をやさしくしていると言うことはできないだろう。アブラハムという人物の歴史的場所は、われわれの立つ歴史的場所とは全く他なる場所であるから、場合によっては歴史的・心理的な出来事という平面に、アブラハムのところからわれわれのところまで一本の線を引くことは、初めからできないことである。もしイエスにおける神の義が律法の解消であってその実現でないなら、それが単に更新であり、反作用であり、聖書的（また非聖書的）宗教史の一連の現象中の何か「他なるもの」であって、そうした現象全体の彼岸的意味と内容でないなら、もしそれが他の時間と並ぶ時間であり、他の歴史と並ぶ歴史であり、他の宗教と並ぶ宗教であるなら、このこと、すなわち、その単に相対的な、偶然的な、一回かぎりの意義は、全く遠い時間、歴史、宗教と対照させることによって明らかとなるに違いないだろう。われわれがイエスにおいて見ていると思う歴史の赤い糸が、もし全く純粋に、全く圧倒的に、全く厳密に、すべての〈昔〉と〈今〉、〈あちら〉と〈こちら〉における主題的つながりの糸、客観的統一の糸でないとすれば、それは、われわれが「アブラハム」と言うとき、われわれがその前に立たされている対立の広大さに直面して、われわれの手中でぷっつり切れてしまうに違いない。また他面では、アブラハム像の古典性に対して、その疑いもない重量、大きさ、価値に対して、肉の世界における最良なものの一つである「肉によるわれわれの先祖」の肯定性に対して、人間の存在、所有、行為の単に相対的な否定、廃棄、無価値化、また単に化け物のように考えられた復活、また単に懐疑的に考えられた批判、単に「肉的な」対立性が、洞察力を持つすべての者に対して、その空洞性と、それ自身の疑問性のままで、明らかになるに違いないであろう。もしアブラハム、エレミヤ、ソクラテス、グリューネヴァルト、ルター、キルケゴール、ドストエフスキーのような人物がイエスに対して決定的に歴史的隔たりを保っていて、むしろイエスにおいてかれらの本質的な一体性、同時性、相関性のまま理解されるのでないなら、もしイエスにおいて宣べ伝えられる否定のうちで、かれらの肯定が単に廃棄されるだけで、同時に基礎づけられるのでないならば、イエスはキリストではないだろう。しかしまさにそのことが問題となっているのである。イエスの光が旧約聖書の光に他ならず、すべての宗教史と真理史の光に他ならず、自然と歴史、可視的被造物と不可視的被造物の待降《アドヴェント》の世界の全体がかれらの待望の実現として望み見るクリスマスの奇跡に他ならないという点で、イエスがキリストであることが確認される。「旧約聖書は普通の意味でキリストに先行しただけではなく、キリスト自身が旧約聖書のうちに生きていた。あるいは旧約聖書は、かれの先史的生に直接伴う、またいわばそのことを模写するこの生命の証言である」（オーヴァーベック）。「アブラハムが生まれる前から、「わたしはある」」（ヨハネ福音書八・五八）。このことをわれわれはアブラハムについて語り、いまやアブラハムを手がかりとして示さなければならない。

「もしアブラハムがかれの業によって義と宣告されたなら、それはかれの誇りとなるのだ」。アブラハムの「業」、すなわち、かれの言葉と行動のうちに結果として現われている態度、方向、信念は、一人の義人の業としてわれわれには明白である。その点で異邦世界の暗闇に沈む環境世界の上に力強くそびえること、いっそう意識的な宗教性、いっそう純粋な道徳、英雄的信仰の英雄的な業績は、われわれには明白である。われわれはこの明白な事実をどのように解釈しなければならないのか。われわれがアブラハムとかれと等しい人たちにおいて持つ「義」の刻印から、これに対応する神の評価と判定とを推論するのも不当とは言えない。しかしこのようなこと、すなわち、われわれには明白であるアブラハムの「業」を神が義と宣告することが生じるなら、義とされて、将来義認をもはや必要としない、したがってわれわれの以前行なった確認（三・二〇、二七―三二）とは反対に、すべての人間の生の内容が神によって不安にされ、疑問に付されることのない人間の存在、所有、行為にわれわれは確かに直面する。そうだとすると、歴史の声は、「重要な人間」としての、性格と英雄と人格としての人間の誇りを告げる。というのはもちろんその場合、この点において、つまりアブラハムの「業《わざ》」という点で神の義は人間の義と同一となったからである。しかしもしこの点で同一となったなら、なぜ他の多くの点においても同一とならなかったのか。その場合すべての人間的なものの危機は、もはや不可避的ではなく、その場合死を通って生へ至る道は、もはや容赦なく必然的ではなく、われわれがイエスによってその中に置かれていると考える信仰の逆説は、もはや不可避ではない。ただ一点においてだけであれ、それ自身直接可視的となり、人間がそれを「誇る」ことを許されるような人間的・神的なもの、あるいは神的・人間的なものが存在するなら（もしそれが存在するなら、なぜそれであってはならないのか）――その場合、明らかにイエスにおいて示された死の道と並んで神へ至るいっそう単純な他の道が存在するであろうし、その場合だれがむしろこのいっそう単純な道を選びたがらないというのだろうか。それに対してわれわれは何と言うのだろうか。

われわれはこう言おう。確かにアブラハムの義は、かれの誇りとなる。「しかし神の前ではそうではない」。もしある人間の振舞いが、派遣、音信《おとずれ》、任務の保持と任務の遂行という神的なものの印象をわれわれに与えるとするなら、いったいそれは何を意味するのか。もしわれわれが「神的」という言葉にまじめな意味を結びつけるなら、おそらく次のことを意味するだろう。すなわち、この人間において不可視的なものがわれわれに可視的となるということ、この人間が現にあるところのものが、かれが現にないところのものをわれわれに想起させるということ、かれの振舞いの背後に、またそれを越えたところに、かれの振舞いによって、隠されると共に説明される秘密が、したがっていずれにせよかれの振舞いと同一ではない一つの秘密が存在する、ということを。われわれは一筋の強い光を投げかけられてできた対象そのものの影を光とは呼ばないのと同様に、神の義がわれわれに可視的となる人間の「業」は、それ自体では義ではなく、人間の神性または神の人間性でもなく、むしろそれは神の義を示す指示であり、それはいよいよ強く神の義をわれわれに可視的とする。人間がすべての肢体に枷をはめられて、自分の行きたくないところへ連れて行かれるなら（ヨハネ福音書二一・一八）、この枷はそれゆえ人間の生まれたままの肢体ではないように、神の前に義とされた、神に喜ばれる人間の「業」も、かれの生涯と歴史の中でかれの「業」として明白となるものと同一ではない。むしろわれわれがこのような人間から受けた印象は、不可視的な、異質な出来事の可視的想起である。この印象が強ければ強いほど、ますますそうである。したがって、アブラハムとかれのような人間たちの態度、方向、信念のうちにあるあの明白に「義であるもの」（宗教的なもの、天才的なもの、重要なもの）はかれの誇りとなるかも知れない。すなわち、人間の前に、世界史の法廷の前に誇りとなるかも知れない（そして悪い助言を受けた歴史はこの誇り、すなわち、かれの人格などの誇りに頼るかも知れない）――「しかし神の前ではそうではない」。というのは「神の前に」かれの誇りとなるものは、すなわち、かれが導かれた悔い改め（二・四）、神によって評価され、「支払い」を受けるかれの「業」（二・六）、「隠れたところでユダヤ人であるユダヤ人」や「心において行なわれている割礼」（二・二九）であり、それは他の書物に記されており、それはもちろんそれ自体としては人間に不可能なものであり、それゆえ人間の視線の届かないものであり、ただ神からのみ可能であり、それゆえまたただ神からのみ洞察されるべき、人間にかかわるものだからである。そして人間にとって可能なもの、人間たちの目にも見えるものが、あの不可能で不可視的なものをはっきりと指示すればするほど、それは同時にますますはっきりとあの不可能で不可視的なものによって、その単なる人間性のまま暴露され裁かれる。古典的人間の古典性は、その被造物的本性や人間性の中にはなく、まさに人間がその下に立たされる裁きの中に、まさにかれにおいて認められるものとなるかれの被造性の制限の中に、またかれがそれを知っていること、かれが自分の被造性のあいまいさと、相対性と、廃棄性とをはっきりと知っており、それでいてそれを——誇らないということの中にある。かれの積極的な偉大さは、ただ神においてのみ基礎づけられているのだから絶対的にまた明確にただ神からのみ洞察される。しかしアブラハムのような人間において明白となるものがもし神の義でなく、またもし神の義がこのような人間において明白となるのでないなら、この場合かれもまた確かに、いや他ならぬかれこそがすべての人間的なものの危機の中にあって、死から生への途上にあるのであり、またこの場合、確かにかれの価値（およびわれわれの側でこの価値を確定する可能性）もまた信仰の逆説に、すなわち、信仰の奇跡に基づいている。そしてイエスの死の道は避けられない。

三―五節　それでは、聖書は何と言っているか。「アブラハムは神を信じた。そしてそれがかれのために義と勘定された」とある。かれの報酬にすぎないものは、働く者であるアブラハムのために、恵みによって勘定されるのではなく、むしろそれは、負債によって勘定されるのである。しかし不敬虔な者を義と宣告する者を信じるにすぎない働かない者であるアブラハムのために、すなわちかれのためにかれの信仰が義と勘定される。

「アブラハムは神を信じた」。したがってアブラハムとかれのような人間たちに固有なすべてのもの、それゆえ称賛に値するもの、すなわち、かれの英雄的体験と行動、かれの意識的なまた無意識的な人格と敬虔、これらは神の前におけるかれの義としては考慮されない。かれの生のうちにあって、その上他なる生のうちに基礎づけられているすべてのもの、すなわち、ある原因から生じる結果、一連の推論や結論、またそのかぎりで可視的なすべてのもの、それらは、たとえどんなに強く彼岸についての証言が存在する場合でもなお、時間を永遠から、人間を神から分ける死線の此岸にある。神は、その死線の彼岸にいる。すなわち、根拠づけられない者として根拠づけ、すべての本質がないからこそ本質的であり、未知な者として既知であり、その沈黙の中で語っており、近づくことのできない神聖さにおいて憐れみ深く、すべてを担う者として責任を要求し、ただ一人活動する者として従順を求め、その裁きにおいて恵み深く、人間でなく、またまさにそれゆえに人間の純粋な根源、失うことのできない故郷、その最初で最後の真理、その造り主、主、救い主なのである。神は常に人間に対しては彼岸的であり、新しく、遠く離れて、異質的で、優越し、決して人間の領域内には存在せず、決して人間は所有せず、神を語る者は常に奇跡を語る。なるほど神は、人間の魂の前に〈あれか―これか〉として立つ。したがって神に対しては、人間の選びか棄却かが、肯定か否定かが、目覚めか眠りかが、理解か誤解かが存在する。だがしかし、いつもただ神を棄却し、否定し、寝過ごし、誤解することが、つまり不可視的なものを見ず、不可解なものを理解しないことが可能であり、ありそうであり、目に見え、理解可能である――確かに人間は奇跡を理解するための器官を持たず、確かにすべての人間の経験と理解とはそれがまさに――神において――始まる所で止む。人間の側で神を肯定し理解するようになるかぎり、精神的出来事が神への方向と神からの規定性とを受け取り、信仰の形式を取るかぎり、不可能なこと、奇跡、逆説が生じる。というのは、神の言葉は実現する力を持つ（四・二一）というアブラハムの洞察は、不可能なことだからである。神は存在しないものを存在するものと見なす（四・一七）という洞察は、奇跡である。神に栄光（ドクサ）を帰する（四・二〇）という洞察は、見かけ（ドクサ）に反し、それは逆説《パラ・ドクス》である。そしてまさにこの洞察こそが信仰なのである。「アブラハムは信じた」。それが、それによってかれが現にあるところのものになる行為であり、そこからかれの明白な「業」（四・二）が出てくる隠された泉である。しかしかれは、かれが現にそれでないものの力によって、信仰者として現にあるところのものである。というのは、かれは現にあるところのもの（宗教的に覚醒した者、精神的・倫理的英雄など）によって、かれの信仰が、すなわち、かれが現にそれでないもの（奇跡、新しい世界、神）が出現せざるをえないからである。アブラハムの信仰から死線（神において自分を基礎づけることによって人間を廃棄すること）を取り去るならば、あなたはかれの信仰から内容を奪い去ることになり、それは人間の行為として、逆にすべての人間の行為の主観性、相対性、二義性に陥ってしまう。アブラハムの生命がその死に基礎づけられているのでないなら、アブラハムはアブラハムではない。アブラハムはただ信じただけではなく、神を信じた（創世記一五・六）。聖書はそのことを語っている。

「**そしてそれがかれのために義と勘定された**」。したがってすでに創世記の物語の中に人間のための神の勘定や簿記記入（三・二八）という特徴的な概念がある。人間の企てとしては不可能なことであり、文書偽造であるかも知れないようなことが（二・三）、神の行為として可能となり、正当化される。すなわち、（命の帳簿において）ある金額を神の貸方から人間の貸方へ振り替えることができるのである。アブラハムにおいて起こった信仰の奇跡は、神によって神の義としてアブラハムのために記帳される。それは人間のすべての存在、所有、行為に対して自由で、まさにその自由という点で力を持つ神の現実の行為である。人間は現にそれでないところのものをとおして、現にそれであるところの神に関与し、人間の死に際して神の永遠の光が人間を照らす——力強く、現実的に、しかし常にただ人間がそれでないところのものにおいてのみ、常にただ人間の死に際してのみ照らす。人間の信仰が人間的態度、信念、方向であるかぎり、信仰はすべての人間的なものと同様、神の義ではない。信仰が空洞であり、奇跡、不可能なもの、逆説を包む限界づけであるかぎり、それはこの不可視的な内容のために、神から、神の義として認定されている。明らかにアブラハムの命の道であるものがイエスの死の道である。

「かれの報酬は、働く者であるアブラハムのために勘定されるのではない」。「勘定される」という概念は、信仰者としてアブラハムが、そこに立っている神の義と、アブラハムの持つ（しかも注目に値する）人間の義との間を区別する。かれの信仰が奇跡ではなく、驚くべき信仰深さ、非合理的英雄主義、精神的力わざであるかぎり、創世記が報告している、まれな恵みの行為である「勘定」を本当に必要としない。「働く者」であるアブラハムは、たとえ命の帳簿の中でないまでも、宗教史の帳簿の中で、偉大な人物や美しい魂の帳簿の中でその報酬を得ている。この点でかれやかれのような人物について語るべき真実な点、良い点、称賛すべき点は語られなければならないし、語られてもよい。かれは人間的感謝と尊敬の報酬を獲得した、すなわち、恵みによってではなく、「負債による」ものとして獲得した。それは人間の間で同じような報酬を獲得し、時間の経過の中で多かれ少なかれ完全に支払われ、受け取られるのと同様である。もちろん、ある人間の直接的な（歴史的・心理的）評価は、この人間が神の義を持つかということに対する問いを提起しないのが普通である。その評価は「負債による」ものとしてかれに対して人間的に公正であろうと努める。それが万一「神」を考慮する場合には、恵みを与え、義を「勘定する」、人間の創造者、主、救い主としての神をではなく、法律上の契約相手、負債者である重要な人間の働きに拘束された最高の審判官、授賞者としての神を考慮するが、この場合、この「負債による」ものとして報酬を支払うこの「神」は、神でなく、これらの人たち自身の霊であることは明らかである。

「しかし働かない者であるアブラハムのために、かれの信仰が義と勘定される」。したがって人間を評価するもう一つ別の仕方がある。たとえば、それは、創世記において、またドストエフスキーにおいて用いられている。それは栄光を帰すべき者に栄光を与えることで満足しない。人間的義の実証は、そのもっともさし迫った関心事ではない。それは通常は究極の問いをついでに片づけてしまったり、結局忘れてしまったりすることはない。それはまずこの問いを提起する。それは、この問いから出発して考える。それは、ただ単に人間の報酬帳簿について考えるだけでなく、その内容が人間における不可視的なものとしてわれわれに可視的となることができるような命の帳簿が存在することについても考える。それは「負債によって」人間に帰属するものに対してより、むしろ恵みによって人間のものと「勘定され」ているものに対して関心を持つ。それは、自分自身の霊をこの世を裁く者とする誘惑にやすやすと陥ることはない。なぜなら、裁く者と裁きとは、この評価の仕方が暗黙のうちにすでにそこから由来する前提だからである。したがってそれは、一人の人間の「働き」を初めから、人間は働かないという背景から見、人間の命をその死の光に照らして見、そのありうる人間的偉大さを神の尊厳で測って見、その被造性を創造者への指示と見、その可視的なものを不可視的なものの空洞、憧憬、欠如、希望と見るのである。それはかれの信仰を信仰の光に照らして見る。それは心を穏やかに抑えて、しかもことさら憂鬱なユーモアがないわけではないが、一人の人間のすべての真に人間的な偉大さを、すべての信仰の深さを、すべての英雄主義を、すべての精神的な美しさと歴史的意義とを喜ぶことができる。しかしこの評価の仕方は、それらのものによって、人間を究極的に判定するのではなく、むしろ――見かけに反して（逆説《パラ・ドクス》）――これらすべてのものにおいて、またその中でその評価の仕方に見えるようになった人間の信仰によって判定する。そしてそうすることによって直接的に称賛するあまりにも正しい者たちよりも、人間に対していっそう正しいと思っている。それはまた、同様に心を穏やかに抑えて、しかもことさら、赦しを与える笑みがないわけでもなく、同様に真に人間的な罪のうちに死んでいる存在のすべてを、人間の異教的なもの、きびしさ、無神論的な姿、動物的に堕落した姿のすべてを悲しむこともありうる。しかしそれはそれによって人間を判定せず、この場合にもまた――見かけに反してなのだ――これらすべてのものにおいて、またその中で、その評価の仕方にとって見えるようになった人間の信仰によって判定する。そして直接的に非難するあまりにも正しい者たちより、その点でまたいっそう正しいと思っている。この場合も前の場合も、この評価の仕方は、神の報酬は神の御心と価値評価にしたがって支払われ（二・六）、神は人物を見ず、仮面を見ない（二・一一）で、人間の隠れた事柄を裁く（二・一六）、ということを知っている。それは、信仰を見る。なぜなら、それは信仰的な目を持っているからであり、それは信仰が何であるかを知っているからである。すなわち、すべての可能なものが不可能なものによって、すべての精神的・歴史的なものが奇跡によって、すべての直接可視的な人間の存在、所有、行為が逆説によって、制限され、問われ、そして最後に――肯定され、基礎づけられるのであるが、信仰とは、その不可能なもの、奇跡、逆説である。そしてその評価の仕方は、自ら信仰しつつ、人間の信仰を、その人間が現にそれである姿の彼岸に見るので、その仕方は、人間が現にそれである姿を、人間が現にそれでないものから理解しようとするので、それゆえに、その仕方は人間の義を、「勘定された」ものとして、もっとも厳密な意味での神の義として、神の〈それにもかかわらず〉として（決して〈それゆえに〉としてではないのだ）、人間が現にそれである姿の罪の赦し（決して〈確認〉ではないのだ）として見る。

「かれは不敬虔な者を義と宣告する者を信じる」。これは「かれは神を信じた」という文章の明確な書き換えである。これがアブラハムの持つ神の義である。アブラハムは「神を持っている」のか。否、決してそうではない。しかし神がかれを持つのである。そして神は「〔律法の〕業とは別に」（三・二八）、「働かない者」（四・五）としてのかれ〔アブラハム〕を持つ。神がかれを持ち、神がかれを「義と宣告する」ことは、神のうちにのみその根拠があり、アブラハムのうちにあるのではない。アブラハムのうちに根拠があるのは、神の怒りである。アブラハムは他のすべての人間たちと同様に、神の前でその人間の義と不義とを持って、ただ「不敬虔」（一・一八）であるにすぎず、ただ否の下に立たされているにすぎない。かれがこのような状態に目覚めて自覚すること、かれが危機に気づき、それを神の危機として認識すること、かれがこのような危機の中で主に対する恐れを選ぶこと、かれが神の否を、神の否であるがゆえに然りとして聞き、理解すること、それがかれの信仰である。しかしかれのこの信仰は、それ自身すでに一つの不可視的事実、奇跡である。この義はかれの「誇り」とはなりえない。真理の歴史のこの古典的形態もまた、「イエスの血をもって」（三・二五）啓示され、人間に「負わせ」られるあの義を誇ることができるだけである。かれの然り、かれの肯定は、最後のラッパの鳴る瞬間の大きな否を無視して、それ自身から理解されるべきではない。そうではなくて、逆にかれのこの然り、かれが誇りうる義、創世記においてかれに認められる義は、キリストの生涯を「模写する証言」であり、すべての以前と以後に対するあの瞬間の真剣さ、純粋さ、優越性の実証であり、復活の実証である。信仰とは、すべての時代においても同一の奇跡である。

六―八節　ダビデもまた、その業は別として、神が義と勘定している人間は幸いであると称賛しているとおりである。すなわち、「その不法を赦され、その罪を覆われた人間たちは幸いである。主が罪と勘定していない人間は幸いである」。

「ダビデもまた、神が義と勘定している人間は幸いであると称賛しているとおりである」。旧約聖書の歴史記述によって示された伝記は、詩編のうちにその注釈を見いだす。旧約の歴史記述において明らかとなった人間考察の聖書的な、間接的な仕方は、詩編においてもまた隠されもせずにあり続けることができる。だれが幸いであると言われるのか。祝福、すなわち、天を持ち、天を自らの中に保持する者、自分の業によって祝福を得て、それをかれの業において表現する者か。否、人間において、また人間をとおして存在する祝福は、いずれにせよ決して「ダビデ」の考える祝福ではない。「ダビデ」もまた人間の価値、偉大さ、祝福、救済を間接的に見る。かれもまた心理学的個人の優れた点、あるいは欠点の彼岸に、「その業は別として」、神へ向かうかれの方向の、神による自分の規定性の不可視性を認める。かれもまた、心理学的に見て、ただ空虚な空間だけが存在することができるところで、個人性の本来の充実と力と意義を認め、その「勘定された」神の義を認める。かれもまた死線を生命線と見る。かれの祝福の言葉は、このような不可視的な者、勘定された者、人間の死から生まれたこのような生に当てはまる。

「その不法を赦され、その罪を覆われた人間たちは幸いである。主が罪と勘定していない人間は幸いである。主の口にはどのような欺瞞もない。わたしが沈黙する時、わたしの骨はわたしの叫びによって一日中老い衰えた。あなたの手が昼も夜もわたしの上に重くのしかかる時、わたしは悲惨になって、わたしの背骨はこわばる。そこでわたしは、わたしの不法を認め、わたしはわたしの罪を覆わなかった。わたしは言った、〈わたしはわたし自身のもとにある不法を主に告白しよう〉と。そしてそのときあなたはわたしの心の不敬虔を赦した」（詩編三二・一―五、七十人訳）。この文脈に注意しなさい。旧約聖書の敬虔な者の生命や義とはどういうものであるか。まさにかれの直接的な、可視的、人間的現実においては、いずれにせよかれは生きてもいなければ義でもない。かれがそのような者であるという想像は、むしろかれの口から消えてしまわなければならない「欺瞞」である。それどころかかれは、自分の罪を、自分の「不法」（自分の敬虔と、その自分の敬虔がそれについて証言することとの対照）を、かれの心にある「不敬虔」（すべての人間の礼拝の中にある不可避的な偶像崇拝）を「沈黙によって隠し」、幻想によって隠そうとする。かれは自分の罪そのものを、自分の個人的体験という全権を委託されて赦そうとする。かれは神の前に死のうとせず、自分自身の生きた姿のまま生きようとする。そしてまさにこの試みのために死ぬより他はない。神の真理と人間の心の欺瞞との間にはさまれて、かれは身体的な苦痛に一日中叫ぶより他はない。神の堅い拳《こぶし》に押さえられてもはや生きることのできない、かれに固有な個人的なものが叫ぶ。そして、自分の偽りに圧迫されて、まだ生きることのできない、神に造られたかれの魂が叫ぶ。かれは、沈黙させられたザカリアと見えなくされたサウロの通った隘路で溜息をつく。かれが神に投降するまで、すべての不遜な誇りがかれから消え去るまで、かれが、強奪しようと欲した神の義が人間にとって不可能なものであり、すべての人間の義に対する容赦のない否であり、すべての宗教的欺瞞に対する避けることのできない裁きであるということを「認める」まで溜息をつく。神における生命の死線は、恐れとおののきにおいてかれに可視的となる。かれは認める。かれはもはや隠そうとはしない。かれは告白する、「そしてこのときあなたはわたしに罪の赦しを与えた」。このとき主は、雷の中からかれに答える。そしてその答えは？　それは、かれの内的な道のさらにいっそう高次の段階なのか。否、むしろかれの道の徹底的断絶であり、かれと共にいる神の道の始まりであり、どのような心理学的な出来事でもなく、むしろ一切の以前と以後との新しい資格賦与を自分の中に含む、時間のない瞬間である。それはまるで正しい者の苦難と叫びとはもう過ぎ去ったかのようにというのではないのだ。しかし、正しい者は神のために苦難を受け、神に向かって叫ぶということが明らかとなった。そしてこのような資格賦与のために、正しい者の苦難と叫びとが存在する。それはまるで被造物の不法、人間の罪性がなくなってしまうかのようにではないのだ。しかし不法や罪が希望に基づいて赦され、覆われ、不問にされ、神によって支えられているということが明らかとなった。この場合にもまた、直接の、可視的な、人間的現実の彼岸で、信仰として自分の力を主張するのは奇跡である。すなわち、神の否の中に語られる神の然りである。神に対する人間のこの関係は、新しい欺瞞の、新しい幻想の対象とはなりえない。その関係は、批判的な優越性によって、人間化されないように決定的に守られている。というのは、この関係が創造する生は、死をとおしての生であり、しかも繰り返して死をとおして生まれる生であるから。「ダビデ」によって祝福された者は確かにこの人間ではない。その生命と義は、この人間において可視的となるものではなく、内面的な、不可視的な人間、神の創造の言葉によって存在へと呼び出された人間、すなわち、現にそれであるのではない人間、この人間が滅びることによって日ごとに新しくされる人間なのである。神の義を勘定に入れて、人間の不義を勘定に入れないという奇跡、すなわち人間における奇跡、死の可視性においてのみ可視的となるもの、すなわち、信仰の逆説とは、そのためにこの敬虔な者が祝福されるものである。したがってアブラハムに当てはまることは、詩編第三二編の注釈者で、時代と名前の分からない人物にも当てはまる。すなわち、かれは復活によって生きる。かれは復活の証人である。かれは自分自身で、キリストなしで、その敬虔において、理解されるべきではない。かれは各時代を縦断面で引き裂くキリストの生命の模写である。

信仰は出発点である（四・九―一二）

九節前半　さてこの祝福はまずは割礼を受けた者だけにかかわるのか、それともすでに無割礼の者にもかかわるのか。

われわれは、信仰とその義が宗教の全現実に対して何か固有の、新しい、他なるものであることを学んだ。われわれは、信仰がすべての宗教の真理であることを、その純粋な彼岸的出発点であることを学んだ（三・二一、二七―三〇）。信仰はどこにおいても、宗教的体験の歴史的、心理学的可視性と同一でない。信仰はどこにおいても、人間の存在、所有、行為の連続的な展開に連ならない。信仰はどこにおいても、生活史、宗教史、教会史、救済史の経過の中の一時期にはならない。神は「律法」の、すなわち、人間的に可視的な啓示の刻印の所与性に対し、たとえこの所与性が確かに神の真実の証言であるにしても、あくまでも自由であり続ける。われわれはこの認識によって「律法」を廃棄するのではなく、むしろ立て（三・三一）、すべての歴史的な啓示の本当の意味を尊重していることを実証できるようになるであろうか。――そこで次のような問いが提起されなければならない。歴史的現実における宗教は、人間に対する神の積極的関係という前提と条件であることを要求するのか。宗教は、人間を神によって基礎づけるあらゆる試みの先行のもの《プリウス》、基礎であると自分自身を理解するのか。人間的に可視的な啓示の刻印の領域、もっとも広い意味での「宗教的」また「教会的」と見なされるべき、精神的・歴史的現象そのものの領域が、神の啓示の唯一可能な場所であろうとするのか。律法によって宣べ伝えられた敬虔な者たちのあの祝福（四・六—八）は、まずは割礼を受けたアブラハム、すなわちユダヤ人であるアブラハム、最高の宗教の担い手であり告白者であるアブラハム、歴史的同胞民族の父祖であるアブラハムとかかわるのか。それとも逆に、宗教はその歴史的現実を常にただ、人間に対する神のあの根源的関係によって制約されたものとしてしか理解できないということは、宗教の意味のうちにはないのではないか。宗教は自ら、この関係を自由で拘束されないもの、純粋な出発点と認識するのではないか。宗教は自ら、端的にそれ自身の現実の彼岸で生じる人間の基礎づけのかなたを絶えず見やるのではないか。宗教は自ら、神の可能な啓示の場所は常に変わらず（しかも計り知ることのできない範囲で）宗教自身が現象する世界の領域とは他なる領域であるということを、知らないというのか。律法のあの祝福は、すでに割礼を受けなかったときのアブラハム、すなわち、その宗教を無視し、その神政的、教会史的、救済史的地位を無視する異邦人アブラハム、その中立的な被造性と人間性を持つアブラハムにかかわらないというのか。そしてそれゆえ、神に対する人間の現実的関係を表わす生命線を、その批判的意義において、宗教的現実に対してもまた死線と理解することは正当であり、必然的であるのではないか。われわれは信仰とその義とを、人間の宗教的・教会的な存在、所有、行為の全体に対しても純粋の出発点として理解するより他ないのではないか。

九節後半—一〇節　われわれは読む、〈アブラハムはその信仰が義と勘定された〉。われわれはこの「勘定された」をどのように理解するのか。すでに割礼を受けた者か、それともまだ割礼を受けない者か。明らかにすでに割礼を受けた者ではなく、まだ割礼を受けない者である。

「われわれは読む、〈アブラハムはその信仰が義と勘定された〉」。われわれにこの意味深い「勘定された」という言葉をすでに証言したのは（四・三）、律法の、救済史そのものの声である。われわれは、もう一度この言いまわしに含まれている指示に従う。この言いまわしを用いた者は、アブラハムの直接可視的な性質と状態を思い起こしたのではないということ、アブラハムの「義」は、かれにとってはかれの「割礼を与えられた状態」とは全く他なる秩序を持った規定であったことを、この言いまわしは示している。というのはアブラハムはいずれにせよ神の「勘定」によって割礼を受けているのではないし、資格を賦与された神の判決によって割礼を受けているのではないからである。かれの割礼とそのうちに含まれているものは決して奇跡ではなく、むしろ宗教的現象の世界へのかれの可視的な関与である。かれの義は、かれが割礼を受けていることによって制約され、そこに含まれているかぎり、その義は宗教的正当性であるが、われわれが創世記の中で読む、勘定された彼岸的な神の義ではない。「明らかにすでに割礼を受けた者ではなく、まだ割礼を受けない者」がその信仰を義と勘定された。ところで歴史の時間的経過にも対応するこの前提の下においてのみ、律法がアブラハムの責任に帰する義は「勘定された」ものとして理解される。アブラハムに対して神の呼びかけが発せられたとき、かれはまだ敬虔でもなく、まだ族長でもなく、まだ神政政治家でもなかった。人間に対する神の呼びかけは、割礼を受けている・受けていない、宗教的・非宗教的、教会的・非教会的という対立に、潜在的にも、事柄としても、また他の多くの場合と同様この場合にも、その上に時間的にも先行する。またそこでアブラハムの信仰もまた、まだ割礼でもなく、まだ宗教でもなく、まだ信仰深さの精神的・歴史的現象でもない。信仰はそのような対立の前提であり、そのような対立の根源的共通物である。すなわち、信仰は宗教的でも非宗教的でもなく、聖でも俗でもなく、また信仰は常にその両方でもある。アブラハムの召命とかれの信仰は、創世記のテキストによると疑いもなく純粋の出発点であり、最初に、無条件に措定されたものである。というのはアブラハムは、宗教史的に見れば、一人の非・ユダヤ人、すなわち、一人の「異邦人」であり、救済史的に見れば、一人の「不敬虔な者」（四・五）、一人の死者（四・一七）であり、まだ敬虔な者でなく、歴史上の神の民族の父でもないからである——もちろん後にはそうなるのであるが。この世はこの世であり、そしてアブラハムもまたこの世にいる。さてこのようにしてあの「勘定される」という言葉が理解可能になる。割礼によって得られるべきアブラハムの宗教的正当性が、事柄としても時間的にもまだ神の前の義として考察されないとすれば、その場合直接的にではなく、神からのみそのような義として洞察されるべき、かれの裸を覆う衣類そのもののみが、すなわち、かれにそなわった、宗教的現象の世界の領域の外に横たわり、神からのみ存在と価値をえることができるところのもの、すなわち、かれの信仰が洞察されるべきである。明らかにただ勘定されることができるもののみが「勘定」される（四・五）。そしてそれこそがまさに信仰、すなわち、どのような耳も聞いたことのないことを聞くことである。しかし、アブラハムのこの不可視的なもの、すなわち、かれの信仰のみが創世記のテキストにとって義として考慮されるなら、このテキストは明らかに、「義」を完結した世界圏に対する神の存在、所有、行為として理解する。宗教的世界もまたこの世界圏の内部で勝利をおさめる。そうであるなら、もしわれわれが、宗教はその歴史的現実において人間に対する神の積極的関係の前提と条件なのではなくて、この関係は根源的な、最初の関係であり、その関係はそれ自身宗教（とその反対物）の歴史的現実の前提であるという場合、明らかに、そのことが宗教そのものの意味の中に含まれている。したがってまた、敬虔な者の祝福（四・四―八）は、本当にすでにまだ敬虔でない者にも当てはまる（四・九）。というのは、この人はかれの信仰のゆえに祝福を受けるのであって、かれの信仰深さのゆえに祝福を受けるのではないからである。信仰と並んだ何か別のものが、神の前に敬虔な者の義となることができるのでも、敬虔でない者の義となることができるのでもない。

一一—一二節　そしてかれは割礼の印《しるし》を、無割礼の者であった時のかれの信仰の義の証印として受け取った。それはかれが、無割礼の者として信じるすべての者の父となり、またそれがかれらのためにも義と勘定されるためである——そして割礼を受けた者たちの父ともなるためである。すなわち、かれらはただ単に割礼の民から生まれるだけでなく、われわれの父アブラハムの道であった割礼なしの信仰の道を歩くかぎりでもそうである。

「かれは割礼の印を証印として受け取った」。すべての啓示の刻印の歴史的現実は、印、証言、模写、記念、指示である。すなわち、それは繰り返してすべての歴史的現実の彼岸にある啓示そのものへの指示である。アブラハムは、この模写的現象界に、割礼、宗教、教会にも関与する。割礼は、神の決定によって定められた、神に選ばれ派遣される民への選出、潔め、聖化を想起させるイスラエルの身体的記念として登場し、欠くことのできないものとなる。宗教は、心に生じる、信仰の奇跡の不可避的な、精神的反射（体験）である。教会は、人間に対して行なわれる、それ自身決して歴史とならない神の行為の、避けて通ることのできない歴史的把握、指導、水路設定である。神的、意味付与的、充実的形式はこの精神的・歴史的内容に対して、常にある彼岸的なもの、ある取り消すことのできない他者である。これらの内容は、垂直に上昇し、突然とぎれ、謎のように空中にそびえる階段のように、常に自分自身を越えたところを指し示す。この自分自身を越えた指示が謙遜にそのもの自体として理解されるのでないなら、これらの内容は常に、神の真理の名誉あるピラミッドの墓場となり、神の真理の特異な木質と、化石となる危険に陥る。これらの内容が「証印」であり、神によって人間に与えられ、約束された基礎づけ、廃棄、救いの、朝ごとに新しい神の真実の見誤ることのない記念である。しかしまさに証印として、それらの内容は神と人間との間の契約の遂行があい変わらず行なわれず、あい変わらず確認されるべきであり、あい変わらず期待されるべきであるということを指示する。というのは、契約の締結と保証とは少々別のもの、契約の目的と遂行とは少々別のものだからである。神の決定はその決定を表わすあの「印《しるし》」に永遠に先行し、神の企図はその企図を表わすあの「印」を永遠に越える。印はただ中間物としてアルファとオメガの、初めと終わりの間にあるだけである。そして初めと終わりに向けられた視線に対してのみ、これらの印はあるがままのもの、すなわち、指示する印でありまた証言である。アブラハムもまた、明らかにこのような補足的な、暫定的な意味において割礼の印を受けとったのであり、かれもまた宗教的・教会的現象界に関与している。

「無割礼の者であった時のかれの信仰の義の証印として」。割礼を受けたという意味で異邦人から選出された神の友としては、アブラハムはまだ割礼の印を受けないで、むしろ割礼を受けない信仰者としてこれを受けるのである。宗教の意味で信仰深い者としては、かれはまだ「宗教的人物」とはならず、むしろ体験なしに神の裁きと恵みに注意をはらうようになった者としては宗教的人物となる。教会の意味で、神と人間の間の仲保者職に適した、またそれへと召命を受けた者としてかれはまだこの契約の人間としての担い手となるのではなく、教会に関係せず、教会の外に立つ者として契約の担い手となる。かれの「無割礼の者であった時の信仰」がかれの義と勘定され、そして割礼はこの勘定された義の証印、つまり、その補足的な、暫定的な印である。

「それはかれが、無割礼の者として信じるすべての者の父となるためである」。したがってアブラハムの割礼の意義は、まさに割礼によって引き起こされ、制約された状態のうちにあるのでなく、むしろ割礼において認識可能になった関係のうちにある。割礼は実在の価値を持たないが、証言の価値を持つ。まさに宗教的現象界を単なる現象界として特徴づける死線のうちにこそ、割礼の永遠の意味もある。割礼と宗教と教会は、指示する印であり、証言であるが、ただし積極的内容としてではなく、むしろ、それがその消極性において、その衰退において、その死において理解され、肯定されるかぎりにおいてである。アブラハムの割礼を受けた状態が割礼を促すのではなく、かれの敬虔が宗教へと促すのではなく、かれの選出が分離を促すのではなく、かれの神政的地位が教会中心的姿勢を促すのではない。かれの精神的・歴史的優秀さが、伝統形成的な影響を与えるはずがない。むしろ単に印《しるし》であり、また印でありうるすべてのものは、永遠に印に先行し、永遠に印を越えてゆく他のものを指示するべきである。まさにこの時間的なものが、その衰退、後退、死滅において、すべての時間的なものの以前と以後の永遠について語るべきであり、それがアブラハム自身に語ったように、アブラハムの子たちとしてのすべての人に語るべきである。聖徒たちの時間的聖《きよ》さは、永遠に聖なる者に仕えるかれらの奉仕であり、グリューネヴァルトの描いたバプテスマのヨハネの指し示す手、すなわち死線を越えたかなたを指し示す手である。アブラハムの割礼、宗教、教会中心的姿勢の意義は間接的である。それは、割礼へではなく、信仰へと招くはずである。アブラハムの宗教にではなく、不可視的な「勘定された」かれの義に注意を向けさせるはずである。ユダヤ教にではなく、探求しがたい神の前に身をかがめるように呼びかけるはずである。「あなたの名によって地のすべての民は祝福されるであろう。あなたがわたしの声に聞き従ったからである」(創世記二二・一八)。アブラハムの割礼によって証印を押されていること、そのことを割礼もまた目指し実現する。すなわち、割礼のない者の信仰をである。割礼はそれ自体としては、そこを通っておそらくは異邦人たちがユダヤ人となり、この世の子たちが敬虔な者となるために入って行かなければならない門なのではなくて、むしろユダヤ人たちが異邦人と共に、あらゆる精神的・歴史的相違の彼岸で、そこを通って神の国に入るべきあの門の記念物である。それはそれ自身出

●マティアス・グリューネヴァルト「イーゼンハイム祭壇画」《磔刑》
（フランス・コルマールのウンターリンデン博物館所蔵）
右下に見えるのが、バプテスマのヨハネである。

発点ではなく、義と「勘定」され、神の前で、神から由来して——義である信仰の出発点、要請、約束についての証言である。割礼、宗教、教会がこの目的に仕え、この関係の中に立つなら、またそれら自身が謙遜にその世俗性、その此岸性を意識するなら、それら自身が「無割礼の者の信仰」以外の何ものでもあろうとしないなら、そのかぎりでそれらもまた義としての資格を賦与され、中間物として、永遠の初めと終わりの尊厳と意義に関与する。しかし、それらがこの世以上のもの、「無割礼の者の信仰」以上のものであろうとするなら、宗教の高慢が、元来宗教に帰属することのできない実在の価値を要求するなら、そのかぎりで、それらのものはあくまでも——資格を賦与されない——この世的なものであり、またあり続ける。

というのは、もしアブラハムが「割礼を受けた者たちの父とも」なるなら、かれは「**かれらはわれわれの父アブラハムの道であった割礼なしの信仰の道を歩くかぎりでも**」そういう者となるからである。したがってむしろ、ユダヤ人たちはまず異邦人となり、宗教的な者たちはまず非宗教的となり、教会的な者たちがまず非教会的とならざるをえないのであって、その逆ではないであろう。しかしそういうことも問題となりえない。というのは、異邦人たちが欠けていることはユダヤ人が所有していることと同様に純粋の出発点ではないからである。マイナスはプラスと同じに価値があるわけではない。むしろ以下のことがはっきりしなければならない。すなわち、すべての信仰は根本的には「割礼なしの信仰」であり、信仰は宗教的なものが欠けている者においても、宗教的なものを所有している者においても、すべての所与の精神的・歴史的内容の彼岸で純粋の出発点として始まるということである。神の啓示が与えられ、約束されており、完全なものとして神の憐れみの完結した圏内に含まれ、支えられている広い世界には、ユダヤ的世界も、宗教的世界も、教会的世界もまた属している。割礼を受けた者たちもまたアブラハムの子たちである。しかしそれはかれらが割礼の民の末裔であることによってでなく、ユダヤ教、宗教、教会の伝統によるのでもない。むしろ信仰とその彼岸的、可視的「伝統」と連続性とによるのであり、常に新しく確認される神の唯一性（三・二九—三〇）によるのである。すなわち、「われわれの父アブラハムの道であった割礼なしの信仰の道を」共に歩く者として、人間は、宗教的な（あるいは何らかの此岸的な）現実の国の中で多かれ少なかれまだ所有する者ではなく、完全に神そのものを、神のみを頼りとするその場所で、神に見いだされ、神に根拠づけられるという意識をもって歩む者としてアブラハムの子たちである。この歩みとは、絶えず自分自身を廃棄し、放棄すること、倦まず、清廉に退き、断念し、降下し、死ぬことを欲することであり、完全な貧困と問題性の中にある裸の中性的人間性から絶えず新たに出発することである。神は、罪を犯して、苦しむ世界から直接見いだされるのであって、世界の上方の宗教的高所から見いだされるのではない。真の宗教的高所は、自己自身を否定し、深みとの徹底した連帯である（三・二二—二三）。真の信仰はアブラハムの「割礼なしの信仰」

である。アブラハムの真の子たちは、繰り返して神によって石から起こされた者たちである。このことが忘れられるとき、最初の者は最後の者となるであろう。そして繰り返して最後の者だけが、最初の者となるであろう。

したがってわれわれは、救済史、つまり「律法」自身がその英雄を、それに対してはそれ自身どのような答えも存在しない一つの問いとして提起するという事実にまたしても直面する。答えはキリストであり、復活である。この英雄に対する神の然りは、すべての人間の然りとは別の秩序を持つ。それはただ人の子の死からのみ然りとして理解することができる。

信仰は創造である（四・一三―一七前半）

一三節　というのは、世界の相続人となる約束は、律法によってではなく、信仰の義によってアブラハムやその子孫に生じたからである。

「世界の相続人となる約束」、人間に対する神の最初の根源的な「地に満ちて、これを服従させよ」〔創世記一・二八〕という戒命の革新、神が善いとされたすべてのものを支配する許可――あるいは逆に言い表わせば、先立って一人の者がすでに受けた祝福によって地上のすべての種族が祝福を受けるにいたるということに対する予想、年とってからの子であるイサクとイスラエルであるヤコブを越えて、メシアとなって真の人間が天から到来し、したがって真の人間性が地上に到来するのだが、そのメシアに至る予想――それがアブラハムの生涯の主題《テーマ》であり、内容である。この約束を受けた者としてアブラハムは、律法の古典的人物である（創世記一八・一七―一九）。この約束をかれが受けたということは、明らかに啓示の刻印であり、この刻印のためにイスラエルはかれを尊敬し、この刻印のためにイスラエルはかれの「子孫」としてかれの側に立ち、かれの精神的交わりのうちに立ちたいと願うのである。イスラエルの特殊性は、この約束を共に受けた者であろうとする覚悟であり渇望であり、イスラエルの歴史は、この性向の変化の歴史であり、イスラエルの希望は、この性向からいつも変わらずこの約束を共に受けたいということに戻ろうと、絶えず倦まずにいることである。神によって祝福された世界の相続人となり、世界に対して神の祝福の遺産を仲保するという約束がイスラエルに「生じた」のではないか。イスラエルは、この約束を受けたのではないか。事実この約束を受けているのではないか。またこれからも繰り返してそれを受けるのではないだろうか。

然り、確かにそうかも知れない。だがどのようにしてか。「律法によって」か、それとも「信仰の義によって」か。律法において、すなわち、アブラハムに似た啓示の刻印の歴史的系列の中で、歴史的契約民族としてのその特性において、この約束はイスラエルに「生じた」。しかし、この歴史的事件と状態とは、同時に事件と状態以上のもの、すなわち、このように

「生じること」の現実性、力、実在性であるのか、という問いが生じる。アブラハムの態度を新規にやりなおそうとする、代々のイスラエルを特徴づける明白な覚悟と渇望そのものは、諸民族中でのイスラエルの特殊性を示す有効な根拠なのか。このような性向をもった歴史、その明白な伝統そのものが、イスラエルの歴史を救済史とする原理なのか。イスラエルの明白な希望、すなわち、イスラエルが繰り返してアブラハムの子孫として実証される精神的状態そのものが、イスラエルがアブラハムの子である権利の創造、基礎づけ、生の中核であるのか。イスラエルが、もちろん（経過と状態として）律法の中で、イスラエルの歴史の中で、その希望の中で、それであり、またそれを所有できるものを、もし律法によって、その歴史によって、その希望によってそれであり、それを所有しようとするならば、イスラエルは、その律法を正しく理解しているのだろうか——あるいはわれわれはこれらすべてのものに異議を唱えることによって、またわれわれが律法と共に与えられた現実性、力、実在性の中に律法の意義を見るよりは、むしろ証言と指示としてのその性格のうちにそれを見ることによって律法を確立（三・三一）しないというのか。すべての歴史的事件と状態は、それがこれ以上のものでないかぎり、まさに自分自身を越えて、全く別の種類の原動力を指示するのではないか。アブラハムとその子たちに見られる態度として明白になることができるすべてのものは、かれ自身の光に輝くのではなく、異質の光に輝く反射ではないのか。イスラエルの歴史は、それが単に非歴史的事件の歴史的限定、神である召命者の聞き取ることのできない声に対する人間の聞き取ることのできる答えであるかぎり、まさにそのかぎりで救済史ではないのか。イスラエルの希望は、それ自身その対象によって創られているのではないのか。いまやなお、このような観点から律法が認められることが示されるべきである。すなわち、神の義によって、信仰の義によって、「律法とは別に」アブラハムの子であることが基礎づけられ、創造されるということ、それが律法の意味である。

一四節　すなわち、もし現にあるとおり律法によって相続人であるなら、信仰は空しくなり、そしてその結果、約束は放棄される。

創世記によると、アブラハムは信仰によって約束を受け、したがって信仰の創造力によってメシアの国の最初の相続人また相続予定者となった（創世記一五・六）。確かに、信仰もまた常に「律法的」側面を持っている。信仰もまた事件と状態である。しかしまさにこのような信仰の律法的、可視的、精神的・歴史的側面から言えば、まさに考えられる事件の経過と到達可能な状態として、まさに可能な可能性として、信仰は明らかにそれ独特の力動性を持たず、それはどのような確信をも基礎づけない。アブラハムとその子たちが「律法によって」現にあるとおりのものであるかぎり、信仰は「空しく」なる。信仰は絶対的に不可視的なものへの永遠の歩みであり、したがってそれ自身不可視的であるなら、そのかぎりで信仰は確信を基礎づける。

可視的な事件と状態はすべて、時間的な道はすべて、信仰にともなう記述の方法や実務はすべて、信仰の否定である。信仰がただ神からのみ、神そのものから、神のみから可能であり、理解することができる人間の「歩み」そのものであるなら、そのかぎりにおいてのみ信仰は信仰である。信仰が非被造的な光から発する光であるなら、そのかぎりにおいてのみ信仰は創造的であり、信仰が死から生じた生であるなら、そのかぎりにおいてのみ信仰は生きており、人間が信仰によって神の無根拠性のうちに根拠づけられるなら、ただそのかぎりにおいてのみ信仰は積極的である。ただそのためにのみ、信仰は「義と勘定され」、人間を神の約束の受取人とする。人間的に可視的な啓示の刻印という「律法」に対して、この常に彼岸的な神の認定を無視しては、もっとも深い、もっとも熱烈な、もっとも真剣な信仰もまた無信仰である。——しかし信仰が信仰として否定されると、そのかぎりでまた、信仰によって、ただ信仰によってのみ受け取られるべき約束もまた放棄される。というのは、アブラハムが受け取る約束も、また全く、すべての可視性と記述性の、すべての可能性と現実性の彼岸にあるからである。われわれは神によって善いとされ、祝福されているあの世界については何も知らない。この世界に対する人間の支配は、われわれにとっては決して歴史的に考えることができる目標とはなることができない。そしてこの支配をもたらすメシアは、いずれにせよわれわれが知っている人間ではない。創造の恵みならびに救いの恵みは、他の諸所与の中の所与としてはどこにも存在しない。それはあらゆる所与がその中に置かれている不可視的関係であり、その認識は常に、いたるところで弁証法的である。信仰と約束とは、その最高に積極的な否定性の中で相互に観察し合う。しかし約束は、アブラハム自身の「聖書的態度」からイスラエルの希望の歴史の諸事件と諸状態にいたるまでのどの事件と状態とも全く一致せず対立している。約束が信仰において受け取られないなら、約束は全然受け取られず、約束は神話的・終末論的命題として他のすべての宗教的命題と共に宙に浮く。もし信仰が約束を捕らえないなら、どのような体験も、どのような陶酔も、どのような悪霊も、どのような目も、どのような耳も、どのような心も、それを捕らえることはできない。われわれが律法によって相続者であるかぎり、実は相続権を奪われており、約束された遺産の相続権から閉め出されており、われわれはアブラハムでもアブラハムの子たちでもない。

一五節　というのは**律法は、信仰を無視して、人間に約束をではなく、神の怒りをもたらすからである。しかし律法が決定的なものとして存在しないかぎり、人間の違反もまた存在しない。**

「**律法は怒りをもたらす**」。したがって、律法自体、すなわち、律法は、信仰を無視して、人間が神の国を相続するのをまさに妨害するとわれわれは考えるのか。然り、まさにそのようにわれわれは考える。確かに、律法も信仰を無視してもそれ自身の積極性を持つ。律法は自分自身を越えたところを示す証言としても指示としても全く理解することができない。確かに律法は、精神的・歴史的事件と状態として、その内在的重力と意義をも持つ。確かに人間の体験は、常にそれ自身の光の中でも輝く。しかしわれわれは、信仰のこの内世界的性質が決定的であるはずだとするならば、それが何を意味しているのかについて思い違いをしてはならないだろう。われわれは時間的事物とその永遠の根源との関係を無視することによって、その事物をもっとも破壊的な、真に救いようもない懐疑の光の中に押しこむ。律法が人間に約束をもたらすという主張は、すべての可視的なものは約束と一致しないという事実において必然的に挫折する。約束と一致しないもの、この世における神の歴史的・精神的な啓示の刻印だけが、常に可視的である。しかしこの世にあるものもまた、この世の方式に委ねられている。それはまさに約束、すなわちアブラハムの子である身分を人間にもたらさない。なるほどそうだが、もしそれが何といっても証言の価値という点においてではなく、むしろそのいわゆる実在の価値において理解されるべきであるなら、神の怒りをもたらす。というのは、まさにそのいわゆる実在の価値の中に、その絶対性の要求の中に、それが不遜にも神と似ているということの中に、神の怒りを引き起こさずにはいないもの、すなわち「不敬虔と不服従」(一・一八)があるからである。すべての宗教は、それが此岸的、歴史的、時間的、可視的現実であるかぎり、この法則に支配される。すなわち、真の、誠実な、深い宗教であっても、アブラハムや預言者の宗教であっても、ローマ書の宗教であっても、当然のことながらローマ書に関するすべての注解書の宗教もみなそうである。永遠なるものを時間的に体験し、考え、論じ、言い表わし、主張しようと企てる者は、律法を語る。また律法を語る者は、違反をも語る。手を合わせることと神の近くにいると思う感情、神の事柄について語りまた書くこと、説教、神殿建設、究極の動機に基づく活動、いっそう高次の使命といっそう高次の音信《おとずれ》が存在するところでは、まさにそこにおいては、もし罪の赦しの奇跡が現われず、主をおそれる恐れが距離を保証しないなら（一・二二、二三）、罪なしでは済まない（五・二〇）。というのは、どのような人間の振舞いでも、それ自体、まさにこの宗教的振舞い以上に疑問で、疑わしく、危険なものはないからである。どのような企てでも、この企て以上に鋭くその企てる者を裁くものはない。もっとも粗野な悪霊崇拝からもっとも洗練された聖霊主義にいたるまでの、もっとも誠実な啓蒙状態からもっとも潤い多い形而上学にいたるまでの神崇拝の多くの現象界はすべて、神の前には高慢の疑いを受け、人間の前には、きわめて当然のことながら幻想と疑われ、上の方も下の方も最高の疑惑のもやに取り囲まれている。しかし思い違いをしてはいけない。宗教的現象界との対立に通じているすべてのものも同じ疑いともやとに取り囲まれている。したがって宗教的に然りを言うことも反宗教的に否を言うことも、神殿建設と神殿破壊も、要求の多い語りかけと要求の多い沈黙も、アマツヤとアモス〔アモス書七・一〇〕も、マルテンセン[☆53]とキルケゴールも、したがってニーチェから卑しい坊主の大食漢の底辺にいたるまでの宗教的振舞い一般に対する抗議も、したがってあらゆるニュアンスを持つ審美主義者、社会主義者、青年運動という反神学的ロマン主義もまた同様である。常に宗教的あるいは反宗教的振舞いが、はっきりと、また意識的に自分自身を越えたところを指示しないで、むしろ、信仰、愛、希望としてであれ、反キリスト者のディオニュソス的身振りとしてであれ、自分自身を義としようとする場合には、あの疑いは確信となり、あのもやは神の怒りの雲となる。廃棄されず、むしろ（然りあるいは否として）自分自身を義としようとするものは、まさにそのために裁かれている。こちら側でもあちら側でも内在信仰者たちは、そのことをよく熟考するべきである。「律法は怒りをもたらす」。

「しかし律法が存在しないかぎり、違反もまた存在しない」。宗教的振舞い、すなわち、真の振舞いもあまり真でない振舞いも、思慮深い振舞いもあまり思慮深くない振舞いも、預言者的振舞いもファリサイ派的振舞いも——したがって宗教的振舞いと対照となる振舞いも、その義認が存在する。すなわち、ただ信仰によってのみの義認である。信仰によってというのは、すなわち、律法が、すなわち、人間の事件と状態の可視性全体が、信仰にとって決定的であるべきではなく、独特であるべきでもないかぎり、信仰がその精神的・歴史的現象形式全体の現実を謙遜に自覚し、信仰が人間の積極的あるいは消極的態度として同時に神に対する人間の純粋な否定性を自覚するかぎり、信仰の本質が、宗教人ルターを宗教人エラスムスから、反宗教人オーヴァーベックを反宗教人ニーチェから分けることができるあの批判的一線の中にあるかぎり、信仰がまさにすべての人間的内容がその永遠の根源に対して持つ関係以外のものでもなく、また死から生じるあの生の開口部以外のものでもないかぎりにおいてのことである。信仰のこの不可視的な側面が決定的であるかぎり、信仰の可視的な側面から言って常に同時に信仰が意味する「違反」は決定的ではない。宗教的なあるいは反宗教的な振舞いが、自分自身を越えたところを指示するという点にその主眼をもつかぎり、その外見の疑問点は重要さを失い、絶対的懐疑はその正当さを失う。それが神の〈それにもかかわらず〉の強制そのものから、罪の赦しと常に新しいその必然性の意識そのものから、また端的にもはや人間の道と、方法と実務とは何のかかわりもない恐れと謙遜そのものから生起するかぎり、義認されるにいたり、神の前でも人間の前でもそれに対する義認が求められないかぎり、犠牲、祈りと説教、預言、神秘主義とファリサイ主義、神学、敬虔と教会中心的姿勢、カトリック主義とプロテスタント主義、ローマ書注解とその他の書物は、すべての、それらの、根底においてはそれほど徹底的ではない対照現象とプロテスト現象をひっくるめて、その本質と非本質とを拡げ、そして――ただ神の厳格さと神のユーモアの光に照らしてのみ――義認されているということが起こるかも知れない。しかしわれわれは、この「かぎり」ということ、すなわち、この神的なものを人間的なものの衣にくるみ、永遠的なものを時間的なものの比喩にくるむという許可は、どのような可能な可能性でもなく、不可能な可能性であり、以前と以後のない瞬間であり、われわれのような者の立たされるどのような立場でもなく、むしろ繰り返して神そのものに、神のみに帰することのできる決断であるということを意識していなければならない。われわれは、このような可能性が成り立つということを引き合いに出すことはできない。われわれはこの可能性が登場するということをただ恐れとおののきの下に確かめることができるにすぎない。恐れとおののきの下にあるこの信仰を無視しては、律法は常に、われわれが神の国の相続権を持つ者となることを不可能にする強力な障害物となってしまうだろう。

一六―一七節前半　**それゆえわれわれはこう言おう。**相続者たちが現にそれであるのは、**信仰によるのである。したがってまたそれは恵みに基づくのであって、この約束はアブラハムの全子孫に対して有効であり、律法によってかれの子孫である者に対してだけでなく、信仰によってかれの子孫である者に対しても有効である。**というのはかれはわれわれすべての者の父だからであり、「**わたしはあなたを多くの民の父とした**」と書かれているとおりである。

「**それゆえ信仰によるのである**」。われわれは、われわれが何を言うのかを知っている。まさにこのことを言うより他どのような可能性も成り立たない。イスラエルの律法と歴史と宗教は、その内部ではイスラエルが天にある遺産の相続権を持つ者でありうる形式であるが、しかしそれによってイスラエルが場合によっては実際それとなるかも知れないような創造的力ではない。律法が力であるなら、そのかぎりで、それはむしろ大地の力、この世の力、アブラハムと共に神の国の相続人となることを実際に不可能とする対抗力である。アブラハムの子であるという確信、それにより、石からでもアブラハムの子たちが生まれる創造活動の現実性は、律法の可能な可能性にあるのではなくて、信仰の不可能な可能性にある。

「したがってまたそれは恵みに基づくのであって、この約束はアブラハムの全子孫に対して有効である」。したがってわれわれは、アブラハムをアブラハムとするもの（四・一）を熟考するにあたって、もう一度直接可視的なものの限界を越えたところへと押し出され、アブラハムの魂を基礎づけ、アブラハムの歴史を生起させることによって、同時にかれの魂とかれの歴史の彼岸にある一つの根源的関係を見るよう指示される。「恵みに基づいて」アブラハムはアブラハムである。「恵みに基づいて」律法は意義を持ち、歴史は意味を持ち、宗教は真理を持つ。しかし「恵みに基づいて」とは、すべての人間的に可視的なものの絶対的な限界（そしてまさにそのようなものとして神から見れば生命線）である死線の光に照らしてということであるが、ただ然りをも含むことができる究極の否、ただ義認となることができる究極の裁きがある。この関係が現われることによって、「アブラハム」と「イスラエル」という歴史的・心理的枠はその目的を充たし、律法は「立てら」れる（三・三一）。われわれはアブラハムについて語り、またキリストについて語らなければならない。われわれはアブラハムの信仰について語り、また此岸的なものと彼岸的なものとの、キリストにおいて宣べ伝えられた普遍的な危機について語らなければならない。われわれはアブラハムの子たちについて語り、また、この危機におそわれてキリストの復活に与るすべての人たちについて語らなければならない。相続者が現にあるとおりの者であるのは、律法によるのではなく、「信仰によるのである」なら、また歴史的・精神的事件や状態によるのではなく、恵みに基づくのであるなら、この相続者の数に帰属することは、「律法によって」定められたアブラハムの子孫に、すなわち、歴史的イスラエルに帰属することに、すなわち、歴史的に書き換えられるべき伝承や宗教教育への関与に、特殊な運動や主題的事実《ザッヘ》への関与に結びつけることができないことは明らかである。というのは、「相続者」をこのように制限すれば、もちろん遺産そのものが疑わしいという以上のものであるだろう（四・一四―一五）から。「信仰によって」約束を受けた者として、アブラハム自身は歴史的に書き換えられるべきすべての領域の外に立っている。このようにかれの一族、かれの子孫そのものは、すなわち、信じる者の種族として常に外に立っている。然り、律法の伝承と宗教教育とを通してかれの子たちである者たちも、かれと共にメシアの国の相続権を持ち、神に祝福された者となることができる。人間的に規定されるべきあの領域の内部においても、あの決定的な、根源的な関係が成立しうる。神はユダヤ人の神でもある（三・二九）。しかしユダヤ人だけの神ではない。啓示を指示するために、神の真実は、常に他の歴史的・心理学的関連においても人間を導くことができる。もし信仰のみがアブラハムの子としての身分の創造者であるなら、粗大なものであろうと繊細なものであろうと、あらゆるセクト性は解決する。「恵みに基づいて」アブラハムに向かって語られ、「信仰によって」アブラハムによって聞かれている言葉、それは根本的にはどのような秘教的狭隘化をも許さず、それは根本的には人間の顔を持つ者ならだれに対しても向けられている。それは、上から垂直に、すべての人間的関連を貫き通る切断面である。その切断面は、すべての人間的関連の廃棄であることによって、すべての人間的関連の基礎づけであり、すなわち、神のうちにあるその関連である。

われわれがもし、〈われわれは律法を立てる。アブラハムはキリストにあってわれわれすべての者の父であるというのが、それが律法の意味である〉と言うなら、われわれは読み出しをしているのか、それとも読み込みをしているのか。〔聖書には〕何と書かれてあるのか。「**わたしはあなたを多くの民の父とした**」（創世記一七・五）。そのとおり、アブラハムはイスラエルという一民族の父である。しかしわれわれは見た、キリストにおいてまさにこの一民族の父を――そしてそれゆえにかれは同時に多くの民族の父である。歴史の枠は、歴史がその秘密を明らかにする瞬間に粉砕されるということは明白ではないのか。われわれは、歴史の光を恐れるどんな動機も持たない。歴史は証言する以外に何もすることはできない。すなわち、多くの人間たちのためのこの一人の人間について、罪人のための罪の赦しについて証言するだけである。「この言葉を聞いて人々は静まり、神を賛美して言った、「それでは神は異邦人をも悔い改めさせ、命を与えてくださったのだ」と」（使徒言行録一一・一八）。

歴史の効用について（四・一七後半―二五）

一七節後半　アブラハムはかれが信じた神、すなわち、死者を生かし、存在しないものを存在するものと見なす神の前でわれわれすべての者の父（四・一六）となったのである。

「かれが信じた神の前で」、アブラハムはわれわれすべての者の父である。決して歴史や、決して人間の歴史的な人格がこの「かれが信じた神の前で」という非歴史的な上方からの光を全く持たないわけではない。このような上方からの光に照らされると、個別的なものの個別化、かつて存在したものの過去性、遠くのものの隔たり、特殊なものの分離性、個人的なものの偶然性が消失する。このような上方からの光に照らされると、すべての出来事の同時性、統一的重要性、尊厳が現われる。このような上方からの光に照らして見ると、歴史は生を伴ったすぐれた巨匠として語りかける（歴史《ヒストリア》は生《ヴィタエ》の教師《マギストラ》である）。この上方からの光のために、ただそれだけのために、われわれは歴史の声に耳を傾ける。「非歴史的なものとは、覆い包む雰囲気に似ている。生はそこでだけ生み出され、そこではこの雰囲気が否定されると共に生はふたたび消えてしまう……非歴史的なものというあの蒸気層の中にあらかじめ入り込んでしまうことなしに、人間が行なうことができた行為はどこにあるか……もしだれかがあらゆる歴史的大事件が起こったこの非歴史的雰囲気を多数の事例の中に嗅ぎつけることができるとするなら、そのような人間はおそらく認識する者として超歴史的立場に自己を高めることができるであろう、……かれはこれから後は歴史をなお法外にまじめにとることからいやされるであろう。実際かれはすべての人間、すべての体験において、ギリシア人のもとであろうとトルコ人のもとであろうと、一世紀のある時であれ十九世紀のある時であれ、どのように、何のために生が営まれるのかという問いに答えることを学んだであろう」（ニーチェ〔『反時代的考察』二・一〕）。直線的思考の臆病は、歴史のこの上方からの光、人生の「非歴史的雰囲気」を神話的あるいは神秘的と呼ぶ。しかしわれわれは、まさに「見わたすことができる透明なものを、透明にすることができない暗いものから分ける」批判的「線」（ニーチェ〔前掲箇所〕）の上で、すべての歴史の非歴史的な、すなわち、原＝歴史的な制約性、すべての歴史とすべての生のロゴスの光を認識したい。アブラハムは「かれが信じた神の前で」われわれすべての父となった。絶対的奇跡としての、純粋な出発点としての、根源的な創造としての信仰、すなわち、既知の事件と状態の、未知の神に対する未知のかかわり、これがアブラハムの認識原理であり、アブラハムという人物を生み出す力であり、(出来事としての、またその生起したことの様相と報告としての)歴史の認識原理であり、歴史を生み出す力である。アブラハムは「肉によるわれわれの父」であるということ(四・一)、そのことが逆に肉において、可視的なものにおいて確認され、実現されるのではなく、むしろかれが神の前にわれわれすべての者の父であるということが、不可視的なものにおいて確認され、実現される。

「**死者を生かし、存在しないものを存在するものと見なす**」神の前で。これによって歴史の認識原理と歴史を生み出す力としての信仰は、神話と神秘主義とのあらゆる背後世界性から区別される。信仰にとっては、「内面的な」世界や、あるいはまた「高度の」世界の彼岸によって此岸を高揚し、深化し、豊富にすることのどれか一つが問題なのではなく、われわれの生と生存という所与の状態を宇宙的・形而上学的に二倍にし、三倍にし、七倍にすることのどれか一つが問題なのではなく、死に対する生命の、生命に対する死の、存在しないものに対する存在するものの、存在するものに対する存在しないものの、移行しないがゆえに、究極で唯一の対照が問題である。彼岸的な生と存在とは、信仰にとっては、此岸的な生と存在から見るとただ死と非存在と呼ぶことができるものにすぎず、さらに此岸的な生と存在は彼岸的な生と存在から見るとただ死と非存在と呼ぶことができるにすぎないものである。この批判的線という上方からの光に照らして、われわれはアブラハムの人物像を見た。こちらからあちらへの移行、展開、上昇、いやそれどころかこちらからあちらへの構築さえ原則としてありえない。というのはこのような運動をこちら側で始めることは「あちら」からすれば死と非存在とを意味することができるだけだからである。そしてこのような運動をあちらで終えることは、こちらから見れば死と非存在以外の何ものでもない。この二つの純粋に否定的な可能性の間にはあくまでもただ「マイナスかけるマイナスはプラスである」という不可能性だけが残る。すなわちそれは、両方の否定の相互の関係、その両方の否定の意味と力として一方を他方によって廃棄すること、すなわち、その否定の優れた根源的肯定である。「死者」が生かされるためには「生者」が死ななければならない。存在しないものが存在するものと見なすことができるためには、「存在するもの」は存在しないものと認められなければならない。これが認識の不可能性であり、復活の不可能性であり、造り主であり救い主である神の不可能性である。この神において「此岸」と「彼岸」とが一つとなる。まさにこの不可能性に対する関係こそがアブラハムの信仰であり、この信仰はそれゆえそれ自身あの不可能なまた非歴史的なこととして（しかも同時にただ可能にするだけの、歴史を基礎づけるものとして）、完全に不可視的な姿をとって創世記の歴史の周辺に現われる（この歴史の内部では常にただ危機として、それゆえ神話や神秘主義の形で表現できる）。それはまたプラトン哲学の周辺に、グリューネヴァルトとドストエフスキーの芸術の周辺に、ルターの宗教の周辺に現われたのと同様である。認識、復活、神は、偶然的な、条件づきの、こちらとあちらとの対立に結びつけられた否定ではなくて、純粋な否定であり、それゆえ「此岸」と「彼岸」の彼岸、此岸にとっては彼岸を、彼岸にとっては此岸を意味する否定そのものの否定、すなわち、われわれの死の死、われわれの非存在の非存在である。神は「生かす」。神は「呼びかける」、そして――「それらのものはみな神において生きる」。まさにこの神とこの神にあっての一切の事物の逆転（「わたしは新しい天と新しい地とを見た」〔ヨハネ黙示録二一・一〕）がアブラハムの信仰であり、創世記の歴史の（非被造的光を持つ）上方からの光、あらゆる歴史のロゴスである。

一八節　かれは希望がないのに希望して、「あなたの子孫はこのように多くなるであろう」〔創世記一五・五〕という言葉のとおり自分が多くの民の父となることを信じた。

われわれは、アブラハムが明らかにただ失わねばならないところで見いだし――明らかにすべてのものが引き裂かれているところで結び合わせ――明らかに立つことができないところにわれわれが立つのを見る。われわれは、かれが上からも下からもただ否だけが残っているにすぎないところで、然りを言うのを聞く。そしてこれこそがかれの信仰である。すなわち、「希望がないのに希望する」信仰、人間の固有性と神の異質性を越え、可視的なものの可視性と不可視的なものの不可視性とを越え、主観的可能性と客観的可能性とを越え出る歩みであり――それはただ神の言葉のみがかれを支えうるところまでの歩みである。われわれはアブラハムがこの歩みを踏み出すのを見る。われわれは見るのか。否、われわれは、かれのこれ以外のすべての歩みがこの歩みを目ざし、この歩みから歩み出すのを見るだけである。われわれは、かれがこの歩みそのものを踏み出すのを見るのではない。

「この業は、神の憐れみからくる
もし神が憐れみ給わないなら、それはむなしい
人はみな神のこの行為をたたえよ
この業は神よりくるのだから」

一九節　**そして、およそ百歳となって、死んだ状態となったかれの体と死んだ状態となったサラの母胎のことを考えても、その信仰は弱らなかった。**

かれは現実について思い違いをしない。かれは楽天家でも熱狂家でもない。かれは嘲笑的懐疑を持つほど正直である。「するとアブラハムはひれ伏して笑い、心の中で言った、「百歳のわたしにどうして子が生まれるだろうか。九十歳のサラがどうして子を生むだろうか」」（創世記一七・一七）。われわれがアブラハムにおいて見ることができること、かれにおいて、類比によって、理解可能であり、ただあまりに理解可能でありすぎること、その他の出来事の連続性へと整理されることはここまでである。しかし、われわれが見ることができることの彼岸に、神がかれに対してあまりに強くなりすぎたという事実が、また、そのためにかれの信仰が弱くな

る可能性はなかったという事実があり、理解可能なものの彼岸に、かれが、現実がかれに与えた誘惑に抵抗するという理解不可能なことがあり、歴史の彼岸に、かれが目と耳を開いて、存在しないが、なお存在しうることを見また聞くという非歴史的なことがありうる。

二〇節　かれは不信仰な疑いで神の約束を批判せず、かえって信仰を強くし、神に栄光を帰した。

「われわれをとり囲むものは、すべて神の約束に矛盾している。神はわれわれに不死を約束する。しかしわれわれは死ぬべき運命と亡びるべき運命に包まれている。神はわれわれが神の前に義とされると宣言する。しかしわれわれは罪に覆われている。神はわれわれにその恵みとその善意とを証言するのに、神の怒りのすべての徴がわれわれを脅かす。われわれは何を行なうべきか。何ものもわれわれが神の真理を信じるのを妨害したり、とどめたりしないように、われわれ自身とわれわれの一切の所有物とを目をつぶって見過ごした方がよい」（カルヴァン）。「このようなことは理性の行なうことができないことであり、信仰だけがそれを行なう。それゆえ、いわば信仰は神性の創造者である。ただしそれは信仰が永遠の神的存在者に何ものかを加えることではなく、むしろ信仰はわれわれのうちにそれを創造する。というのは、信仰がないところでは、われわれにおいて神もまた、その栄光を欠くことになり、神は賢く、正しく、真実で、誠実で、憐れみ深いと見なされないことになるからである。信仰がないところでは、神はその神性と尊厳の片鱗も、全くわれわれのもとでは保持しない。それゆえすべては信仰にかかっている。そこでわれわれの主なる神ももはやわれわれ人間に、われわれが神に帰すべき栄光を神にのみ帰し、神をわれわれの神と見なすこと、すなわち、われわれが神を空虚な、いいかげんな偶像と見なさず、正しい真の神と見なすことより他に要求しない……それゆえにこのような栄光を心から神に帰することができるということは、確かにすべての知恵を越えた知恵であり、すべての義を越えた義であり、すべての礼拝を越えた礼拝であり、すべての犠牲を越えた犠牲である……アブラハムがしたように神の言葉を信じ、信頼する者は、神の前に義とされる。というのはかれは、神に帰すべき栄光を神に帰する信仰を持っているからであり、すなわち、神に支払うべき負い目と責任とを神に払っているからである……というのは、誠実な信仰はこう言うからである、〈わが愛する神よ、わたしはあなたの言うことをすべて喜んで信じます〉と。しかし神は何と言うか。このとき理性が自分で答えるとするなら、こう言う、〈神が語ることは、全く不可能な、偽りの、愚かな、弱くてつまらない、不合理で、それどころかいまわしい、異端的で、悪魔的な事柄である〉と。それでは何が理性の前に、神がアブラハムに語ったことほど、笑うべき、愚かな、不可能なことでありうるというのだろうか……したがって、すべてのわれわれのキリスト教信仰箇条は、神がその言葉によってわれわれに開示したのであるが、理性の前には厳密に不可能であり、無意味であり、偽りである……したがって信仰は、理性の首をひねり、野獣を絞め殺すのに巧みである。そうでなかったら、全世界はすべての被造物と一緒になっても、この野獣を絞め殺すことはできないであろう。しかしどのようにして。信仰は神の言葉に固着し、それがもし非常に愚かな、不可能なことのように聞こえる時でも、それを正しい真なるものとする。このようにしてアブラハムはかれの理性を捕らえた……このようにして、他のすべての信仰深い人たちもアブラハムと共に信仰の暗がり、隠れた暗闇の中へと入って行き、理性を絞め殺してこう言う、〈理性よ、よく聞いているか。おまえは狂気の、目の見えない愚者だ。おまえは神のことについては全然分かってはいない。だから口答えしてわたしをあまりからかわず、口を閉ざして沈黙していなさい。厚かましくも神の言葉を裁く者となろうとしないで、座って、この言葉が語ることを聞き、それを信じなさい〉と。こうして信仰者たちは、そうでなければ全世界がかかっても絞め殺すことのできないこの野獣を絞め殺すであろう、そしてそれによって、われわれの主なる神にもっとも好ましい礼拝をささげる。神に対してますますこのような礼拝がささげられるかも知れない。信仰者たちのこのような犠牲と礼拝に対して、すべての異邦人のもとでそうであったすべての犠牲と礼拝は、この地上のすべての修道僧や偽善者のすべての行為もろとも、空虚な無である」（ルター）。このことを理解しようとする人は理解するがよい。これが歴史の終極であり、出発点である。

二一節　そしてかれは、神が約束していることを行ないもする力を持つということで満たされていた。

ある宗教的体験によって、ある直観によって、預言者的使命感によって「満たされて」いたのか。然り、おそらくそうでもあったろう。どうして非歴史的なものの充実が歴史的充実に伴われてはならないのか。しかしおそらくはそうでもなかったであろう。おそらくそうではなく、むしろ欠乏、不確かさ、破砕によって満たされていたのだろう。しかし——そうでもないのだ。欠乏、飢え、渇きの「満たされた理解」もまた歴史的付随状態にすぎない。恵みの豊かさ（エフェソ書第一章）は心の貧しさ（マタイ福音書第五章）と同様、歴史的所有と欠如の彼岸にある。アブラハムの「充実」は、絶対に神の約束を受け取った者の充実である。かれがそのような者であるということ、それはどうして可視的となることができ、どうして歴史的となることができるのだろうか。それは死からの生命として以外に、どうして理解できるというのであろうか（四・一三、一四（?））。

二二節　それゆえそれはかれの義と勘定された。

アブラハムの信仰はかれの「神の前での信仰」であり（四・一七後半）、その信仰はかれの態度の一部としてではなく、むしろその絶対的制限、規定、廃棄として、絶対的奇跡、純粋な出発、根源的創造であるがゆえに、「それゆえに」また、かれの信仰は歴史的出来事において汲み尽くされず、むしろ同時に一切の歴史的出来事と出来事でない出来事の純粋な否定であるがゆえに、それゆえにその信仰は神によって義と認定されて、それゆえにアブラハムは――信仰によってのみ――神において否定の否定、死の死に与り、それゆえにかれの信仰は、かれにおいてあるもの、歴史的出来事であるところのものによって、非被造的光の光として輝くことを妨げられない。

二三―二五節　しかしそこに書かれてあることはかれにかかわるだけでなく、われわれにもかかわる。すなわちわれわれのことと勘定されるべきである。すなわち、われわれの主であるイエスを死者の中からよみがえらせた方を信じるわれわれのために――かれはわれわれの堕落のために捨てられ、われわれの義のためによみがえらされた。

「それはかれにかかわるだけでなく、われわれにもかかわる」。歴史は一つの効用を持つことができる。過去は現在に語りかけることができる。というのは、過去と現在の中には、過去が語りかけず、現在が耳を傾けるようにいやし、過去を語らせ、現在に聞かせることができる同時的生起があるからである。時間を廃棄し成就するその自己対話の中にあるこの同時的生起が、すべての歴史の終極であり出発点でもある、非歴史的、不可視的で、不可解なものを告知し、聞きとる。創世記の歴史は、その口を開き、そしてアブラハムはその信仰が義と勘定されたという非歴史的な事実を語る。アブラハムの場合がわれわれの場合でもあるなら、そのかぎりでわれわれの耳は開かれ、この非歴史的な事実を聞くことができる。現在が人間の出来事の意義をその統一性において自覚させられるこのような自己対話において、歴史はそれに期待されるべき効用をもたらす。それに反して、この非歴史的な事実を無視しては過去はあくまでも物を言わず、現在は聞く耳を持たない。同時的生起の自己対話が動き始めない場合には、もっともはっきりした証言も証書も何も語ることができず、もっとも鋭い歴史的注意力も何も聞くことができない。非歴史的な事実という上方からの光を無視しては、アブラハムはわれわれと何のかかわりもない。かれはわれわれに何も語らず、われわれはかれの言うことを聞かない。もし資料を無視し、資料研究を無視し、人間の出来事のあの意義の意識がその統一性において生きているのでないなら、歴史が単なる諸文化の並置、あるいは各時代の継起であり、さまざまな直接性、さまざまな個人、時代、関係、制度の単なる多様性であり、単なる現象の遠心的なうごめきであり、分散した状態のことであるなら、歴史は無意味である。というのは、「現実的」は本当ということと同じではないし、「興味がある」と意味深いとは同じではないし、またたくさんの顔をしてわれわれを見る過去はそれゆえまだ語りかけ、理解され、認められた過去ではないからである。歴史がそれ以上のものを示しえないなら、そのかぎりで歴史は無用である。歴史は批判的な資料収集としては、またたとえ古いものに対する愛着や注意深さがどんなに大きかろうと、また古き時代とその状況の気分内容への「感情移入」がどんなに巧みであろうと、偶然的にとられた観点がどんなに才気を持っていようと、「歴史」ではなく、むしろ写真にとられ、分析された混沌《カオス》である。歴史は総合芸術の作品である。歴史は出来事に由来する。歴史は唯一の統一的主題《テーマ》を持つ。この芸術作品、この出来事、この一者が根源的に歴史記述者のうちにないなら、どのような歴史も存在しない。「現在の最高の力に基づいてのみ君たちは過去を解釈することが許される。君たちのもっとも高貴な性質がもっとも鋭く張りつめる時にのみ、君たちは、過去のものの中で知るに値し、保存する価値があり、偉大であるものを言い当てるであろう。等しいものは等しいものによってだ。そうでなければ君たちは過去のものを君たちのところに引きずりおろしてしまう……熟練した優秀な者が歴史を書く。わずかばかりのことを万人より大きく高く体験しなかった者は、過去の偉大で高度なものは何も解釈できないであろう。過去の言葉は常に神託である。君たちはただ未来の建築家として、現在の知者としてのみその言葉を理解するであろう」(ニーチェ『反時代的考察』二・六)。一者である過去のものの多様性の中に——よく理解してほしいのだが、一者である過去のものの多様性の中にわれわれの存在の意味についての証言が現在となるということ、過去と現在における同時的生起の自己対話が立ち聞きされ、人間の声となるということ、すべての歴史の終極と出発点における非歴史的な事実が見逃したり、聞き逃したりできなくなるということ、それが「歴史の効用」でありうる——すなわち、最初に、何よりもまず、あらゆる「批判」に原理的に先だって、危機の中に、死にいたる病の中に見いだされるあの歴史の効用である。歴史は理解することによって見、宣べ伝えることによって理解する。歴史は歴史を書くことによって歴史を見、歴史を作ることによって歴史を書く。歴史は、その認識によって歴史を開示することによって初めて資料となる「資料」からその認識を汲み出す。創世記の歴史はこのような種類のものである。それは聞き、語る歴史である。それは同時性に満ちている。この歴史は、それ自身、耳と唇を開く危機の中で捕らえられるので、それは聞き、語ることができる。それ自身が上方からの光のうちに立っているので、その光を見、その光を広める。その歴史は、「非歴史的」歴史を差し出す――それは確かに、その歴史にとってすべての歴史的事実の本質と内容としての非歴史的事実が重要であるからであり、その歴史自身が非歴史的事実から、非歴史的事実を目指して生き、すべての歴史的な事実をただその非歴史的な終極と出発点についての証言としてのみ知り、差し出そうとするからである。それゆえにその歴史はアブラハムについて「かれにだけでなく、われわれにもかかわる」ことをわれわれに語る。

「われわれの主であるイエスを死者の中からよみがえらせた方を信じるわれわれのために――かれはわれわれの堕落のために捨てられ、われわれの義のためによみがえらされた」。

「等しいものは等しいものによって」そして――等しいものは等しいものに対して。現在の聞く耳がなければ過去の語る口はない。創世記における知恵の業はもちろん取り消されるかも知れず、創世記の上に輝く上方からの光はふたたび暗くされるかも知れず、時間の継起、諸関係の並列、歴史上の人物におけるさまざまな者の多様性、沈黙の歴史のそれ自体で現実的な、おそらくは興味深い充実が再現されるかも知れず、ベドゥイン族の族長アブラハムは、ふたたび無限の空間的な、時間的な遠方の異質なところに押し戻されるかも知れない。それからまず同時的生起の自己対話が中断する。なぜなら、現在が明らかに過去のうちに自分にふさわしい相手を見つけなかった——あるいはその逆でもなかったからである。なぜ見つけなかったのか。単なる分析もまた、少なくとも大きな精神貧困の時代においては一つの道である。いつかはもちろんその分析もまた、自己の限界に達し、たとえば、アブラハムの人格は——非歴史的であるということを確認せざるをえなくなるだろう。そしてその分析そのものがまた、創世記がそこから出発している総合の断固たる必然性に直面する。結局われわれは、創世記の歴史とは違う異種の歴史、単に分析的な歴史を押しすすめる可能性を全く持たない。そしてあらかじめそのことを覚えておく方がよいだろう。確かにわれわれは、過去と現在における同時的生起の自己対話に巻き込まれてい﹅る﹅。創世記は、たとえわれわれのそれについての意識が非常に弱くても、われわれにかかわっていることを、またたとえわれわれのそのような人物を見る見方が創世記のそれとは非常に違うものであっても、われわれが聞かざるをえないことを確かにわれわれにアブラハムについて語﹅る﹅。というのは「われわれはわれわれの主であるイエスを死者の中からよみがえらせた方を信じる」からである。われわれはすでに、創世記がアブラハムの生命の問題性としてわれわれに示す問題性の中に立っている。すなわち、死と生命との間の、神の否定を意味する深く堕落した人間存在と、人間の否定を意味する神の義との間の限界上に立っている。われわれは、分析家たちが夢想するよりもはるかに「非歴史的」な創世記のアブラハムと共に、認識の不可能性の前に、復活の不可能性の前に、神に基礎づけられ神によって期待されるべき此岸と彼岸の一致の不可能性の前に立っている。われわれは信じている――そしてこう付け加えなければならないということを知っている。すなわち、われわれは自分の信仰についてはただ、それが常に不信仰であるということを知っている、と。しかしわれわれは、それが信仰として、われわれの知らないものとして、アブラハムの信仰と共にすべての事物の逆転であるということ、われわれの死の死、われわれの非存在の非存在（四・一七）であるということも知っている。われわれすべてが信じないかぎり、他の可能的可能性の中でも、われわれとかかわりもしなければかかわることもできないあのアブラハムに意識的に依存する分析的批判の可能性がわれわれすべての者にも残っている。この批判に疑いをかけ、または引き留めようと願うことは、われわれの思い付きもしないことであろう。この批判もまた、もちろん結局は、われわれが陥る危機、死にいたる病を阻止することができず、むしろそれなりの仕方でそれを促進するに違いないだろう。その批判はもちろん結局は、歴史的アブラハムはわれわれとは実際には何のかかわりもないということを確認するのみであろう。それが実際にそのことを確認するにつれて、その批判は創世記の非歴史的アブラハムに対し、総合の必然性に対し、われわれすべてがあえてわれわれの信仰を考慮に入れてもよいだろうという不可能な可能性に対し、展望を開く。

第五章　夜明け

新しい人間（五・一―一一）

一節　このように、われわれは、信仰によって義と宣告されて、われわれの主イエス・キリストにより、神との平和を得ている。[★4]

「このように、信仰によって義と宣告されて」。「夜は更けて、日は近づいた」（一三・一二）。われわれがあえてわれわれの信仰を考慮に入れるかぎり、信仰によって特色づけられる「われわれ」、新しい人間、すなわち、まだ明け始めないが、夜明けがすぐそこまで来ている神の日の人間を、あえて考慮に入れなければならない。信仰によって、われわれは、神によって義と宣告された人たちの身分になるのである。われわれは、われわれが現にあるところのものであるだけではなくて、信仰によって、われわれが現にそれでないところのものである。「無限の情熱」（キルケゴール[☆55]）において不可視的であり、ただ真空としてのみ可視的に日常の人間生活に突入してくるもの、人間のすべての理解能力の側からいえば、いつも、いたるところでただ否定されるにすぎないが、まさにそれによって、いつも、いたるところで一貫して証しされるもの、われわれの側からみれば、無限にのびる二つの双曲線の間にあるゼロ点としてのみ現われることができる、そしてまさにそのようなものとして、前代未聞の仕方で終極と出発点であるもの、それが新しい人間であり、「信仰」という述語の主語である。この主語が、主語として、すなわち、それがあるところのものとして、絶対的な彼岸において、わたしがそれであるすべてのものに対立して徹底的に他なるものであるかぎり、わたしは、この主語ではない。そして、——この主語が行なうこと、すなわち、信仰というその述語が、まさにこの主語とわたしとの間の同一性の設定によってこそ成立するかぎり、わたしはこの主語である。キリストの死と復活のしるしにおいて（四・二五）、死者を生かし、存在しないものを存在するものと見なす神（四・一七）を知ることにおいて、その新しい人間が、——つまりわたしが、「上から生まれる」（ヨハネ福音書三・三）のである。すなわち、もっとも強い意味で同じでない者が、わたしがそれである同じ者となる。しかし、このような述語《プレディカティオン》づけによってのみ、その新しい人間とわたしとの前代未聞のこの同一性が、真理となる。信仰によってのみ、わたしは現にわたしである（でない！）ものである。信仰の冒険がほんの一瞬間だけでも考慮されず、ほんの一瞬間だけでも棚上げされ、（しかも、まるでわたしが今まで一度も信仰の冒険を行なったことがないかのように）冒険が行なわれないならば、この同一性の設定は宗教的、または思弁的傲慢の無意味な行為でしかない。人間は神ではないとの考慮によって破砕されて、この同一性の設定は弁証法的なものであらねばならず、またあり続けなければならない。われわれが信じているのだということを、あえて考慮に入れようとするその瞬間に、われわれはいつも自分で疑いに陥るより他はないのである。生から死への狭い門を通って、生へと通じる必然性と可能性は、いつも変わらずわれわれにとって、もっとも異質的なものとして現われるに違いない。その道は、もっとも到達しにくいものとして現われ、その秩序は、もっとも理解しにくいものとして現われ、この狭い門の彼岸へと導く力は、もっとも手の届きにくいものとして現われ、その門の彼岸へとただの一歩でも進もうとする試みは、もっとも危険なものとして現われるに違いない。すべての、ほとんどすべての教義学、説教、牧会、あらゆる種類の宗教的宣誓の中に含まれる嘘、根本的な呪い、ほとんど根絶できない毒の芽は、この転回点にひそむ習慣性、心地よさ、手軽さ、自明性なのである。われわれが新しい人間であるとの事実が成立するのは、われわれにとって、いつも、いたるところで、ただその出発点においてだけである。そしてこの出発点は、われわれにとっては、すべての可視性と、理解可能性の終わりを意味する。古い人間の終わりにおいてのみ、新しい人間の始まりが、われわれにも見えるものとなることができ、キリストの十字架においてのみ、かれの復活の意味と現実が見えるものとなることができる。われわれは、ただいつも、いたるところで、そしていつも、いたるところで改めて――信じることができ、またわれわれが信じていることを信じることもできる。信じる者と信じない者との規定と限界づけを、可視的、歴史的・心理的に行なうことは不可能である。われわれのあらゆる種類のものは――見えるかぎりでは――成果なしであり、またあり続ける。「われわれは、急な斜面の突端や、もはや何も生い茂るもののない高地に茂る草のようなものである。その下に見える谷間では、高く生い茂った柏《かしわ》の木が、その根を深く地中におろしている。しかしわれわれは弱い者、小さい者、地上からはほとんど見えない者である。われわれは、あらゆる風雨に吹きさらされ、ほとんど根もなく、ほとんどしおれてしまっている。その代わりに、われわれは朝早く、柏の梢がなお暗がりの中に沈んでいる時にも、すでに光の中に立っている。われわれはまだだれも見ていないものを見る。われわれは偉大な日の太陽を見る最初の者である。われわれは、主にむかって〈主よ、まことに来たりたまえ！〉と言う最初の者である」（メレジコフスキー[☆56]）。このように、すなわち信仰によってのみ、最後の者であるからこそ最初の者であるところの最初の者として、衰えることによって成長し続け、小さな者として偉大であり、われわれの弱さにおいて強くあることによって、われわれは神の前に義となるのである。神はわれわれの前で自分自身を義とし、そのことによって自分の前に、まさにわれわれ自身をも義とする。神はわれわれを捕らえ、捕らえることによってわれわれを自由にする。神は、現にあるがままのわれわれを否定し、まさにそのことによって、現にそうでない者としてわれわれを肯定する。神はわれわれを用いる。そしてまさにそのことによって、われわれの中で、神の善い業を始める。神はわれわれの味方となる。そしてこのようにして、かれの事柄はわれわれの事柄となり、かれの義はわれわれの義となる。神はわれわれの側に立つことを表明する。神はわれわれと共にある。われわれは、神の国におけるわれわれの救いの約束を持つ。われわれは、すでに希望において神のものである。このように、古い知られた人間の主体が否定されることによってこそ、新しい主体の基礎づけが遂行される。神が見えない人格であることによって、人間の人格性の構成が遂行される。

「われわれは、神との平和を得ている」。われわれだけが知っている人間、不義の人間が、われわれの知らない神との平和を得ていること、それが前代未聞の光であって、われわれは信仰によってこの光の中に歩み出る。神との平和とは、神と人間との間の平和条約の締結のことであって、その平和条約の締結は神を起点とする人間の態度の変化によって、創造者に対する被造者の正常な関係が確立されることによって、主を恐れることに始まる神への愛そのもの、すなわち、人間が神に対して持つことのできる唯一可能な真の愛（五・五）が築かれることによってもたらされているのである。われわれは、神の前で信仰によって義とされないかぎり、いわば神と戦闘状態にある。その場合、神に対するわれわれの愛は、主に対する恐れを忘れ、あの距離を誤認した（ツィンツェンドルフ[☆57]的・ロマン主義的・インド的な）神との親密さであり、本質においては、神ならぬ神、すなわちこの世の神に通用する（一・二三以下）神との親密さ、その親密さをもってわれわれはまさに神の怒りの下へと、神の敵の戦列へと身を置く（五・一〇）のである。「神との平和は、あらゆる陶酔的な肉の確かさとは正反対のものである」（カルヴァン）。神との平和は、（人間としての！）人間の（神としての！）神への関係の事態にふさわしい《ザッハゲメス》秩序である。したがって神との平和は「幸いな、喜ばしい感情」（キュール☆58）より以上のものである。このような感情は、この平和条約の締結に伴うこともありうるし、伴わないことも存在しうるが、この平和条約締結そのものを成立させることは絶対にない。平和条約締結が成立するのは、とりこにされている真理の解放によって（一・一八）であり、神の義の啓示によって（三・二一）であり、信仰によってである。しかしまた、神との平和は、「神の現実の中にある生」（クッター）より以下のものでもある。神と人間との一体化は起こらない。死線の廃棄もありえず、神の充溢、救い、最後の救済の先取り的強奪もありえない。霊と肉、肉と霊との争いは、その全く鋭いかたちで続いている。人間は人間であり、神は神であり続ける。信仰の必然性は存在し続ける。信仰の逆説的性格のほんの少しの部分でも、信仰から取り去ることはできない。あるいは人間は、待つ者、ただ待つ者であることを少しもやめず、すなわち、見ていないのに望む者（八・二四）であることを少しもやめない。しかし、かれは信仰によってただ神のみを待つ者となり、そしてまさにそのことが、神とかれとの平和である。したがって、まさにその真っただ中に、つまり人間の感情と神の現実の間に、信仰によって義とされたものが平和を得ていることの意味と力がある。それはどこにおいてであるか。神がキリストにおいてあるところのものを自覚することが、左右への危機的な区別と結合となるまさにその場所においてである。
「われわれの主イエス・キリストにより」。ここで確かに変わりがないのは、この平和を得ていることがただ神においてのみ基礎づけられており、現実的であって、決してその他の場所においてではない、ということである。それがわれわれに対する神の業であって、十字架にかけられ、復活したキリストを見ることによって、完遂されるのである。したがって、精神的な出来事や人間の奮起の結果ではない。信仰がそのようなものでもあるかぎり、信仰は神の前における義ではなく、われわれと神との間の事態にふさわしい《ザッハゲメス》秩序を立てることはできない。信仰は、その不可視的、非歴史的な内容によって、生から死への、すなわち、キリストにおける生への転換によって、われわれ自身を廃棄し、神と和解させる力である。

二節[★5]　もちろんかれにより、われわれは今立っているこの恵みに入る入り口を信仰によって与えられた、そして、神の栄光に与る希望を誇っている。

「かれにより、われわれはこの恵みに入る入り口を信仰によって与えられた」。新しい人間の神との平和は、この使徒の、問題を含みつつも、約束に満ちた実存によって説明される。かれは、「この恵み」に立っている。すなわち、イエス・キリストの使徒である（一・五）という恵みに立っている。かれは、すなわち、われわれが語ることができないことについて語らねばならず、神自身のみが証しすることができることについての人間としての証人となり、パウロでありつつ、同時に「神の救いの音信のために選び分けられた」（一・一）メシアの僕《しもべ》であるという全く特別な状況の中にいる。かれはこの立場を、まさに恵みとして、逆説的な事実としてしか理解できない（コリント第一書一五・九―一〇）。神と人間の平和という不可視的なものが存在し、それが何を意味するかを、この立場がかれにも、またおそらくは読者にも可視的にする。かれは、かれの限界内に退くことを命じられている。かれは恐れとおののきをもって、神の義を敬うことを学んだ。かれは、サウロとしては、廃棄されてしまっている。かれの走行路は断絶した。かれは目が見えなくなった。そしてそのとき、かれは神を愛し始めた。そのとき、かれは神を自分とすべての人間の創造者、救済者として認識した。そのとき神への熱意が燃え始めた。壊滅力を持つ神の聖《きよ》さがかれに明らかになった時、神の憐れみがかれを捕らえた。神との関係において待つ者となったことによって、かれは、得ている者、すなわち、平和を得ている者となり、それだからこそ神と共に急ぐ者となった。今や神の偉大な注視が、小さい者、弱い者であるかれの上に注がれている。今や広範な神の委託という重荷が、かれの肩に負わされている。今や神の力が見逃しえない強さで、かれの後に立っている。今やかれは、かれが現にあるところの者、すなわち、すべての人間が、その前では塵や灰になってしまう、あの方の使者である。しかしそのことはまた、かれが、現にそうでないところの者であり、かれが知らないことを知っており、かれが行なうことのできないことを行なう（「生きているのは、もはや、わたしではなく……」（ガラテヤ書二・二〇）ということである。それがパウロが今、そこに立っている恵みである。そしてかれは、すべての高める者と卑しめる者とにおいても、新しい人間の神との平和について言わなければならないことを、すなわち、かれ自身の実存の逆説的事実を見失わないであろう。宣教は、宣教する者から切り離すことはできない。「ただ信仰によってのみ」というかれの言葉によって、この平和への扉を開き、また——閉じる時、かれは、自分が何をしているのかを知っている。というのは、信仰において、そしてただ信仰においてのみ、かれ自身が、「その通路」を見出したからである。「かれによって」、すなわち、われわれの主イエス・キリストによって、という言葉で、いつも変わらずこの扉を言い表わす場合、かれは自分が何をしているのかを知っている。というのは、すべての前段階と移行とを省略して、ただかれに対する神の業によってのみ、すなわち、十字架につけられ復活した方を見ることによってのみ、かれは信じたのであり、現に今も信じており、また信仰において、かれは今現にある（ない！）ところの者である。

「**そして、神の栄光に与る希望を誇っている**」。パウロが宣べ伝えている救いの音信によって、人間たちに希望を、はかり知れないほど大きい、喜ばしい希望を、他に並ぶもののない希望そのものを、すなわち神の栄光の希望をもたらす時、この言葉によってパウロは、何よりもまず、自分が何をしているかを知っている。その希望は、「われわれが神の本性に与るであろうとわれわれに証しする福音から、われわれに向かって輝いている。というのは、われわれが顔と顔とを合わせて〔コリント第一書一三・一二〕神と出会う時、われわれは神に似たものとなるであろうから」（カルヴァン）。これこそが、神の現実における生であり、救いと究極の救済であり、あのアブラハムに約束された遺産（四・一三）であり、天国の到来であり、復活における彼岸と此岸の一致であり、純粋な直視による神と人間の一致（三・二三〔?〕）であり、キリストの再臨、すなわち、臨在《パルーシア》に際しての神の否と然りの一致である。それが、信仰による義人の誇りとする希望である。そして「かれらは今、地上ではなお巡礼者であっても、確信をもって、すべての天を越えてかけのぼり、今すでに安心して、未来の遺産の分け前を心にいだく」（カルヴァン）。信じる者として、パウロもまたこの希望を誇り、まさにこのかれの希望の誇りが、時計の振子であり、使徒職という逆説的事実の中にある根源的生命体である。しかし——かれは、希望だけを持ち、希望だけを宣べ伝える。神はかれに助産者であることを命じ、産む者であることを禁じる。あのソクラテスに対するようになのだ。根本的に未来のもの、彼岸のもの、永遠なものの先取りは、信仰の先取り以外にはありえないのだ。内密の「現にある」であろうと、公然の「現にある」であろうと、「現にある」はない。もしかしてそれによって信仰の緊張が、すなわち、この「ある」の「まだない」が、欠如が、希望的性格が否定されるであろう。そこでは、すべての「存在する」の力と意味とは、われわれにとってはいつも、現に——ないものの中にあるに違いない。こちらとあちらとの間に、「わたしは——信じる」という、途方もない述語づけを遂行しなければならず、恐ろしい死の谷を信仰によって渡らねばならないとの意識なしには、新しい人間と古い人間との一致はありえない。確かに、「われわれは誇る」。われわれは、この希望と共にわれわれに与えられている究極の支えと、慰めと、誇りとを意識している。しかし、この究極のものを、われわれはいつも知り、熟考するであろう——決して、用済みにしてしまうこともなければ、決してわれわれの所有と見なすこともせず（二・一七、二二、三・二七、四・二）、決してわれわれの体験として、可能な（歴史的、あるいは個人的な）可能性として宣言することもないであろう。——われわれが、全くそのように宣言することができないという事実によって、われわれはこのような誤りから守られており、それは、われわれを謙遜にすることによってわれわれを偉大にする神から下される判決に基づいていて、われわれはその判決を、ただ聞きとることができるだけであって、あとから文字にすることはできない。

三—五節　しかしそれだけではなく、——われわれは艱難をも誇っている。なぜなら、艱難は忍耐を生み出し、忍耐は練達を生み出し、練達は希望を生み出すことを知っているからである。しかし希望は、恥にいたらせることはない。というのは、われわれに与えられている聖霊によって、神への愛がわれわれの心に注がれているからである。

「われわれは艱難をも誇っている」。あの究極の支えと慰めと誇りの意識が働き、認められるのは、人間の内外の生活状態が希望に目を覚まさせ、かれに誇りを口にさせそうなときだけではない。「神の栄光に与る希望」（五・二）の肯定《ポジチオン》は、より高い秩序の肯定であり、その肯定に対応する否定《ネガチオン》、すなわち、われわれが「神の栄光を持たないこと」（三・二三）が、確かにより高い秩序の否定であるのと同様である。この然りも、あの否も、われわれの偶然的な生の内容の然りと否に結びつけられてはいない。神と人間との平和、すなわち、この使徒が立っている恵みが、かれの内外の状態の鏡の中に、「幸運」として、満足として、ストア的不動心《アタラクシア》として、楽観主義として、現われなければならないということは、決して問題とはなりえない。それはちょうど、神の怒りと裁きとの認識が、悲観主義やこの世の否定やこの世からの逃避と、もともと何のかかわりも持たないのと同じである。信仰の然りが、偶然的生の内容の否の中においても、然りとして働き、認められるのは、それが神において基礎づけられており、神の中にその内容を持つからである。それはちょうど、生が偶然的に然りと言うときにも、信仰の否も否であり、またあり続けるのと同じである。なぜなら、その否もまた神から出て、神を思うからである。したがって、「艱難」、すなわち、この世における人間の困苦、人間のもっとも内的な本質と存在にまで及ぶ「外なる人の滅び」（コリント第二書四・一六）、この使徒が自ら体験している「死の働き」（コリント第二書四・一二）、かれが置かれている「外には戦い、内には恐れ」の状態（コリント第二書七・五）、すべてのものに苦しめられ、動揺させられている状態、これらのものは、信仰による義人が置かれている神の平和、または、かれらの心に注がれている神への愛（五・五）と矛盾しない。これらのものは、信仰にふたたび息吹きを与えるために、言うなれば神義論のようなものを、いやそれどころかそれの直接的な除去を必要とするような信仰の恥《プデンドウム》ではない。神が自分自身を義とし、信仰者を義であると宣告し、神の国の相続者に定める言葉によって、すでに災禍に関する神義論が成立し、また災禍も除去される。ここにおいてもまた次のことが妥当する。ただ信仰によってのみということが。すなわち、確かに見ることへと肉薄し、またそこに達するのであるが、見ることなしでも信仰であるために見ることに期待をかけるのではない信仰、したがって、艱難における、艱難に陥っている状態における信仰、艱難と並ぶものでもなく、艱難が外面的、内面的に幸運にも克服され、和らげられ、あるいは耐えぬかれたのちに初めて現われる信仰そのものによってである。神の平和の中には、うめきと、つぶやきと、弱さがある。「このテキストは、即座にそれに反対して、完全に強いキリスト者を求め、弱い者に我慢できないおしゃべりな人たちに、注意を向けるなと結論する。むしろキリスト者の中には永遠の渇望があり、窮地に立たされて、〈アッバ父よ！〉と叫ぶのである。それは、理性の立場から見れば、取るに足りない、役にも立たない、愚かな言葉である。しかしパウロは言う。この叫びがあげられるところには、神の子たちがいると。そして、常に強くある必要はない。神はイエスを十字架という極度の窮地に沈めたのであるから、かれは、イエスの体〔である教会〕を、それと違った仕方では取り扱わないであろう」（ルター）。神の平和の中には、苦難と転落と喪失状態、すなわち破滅がある。「アブラハムは天地の間を漂い、神と戦い、その心を二つに裂く。イサクは一方では、その子孫であるとも言われるが、またかれは死ぬはずであるとも言われる。その根本にはだれをも恥にいたらせることなく、打撃にも耐える希望がある」（ルター）。神の平和の中には、宗教的世界が不信仰と名付ける場所も、すなわち、「わが神、わが神、なぜわたしをお見捨てになったのですか」〔マタイ福音書二七・四六〕との叫び声、死と地獄の試練もある。「ここで、だれも取り違えてならないのは、試練を受けたくないと思う時には、かれは、キリスト者ではなく、むしろトルコ人であり、キリストの敵であるということである」（ルター）。信じられる、つまり救いが信じられるのは、何かある救われた状態において、すなわち確実さと平静さと無害さと明朗さを先取りすることにおいてではなく、雑踏の真っただ中において、つまり人間の心の奥底まで揺り動かす、救いとはほど遠い世界の混乱の真っただ中においてである。「それらのことは、希望の中で起こる。それはまだ進行中である。ここでなすべきことは、槍で突き、戦い、打ちのめすことであって、敵の前から逃げ去ることではない。脱走兵は締め殺される」（ルター）。神を喜ぶことができないところで、神を喜ぶこと、それが信仰による義人の「誇り」である。

「なぜなら、艱難は忍耐を生み出し、忍耐は練達を生み出し、練達は希望を生み出すことを知っているからである」。われわれは艱難の中で誇るだけでなく、まさに艱難そのものを誇るのである。われわれは、偶然的な生の内容の否を肯定することができる。それはわれわれが、ちょうどしばしばその然りを否定することができ、また否定しなければならないのと同じである。それはどのようにして可能となるか。「われわれが知っているから」であり、われわれが瞬間の現実性と重要性とを、何らかの仕方で洞察するからであり、現に存在するすべてのものの中の、根源的・究極的なものが何であるかを知っているからである。われわれは、それを知っているのか。否、われわれはそれを知らない。われわれは、それを知らないということを知っている。しかし神はそれを知っている。そしてわれわれが信じるかぎり、神が知っていることを、あえて知ろうとする。そしてこのようにして、われわれは、とうてい知ることができないもの、すなわち、われわれが今出会っている艱難の意味と力とを知るのである。艱難はまず死の力と死の意味を持つ。われわれの生の阻害と破壊と否定として、われわれの存在《ダア・ザイン》とその在《ソオ・ザイン》り方の恐ろしい謎として、われわれの被造性につきまとっている呪いとして、神の怒りの告知として、神でない神、すなわち、この世の神の神意として、艱難はわたしたちに迫ってくるように思われる（一・一八）。しかしわれわれは、不可視的なものを——見る。神の怒りの中に神の義を、十字架につけられた者の中に、復活した者を、死の中に生を、否の中に然りを、障壁の中に脱出口を、裁きの中に近づきつつある救いの日を見る。キリストの苦難における否定の否定は（六・五）それがわれわれの肯定なのであるが、われわれの艱難さえもその正負の符号を変える。人間の単なる苦しみは、創造者であり救済者である神の行為となり、生の阻害は生の勝利の準備となり、破壊は建設となり、失望と逆境は主の来臨へと急ぐことと待つこととなり、囚人は看守となる（一・一六〔?〕）。「闇も光と変わるところがない」（詩編一三九・一二）。われわれは、生の問題性そのものを理解する。われわれは、自分自身の限界とはかなさとを、偶然ではない必然性として自覚する。われわれは、自分の被造性という事実の中で、われわれに対置された否を肯定する。わわわれは「理性的に認めつつ」（一・一九）、被造物が自己の存在《ダア・ザイン》とその在り方《ゾオ・ザイン》に対して行なう抗議を（八・一九以下）自分のものとする。われわれは、被造物がうける裁きがあることを承認する。そしてわれわれが――裁く者を愛するのは、まさにかれが裁く者として、この世の神と同一でないことが明らかになるからであり、かれが裁く者として、われわれおよびわれわれの生の内容に対して全く他なるものとして自らを認識させるからである。しかし、まさにそのかぎりにおいて、われわれの艱難が、方向転換をして、それだからといって、艱難であることをやめるわけでもなく、またわれわれが艱難として感じなくなるのでもない。われわれはなお、苦しめられるであろう。まさに、以前と同じように今後も苦しめられるであろう。しかしわれわれが苦しめられるのは、かれを裁く者を愛さない人間の魂に襲いかかる、もはや受動的で、危険な、害毒を流す、破壊的な艱難や困惑に（二・九）ではなく、神によって廃棄され、神によって打ちのめされ、圧倒され、神によって捕らえられていることを知っている人間の、創造的で、実りのある、力強い、約束に満ちた艱難と困惑にである。艱難は、われわれに対して、強まることになり、「忍耐」となる。守勢は攻勢となり、われわれの状態のもっとも疑わしい点は、神から見てすべてのことが救いに役立ち、それ以外のものとなってはいけないとの洞察の保証と強化になる（八・二八）。われわれは疑っている——しかし神を疑っているのである。われわれは躓いている——しかし神に躓いているのである。われわれは挫折している——しかし神に挫折しているのである。神を非難することも、ヨブのような人は明らかにそこまで登りつめてしまったのであるが、それはどこまでも神への冒瀆であり、またあり続ける。われわれを押えつけている圧迫が、神の圧迫であることが認識されることによって、神の逆圧迫を生み出し、死からその力を奪い取り、襲いかかる害悪の暴力をもぎとって、それを敵に向ける神の反抗を生み出す。しかし、われわれが苦しみ、砕かれる相手が神であることを認識して、神の方に投げ出され、神に縛りつけられ、したがって神によって助け起こされ、担われるならば、まさにこの事実こそが、すべてを神から期待し、神からすべてを期待する信仰の「練達」であり、実例にもとづく実験であり、すべての希望を通過させるあの門に対する、新しい、いつも新しい希望の要求にほかならない。この練達が同時に

「しっかりした精神的気分」において成立する（リーツマン）ものであるかどうかは、疑わしいというより以上に問題であり、いずれにしてもそうである必然性はない。――われわれは、この道を（それは道ではないのであるが）知っており、十字架にかけられ、復活した方を目前に見つつ、人間が考えることのできないことを考えているのであるから、それゆえにわれわれは艱難をも誇るのである。

「希望は恥にいたらせることはない。というのは、われわれに与えられている聖霊によって、神への愛がわれわれの心に注がれているからである」。「人間が争いに気づく時、繰り返して焦りに陥る」（シュタインホーファー）[☆59]。そのことは疑いない。すなわち、われわれが自分たちの忍耐と練達と希望とを挙げて、それを人間的・可視的な所与として措定するならば、われわれはただちにそれを、ふたたび抹殺し、放棄しなければならない。というのは、忍耐づよく、練達と希望を持つ人間もまた、事実、かれの艱難を誇ることはできないであろうからである。かれが人間としてある現実、かれが人間として持つものは、ありのまま言えば、常に艱難であろう。しかしわれわれの希望は、信仰の希望である。それは決して、われわれの希望の存立と倒壊と共に、立ちもし、倒れもするようなものではない。この希望は信仰と同様、その生命の中枢を、人間の何かある状態の中に持つのではなく、神によってそこに提示された目標と、それと共に与えられた内容の中に持つ。すべての希望に溢れたものが恥に終わっても、目標と内容としての希望は、「恥にいたらせることはない」(詩編二二・五、六、二五・二〇)。われわれが忍耐しないとしても、この希望は忍耐する。われわれが練達に達しないとしても、この希望は練達に達する。そしてそれだからこそ、われわれは希望を「誇る」のである(五・二)。なぜなら、この希望は、われわれの被造物としての霊の行為に基礎づけられているのではなく、聖霊の行為に、すなわち、われわれに与えられた聖霊によって神への愛をわれわれの心に注ぎ込むその行為に基礎づけられているからである。「聖霊」とは、信仰における神の業であり、天国の創造と救いとの力であって、この天国は近づいて、信仰において人間とその世界に触れ、ガラスコップのように響きわたるのである。この聖霊が永遠の然りであって、時間内で考えれば、ただ否定としてしか、ただ空洞としてしか記述されるべきでない信仰の内容となるものである。この聖霊が信仰における奇跡的なもの、原初的なもの、創造的なものであり、神と等しいものであって、この聖霊のゆえに神は信仰者の義を勘定に入れる。この聖霊が、心理学的に可視的な人間の主体とのすべての連続性の彼岸に立てられる不可視的な新しい主体であり、神の前に立ち、また存立する人間の自我であり、「宗教的体験」の中でいつも目指され、いつも求められていながら、決して見出されるはずのない、信仰の「われわれ」であって、それとのかかわりにおいて次のような理解を絶した発言がなされる。すなわち、「われわれ」は神との平和を得ており、この恵みへの入り口を持っている、「われわれ」は神の栄光に与る希望を誇っている

（五・一、二）という発言が。この聖霊は、そのために「与えられる」、すなわち、神から与えられるのであり、すべての人間の所与に先立って＝与えられ、われわれからすれば、ただ与えられ＝ないものとしてだけ見えるものとなり、理解可能となる。「聖霊、すなわち、聖なる生活の活動の根拠は、本来はわれわれの中にはなかった。しかし今や、この聖霊によって神への愛がわれわれの心の中にある」（ホフマン）。このようにして、神を愛することのできる人間の「わたし」というもの、「われわれ」というもの、「心」というものが存在する。人間を神において基礎づけるために、人間を廃棄する神から与えられたものにおいて、またその与えられたものと共に、事実が、すなわち、聞いたこともないような事実が生じるのである。すなわち、「神の不可視性」（一・二〇）が——人間は喜んでそれに目を覆いたいと願い、全く簡単に目を覆ってしまうのであるが——人間に明らかになり、神の直視となることができるということ、人間がヨブと共に、その存在《ダア・ザイン》とその在り方《ソオ・ザイン》の持つ問題性から人間を凝視している明白な否の中で、最後、究極的に神の然りを認識することができるということ、グリューネヴァルトの描いた洗礼者〔ヨハネ、二六三ページ図参照〕の指さしている指の指示にしたがって、もっとも深い死の恐怖の絵から、根本的な救済と最高の至福と永遠の生命の約束を感じとることができるということが。神への愛とは、被造物がその造り主を愛し、裁かれた者がその裁く者を愛し、征服された者、それどころか殺された者がその敵を愛し、犠牲にされた者がその犠牲にした者を愛するのは、ただ、後者がそのようなすべてのものとして、そのようなすべてのものにおいても――神であるのだから、また、その神を愛さないことは、なおもっと不可能であるのだから不可能事である。人間が「事実的なもの」として強引に自分のものとし、自分の所有とすることはできず、いつもただ、いつも新しくただただ上からの「注入」としてだけ受けとることのできるこの事実の中に、この神に対する愛の中に（その愛は神自身の業であり、もし神が先ずわれわれを愛さなかったらありえないものなのだ。五・八）、不可視的なものを見るこの直視の中に（この直視は、「われわれのもの」でないかぎりにおいてのみ、全くわれわれのものなのだ）、われわれの希望の確固とした地盤がある。それは、われわれの忍耐の中にある忍耐強さであり、われわれの練達の中にある練達を得させる力であり、われわれの希望の中にある希望に満ちたものである。その力によって、希望は恥に終わることはない。その力によって、われわれは希望を誇るのであり、艱難を誇るのである。その力によって、われわれは神との平和を得ているのであり、われわれはわれわれが現にないところのもの、すなわち、新しい人間である。「このようなことがわれわれに起こり、われわれの中で始まった以上、どうして神の栄光に与る希望が、われわれを恥に甘んじさせることがあるだろうか」（ホフマン）。

六節　というのは、われわれがまだ弱かったころ、キリストは、時間的に見ればなお不敬虔な者であったわれわれのために死んで下さったからである。

新しい人間の神との平和（五・一）は、すべての理性を越えている。計り知ることのできないものに対する新しい人間の愛も同様である。この愛に基礎づけられたかれの希望も同様である。希望を持つ者であるというかれの誇りもまた同様である。新しい人間は信仰によって生きる。というのはかれは聖霊によって生きているからである。しかし、聖霊は、信仰によってかれに与えられる。だがそれを言いなおせば、かれはキリストの死によって生きるということである。キリストの生命、信仰の源泉であるかれの復活（五・一〇）が可視的になるのは、受動的服従《オボエディエンティア・パッシーヴァ》においてであり、十字架上のかれの死においてである。すなわち、唯一、それだけで、独占的に十字架上のかれの死においてである。三重の職務《ムヌス・トリプレクス》☆60の教理は、集中的な新約聖書の見解を不明瞭にし、弱めるものである。このキリストの唯一の、それだけの、独占的な意味と並ぶ、いわば独自なものとして現われることができる第二の、あるいは第三の別のものは存在しない。イエスの人格もキリストの理念も、かれの山上の説教も病人のいやしも、かれの神への信頼も兄弟愛も、かれの悔い改めへの呼びかけも赦しの音信《おとずれ》も、伝承宗教に対するかれの闘争も、持物を捨てて従えとの要求も、かれの福音の社会的側面も個人的側面も、またその直接的側面も終末論的側面も、それと並んでは存在しない。これらすべてのもののどれ一つにしても、自分自身の光で輝くものはない。これらすべてのものは、キリストの死から差し来る光そのものの中で輝く。どんな場合でも、十字架なしでも理解できるようなところは、共観福音書には一行もない。神の国は、まさに十字架の彼岸に始まる国であり、したがって、「宗教」か「生」、保守主義か〔und を oder と訂正した〕急進主義、自然学《フィジーク》か形而上学《メタフィジーク》、道徳か超道徳、この世の歓喜かこの世の苦痛、人間愛か人間侮蔑、能動的か受動的な生活形態などとして、すなわち、あれこれの、しかじかのものとして理解されるべき人間のすべての可能性の彼岸にある。イエスの歩みは、本質的に言えば、これらすべての可能性を無視して通り過ぎて行くことである。それは、根本的に言えば、もっとも包括的な意味で、死は別としてすべての可能な肯定《ポジチオン》と否定《ネガチオン》、すべての定立と反定立、すべての静止するものと動揺したものからの退出と転出であり、死の観点からすれば前衛におかれている人間的事物からの歓迎すべき離脱である。この退出と転出と離脱によって、イエスの生涯は輝き、その反照の中で、人間的事物も輝くのである。それらの事物は、その相対性において認識されるのであるが、またその関係の豊富さにおいても認識され、神によって造られたものとして認識されるが、また救済者である神を待ち望む者としても認識され、小にして大、重要であって重要でなく、過ぎ行くものであって、過ぎ去らないものとして認識され、これらの対照の、これらの然りと否との到来する一致において認識される。この一致は、不可視的な神と、死の相《スブ・スペキエ・モルティス》の下のみ可視的なものとなる神の一致（三・三〇〔?〕）以外の何ものでもない。この認識によって、この認識を通じて、新しい人間は生きる。かれは、われわれの生の死としてのみわれわれに見えるものとなりうる生そのものによって生きる。この見えない生がキリストの死において見えるものとなるかぎりにおいて、かれはキリストの死によって生きる。キリストは、「われわれのために死んで下さった」。「われわれのために」というのは、この死がわれわれの死の認識原理であるかぎりにおいてであり、この死において不可視的な神がわれわれにとって可視的になるかぎりにおいてであり、この死が、神との和解の成立する場所（三・二五、五・九）、創造者にそむいた被造物であるわれわれが、愛しつつふたたびかれのもとに帰るであろうその場所であるかぎりにおいてであり、この死において神の義の逆説（神の怒りに満ちた聖《きよ》さと神の無罪宣告の憐れみとの同一性）がわれわれにとって真理となるかぎりにおいてである。したがって、新しい人間を基礎づけるこの事実は、人間のすべての生の内容に対して、原則的な優位と優先をもって対立する。この事実は、決してわれわれの生の内容ではなかったし、今後も決してそうはならないであろう。なぜなら、この事実は、その本質において、すべての生の内容の危機的否定だからである。われわれがイエスにおいて、十字架につけられたままのイエスにおいてもまた、体験できる最高の宗教的体験などというものは、それでもなお、イエスがひたすら死へと達するために無視して通り過ぎた事物に属している。これらのものと、新しい人間を基礎づけるあの事実とを、決して混同してはならない。キリストが行なったことは、われわれがわれわれであるかぎり、全くわれわれなしで行なったのである。それゆえにまた、（時間的にみて）十字架から遠く隔たっている地域や世代において生じている、イエスの十字架において体験される宗教的体験の欠如も、あるいは、あの「われわれのために」を、ある歴史的に局限されるべき領域に制限するという意味では、原則的な重要性を持たない。キリストを肉によっては見ず、キリストに対してはどのような体験的関係をも持たない人たちは、そのために、キリストにおいて神と和解するのが他の人たちよりむずかしいということはない。「かれは霊において、捕らわれていた霊たちにも、宣教した」（ペトロ第一書三・一九）。不可視的なものとして、われわれとイエスとのあらゆる心理的・歴史的関連に対抗して、不可能なものの可能なものに対する、死の生に対する、非存在の存在に対する関係において、代理的贖罪《サティスファクティオ・ヴィカリア》として、キリストにおいて生起した和解が、われわれのすべての存在と所有と行為と並んで立っている。かれは、われわれが（われわれの存在と所有と行為において）まだ弱かったころ、われわれがまだ不敬虔な者であったころ、われわれのために死んだのである。そしてかれとわれわれとの間のこの関係、すなわちかれの死を通じての生と、われわれ（われわれとしてのだ）がその範囲内で動いている、いまだ死の光の下には押しやられていない、問題をはらんだ生の諸可能性との間のこの関係が、どうして原則的に変更される必要があるのだろうか。「生きている者」としてのわれわれが、自らもキリストと共に死ぬ者となる信仰を度外視し、時間的に考えれば、繰り返して弱く不敬虔になり、死ぬ者としてのかれと並んで立たないということがどうしてあるだろうか。まさにキリストと共に死ぬということが、それによってわれわれは、われわれが現にないところのものになるのであるが、それが新しい人間の生を基礎づけるのである。

七―八節　というのは、正しい人のために死ぬ人は、ほとんどいないであろうから。――あるいは、そのような善人のために実際死ぬ人はいるであろう。しかし、まだわれわれが罪人であった時、われわれのためにキリストが死んで下さったことによって、神はわれわれに対する愛を示されたのである。

新しい人間は、可視的、直接的な伝達によって生きるのではない。かれは、かれに伝達された生の価値といったものによって生きるのでなく、したがってまたこのような生の価値の伝達を受けるかれの能力によって生きるのでもない。このような伝達がたとえば一人の他者の死という出来事によってか、あるいは止むをえない場合には、自分自身の死という出来事によってなされるという場合でも同じである。生の価値のこのような直接的伝達とこのような受容とは、稀ではあるが、ともかくも可能な、起こりうる事例において成立する。たとえば、一人の人間が他者のために死ぬ場合、一人の母親がその子どもを生むために、一人の男が職業上の過労のために、医者や宣教師がその職務のために、兵士が戦場で死ぬ場合である。言うまでもなく、イエスの死も、歴史上に大きな影響をのこした事件であり、精神的体験の対象（「殉教」）であって、このような一連の、直接的伝達の可能な自己犠牲の行為の一つである。そして、「生」

から拒否されている究極的な生の価値の伝達を自己の死によって受けとめるとの期待は、沈黙の畏敬をもって考慮に入れておくべき、ありうる、自殺の動機となるだろう。しかし、このような現象において、人間的な偉大さとしてわれわれに現われるすべてのものに対していだく深い畏敬が、死という出来事も、自発的な死という出来事もまた、その一つである人間の行為に、それが本来持ちえない意味を与える感傷になってしまってはならない。これらすべてのものは、新しい人間を基礎づける事実の比喩以上のものではありえない。というのは、それらのものの意味づけが立ちもし倒れもするのは、このような死によって事実上媒介される生の価値や、このような生の価値が事実上媒介される他者の能力（自殺の場合には自分自身の能力）によるからである。このような死によって媒介される善が、どこまで本当に善であるのか、またその善が媒介される者が、どこまで、その善が実際にその人の役に立つことができる善人であるのかは、いつも問題である。したがって、このような死による伝達も、人間と時間と事物との世界の中では、それと対照的なすべての可能性と共に成立する。しかし、このような死によっては、どのような和解も成立しない。制約し・制約されるもののほかに、どのような自由な空間も造り出されない。あれこれの、大きなものや小さなもの、可能なものや不可能なもの、われわれの生の内容に沿うものと矛盾するものの上に、「生」と「死」をも越えた彼岸に引かれた一線上に人間をしっかりと確定することもできない。本当の善が、場合によっては、直接的に伝達できる生の価値ではなく、人間としての人間が、場合によっては、全く、この本当の善を自分のものにできる状態にないし、また決してそれほどの善人であるはずはないという場合でも成功した伝達はありえない。しかしキリストの死において問題となっているのは、まさにこのような伝達なのである。「このような伝達は、神がわれわれを知っているとの事実をわれわれに保証しようとする以外に、神についての知らせ（――われわれはどこで聞くのだろうか――）ももたらさない」（オーヴァーベック）。この死によって「神はわれわれに対する愛を示されたのである」。この死は、すべての生の価値の徹底的な廃棄であり、まさにそれと同時に、その具現であり基礎づけである。この死は、われわれに対する神の絶対的な（単に相対的ではない）他者性であり、まさにそれと同時に、神とわれわれとの、断ち切ることのできない交わりである。この死は、神の怒りの究極的可能性の暴露であり、まさにそれと同時に、神の憐れみの露呈であって、神の問いの、もっとも鋭い、絶対に回避できない意味での展開であり、まさにそれと同時に、それに対する答えである。ここに、インマヌエル、すなわち、〈神われらと共に〉がある。そしてここにおいて、「まだわれわれが罪人であった時」神はわれわれに対する愛を示されたのである。すなわち、それを受けとめる能力がわれわれにあるかどうかは全く問題とせず、そのことがわれわれに伝達され、われわれが神に愛される能力があるかどうかは問題としないのである。むしろわれわれがそれをなすことができないこと、われわれがそれを見る目を持たず、それを聞く耳を持たないことは、全く当然のことである。しかし神は、われわれに証明できないことを、われわれに証明するのである。神は、われわれが全く持っていない特性によって、われわれに語りかけるのである。「神は、われわれの愛によって呼び出されるのでなく、自らまずわれわれを愛した」〔原文ラテン語とドイツ語訳〕（カルヴァン）。したがってキリストの死によって前提されるのは、神の栄光（五・二）という新しい対象だけではなく、新しい主体でもある。そしてまさにこの新しい主体（それが信仰によってのみ、罪人であるわたしと一つである）が、新しい人間であり、圧倒的な確信をもって、キリストにおいて神に愛されることを知っている人間なのである。

九―一一節　われわれは、かれの血によって今は義と宣告されているのだから、なおさら確実に、かれによって神の怒りから救われるであろう。というのは、もし、われわれが敵であった時でさえ、その子の死によって神と和解させられたとすれば、和解を受けた者としては、なおさら確実に、かれの生命によって救われるであろうからである。――そしてそのような者としてだけではなく、否、そのような者としてでもなく、われわれは、われわれの主イエス・キリストによって、神を誇るのである。われわれは今やかれによって和解を得た。

キリストの死において開示された確信の源泉の持つ優越性、「かれの血によって」示された、神の伝達の根源の持つ優越性が、あの新しい人間を特徴づけ、神に対する人間の愛、この愛に基礎づけられた人間の希望と希望する者であるという人間の誇りとを特徴づける。われわれが、この源泉によって生き、またこの根源によって生きるかぎり、したがってわれわれが信仰の冒険へと乗り出すかぎり、われわれは、われわれが現にないところの者である。すなわち新しい人間であり、新しい対象との関係における新しい主体であり、神に愛された者であり、それゆえに神を愛する者であり、希望を贈られた者であり、それゆえに希望する者であり、神に選ばれた者であり、それゆえに神において誇る者である。われわれは新しい人間として待ちつつ急ぎつつ、神における人間の危機という突き出た絶壁の下であの「しかし今や」（三・二一）の光をあびつつ、すべての問いの中の問いであり、すべての答えの中の答えであるあの「由来するところ」の下に立っている。われわれは神によって義と宣告された者たちである。すなわち、そのわれわれの（視力を失った）目の前で、神は、神としての自分自身を義とし、神はその義と御国とのためにわれわれを用いるが、人間を助けようとする神の意志の〈にもかかわらず！〉の下に、罪の赦しの下に、その（合法的な）無罪の判決の庇護の下に――すなわち、中空に、神のみが支えることができ、また現に支えているあの場所に神がわれわれを置いた、そういう者たちなのである。われわれは、神と和解させられている。われわれは神との平和を得ている。神に対するわれわれの態度は、率直さ、敏感さ、用意周到さ、熱意のある姿勢となった。神に愛されたのであるから、われわれもそれに答えて神を愛するより他はありえない。神の栄光の曙光の中では、われわれも希望するより他はありえない。また望みを持つ者として、われわれは神において自分を誇るより他はありえない。「神は主導権をにぎって、恐れと敵意を抱いて神にそむいた世界と人類とを、神の方に転向させる」（ヴァイネル）[☆61]。われわれは「そこから」来ているのである（三・二一〔?〕）。われわれは実際に和解させられているのか。われわれは実際に平和を得ているのか。われわれは実際に愛し、希望するより他はありえないのか。われわれは実際にそこから来ているのか。そのとおりである。だがしかし十分理解してほしい（繰り返して！）、われわれが――われわれではないかぎり、われわれが信じるかぎり、キリストの死によって、死線がわれわれの生を斜めに切断するかぎり、そしてこの死線が各瞬間ごとに恐れとおののきをもってわれわれに、〈わたしが――だが決してわたしがではないのだ〉と考えさせ、また祈りと感謝をもって、〈わたしのうちにあるキリストが〉と考えさせるかぎりにおいてである。新しい人間の違った存在は、われわれの非存在以外にはない。確かに新しい人間の根源の持つ優越性は、その人がキリストの死において神の奇跡であり、神の始源であり、神の創造物であるという点に成立するのと同じである。したがって、この「われわれは……である」という事実はほんとうに、より高次の宗教の段階と生の段階の自己意識や、此岸と彼岸の一致を先取りする熱狂的・黙示録的幻想などとは、全く何の関係もない。この事実が流れ出す源泉は、同時にすべての幻想の源泉をふさぐ。われわれが「われわれでないもの」とは多少違ったものであるかぎり、われわれが信じないかぎり、キリストの死がわれわれの「生」に、その光を投げかけないかぎり、われわれはいつでも、この世の内部、すなわち、神との平和の外部に立っており、いつでも成就した和解のそばで、それとは、無縁、無関係であり続ける。そして、われわれが、自分自身から直視し、知り、把握できるものはすべて、こちら側に属している。精神的・歴史的に認識できる橋は、古い生の可能性から新しい生の可能性へと行ったり来たりできるように通じてはいない。われわれがわれわれであるかぎり、われわれは神の敵でありまたあり続け、本性から神とわれわれの隣人とを憎む性向をもち、どのような意味でも天国の民またその相続者ではなく、むしろ本来天国の妨害者、破壊者であり、またあり続ける。新しい人間がイエスの死の光の中に立ち現われると、新しい人間ではないこのわたしは、その陰に隠れてしまわざるをえない。したがって、新しい主語〔主体〕の限定、「われわれは――新しい人間なのだ」という叙述は、常に弁証法的、間接的であって、ただ信仰によってのみ基礎づけられるのである。すなわち、**「かれの血によって」**われわれは義と宣告されるのであり、われわれは、**「敵であった時でさえ、その子の死によって神と和解させられている」**。そしてこの弁証法的な前＝提は、どのような瞬間にも硬化し、硬直化して直接的な所与となることは許されない。しかし、信仰によって（ただ信仰によってのみ、すなわち主を恐れ、復活の光の中にあることによって〉、〈われわれは〔和解させられて〕いる〉、〈われわれは〔平和を〕得ている〉、〈われわれは〔愛し、希望するより他は〕ありえない〉〈われわれは〔そこから〕来ている〉、ということが妥当し、成立する。救いはわれわれに近づいている。「われわれは怒りから救われるであろう」。もっとも、今ここにおいてもなお、われわれはその怒りの下に立たされているのであるが。というのは、キリストの死によって光に照らし出されている生は、この死によって、神と和解させられている人たちの救いであるのだから。和解させられているとは、神に希望を持ってよいということである。われわれは、われわれの主イエス・キリストによって、この希望を誇らずにおれるだろうか。「われわれが神をわれわれの神としてたたえることによって、考えうるかぎりの、願いうるかぎりのすべての善の源泉が、われわれに開かれる。というのは、神はすべての善の中の、最高の善であるだけでなく、その総体であり、その全体だからである。しかし神がわれわれの神となるのは、キリストによってである」（カルヴァン）。「人間が神をふたたび持つならば、生と至福に満ち溢れる」（Fr・バルト）。本当に満ち溢れるのか。そのとおり。満ち溢れるのである。というのは、キリストの死によって人間の現在は、神の未来で満ち溢れるからである。希望は事実となるであろう《スペス・エリート・レス》。「この希望とは、現に持っているということである」（ベンゲル）。

新しい世界（五・一二―二一）

一二節　**このようなわけで、**すなわち、キリストの死において現われた新しい生（五・一―一一）によって新しい人間が基礎づけられていることを知ることによって、さらに視野の広い洞察が生まれる。つまり、**一人の人間によって罪が力として人間のこの世に入り、また罪によって死がこの世の最高の律法として入ってきたように、また、こうして死が、まさに罪をも犯したすべての者としての全人類に入り込んだように**――「到来する」一人の人間であるキリスト（五・一四）は、かれを前もって表わす者があの人間〔アダム〕なのであるが、まさに〔アダムとは〕正反対の世界関連を開くのである（五・一八―一九）。**「このようなわけで」**。新しい人間として、われわれは新しい世界の入り口に立たされている。「古い」人間もまた、まさに人類であり、人間存在であり、人間世界である。そして個々の人間の偶然性を一方では凌駕しながら、他方ではそれを基礎づけるかれのこの普遍的な規定性においてこそ、かれは、かれが現にあるところの者、われわれが知っている者、すなわち神の怒りの下に立たされている人間である。現に存在しないところの、しかもわたしがそれであり、そしてわれわれが知らない新しい人間、すなわち、神の前に義である人間もまた同様である。

あの危機的な瞬間の光に照らされて、根本的に違った条件の下においてではあるが、二つの側面に向かって、人間の状況の普遍的な一つの関連への、すなわち合法則性として、逃れられない必然性として認識された一つの関連への展望が開ける。ある人間が「アダムにおいて」あるなら、かれは、古い、転落した、捕らわれた被造物である。ある人間が「キリストにおいて」あるなら、かれは、新しい、和解させられた、贖われた被造物である（コリント第二書五・一七）。一方は死につつある者であり、他方は生命へと歩み出た者である（コリント第二書四・一二）。したがって、ここで「二つの」世界が並列的に現われるかのようにというようなことではない（それは「古い」人間と「新しい」人間とが二人の人間ではないのと同様である）。というのは、常に一方の可能性は他方の不可能性であり、一方の不可能性は他方の可能性だからである。「第一の」世界の視点から見れば、「第二の」世界は第二の世界であることをやめ、「第二の」世界の視点においては「第一の」世界はもはや第一の世界ではない。そして第二の世界の存在であるものは、第一の世界の非＝存在であり、それはまさに、第二の世界がその存在根拠をただ第一の世界の非＝存在においてのみ持つのと同様である。「アダムにおいて」が意味するのは、古いものがかつてあり、現在もあり、未来にもあるであろう、またそれは、かつても、現在も、未来においても新しいものではないということであるならば、「キリストにおいて」とは、古いものは過ぎ去った、見よ、新しいものが生じた（コリント第二書五・一七）ということである。その二元性は、危機的瞬間の光の下でのみ現われる、しかも人間とその世界とにおいて遂行される運動、古いものから新しいものへの、こちらからあちらへの、過ぎ行く世《エオーン》から到来する世《エオーン》への運動の一元性——において現われる。したがって、その廃棄において措定されるにすぎず、その措定がまさにそれの廃棄であるような二元性である。人間がアダムにおいて神から転落したのであるが、キリストにおいて神をふたたび見いだすその地点で、道は二つに分かれ、また出会う。その地点で、こちらでは（可視的な）古い世界が始まり、あちらでは（不可視的な）新しい世界が始まる。その二つの世界は、こちらでは死を宣告し、あちらでは生を宣告する一つの判決によって特色づけられる。そして道が二つに分かれることによって、また出会いもする。キリストにおける神の再発見もなければ、人間がアダムにおいて神から転落して死の判決の下に立つ地点では始まらない生への侵入もない。そしてさらに続けて言わせていただくならば、アダムにおける神からの転落もなければ、キリストにおいて神と和解して人間に生命が与えられるとの判決が下されるその地点に起源を持たない死の判決もない。さらに進んでヘラクレイトスと共に次のように言いたい。「死なぬ者が——死ぬ者であり、死ぬ者が——死なぬ者である。互いに他の死を生き、互いに他の生を死んでいる」〔ヘラクレイトス、断片六二〕。しかし、われわれがそう言えるのは、ただ条件つきでのみである。というのは、アダムとキリストにおける、堕罪と義における、死と生における人間世界のこの動的一元性は、二種類の状態の均衡でもなく、まして永遠の循環でもないからである。そうではなくて、第二のものに味方して第一のものに敵対し、第一のものから第二のものへの転回と転向として、第一のものに対する第二のものの勝利として、この一元性は完遂される。この運動が真の運動であるかぎり、対立する両者の、見かけ上の無限の並列性あるいは両極性は、破砕される。真の運動は、等しいものから、全く等しくないものへの、取り消すことのできない、決定的な移行としてだけ成立することができる。しかし、まさにそのことが危機的瞬間の（復活または信仰の）意味であって、アダムという等しいものに対して、キリストという全く等しくないものが、目標として、そしてこの運動においてはこの目標に向かって、立ち現われるということなのである。この瞬間の意味が、人間の見かけ上の一元性の中にある二元性を明らかにすることによって、対立する二つのものの分離を到来させるだけでなく、分離《シャイドウング》と共に決断《エント・シャイドウング》をもたらす。この瞬間の意味がこのような結果をもたらすこと、キリストが第二の、そして最後のアダムである（コリント第一書一五・四五）こと、新しい世界が古い世界の一変形以上のものであること、義からは、堕罪へのどのような逆行の道もないこと、死から生じるあの生は、なお死を自ら放免し、なお死に転化することができるあの生を、絶対的な優勢のうちに越えていること、したがって死の死であるような死が存在するということ——それが救いの音信《おとずれ》の内容であり（一・一、一六）、神の力であり、復活の力であり、（われわれの生の内容ではないところの）

われわれの生の内容としては、信仰の「驚くべき戦い」（ルター）であり、逆説であり、根源的なものであり、創造的なものである。神の力があり、また信仰があるところには、人間が現にないところの者としての、すなわち、新しい人間としての人間が、新しい世界の、すなわち、生命の世界の戸口に立っている。その新しい世界が、キリストにおいて勝利と共に廃棄され、逆転された古い世界以外の何ものでもありえないことをわれわれが自覚することによって、すでに決定的なのはあの廃棄と逆転において可視的となるこのわれわれの古い世界の不可視的実用性においてこそ、新しい世界の実用性がわれわれに現われて来るということである。われわれは第一の世界の可視的所与を徹底的に透視するかぎり、逆転され、廃棄されることによって第二の世界の前提である第一の世界の前提をも透視する。「古いもの」と「新しいもの」のこの弁証法的関係を心に留めることによって、われわれはさしあたって、注意を「古いもの」に向けるが、それはその古いもののためにではなくて（というのは、古いものは古いものとしては独自の存立を持たず、優越した新しいものとの関係においてのみ存立するのだから）、まさに古いものから、新しいものの法則を読みとるためである。

「死」は、このわれわれの世界の最高の法則である。われわれが死について知っているのは、それが、われわれの生の否定であって、違反であり、破壊者であってもろさであり、被造性であって自然性であり、取り消しえない対立であって譲り渡しえない特徴であるということ、すなわち、われわれが出会うすべての艱難辛苦の中の艱難辛苦であり、われわれの存在《ダア・ザイン》とその在り方《ソオ・ザイン》の持つすべての害悪と恐ろしさと謎の総体と全体であり、この世の人間と人間のこの世とが怒りの下にあることを心に深くとめることとそのことであるということだけである。これほどまでに、死はこの世の最高の法則であるので、この世において、この世の克服と革新を指し示すものもまた、そしてまさにそれを指し示すすべてのものもまた、ただ死としてのみ現われる。すなわち、道徳はただ、精神による肉体の否定としてしか登場できず、哲学はただ死に行くソクラテスの像においてしかその概念を認識できず、精神的生活はただ自然的な生の肯定に対立するものとしてしか登場できず、進歩はただ、所与のもの、既存のものの不穏な否定としてしか遂行できず、すべての炎（出エジプト記三・二の主の炎は別として！）は、焼きつくすことによってしか燃え上がることができないのである。それほどまでに、死はこの世の最高の法則であるので、肉によるキリストも、神の子と定められるためには（一・三―四）、ただ死ぬことができるだけである。またそうだから、われわれは、かれの不＝可視性、すなわち主に対する恐れを主を知ることの初めとすること〔箴言一・七〕によってだけ、神に帰せられるはずの栄光を神に帰することができるのである。われわれは、もしできさえすれば、これらすべてのことに反逆したいのである。われわれの生に対する死の抗議がこれほどまでに古くからのものでなく、重大なものでさえなければ、われわれは生の名において、死に対して抗議したいのである。破砕されたことのないすべて然りに伴っている懐疑的な疑念と保留に対して、多くの予備的否定の中で、人間の創造的な、健全な、建設的な、積極的なすべての歩みを同時に廃棄する究極的な否定の灰色の光に対して、われわれは身を守りたいのである――ただ、あの灰色の光が、気まぐれな人間の光源から発したものでなく、もともとただ表面的なことからのみ物を見ないですべての存在《ダア・ザイン》とその在り方《ソオ・ザイン》に基づいていること（二・一六―一七）、また、生命に溢れた創造的行為で、まさに苦悩から、革命から、死から生まれなかったものはないことが、それほど明白でないのならば、そのようなものに対して身を守りたいのである。われわれは無力である。われわれは没落している。死は、われわれの生の法則として、いつも変わらず、まず自分の位置を占めている。われわれが言いうるのは次のことだけである。すなわち、もし救いがあるとするならば、死からの救いでなければならない。もし然りが存在するならば、この究極の否を廃棄する然りでなければならない。もし出口があるとするならば、この恐ろしい障壁がわれわれの行く手に立ちはだかっているその場所でなければならない。もし神が神であるならば、この「最後の敵」（コリント第一書一五・二六）に打ち勝つ敵、すなわち、死の死でなければならない。死とは何であるか。死はどこから来るのか。死はどうしてこの世の最高の法則となるのか。

「罪」。われわれはまず、この世の人間の方に向かわなければならない。この世の人間は罪の人間である。われわれにとって既知の人間の根本的な規定と立場は、罪である。罪人でない人間については、われわれは何も知ることができない。罪は力（支配力、五・二一）であり、この世の人間が支配されているその力である。個々の人間の罪は、このような状況を、明瞭さに程度の差はあっても、見えるようにしたものである。個々の人間の罪は、まさにかれがこの状況から受けている圧迫の重さを表わす意味である。しかし、それは、あの根本的な規定と立場を変更するという意味を持つのではない。罪は、われわれが知っているこの世における力、人間の世界における力であって、それがこの世の個々の人間においてどのように爆発するかは無関係である。罪は、神に対する人間のある特定の関係であるからこそ、この世における力なのである。しかし、罪は、神においてその存在を獲得するだけでなく、力またはこの世の力としての存在をも獲得する。罪は、神に対する強奪である。この強奪がわれわれに見えるようになるのは常に、われわれに定められた死線のあの（一・一八、一九）大胆な越境として、神とわれわれの間の隔たりを陶酔状態で抹消することとして、あの神の不可視性の忘却として、ロマン主義的直接性の神ならぬ神の、すなわち、そこではわれわれが死なねばならないことを考慮に入れないこの世の神の確立というあの人間の神格化と神の人間化として、すなわち「不敬虔と不服従」（一・一八）としてである。したがって、今われわれが、ここにおいては、「死」によって特徴づけられる神に対するわれわれの関係を損なうのは、この可視的、歴史的意味における罪である。しかし、罪の、この可視的、歴史的意味は、ひるがえって、もう一つ別な、不可視的、非歴史的意味を指し示す。すなわち、今、ここにおいて、われわれを神から隔絶する死が、生の限界づけであるかぎり、したがって、神自身は死ではなく、到来する日の生であるかぎり、その関連は、明らかに逆の関連でもある。すなわち、その神からの強奪物は、根源的、不可視的、非歴史的には、また神との直接的一致からの人間の脱落であり、越権行為として成立した自立であり、神と世界と人間を、創造者と被造物として関連づける霊的な帯の切断であり、その根源を忘れて、神と並んで、神の外に立つことであり、「神が言われたのか」という蛇の知恵〔創世記三・一〕に耳をかたむけて、素朴さと子どもらしさと事態に即した態度を失って、われわれの生の生命である神から身を遠ざけることである。その場合には、明らかに、あの最初の、可視的な、先行的意味における罪は、ただ罪の現象、表現、「溢れ出ること」〔五・二〇〕でしかなく、すべての時間性の「背後に」横たわる〔堕落の〕出来事を指し示す時間の中での突然の《フォア・》〔先行する〕出来事《ファル》でしかない。罪は、この不可視的な意味においてもまた、人間の「不敬虔と不服従」として、この関連では「生命」として特徴づけられる人間の神に対する関係の破壊として、「あなたがたは神のようになるであろう《エリティス・シクト・デウス》！」〔創世記三・五〕という悪魔にそそのかされた狂気として表現される。しかしわれわれは、あるいは、この罪の不可視的な意味から出発して、十字架のそばを通りすごし、「直接的生への帰還」を激しい調子で求めたり、狡猾な方法で行なったりすることによって、罪を直接的に除去することを要求したり、試みたりしないように十分注意するであろう。このようなことは、死の法則の下に立たされた者としてのわれわれにとっては、どのような歴史的瞬間にも問題となることはできないことを知っている。ともかくも、十字架《ヴィア・クルーツィス》によってのみ与えられるわれわれの罪の背後関連への展望は、むしろまさにこのような誘惑に対して厳しい警告を与えながら、二つのことを示す。

第一に、罪は、「**この世に入ってきた**」。世とは何か。世とは、罪による規定の下で生まれ、またその下にあるわれわれの全存在のことである。そこでは、「われわれの外」が「われわれの内」と切り離されて成立する。すなわち、われわれはもはや創造者を知らないのだから、もはや被造物ではない宇宙《コスモス》が成立する。われわれの内にあるものが、われわれの外にあるもの、すなわち、〈あなたがたは神のようになるであろう《エリティス・シクト・デウス》!〉（創世記三・五）という誘惑の声に反映する。人間の世界は、時間と事物との世界、分離と並列と対立との世界、精神と自然、観念と物質、魂と身体の対照の世界、自立性と所与性、客観性と原理、権力、王位、君位、威力の世界である。世界は、人間の囚人仲間である。世界は、人間の世界として、強制的に、人間の倒錯に基づく転倒に参与し、人間が神に対する関係を破壊するのに参与し、人間の偉大と離反を形成する相対的、間接的神性に参与する。人間の病は、また世界の病となった（八・一九以下）。宇宙が、人間の宇宙であることを、人間は、今や、はなはだ遺憾ながら経験しなければならない。「直接的な生」は、人間の世界においては、不可視的なもの、未知のもの、不可能なものである。人間の世界における、この世界におけるすべてのものは、事物として、所与と客観として、これとそれ、こちらとあちら、かくかくのものとして——神格化されたこの世性または、この世のものとされた神性である。事物がその自立性と妥当性において制限するものにおいてのみ、批判を通じて得られるはずの事物の概念においてのみ、すなわち、事物の疑＝わしさにおいてのみ、それを廃棄し、否定する可能性と必然性において、それが現にあるがままの姿において、それが現にないところのものを指示する能力において、すなわち、死の相の下《スブ・スペキエ・モルティス》においてのみ、その事物において、創造者の栄光が輝くのである。この世の事物を直接的に義認しようというすべての論証は、ヨブの友人たちの弁証論的発言において、すでにずっと以前に試みられ、論破されてしまっている。この世界は、われわれの世界であるからこそ、罪が入ってきた世界なのである。この世においては、この地上においては、この天の下においては、救われた状態・直接的な生命は存在しない。救われた状態は、ただ救いによってのみ存在する。しかし救いは、ただ近づきつつある日と共に、天と地が新しくなる時に初めて実現される。

というのは、第二に、「**罪によって死が**」、危機としての死が、世界に入って来たからである。この言葉の二重の意味で言えば、この世の最高の法則であると共に、自ら自分の法則を越えている立法者を示す指示であり、裁きであると共に改善へと向かう転換であり、障壁であると共に脱出口であり、終わりであると共に初めであり、否であると共に然りであり、神の怒りの目印であると共に、近づきつつある神の救いの目印でもある死が入ってきたのである。しかし死はいずれにしても、われわれが通過を許されない神の停止命令であり、まわり道を許されていない狭い門であり、そのほかに賢明になりうる可能性はないから、そこで賢明になるより他ない地点なのである。〈罪によって死が〉というのは、死が罪の裏面だからである。死がこの世に入ってきたのは、根源的な罪、不可視的な罪によって、すなわち、生命をその特徴とする神と人間との関係を破壊することによってである。それは負い目としては罪であり、運命としては死である。人間は、生命そのものに参与せずに生きる者であるかぎりは、自分自身死ぬべき者と見なされ、根源の存在から脱落しているかぎりは、存在＝しない者と見なされ、粗野なままの関係喪失、絶対性、自立性にあるかぎりは、相対的な者と見なされる。今や神に対する人間の関係が死によって特徴づけられていることは避けることができない。今や人間の存在が分裂し、かれの存在《ダア・ザイン》とその在り方《ゾオ・ザイン》の全問題性へと展開することは、今やかれの世界が、楽観的な、あるいは悲観的な背景を通って、ほとんど、あるいは全く総合されることのない人間性と時間性と事物性の全体の多様性へと解体することは、かれがどのような態度をとるにしても、不＝可視性の世界が第二の世界として、かれの直視に対して、対立することは避けることができない。今や「生」が、疑わしさと制限と苦悩と最後には死とのあの線において、遮断され、阻止され、ついには否定されることは避けることができない。罪が生きているならば、罪において死が生きているのであり、われわれが生きているのではない（七・一〇）。罪が支配しているならば、罪は死において支配しているのであって（五・二一）、われわれもまた死に所属している。罪が命令しなければならないならば、罪はまた報酬を支払わねばならず、罪は死という報酬を支払うのである（六・二三）。罪によって生命を失い、硬直化し、関係喪失に陥った存在のあの直線上のどの一点においても、裁きと人間の有限性とすべての事物の終極が、われわれの「生」に可視的に急角度で突入してこなかったところはない――しかしまたどの一点においても、まさにその否定性によって「堕落したアダムがいる」（ルター）そのところを指し示さない箇所はない。どのような相対性でも、その喪失した・喪失不可能な関係において、その相対性が本来そこから生命を得ている絶対者を逆に指示しないものはない。どのような死の現象でも、そのままで、神の生命へのわれわれの参与の証し、すなわち罪によって破棄されないわれわれに対する神の関係の証しとならないようなものはない。今や言うまでもなく、まさに死において（死の＝体験においてではなく、死そのものにおいて！）、生の問い、すなわち神の問いが提起されることは避けることができなくなる。われわれは生のゆえに、われわれが死ななければならないと考えることは、不可欠である。罪の世界が踏み込まれていたまさにその場所においてのみ、罪の世界は踏み越えられるかも知れないことを、キリストの十字架においてわれわれに想起させる、高く上げられた指は見のがせない。したがって罪によって死が、危機としての、われわれの生の破壊としての死が、認識原理としての死が、われわれの危急と希望としての死が入ってきた。すなわち、不可視的な罪の裏面、そして――不可視的な義の裏面が。

「一人の人間によって」、これらすべてのことが起こった。この一人の人間とはだれか。アダムだろうか。そうだ、神からの離反という不可視的な罪の実行者として、死をこの世に入れた一人の人間としてのアダムである。しかし――この一人の人間は、アダムであるが、歴史的関係喪失の状態にあるアダムではなく、キリストに対して非歴史的な関係を持つアダムである。従順において死にゆくキリストの不可視的な義の直視なしでは、――われわれは、どうして不従順において生きるアダムの不可視的な罪の直視に到達するであろうか。神からの――堕落が何を意味するのかを、われわれはどこから知るのだろうか。キリストの死から生への高挙が、われわれの眼前に示されていないならば、われわれは、アダムの生から死への転落を考えることさえもどうしてできるだろうか。生きるのは――死ぬため、とは何を意味するのかを、われわれはどこから知るのだろうか。したがって、歴史的・心理的現象の平面上に、この一人の人間としてのアダムが存在するのではなく、第二の、到来するアダムの予型である第一のアダムとして、第二のアダムの光によって生きる影としてアダムは存在する。かれが存在するのは、人間とその世界がキリストにおいて勝利しつつ、堕落から義へ、死から生へ、古いものから新しいものへと前方へ向かう運動と逆転と転回の後ろ向きの要素としてである。したがってかれが存在するのは、かれ自体においてではなく、積極的な第二のものとしてではなく、運動における自分の極としてではなくて、ただ自己の廃棄においてのみである。かれは、キリストにおいて否認されることによって、肯定されている。したがってかれが、復活して神の生命へと定められたキリストと共に、そしてその投影として、「歴史的」人物でないことは全く言うまでもないことである。というのは、第一の人がどのような事情の下にあったとしても、まさにキリストが世界にもたらした義がその死以後にあるように、アダムが世界にもたらした罪は、その死以前にあるからである。しかしわれわれは、アダムの死以後とキリストの死以前との間に容赦なく閉じ込められて、自分を歴史的に認識しつつ生きている。アダムがまだ死ぬべきものでなかったときにあった状態、キリストがもはや死ぬべきものでなくなったときにあった状態、すなわち、生からの死の生成と死からの生の生成は、それ自体非歴史的なものである。そしてさらに、アダムによって罪が世に「入り込んできたこと」もまた、どのような意味でも歴史的・心理的事件であることはできないのは言うまでもない。西方教会の原罪論は、パウロの視点から言えば、決して「興味深い仮説」（リーツマン）として現われたのではなく、かれの意図の多くの歴史的・心理的偽造の一つとして現われたのであろう。むしろ、キリストにおいて世界に啓示された義と同様に（また、その義の否が然りにおいて克服されることによってのみ、そもそも聞きとることができるようになる否として）アダムにおいて世界に引き入れられた罪もまた、人間の世界の、無時間的、先験的性向であり、新しいものになお背を向け、古いものになお向かって行く側面を持った人間の世界の神に対する関係である。この世に出現した第一の人間と、その第一の人間が出現したこの世界と共に、この性向は生きて働いているものであることが立証された。この性向は、「真理が不敬虔と不服従によってはばまれること」（一・一八）による、すべての人間の、神との一致からの超時間的な堕落である。そのことは、光に影がしたがうように、キリストにおける人間の永遠の選びにしたがう棄却へと、神が人間を予定したことによって説明される（そして説明されない）。すなわち、その〔堕罪の〕出来事《ファル》は、アダムの過失という突然の《フォア・》〔先行する〕出来事《ファル》にその最初の結果を持ちはするが、それを原因とするものではない。そして、この棄却への予定もまた、「堕罪前予定説」、すなわち、「歴史としての」堕罪に先行するものとして理解されるべきであるとの古改革派神学の主張は、全く傾聴に値するし、さらに擁護されるべきである。われわれすべてが行なうことを、まずアダムが行なったというかぎりにおいてだけ、われわれすべての上を覆っている影はアダムの名を負い、アダムの名によって特徴づけられてもよいであろう。アダム、最初の、すなわち、心理的、地上的、歴史的人間が、まさに克服されなければならないものである（コリント第一書一五・四五以下）。

「また、こうして死が、罪を犯したすべての者としての全人類に入り込んできたように――」。われわれは、その古い世界の非歴史的な背景から、その明るい前景へと歩み出て、その世界の不可視的な、つまり十字架《ヴィア・クルーツィス》によって洞察される実用性から必然的に結果しなければならないものが、可視的に確証されるのを見る。すなわち、われわれは、アダムが行なったことを、すべての人間が行ない、そののちに、アダムが苦しんだことを、すべての者が苦しむのを見る。われわれは、すべての人間が罪を犯し、そののちにすべての人間が死ぬのを見る。われわれは、すべての者が神から神のものを奪い、そののちにすべての者が滅びるのを見る。「そののちに」と言う代わり、「そのゆえに」と言わなければならないことをわれわれは知っているが、われわれはそれを見ない。われわれは事実のみを見る。それには女性のもっとも面目をつぶす参与もないわけではないが、突発的な、現象し、可視的となったアダムの罪、認識の木に厚かましくも手をのばすことは、その後の全歴史において反復され、変形され、更新されている。「義人はいない、一人もいない」（三・一〇、二三）。しかしまた、認識されているかいないかは別にして、「アダムはわれわれの一人のようになり、善悪を知る者になった」（創世記三・二二）ということの意味が手にとるように明らかになるあの死線が、全歴史を貫いて走っている。

そして今や、古い世界のあの不可視的な実用性が成立し、またもっとも可視的な諸事実の中にその図解を見出すように、そのように……。しかしこの類推を進める前に、すでに語られたことの中から一つの点が強調されなければならない。

一三―一四節　というのは、すでに律法以前にも罪は世にあったからである。しかし律法がないところでは、罪は勘定されない。それにもかかわらず、アダムからモーセまでの間においても、アダムの違反の先例にしたがって罪を犯さなかった者にも、死はその支配権を行使した。しかしこのアダムは、到来する人間の予型である。

ここでどうしても強調しなければならないのは、罪の概念である。この概念は、その不可視的な、完全な意味で理解されなければならない。それはこの概念が、過ぎ行く世界の本質を解明し、またそれによって到来する世界の本質をも解明するためである。すでに述べたように、罪は、出来事や状態として、あるいはそういったものの総体として、すなわち、歴史的・心理的な偶然性としてこの世にあるのではなく、むしろ、人間の出来事や状態の、いつも、いたるところで等しく前提されている規定として存在する。罪は、人間の本性そのものの持つおもりである。罪は、人間の生の中の一つの堕落、または一連の堕落なのではなく、むしろすでに人間としてのかれの生と共に生起した堕落そのものである。罪は、この人間、またはあの人間の意識と潜在意識の中に起こるより先に生起する。罪は、この人間、またはあの人間の意志や心情となるより前に力である。「すでに律法以前にも罪は世にあった」。

律法は、罪とは反対に、可視的、歴史的なものである（二・一四―一六）。律法は、その一人の人間と多数の人間の間に生じる神への――失われた――直接的関係を想起することである。律法は、人間の意識にとっても無意識にとっても存在可能な神の真理と神の意志の基準である。律法は、人間の世界を特徴づけるあの時間的な継起や物的な並列というプリズムによって屈折され彩色された神の現臨と啓示との光である。律法があるところに、人間の義、すなわち、神に選ばれ、その委託を受けた在り方、神に向かう態度が成立する（二・三―五、一二―一三、三・二）――まさに、このことについては弁解や隠れ処が存在しないことを知っている者にとって、それは成立する（二・一―二）。というのは、律法があるところには、すなわち、宗教があるところには、――人間の不義が成立し、人間としての人間が、そこでは裸で、不十分で、肉をまとったままで、神の妨害者として、神の怒りの対象としてそこに立っているからである。まさにかれが、律法が何を要求するかを知っているからこそ、律法がかれに対してその要求を厳しく掲げているからこそ、かれが律法を「聞いた者」であればこそ、そうなのである（三・一四―二〇、四・一五前半）。そしてまさにその場合に、もしすべての印《しるし》が欺くのではないとすれば、認識の木に大胆にも手をのばす企てが生じ、われわれが死ななければならないことを考慮しない態度が生じる。ただしわれわれが「律法」の意味を正当に判断することは不可能であるということで思い違いをするかぎり、その態度が生じる。――そしてこの点で思い違いをして、まさに自分こそは全く特別な危険地帯にいる（二・一七―一八）ことをもしかして忘れている神の人は、災いである。律法のあるところには、違反もあり（四・一五後半）、その場合には罪がる闇が苦労の種となる。言いかえれば、その場合には、見える目があるから、われわれがその中にい「勘定」される。その場合には、可燃物があるから、火事がくすぶり始める。その場合には、罪の認識があるから、罪が個人的な（意識的または無意識的に担われるべき）負い目、重荷、責任となる。その場合には、罪は梃子《てこ》または営業資本を発見する（七・八、一一）ことによって、活動力を得、働き始め、きわめて可視的な、きわめて歴史的な出来事となる。まさに律法を持っている人間、すなわち、目ざめた人間、霊感を受けた人間、待望する人間、神へと向かう人間、宗教的な人間が、かえって言葉のもっとも可視的な意味での罪人である（七・七以下、一四以下）。宗教に無関心な大衆がではなく、宗教に関心を持つ人たちが、悪徳商人や売春斡旋者がではなく牧師やその友人たちが、映画館がではなく教会が、医者の神喪失がではなく神学部が、資本家や軍国主義者がではなくて宗教社会主義者や行動主義者が、世俗的人間の娯楽文学がではなく、本書のような書物が、ヨセフの災難にあう（創世記三九章）。したがって、イスラエルの民はその律法とその特別の選びと召命とのゆえに挫折する。違反や受難というものは、明らかにモアブ人やペリシテ人には起こらなかった。したがって、罪が世界に入りこんだあの出来事がアダムの生涯の中で起こることが可能であったのも、ただかれもまた律法を持っていて、認識の木に触れるなとの警告をうけていたためである。かれはその特別な神との関係の犠牲として罪人となる。歴史においても個人の生涯においても、律法が全くないような時代や場所があるであろうか。図式的に考えれば、そのような無律法的状態を歴史上に、あるいは個人の生涯中に設定することもできるであろう。また同様に図式的に考えれば、「アダムからモーセまでの」時代、すなわち、アダムが自分のために受けた律法と、モーセがイスラエルに手渡すために受けた律法との間の時代は、そのような無律法的状態であったと呼んでもよいであろう。そうだとすれば、「律法がないところでは、罪は勘定されない」と言ってもよいであろう。その場合には視力を失った目があるだけで、したがって闇もない。湿った木材があるだけで、したがって火事もない。梃子がなく、資本がなく、したがって営業もない。その場合、人間の存在は、子ども部屋の騒ぎと同様、神の沈黙の真剣さとユーモアの下に展開される。それは、その全くの不可能性の中で、そのままで存在を許される。それを弁護することも、それを責めることもできない。「勘定される」罪、現われ出た罪、意識的、あるいは無意識的に個人のものとなった罪に対しては注意すべき究極前の事柄があるが、この場合にはそれについては何一つ注意することはない。「律法を問わなければ罪は死んでいる」（七・八）。この眠っている罪人たちにふさわしい言葉は、究極の言葉――赦し、より他にはないであろう。しかしこの眠っている罪人たちも、まさにこの言葉を待ち望んでいる。というのは、この眠っているカナダ人たちも――ルソー的な敏感さがどんなに自慢しても――罪がこの世に存在するという規則の例外を形成しないからである。その証明は――「**それにもかかわらず、アダムからモーセまでの間においても、死はその支配権を行使した**」ことにある。死というこの世の律法が、これらの律法のない人たち――そのような人たちがいたとして――に対してあるいは無力であったかも知れないということはだれも聞いたことはなかった。われわれ目覚めている者は、同じ自然性と被造性、同じ拘束と苦難、誕生と死の同じ謎の中において、われわれの罪より大きい罪の罰であると予感するのであるが、これらのものがかれらをも明らかに取り囲んでいる。これらのものを包括している死の普遍的支配は不可視的罪という――目の前の状態を、生じた出来事を指示する、これは生じた、また罪として告発されるべき、歴史的生の出来事と同一でない。明らかにかれらの夢にも究極的な彼岸的根源が存在する、――あの眠っている人たちの顔にも現われている死相が、それを証明する。そこでは、かれらもまた神によって真剣に取り扱われる。そこでは、かれらもまた人間が神の生命から遠ざけられたことを負い目また責任として負う。そこでは、かれらもまた、隠されたかたちでではあるが、神の怒りの下に立つ。そこでは、かれらの違反が「アダム」とイスラエルの「違反の先例」と似ていないことも、決してかれらに安心や赦しを与えない。そこでは、かれらもまた、歴史的に見れば、かれらが明白に教えを受けず、無邪気な状態にあるにもかかわらず、選びと棄却、義認と断罪の危機に立っている。そこでは、かれらの状態と、律法の下におかれて罪の盛りの中で死ななければならない人たちとの区別は、相対的でしかない。「というのは、神においては人の外見を顧みることはないからである。律法から離れて罪を犯した者たちも、律法から離れて滅びるであろう。また律法の眼前において罪を犯した者たちは、律法によって裁かれるであろう」（二・一一―一二）。したがって、アダムにおいて世界に「引き入れられた」罪は、またこの点は強調しなければならないが、アダムや多少ともアダムに似た状態にあるその後継者たちが実際に犯した罪は別にして、力、圧倒的な力である。たとえ罪が個々の可視的な出来事となったはずのない支配であっても、死の可視的な支配権は、逆に罪の不可視的な支配権を指し示す。王というものはその臣下たちに選ばれるものではない。また臣下たちは、王の臣下になるかどうかを個々に決定する可能性を持たない。王は相続者として王位にのぼり「神の恵みによって」統治する。――あるいはまたその不興によって統治する。全般的、必然的な従属関係を変更できるのは、革命と王朝の転覆、すなわち、超越的な前提の逆転より他にない。したがって、罪がアダムにおいて世界に入って来たということも、この支配権の結果として理解されなければならない。「このアダムは、**到来する者の予型である**」。すなわち、言葉のこのような不可視的、非歴史的な完全な意味における罪人としてのアダムがそうである。かれを覆う影は、キリストの光の証しである。この光がなければ、その影も見えないであろう。そして、この光がどんな性質や意味を持っているかは、この影から推測される。この古い世界の不可視的な実際面は——プラス・マイナスの符号を逆にすれば——到来する世界の実際面である。「アダムの秘義はメシアの秘義である」(ラビ文献)。それは、いやすのがむずかしいほど神から離反し、また失われる可能性がないほど神に結びつけられている人間の秘義である。この秘義は、アダムとキリストの一元性の中に顕示されるために、両者の二元性の中に隠れているものである。両者は共に境界線にぴったり沿って立っている。それは、罪と義、死と生の境界線にあって、前者は後ろに向かい、後者は前に向かっている。両者は、それらの中で互いに対抗し合うものの本質的な対照によって、結びつけようもなく引き離されているが、しかし神の選びの予定や棄却の予定が持つ諸対照の共通の根源によって、切り離しようもなく結びつけられていて、一方の罪と死、他方の義と生が、人間の生と人類との全体をその全次元において包括しまた特徴づけることによって、切り離しようもなく結びつけられていて、常に一方の然りが他方の否であり、一方の否が他方の然りであることによって、切り離しようもなく結びつけられている。一方は範例(型)、問い、預言であり、他方は原型、答え、実現である。そこで確かに(五・一五—一七)両者を二元性へと分裂させる運動が真の運動であるように、神における義と生命が確かに罪と死に根源的、最後的に、完全な優越性において対立し、諸対照の対極性と思われるものは確かに危機的な瞬間の光によって(「一つの死がもう一つの死を食い殺す」ルター)見られ、また廃棄されている。アダムからキリストへ——これが一人の人間における、また人間たちの中における神の道である。そのことを次にくわしく述べよう。

一五—一七節　しかし、これとつりあいをとって「堕落の場合と同様、恵みの場合もまた」と言うことはできない。というのは、もし一人の堕落によって多くの人が死んだとするなら、ましてなおさら確実に神の恵みと一人の人間イエス・キリストの受けた恵みにある賜物とは豊かに多くの人たちに溢れたからである。

また、これとつりあいをとって、「一人の罪人によって、この世にやってきたものと同様、一人の義人によって人間に与えられた贈り物もそうである」と言うことはできない。（というのは、裁きは、一人の人間に始まって、死の判決となったが、恵みは、多くの人間たちの堕落に始まって、義認が成立したという関係が、ここにおいてはとりわけ類似的であるから）。というのは（そしてこれがこの類似を廃棄することであるが）、もし一人の堕落において、またこの一人をとおして死が支配権を得る場合には、ましてなおさら確実に、恵みの充満と義の賜物を受けた人たちは一人の人間、イエス・キリストによって得た生において、自ら王となるであろう。

主要思想は、相互批判的《ディアクリティシュ》な「すべての論理に見捨てられた」思想（ユリヒァー）である。いわく、「なおさら確実に」、「はるかにそれ以上に」、「全く他なるかたちで」（五・一五、一七。九、一〇を参照せよ）。アダムとキリストの、古い世界と新しい世界の二元論は、決して形而上学的な二元論ではなく、弁証法的な二元論である。この二元論は自分自身を廃棄することによってのみ成立する。これは徹底的に、運動の二元論、識《エル・ケントニス》＝別の二元論、こちらからあちらへの道程の二元論である。もしたとえば均衡を保ってゆれる、あるいは大型置時計の二枚のガラスのように思いのままに裏がえしにできる二元性という表象が成り立つ場合には、この状況の全体はまちがって理解されたことになるだろう。双方の対立の生きた現実は、両者が自分の根源、また自分の目標としての神を指示せざるをえない必然性である。しかしこの神の必然性は、負い目と運命から和解と救済に迫る。というのは、死と復活の危機〔分岐点《クリージス》〕、信仰の危機〔分岐点《クリージス》〕は、神の否から神の然りへの転回点であり、決して同時にまたその逆ではないからである。したがって、新しい世界の不可視的な実際面は、なるほどその形式においては古い世界のそれと同じであるが、その意義と力という点では同じではなく、完全に優越した、まさに逆の面を持つ。さてそのことがなお熟考され、述べられなければならない。

第一の考察（五・一五）。われわれはもう一度こちらでは古い世界を古い、過ぎ行く世界と規定し、あちらでは新しい世界を新しい、到来する世界と規定する原因、すなわち、主要特性を考察してみよう。それはこちらでは「堕落」と呼ばれるが、あちらでは「恵み」と呼ばれる。したがって右へ行っても左へ行っても神に対する人間の関係が問題である。一人のアダムにおいて、人間は堕落者として存在し、一人のイエス・キリストにおいては恵みを与えられた者として存在するということ、そのことは神において、神自身において、神においてのみ不可視的に基礎づけられている。このことが、両者の共通点であり、そのかぎり堕落と恵みの授与との間には均衡が成立するように見える。しかしまさにこの共通点において区別もまた現われる。――というのは、神に対する人間の関係は、アダムにおいてどのように現われるのか。明らかに、これはすでに「堕落」という言葉に含まれている。この場合神は、人間に捨てられた者、苦しみを受ける者、否定された者、奪われた者である。この場合、神が神のものを奪われ、このような略奪が神において生じるがゆえに、このような略奪によって神と並ぶ神のような権力がこの世において成立するというのが、確かに罪の本質である（五・一二）。罪とは神における、また神の中での不可視的に否定的な出来事である。それからこのことには、「一人の堕落によって多くの人が死んだ」ということ、すなわち、神への関係は、アダムの世界においては、人間にとってもまたその否定性のまま意識されざるをえないということが対応する。一人の人間アダムにおいては、神がわれわれに対して否を語るという不可視的なことが可視的となる。さて神は、一面においてわれわれを楽園から追放する攻撃者として、すなわち、われわれから生命を奪う盗賊として現われる。「人間は罪を犯して、神のものを奪い取るように、同様に神は罰して、人間のものを取り去る」（原文ラテン語）（アンセルムス）。罪の世界、堕落した世界は、そのような世界として死の世界、すなわち、解決のない究極的な問いに囲まれた世界、脱出口すらもわずかに障壁の中に、認識すらもやっと無知の中に、希望すらもやっと絶望の中に見いだされるにすぎないといった世界である。これらすべてのことは最後の裁き、最後の廃棄を期待してのことであるが、しかも期待してのことであるかぎり、確かに恐ろしい現在においてもまたそうなのである。——これと対応するのは、キリストにおける神に対する人間の関係である。はたしてわれわれがこの関係を「義」(一・一七、三・二二)と呼ぼうと、あるいは「従順」(五・一九)と呼ぼうと、または「恵みの授与」と呼ぼうと、ここでは「神の恵み」が問題となり、「一人の人間イエス・キリストの受けた恵みにある神の賜物」が問題であり、あの関係の不可視的肯定性が、神の行動、活動、行為が、人間とその世界に対する神の能動性が問題であるということは明らかである。神は自分のものが奪われることを甘受することはできない。神は人間に対して要求する。人間は、その堕落の場合でも神に対して滅びたのではない。神は憐れみ深く、驚くべき方である。神は恵む神、与える神である。さらにまたこれに対応するのは、「神の恵みは豊かに多くの人たちに溢れた」こと、すなわち、神に対する関係は、キリストの世界にある人間にも積極的な関係として意識されることである。そこでは神は、創造者また救済者として、生命とすべてのよい賜物の賦与者として現われる。神がわれわれに対して然りを語るのをやめないという不可視的なことが、一人のイエス・キリストにおいて可視的となる。

神が能動的、積極的に顔を向ける世界は本来、生命の世界であり、そこではどのような制限されたもの、過ぎ去ってゆくもの、小さなものも、現にあるものとして存立せず、むしろ常にまたそれが意味しているものとして、常にまた人間の存在《ダア・ザイン》とその在り方《ゾオ・ザイン》の根源と目標、意味と究極的現実とのかかわりの中に存立する世界、すべての問いがすでに答えで満たされる世界、永遠の内容が時間の現象の中にも、究極の平和が究極前の行為の上にも、神の輝きが人間の本質の上にも輝き出る世界——その戸口のところに立つ新しい人間の前に言い表わすことができないほど希望に満たされて広がっている世界である。さらにまた、これらすべてのことは、神にある究極の統一、究極の明瞭さと安らかさの希望においてのことであり、さらにまた希望においてあるかぎり、またすでに祝福に満ちた現在においてあるのである（五・一二）。——したがって、堕落と恵みの授与との弁証法的な平衡がこのように成り立っているのに、どのような論理にしたがって、この対照の見せかけの均整を廃棄し、前進の歩みを（「なおさらに確実に」）この対照の真の意味として認識し——それを実行する可能性が開かれておらず、それどころか、ほんのすぐ近くにもありえないというのか。

第二の考察（五・一六—一七）。われわれは結果に、すなわち、こちらには古い世界が古い世界として、あちらには新しい世界が新しい世界として特徴づけられる傾向に向かう。つまり**「一人の罪人によって」**この世にやってきたものと、神の**「賜物」**としてこの世にやってきたものとに向かう。またしても人間の本質は、堕落と恵みの授与によってそのつど全く一定の仕方で右と左に釣り合いよく構成されている。人間は、こちらでは一人のアダムによって代表され、あちらではかれと同様に堕落した計り知れないほどのたくさんの人間によって代表されていようと、またこちらでは判決は死の判決であり、あちらでは無罪宣告であろうと、この人間はそのこちら側でも、あちら側でも、裁きを行ない、恵みを与える同一の神から出た一つの判決の下に、一つの特定の不可視的な法秩序とその結果の下に立っている。「**裁きは、一人の人間に始まって死の判決となったが、恵みは、多くの人間たちの堕落に始まって、義認が成立した**」。したがって古い世界と新しい世界とは、その違った規定性の不可視的なこの由来という点では同じである。この両世界は神とのかかわりにおいて古いか新しいかであり、両者は水源がアルプスの分水嶺によって、川の流れが橋脚によって分けられるように神によって分けられる。選び、また捨てる者におけるこの分割に、両者の同等性（五・一六）がある。しかし、まさにこうである。つまり神は選び、また捨てる。すなわち、この判決がこちらにおいても、あちらにおいても、人間にとって何を意味しているか（五・一七）にわれわれが注目するやいなや、ただちにこの両者は不等のものとなる。――この判決は一面においては「**一人の罪人によって**」この世にやってきたもの、「**この一人をとおして死が支配権を得た**」ことを意味する。したがって、ここでは人間は苦難を受ける者、否定された者、奪われた者として現われる。すなわち、人間は、最初の人間に始まって最後の人間にまでつながる鉄の鎖につながれて現われる。すなわち、人間は、人間世界を特徴づけているまさにあの死の運命を全体として意味する不可視的前後関係（因果律）によって規定されている。物理的・心理的運命、機械的必然性（「アナンケー」☆62）は、人間を無意味な生成と消滅、根拠のない確信と不安定な失望、いかがわしい青春とまぎれもない老衰、楽観的、悲観的短絡推理の輪の中に閉じ込める。人間は意欲がわかないから、生きることができない。かれは自由でないから、意欲がわかない。かれは自由な目的をもたないから自由でない。かれは死ぬべき者、ただ死ぬべき者であるにすぎないから自由な目的を持たない。たとえこの死の判決がどのような時間的瞬間においても確かにわれわれに執行されないとしても、その判決はわれわれに宣告されているのであって、それはダモクレスの剣☆63としてどの時間的瞬間にもわれわれの上に吊り下げられている。――他面では、この判決は、神の「**贈り物**」として、一人の義人を通してこの世にやってきたもの、すなわち、とりもなおさず人間によって「**受け入れ**」られる「**恵みの充満**」、「**義の賜物**」を意味する。したがってかれら自身が「**生において、自ら王となるであろう**」。人間はキリストの死によって新しく創造され、真の生に移されている（六・四―五）。死において可視的になった不可視的な罪というこの世の律法に対する革命、人間の復権、すべてのものを拘束する力からの根本的解放、それが、われわれがキリストにおいてその下に置かれている神の法秩序そのものを意味する。

アブラハムとその信仰の後継者とに約束として与えられている遺産はとりもなおさず世界そのものに他ならない（四・一三）。人間は宇宙の鎖の中にいるべきでなく、宇宙自身が解放されて、人間の足下に伏すべきである。人間は、キリストの死において、万物の僕となるべきであり、万物の主であるべきである。人間を系列の単なる一項とする人間の因果的拘束は廃棄されている。むしろ人間は、個人として（「多くの人間たちの堕落に始まった」）キリストにある恵みの授与によって、人間の絶対的に新しい、推論できない規定として神の国を特徴づける生命の律法（五・一八）と同一である自由の律法の下にある。というのは人間は、神において根拠づけられて、罪を越えて自由に、それゆえ罪に伴う死をも越えて自由に立つからである。人間はその不滅性において、人間の自由な生の目的を見いだし、その自由な目的において、意志の自由を見いだしたが、さてこの意志にとって、意志が勝つにしても負けるにしても、すべての過ぎ去るものが過ぎ去らないものの比喩となるのかも知れない。人間はその自由意志をもって自分自身を見いだし、そして自分自身のうちに王者としての生、測りがたく、絶対的に高次の、尊厳な生、生きる価値のある生、永遠の生を見いだした。この恵みの充満を「受ける」人間がまず王と「**なるであろう**」ことは、もちろんわれわれにすぐさま（二・一三、三・三〇、五・二〇）次のことを想起させる。すなわち、古い人間と新しい人間との同一化はすべての時間的瞬間ごとにまず遂行されるべきであるということ、われわれに対するあの無罪判決がまず宣べ伝えられているということ、時間の中ではどのような、全くどのような事物的に・与えられた救いの状態もこの判決には対応できないということである。人間はこの点からしても入り口に立っている。すなわち、自由な者たちの国、解放された者たちの国である神の国の入り口に。しかし人間はこの入り口に立っているのであるが、それは希望しつつなのであり、また希望しつつであるから、現にかれが希望しているものの先触れ的現前が全くなしというわけではない。――そしてまたしても「裁き」と恵みの授与そのものとの間の弁証法的平衡の立場が、われわれは正当にも（「なおさら確実に」）古い世界の実用性から、新しい世界の、優越した、勝利を収めた、全く他なる、無限にいっそう重要で強力な実用性を開示したのかどうかに答えを与えるかも知れない。

一八―一九節　したがってこのような意味で、以下のことが考えられている。すなわち、一人の堕落によってすべての人たちに死の判決が下されたように、一人において始められた義の宣告によってすべての人たちにとっては生命である義認が成立する。というのは、一人の人間の不従順によって多くの人たちが罪人とされたように、一人の従順によって多くの人たちが義人とされるであろうから。

われわれは、罪が「古い」世界関連の主要特性として、これと対立する義と同様に、根源的・不可視的・客観的性格の要因であることを明らかにした後に（五・一三―一四）、しかもさらにこのように暴露された世界葛藤は、離反から和解への、捕らわれた状態から救いへの、死から生への運動としてふたたび消失するためにのみ現われることができるのを確認した後に（五・一五―一七）、われわれは初めに（五・一二）企てた比較を誤解の危険なしに遂行することができる。

アダムとは古い主体、この世におけるこの人間の自我のことである。この自我が堕落した。その自我は自分の栄光のうちに生きるために神のものを強引に奪い取った。それは、個々の歴史的行為ではなく、常にすでに前提された、不可避的な、究極的には神の棄却の秘密、神の嫌悪の秘密から生じるすべての人間歴史の規定性である。この**「堕落」**と同時に、直接的には**「死の判決」**もまた**「すべての人たちに」**与えられている。すなわち、人間の自然性と被造性、無常性、不十分さと艱難が、この世の人間のそれとして、人間の呪いとして、また人間の運命として（五・一八）与えられているのである。というのは、（五・一九）**「一人の人間の不従順によって多くの人たちが罪人とされた」**からである。もちろんアダムの行為によって照らし出されるのはまさにただ単にアダムの個人的心身状態だけではなく、この個人において、またこの個人と共に、個人、すなわち、すべての個人（「多くの人たち」）が置かれている心身状態である。かれらは見る目のある人に対しては罪人と「され」、罪人として照らし出され、暴露されている。元来、人間として、現にそれである人間として「アダムの中に」いないような人間は存在しない。すなわち〔アダムとは〕古い主体、堕落した主体であり、それゆえにそのような者として死の判決の下に、否定の観点の下に、神の怒りの下に立たされている。これがわれわれが――いつも繰り返して――そこから由来した古い世界である。

しかしキリストは、新しい主体、到来する世界の自我である。この自我は、神の「義の宣告」の、神の選びの担い手、受け取り手、啓示者である。「これはわたしの愛する子、わたしの心に適う者なのだ」（マルコ福音書一・一一）。この人間の資格づけも、ダビデの家系に生まれたかれを復活の力によって神の子とする任命（一・三―四）も、不可視的、非歴史的、非所与的である。血肉はこのことを啓示することはできない。神の予定の秘密から、ここにもまた認識と認識されたものとが生まれ、それはすべての人間歴史の、新しい、勝ちほこる優れた決定的状態に変わる。しかしキリストにおけるこの義の宣告と共に、ただちに「すべての人たちに」設定されるのは、「**生命である義認**」、すべての否定の根本的否定、死の死、すべての制限の破砕、すべての拘束の破棄、人間が「天から与えられる住みか」（コリント第二書五・二）を上に着ることである。この義の宣告と共に、ただちに、すべての人たちにとって、死は勝利にのみ込まれ（コリント第一書一五・五四）、死ぬはずのものが生命にのみ込まれてしまった（コリント第二書五・四）。「死者の中から復活させられたキリストは、もはや死ぬことがない、死はもはやかれを支配しない」（六・九）。この義の宣告と共にただちに、すべての人間の新しい、永遠の主体が創造されている（五・一八）。というのは（五・一九）「一人の従順によって多くの人たちが義人とされるであろう」から。またしても、一人のイエスの生と死において従順の行為とみなされ、評価されるかも知れないことによって、単に一個人、一人格、一単独者が照らし出されているのではなく、むしろここで発見されているのは個人そのもの、人格そのもの、単独者そのものである。すなわち、ここでは見る目のある人に対しては、一人において、「多くの」個人が、あなたもわたしも、神の前に義である者と、神によって見られ、また認識された者として、神に基礎づけられた者と、神によって神に属する者に数え入れられた者と「され」、そのような者として照らし出され、暴露される。この従順という行為の光に照らされて、「キリストの内」にいないような人間は一人もいない。すなわち、新しい、義を身につけた主体は、したがってそのような主体としては無罪の宣告と神の肯定との下に置かれる。もちろん「かれらは義人とされるであろう」（二・一三、三・二六、五・一七）――それはわれわれが、あなたもわたしも、現にわれわれがそれであるところの者としては常にただ希望して、神に対するわれわれの積極的なこの関係を考えることができるということを忘れないためである。われわれは入り口に立っている。しかも入り口に立っている。これがわれわれが――繰り返して出会う新しい世界である。

二〇―二一節　しかし律法がその間に入り込んできたのは、それは堕落が溢れ出るためである。しかし罪が溢れ出たところには、恵みが満ち溢れた。それは罪が死において君臨したように、恵みもまた義によって王の権力をふるい、われわれの主なるイエス・キリストにより永遠の生命に至らせるためである。

「律法がその間に入り込んできたのは、それは堕落が溢れ出るためである」。五・一八―一九をふりかえって、ここでも（五・一二をふりかえって五・一三―一四を強調したように）強調されなければならない。この強調はもう一度、すでに「堕落」と「不従順」として深められ、明らかにされた罪という概念に当てはまり、そしてそれはこれと対立する「義の宣告」と「従順」という概念のとびぬけた重要性を究極的に指示するという関心の中で生じる。そしてまたしてもこのように強調するのに役立つに違いないのは律法という概念である。前のところでは、われわれは不可視的な罪が、律法のないところにおいても（死において）力として自己を主張することを見いだしたが、ここでは、まさに律法があるところにおいて、罪が罪として可視的となることが示されるべきであろう。おそらく実際には二つの大きな世界規定性、すなわち「堕落」と「義の宣告」、「不従順」と「従順」の間には第三の可能性として入り込むどころか、律法は、可視的な、歴史的なものとして、二つの世界の対立が人間に意識され、ここからそちらへの変動の必然性が認識されなければならない場所、位置のみを表わすことができるだけである。――われわれは新しい世界の大きな、客観的な関連の中に、神の意志と支配に基礎づけられたその新しい世界の不可視的な実際面の中に、新しい世界が、古い世界に勝ちほこって対抗するのを見た。この場合に、われわれは何かを忘れたり、見のがしたり、抑圧したりしたのではないのか。神に対する人間の関係において、われわれは「アダムのうちに」あったり、「キリストのうちに」あったりするが、その関係はその主観的、人間的側面をも持ちはしないか。「古い」人間と「新しい」人間との不可視的な可能性のほかに、可視的な可能性——宗教的人間であろうとする可能性もまた存在するのではないか。アダムとキリストとの間には、第三者として——モーセが（五・一三—一四）その兄弟アロンと共にいるのではないか。すなわち、預言者と祭司、信仰し、希望し、愛する人間、神を恐れる人間、神に身を献げた人間、神の霊感を受けた人間、目覚めた人間、待つ人間、急ぐ人間、聞きまた見る人間、備えまた活動する人間、空中への飛躍を敢行する人間、あるいはしかも小事に忠実な人間（ルカ福音書一九・一七）、思考する人間、それでいて行動もしあるいはまた祈る人間がいるのではないか。要するに「歴史と現在の宗教」[☆64]があるのではないか。宗教が存在するところでは、新しい人間が入ろうとして立つ入り口は、可視的な仕方で踏み越えられるはずではないのか。罪と義との弁証法的均衡は、健全な、強力な神人性と人神性によって可視的に置き換えられ、一片のしかもほんの一片の新しい世界が可視的に（簡潔、単純に）与えられるはずではないのか。——われわれはこの問いを全く真剣に受け取る。確かに、神関係はその主観的、人間的、歴史的側面をも持っている。宗教的人間が存在するということ、宗教的態度、宗教的思考、宗教的動機に基づく行動が、多くの違った形式をとって（また何と多くの魅力ある、真剣な、畏敬の念を引き起こす、力強い形式をとってであろうか！）繰り返して歴史的現実となるということ、そのことは、どれほど注意されたとしてもされ過ぎることはない事実である。われわれは宗教的領域の多様な現象に相対的な批判をするかも知れないし、しかも繰り返して相対的承認をもってその前に静かに立たざるをえないだろう。おそらくはただ宗教の偶然的な形式や性質のみに関しての反論に、宗教は常に耐えることはできるであろう。というのはすべての人間の可能性の中でも、まさに宗教こそは、もっとも深遠な意味を持ち、もっとも純粋で、もっとも生命力を持ち、もっとも変化に耐えるものだからである。宗教とは、神の啓示によって刻印を受け、それをしっかり保持する人間の可能性、すなわち、古い人間から新しい人間への逆転、転回、運動を、人間の意識と創造物としての人間の可視的形式の中で模写し、追体験し、造り上げる可能性であり、孤独であるいは共同で人間に対する神の道に対応し、その道を整え、その道に伴う、あるいはその道に後から従う態度を取り、意識的にあるいは無意識的にそれを記述する人間の可能性のことである。このような人間の可能性として「律法がその間に入り込んできた」のである。律法は、両義的なもので、天と地の間に浮かんで最高の約束とその実現の最高の疑わしさとの間にあって光彩を変えるものである。律法は、可能性としては、その要求、その主張された、意図された、求められた内容からいって、新しい世界、すなわち、神の所有と神の現臨、義と生であるように思われる。「あなたがたは天使たちの務めを通して律法を受けた」(ルター訳)使徒言行録七・五三)。「律法は聖であり、要求も聖であって、正しく、また善である」(七・一二)。したがって明らかに律法もまた神のうちにその不可視的な根拠と意味を持っていて、われわれはどれほどそれを問いただしても問いただし過ぎることはなく(三・三二)、そしてこの点に宗教のすべての承認、弁護、擁護がその相対的な正しさを見いだす。しかし明らかに律法は、人間の可能性として、歴史的な現象と現実として、事実上余すところなく人間の世界に編み込まれていることから見て、あの、すでに主張された内容を完全に覆い隠すその心理的、知的、道徳的、社会学的形式から見て古い世界であり、律法は罪と死との陰の中に立っている。宗教の神的な可能性は、明らかに決してどこにおいても人間の可能性とはならない。そしてこの点で、宗教のすべての批判は、その相対的正しさを見いだすかも知れない。もちろん、神関係は必然的にその主観的側面を持っているが、しかしこの主観的側面は、元来まさに必然的に死の律法の下にある。この薄明からのがれる道がないことは明らかである。アロンにとってもモーセにとっても、最低の宗教的体験にとっても最高の宗教的体験にとっても。この人間の可能性(だがそれはまさに人間の可能性ではないのだ)の新しい変種が問題となっているという誤解に対して無防備であるのは、「女から生まれ律法の下に服した」(ガラテヤ書四・四)歴史的イエスでも、パウロの使徒職という逆説的事実でも、「われわれは神との平和を得ている」（五・一）というわれわれの事実でも、同じである。このような薄明の中で、宗教相互のすべての論争も行なわれ、とりわけ宗教一般に反対する（それゆえに《エォ・イプソ》こそ宗教的な！）論争もそこで行なわれる。「われわれ」のところでは、あるいは、これこれの場合には、それは「そのような意図を持つものではない」などと言う、どのような断言が、まさにわれわれの宗教を、まさにあれこれの歴史的、宗教的現象を（たとえそれが異常な宗教的・非宗教的門外漢《アウトサイダー》の洗練された懐疑という現象であろうとも）、この薄明、この誤解から遠ざけ、その根本的な優越性と異質性とを確定しうるであろうか。われわれはこのような断言を諦める。われわれが自分自身と他者とにおいて、ただ一つ知っている宗教は、飛行中の鳥を描こうとする、もっとも問題の多い試みを企てる人間の可能性としての宗教である。宗教は、すべての可視的な、把握可能な、歴史的な意味において、（罪と死の世界である）人間世界の内部の現象として理解され、また——放棄されなければならない。この世界の内部で宗教に与えられるすべての尊敬と賛嘆とは、宗教についてのすべての絶対性の要求、すべての超越性の要求、すべての直接性の要求が無に等しいとわれわれが洞察することを妨げてはならない。何らかの仕方で、自然を超自然または背後自然（超＝自然学《メタ・フィジク》）へと延長する試みの中には、つまり感性的・超感性的なものの中間地帯的領域のあるものの中には、神ならぬ神、すなわちこの世の神（それは「生」、「現実」、

「神の国」、「彼岸」などとも呼ばれうる）の領域のどこかには、宗教のきわめて大胆な企図、きわめて深い体験、天まで突進しようという大胆不敵な計画がひそんでいる。——宗教について肯定的に語りうるのは、明らかにただ次のことだけである。すなわち、もっとも深遠な意味を持つ、もっとも純粋な、また——もっとも強力な、人間の可能性としての宗教において、人間の世界はその絶頂（まさにその絶頂だ！）に達し、また達しなければならないということだけである。「律法が入り込んできたのは、**それは堕落が溢れ出るためである**」。宗教の不可視的な可能性は、可視的な人間の可能性としてそのような働きをする。宗教はそのような働きをしなければならないが、それは人間の「堕落」が可視化するためであり、その可視性において「義の宣告」への転換の必然性が認識されるためである。人間が肉であり、罪であり、神の妨害であり、神の怒りの下に立たされており、その高慢と心の不安定さの全体、その知識と意欲の不完全さの全体、人間に命じられたきびしい「止まれ」の全体——これらすべてのものは、まさに宗教的人間において初めて爆発的に現われる。律法は怒りを招くものであって、律法のあるところには違反がある（四・一五）。律法のあるところでは罪が勘定に入れられる（五・一三）。「われわれはすべて、すべての点において、すべての人に罪を負っている。そして他のだれにもまして、わたしがまさにそうである」（ドストエフスキー）。「以前わたしは自由であった。そして夜にはあかりもなしで歩いた。律法が来たのち、今では良心をもち、夜にはあかりをたずさえる。このように神の律法は、わたしに良心の呵責を与える以外の何ものでもない」（ルター）。この〈このように〉が神関係の主体的、人間的側面なのだ。エサウはヤコブの夢を知らないから、ヤコブの嘘をも知らない〔創世記二八章〕。しかしイスラエルだということは、人間の可能性としては、苦痛と病気に満ちたもっとも軽蔑すべき、もっとも無価値な者だということである〔創世記三二章〕。キリストであるということは、人間的可能性としては、悪人たちの間で死ぬこと、ピラトとカイアファとが決して聞きのがすことのなかったあの問い、すなわち、「わが神、わが神、なぜわたしをお見捨てになったのですか」という問いを抱いたままで死ぬことを意味する。何らかの意味で、預言者で祭司、神学者で哲学者、信仰する者、愛する者、希望を抱く者であるということは、人間的可能性としては、神の不可能性に挫折することであり、主の課題と神の職務が何であるとしても、いたずらに働き、空しく力を使い果たすことであり（イザヤ書四九・四）、すべての人の病気が吹き出す腫れ物や出来物になることである。ここで何か違ったことを期待する者は、律法が何であり、宗教が何であり、選ばれることと召命を受けることが何であるかを知っていない。そのような者は、この問題から手を引くがよい。神の前に祈り、説教し、述べ、献げ、感じ、体験する時には、そこでは、まさにそこでは堕落が「溢れ出」、まさにそこでは「アダムからモーセまで」おそらくは不可視的でありつづけたかも知れない不可視的なことが（五・一四）可視的となる。すなわち神の前にはどのような肉も義ではないことが可視的となる。まさにそこで、神における人間の危機、すなわち死に至る病が出現しうるし、また出現するに違いない。

「しかし罪が溢れ出たところには、恵みが満ち溢れた」。したがって、神の否から神の然りへの転回が完遂され、恵みが恵みでありうるためには、究極の所与さえも廃棄し、人間の宗教的可能性もまた破局に直面する必要がある。しかしこの廃棄と破局とが出来事となることによって、おそらくその他のすべての短絡的思考が解消したあとで、アダムからキリストへのあの逆転、転回、運動を、肯定的、あるいは否定的方法の対象としようとする究極の試みが無意味なまま認識されることによって、神の僕が――見捨てられたまま自分自身を見捨てることによって、あの転換が完遂される。そしてその点に、律法によって、宗教によって提起された要求の正しさがある。死に至る病が出現するという以上に救いに満ちたことが生起しうるだろうか。また、死に至る病は、律法がその間に入り込んできたところ、すなわち、人間がその疑わしさの全体の中でもはや神のことを考えずにはおれなくなっているところ、そして、まさにその中で人間の疑わしさの全体が現われるところ以外のどこに突然発生するというのであろうか。

「かれは自分の生命を償いの献げ物としたとき、かれは子孫を持ち、そして末永く生きるであろう。そして主の計画はかれの手によって進展するであろう。かれの魂が働いたのだから、かれは満足を見、充実を得るであろう。また、義人であるわたしの僕、かれはその認識によって多くの者を義とするであろう。というのはかれは、かれらの罪を負っているからである」〔ルター訳〕イザヤ書五三・一〇―一一）。ここに、サウロをパウロとし、そして同時にパウロとしてもまた、義人である――サウロである権利をかれに与え、まさにその義務を課するあの廃棄と破局とがある。というのは、パウロとしてのかれが現にあるところのものは、かれが現にないところの者としてのかれであり、それは恵みの「満ち溢れ」であって、それは、すべての時間の瞬間において、宗教の中での罪の「溢れ出ること」なしには起こることができないことだからである。だれも宗教の両義的な歴史的現実から脱出したいと考えるべきでない――そして、だれもそれから脱出しないように配慮もされている。宗教的可能性が、全く真剣に考えて、完全な力を持ち展開をとげたままで――しかも犠牲として献げられるところにおいて、恵みは恵みである。そこにおいてだけ、恵みである。しかし、われわれは、この〈そこにおいてだけ〉からさらに考えることだけは、ましてそのように語ることは禁じられている。すぐれて均衡のとれた人間性のゆえに、宗教の高慢と悲劇について全く知らず、またイスラエルの幻想と幻滅とをなしですませたと見える人たちは幸いである。かれらに対して、ファリサイ派の考え方に逆もどりして、たとえば「キリストがアテナイに生まれたとしたら、恵みのあれほど絶対的な支配の保証はどこにも与えられないであろう」（ツァーン）などと後から言わないようにわれわれは気をつけるだろう。

というのは、「罪が死において君臨したように、恵みもまた義によって王の権力をふるい、永遠の生命に至らせるためには」、罪が「溢れ出て」、恵みも「満ち溢れ」なければならないからである。われわれが新しい人間としてその戸口に立っている新しい世界は、神の国、神の支配領域、神の勢力範囲である。ここにおいて意志を持って選び、創造して救うのは、神自身であり、神のみである。もしわれわれが等しいものを等しいものに対して立て、究極の、最高の可能性としての宗教的可能性をも「死における罪の君臨」という公分母で通分し、その結果「義によって王の権力をふるい、われわれの主イエス・キリストによって永遠の生命に至らせる」恵みという全く等しくないものを、すべての等しいものに対比させるならば、アダムからキリストへの運動の真正さが問題となる。恵みを受けた者が、裁きを受けた者でないならば、恵みは恵みではない。義が罪人にとって義として勘定されないならば、義は義ではない。生命が死からの生命でないならば、生命は生命ではない。神の初めが人間の終わりでないならば、神は神ではない。古い世界が、全く完全に、全くすきまもなく自己閉鎖的な円であり、そこからの脱出は不可能であることにおいて、われわれは――イエスの死者からの復活の光に照らされて――近づきつつある日、すなわち、新しい人間と新しい世界の日の意義と力を認めるのである。

第六章　恵み

復活の力（六・一―一一）

一節　ではわれわれはさらに何と言うべきか。「恵みがいっそう大きくなるように、われわれは罪の中にとどまろう」と言うべきか。そんなことは〔言うことが〕できないのだ。

「ではわれわれはさらに何と言うべきか」。もっとも緊密な弁証法的相互関係において、アダムとキリスト、古い世界と新しい世界、罪の王権と恵みの王権とが、一見相互に入り混じって制約され、互いに依存し合い、相互に保証し合い、正当化し合っているのをわれわれは見る。この関係が真に弁証法的な関係である、すなわち、第一項が第二項によって止揚される時にこの関係が成立する、したがってその順序は逆転できないとわれわれは（特に五・一五―一七において）、すべての力をこめて、主張した。しかしおそらくわれわれは、このことをまず主張しただろうか。すべてのことは、われわれがこの勝利、逆転の可能性のないこの転回、必然性としてのこの端的な方向転換を証明できるということにかかっている。われわれは神の不可視的な御心において鍵がまわされ、扉が開かれ、入り口を越えて中に入る歩みがなされるとき、認識の永遠の瞬間に対するもっとも強力な指示として、「堕落が溢れ出たところには、恵みが満ち溢れた」（五・二〇）という危険な命題をあえて提出した。われわれは罪の絶頂と恵みの勝利、言い換えるとサウロとパウロとをその関連においてあえて理解しようとした。われわれはそうせざるをえなかった。というのは、「キリストは多くの者にとって躓きの石、憤りの岩となるので、キリストについて沈黙してよいということにはならないからである。というのは、キリストが不信仰者にとって滅びとなる同じ性格において、かれは敬虔な者にとって復活となるからである」（カルヴァン）。しかし先の命題は、事実危険な、あいまいな命題であるということ、その内容はまさにただ神認識の永遠の瞬間に対する指示としてのみ真理であるが、しかし形而下的・形而上的意味においても、歴史的・心理的現実の地平における一つの出来事の記述としても真理ではないということ、そのことは誤解されるかも知れない。確かに、あの命題のつづきが考えられるとすれば、それはおそらく以下のようなものになるかも知れない。すなわち、〈永遠の緊張、両極性、または二律背反《アンチノミー》というかたちで堕落と恵みとは対立する。然りと否とはそれ自身において同じように必然的であり、同じように価値があり、同じように神的である。人間は両者の中で同じように生き生きと生きる。否はそれ自身然りに、そして然りはそれ自身繰り返して否に変わらなければならない。そうでなければそれは死ぬであろうから。すべては否定的に評価されるべきであり、すべては肯定的に評価されるべきである〉と――そしてこのような通俗的見解がもっとたくさんある。あるいはこのようなことをもっと言ってみようか。

それでは「「恵みがいっそう大きくなるように、われわれは罪の中にとどまろう」と言うべきか」。罪と恵み、サウロとパウロの連続的関係は、神における不可視的出来事の純粋現実《アクトウス・プールス》である。神の意志の一元性が分裂して二元性になるのは、この二元性を克服して、よりいっそう勝利に満ちて一元性であることを証明するためである。神におけるこの不可視的出来事は、人間の生においてそれが現われる可視的な一連の精神的・歴史的状態と混同されうる。言い換えれば、神におけるあの転回を人間の生において表わす状態の可視的並列と継続とは形而上学的に神の意志そのものへ逆投影されうる。その結果は明らかに、人間はもはや自分の永遠の根源としての未知の神そのものへ向かうようにと指示されないということであり、なるほどそうではあるが既知の人間である自分自身に、すなわち、かれ自身のより低次の、またはより高次の状態の連続性が超越的に確証され、基礎づけられているのを見るということになる。神における不可視的な（脅威と約束としての）出来事は時間的事件そのものにとって不安を意味するが、その不安は明らかに時間的事件の永遠化によって排除されている。そのかわり、より高次とより低次の状態の、したがって因果的に相互に結ばれた可視的・人間的な二つの可能性の内在的緊張、両極性、異種性または二律背反《アンチノミー》という墓場の休息が生じる。もし恵みが人間の状態の類比によって罪の後から生じるなら、明らかにまた逆に、罪は恵みの後から生じ、次にこの罪自身の側でふたたび恵みという結果になる。しかしこれは、罪に「とどまる」ようにという誘いを意味し、その誘いと共に、この罪は、神から見て、恵みに対抗し、永遠に存在したもの、排除されたもの、廃棄されたものとして現われることが許されるにすぎないものであり、それが現われるのは、消え去るためであり、積極的要素だとして考慮に入れ、この罪を恵みに至る手段、道筋、跳躍台として（「恵みがいっそう大きくなるように」）利用するためである。それはまさに、人間の一つの可能性が人間の他の可能性のための手段、道筋、跳躍台であることができるのと同じである。それがすでに一度「善が生じるために、われわれは悪をしようではないか」（三・八）という言葉で言い表わされたのと同じ「人間の論法」であり、それがこの場合もまた人間をその対照という制約を持ったまま神に高め（まるで人間が、その本質の制約の内部で自己の行為によって悪から善への、罪から恵みへの転回をなし遂げることができるかのように）、そして神をその意志の自由な運動の中で人間にまで低める（まるで気まぐれのままに善と悪、罪と恵みとの間を行き来する神が神であり、そのような神がまるで神ならぬ神、この世の神ではなく、自己と一体でない人間の鏡像ではないとでも言うかのように）。

前の場合と同様、この場合も、われわれはこの人間の論法に対して「そんなことは（言うことが）できないのだ」を対立させる。つまり罪と恵みとが神にあって平衡を保ち、また同様に強く、同様に権利を与えられて対立する前代未聞の不可視的瞬間を、精神的・歴史的な並列と継続の人間的現実へ、人間によって意識され望まれた可視性へと持ち込むことはできない。まるで罪と恵みが、また恵みと罪が本当に互いにその結果となるかのように、罪を恵みの原因として肯定し、承認し、ほめたたえることはできない。敬虔な厚かましさで人間に神の主権を帰し、敬虔な服従を装って神に人間の無力を帰することはできない。人間がそこに置かれていると自称する永遠の緊張、両極性、二律背反《アンチノミー》による、神の御心を引き合いに出して行なわれた偽弁証法的遊戯はできない。このできないということが復活の力である。それについてはこれから論じられる。

二節　罪に対して死んだわれわれ――そのわれわれはどうしてなお罪の中に生きることができるだろうか。

罪は可視的な出来事としてまさに人間と神とのあの取り違えであり、人間がそれによって自分自身を義と認め、実証し、強化したいと願う人間のあの神格化、あるいは神の人間化である。われわれの人間的知識と意欲とが、われわれに与えられた可能性のもっとも低次の段階においてもまたもっとも高次の段階においても、絶えず必然的にこの出来事において強められるかぎり、われわれは人間として絶えず必然的に罪人である。絶えず必然的だというのは、われわれの人間的知識と意欲が（その可能性の全領域において）その制約、偶然性、分裂において、われわれの存在が人間として、われわれがそれであるこの人間として規定されている離反の不可視的罪について証しするより他ありえないからである。「罪の中に生きる」とはしたがって、あの不可視的な必然性によって規定されて、知的にも意志的にも、人間のあの神格化と神のあの人間化を遂行し、それに携わるということである。

さて恵みとは（神自身の、神のみの意志の連続性以外に）どのような連続性からも理解されるべきでない、罪の赦しの事実のことである。すなわち、堕落した、そして目の及ぶかぎり、神を誤解したこの人間は、神によってその子と認められており、神の憐れみの、神の喜びの、神の愛の対象である。これがこの「罪の中に生きる」人間に対する致命的攻撃であり、罪による人間の不可視的規定と人間が罪によって可視的に規定されていることに対する根底的な懐疑である。「恵みは罪にさからい、罪を食いつくす」（ルター）。すなわちその罪は宗教において絶頂に達する擬人観の罪において爆発的に可視的になる離反の罪である。恵みは罪の根底を攻撃する。恵みは、われわれが現にそれであるこの人間としてのわれわれ自身を問題とする。恵みは、われわれ自身の息の根をとめる。恵みはわれわれ自身を無視する。恵みは現にそれでないわれわれとしての、新しい人間としてのわれわれに呼びかける。神はこれ以外のわれわれが何であるかを知らないのだ。もしわれわれが恵みの中に立つなら、われわれは罪なき者として神に認められるということである。われわれの知識と欲求の必然的規定としての罪は、神に認められて、現に存在する者としてのわれわれにとっては、かつてあったもの、克服されたもの、処理されたものとなった。「われわれは罪に対して死んだ」。われわれはもはやこの根から生え出ない。われわれはもはやこの空気の中で息をしない。われわれはもはやこの力に従属しない。

「われわれはどうしてなお罪の中に生きることができるだろうか」。どうしてわれわれは、神の全く知らない現にあるわれわれとして、なお生きるだろうか。われわれの知識と意欲とが可視的に規定されていることから何が生じるか。人間としてのわれわれの存在がどうして可視的な罪の舞台であることができるだろうか。いったいどうして。われわれの存在は、そのすぐれた非存在の光の中に押し出されて、まさに罪の所与性、必然性、前提が問題となった。前代未聞の、不可視的なこと、われわれの生存の永遠の未来《フートゥルム・アエテルヌム》、われわれに与えられていない神の可能性の未来は、ずばぬけた力をもって、われわれが人間にとって可能なものとして過去に知り、望んだものの、現在知り、望んでいるものの、未来において知り、望むであろうものの全体に代わって押しわけて現われる。これが恵みである。

したがって恵みと罪とは元来通約しえないものである。両者は一つの道の二つの宿場としても、因果系列の二項としても、一つの楕円の二つの焦点としても、一つの方法の二つの取り扱い方としても、一つの主語の二つの述語としても並んで立つことはできない。数学的に言えば、両者は異なる平面上の二点であるだけでなく、第二の点が第一の点を排除するような異なる空間内の二点である。両者の「関係」に対する問い、こちらからあちらへいたる可能性への問いがすでに不可能である。罪は、可能が不可能とかかわるように、恵みとかかわる。罪を可能性として自分と並んで持つ恵みは、恵みでない。恵みを受けた者は罪を知らず、またかれは罪を知ろうともしない。恵みを受けた者は罪人でない。両者の間に、人間の死滅と新生とがある。「義認は、それ自身としては人間を現にあるがままのものとせず、完全に造り替える神の行為である」（Fr・バルト）。

三―五節　それともあなたがたは、キリスト・イエスにあるバプテスマを受けた者であるわれわれがかれの死にあるバプテスマを受けたことに気がつかないのか。われわれは今やかれと共に死のバプテスマによって葬られた。それはキリストが父の栄光によって死者の中からよみがえらされたように、われわれもまた生の新しさのうちを歩くためでもある。というのは、われわれがかれの死の、すなわち、われわれの死の比喩によってかれと似るなら、われわれは復活においてもまた同様似るであろうから。

「キリスト・イエスにあるバプテスマを受けた者であるわれわれ」。われわれは、われわれの考察の最先端に、われわれの神認識の可視的・時間的出発点を形成するバプテスマという「印《しるし》」（四・一一）を想起する。したがって宗教現象界の一事実を想起する。なぜそれがいけないのか。ここで問題となる罪もまた、もちろん故意に、自発的に神の栄光を傷つける可視的事実である。そして現象界の事実として、「キリスト・イエスにある救い」（三・二四）もまたもちろん現われた。その歴史性は（「信じるすべての人たちのために」三・二二前半）その永遠の内容の実存性を指示するものである。まさにその逆説的な一回性におけるバプテスマもまたこの意味での「印」である。印は印であって、もはやそれ以上のものではないということをわれわれは知っている。しかしなぜそれがわれわれに何も示すものを持たないはずだというのか。「印《しるし》が空虚で影響力のないものになるのは、われわれ自身の忘恩と悪意とが神の真理の活力《エネルギー》を妨げる時にのみである」（カルヴァン）。すなわち、われわれが印を何かある種の物的所与性と同一視することによって、印からその真理を奪い取るとき、つまり、われわれが印を内容のない（敬虔はどのような内容でもないのだ）「教会の儀式」に発散させてしまうことによってであれ、われわれが、場合によっては印についてなされるべき宗教体験（「バプテスマ体験」）の中に印を求める場合であれ、われわれが神秘的・魔術的な直接的伝達力を印に帰する場合か、またはこの印を、生の混沌の中でキリスト教的神話に支えられて、さらに合理的な仕方で、深い意味づけ（「象徴」）の一つとして評価し、認定する場合であれ、そのときである。神による生の彼岸的意味づけを指示し、それを証言する印として、（単にキリスト教の神話のみでなく）神の言葉を宣べ伝える印として、バプテスマは現にあるところのもの、すなわち、真理の保持者、聖所、聖礼典である。バプテスマは、その重要さという点では、自己の事物性のかなたを指示するものとして新しい創造の媒介、永遠の実在を、それは恵みではないが、徹底的に恵みの手段を意味するだけでなく、現にそういうものである。神に向けられた問いが、常に神の答えを含むように、また人間の信仰が神の真実を不可視的に含むように、バプテスマという人間の業もまたバプテスマによって宣べ伝えられた人間に対する神の行為を含む。バプテスマがわれわれにとってそういうものを意味し、また事実そういうものであるとするならば、なぜバプテスマが、時間的で事物的なものの世界にいるわれわれがまずそこから出発する要塞であってはならないのか。――バプテスマが「加入式」としては決してキリスト教の独創的な創作物ではなく、「ヘレニズム的財産」であるということもまた、われわれがいつも語っており、ここでもまた語りたいと思うことを論証しているにすぎない。すなわち、キリストの救いの音信《おとずれ》が新しい儀式、教義、制度を公布してではなく、全面的に無心に既知の「宗教的」財産を借用して現われているということはそれなりに十分な根拠がある。この未知の神の音信は、ミトラ、イシス、キュベレという既知の神々と、かれらの領域、すなわち、宗教現象の領域でどのような競争もしないでいる余裕がある。そこにおいて、宗教的な記号言語の根源的な、本来的に考えられた意味を曖昧にする中間世界の魔術に対してこの音信の持つ原則的な優越性は、それが自分自身を理解するより以上によく密儀宗教を理解する可能性をこの音信に与え、疑惑に捕らわれることなく、無意味の中の意味を引き出す自由をこの音信に与え、啓示（三・二一）に対するユダヤ人と異邦人の「証言」そのものをとり上げ、受け入れる権能をこの音信に与える。そのさいわれわれが意識するのは（四・一六）、もし無意味の中に事実上意味が宿っているなら、それが恵みであるということ、ただ信仰によってのみ（神の直接的な伝達も存在しないということの想起によってなのだ）この宗教現象界の無意味の中の意味をこのようにとり上げ、受け入れることが可能であるということ、またこの二重の規定とはこの「印《しるし》」と「証言」とをわれわれが引き合いに出すことに対する必然的制限と、内在的批判であるということである。

「あなたがたは、われわれがかれの死にあるバプテスマを受けたことに気がつかないのか」。バプテスマの印は、気がつくことのできる人たちに対して死について語る。バプテスマを受けるとは、沈められること、異質の元素の中に消え失せること、浄化の洪水に覆われることを意味する。この水から出る者は、その水に入った者と同じ者ではない。一方は死に、他方は生まれたのである。死んだ者とバプテスマを受けた者は、もはや同じではない。というのは、遠慮のない、徹底的な神の要求が人間に対して勝利したキリストの死のバプテスマは、われわれにとって証言だからである。キリストの名においてバプテスマを受けた者は、この出来事の中に引き込まれ、この死の中に消え去り見失われて、この神の要求にのみ込まれ、覆われてしまった。そしてそれと共に、かれは人間の持つ神の似姿の不遜と幻想によって絶対的に封鎖され、切り離される。というのは、十字架に直面しては、そこに何が残るだろうか。かれは罪を知りまた望む人間との同一性を失った。かれは罪の力、罪による規定を免れている。というのは、かれは罪が力をふるい、規定することのできるあの人間として死んだからである（六・二、七）。というのは、キリストの死は離反を廃棄するからである。それは奪い取られた人間の独立性がこれ以上進展しない空洞を創造する。それは可視的罪の不可視的な根を攻撃する。それは神ならぬ神の人間アダムを過去の、過ぎ去ったものとする。それゆえに、罪の中に生き続けようと願う人間（六・二）も、神のようであろうと願う人間も、もはやこの死のかなたで生きるのではない。神がここで人間に向かってかかげる要求は、この人間を廃棄する。「天を襲撃する理想主義」（H・ホルツマン）がこの洞察の意味でないのは、その洞察の結果がまさにすべての理想主義的な天の襲撃の終わりであるという理由による。そして、この洞察が死者を生かす神（四・一七後半）への訴えとして決して教条（空論）とはならず、またそれゆえに「純粋」にも「厳格」にもなることはできないので、またこの洞察が一回的逆説の全く裸の姿のままで、すべての教条（空論）的なものの安価な反論に身を委ねるので、またこの洞察の内容、すなわち、人間の弱さの中における神の力という思想が、原則的に（すべての教条（空論）に反対して）まだ決して考えられたことがないかのように、ただいつも新しく考えられるべきであるので、それゆえに「純粋で厳格な教条主義（空理空論）」（ヴェルンレ）がこの洞察の性格とはならないのである。「絶対的瞬間の神学」（トレルチ）がそうではないのか。まさにその通りなのだ。実存的に考えられた絶対者、神の恵みのもっとも積極的な、またもっとも排他的な実存性の認識、まさにこれこそがバプテスマの行為において問題となる。「あなたがたのバプテスマは、恵みの絞殺あるいは恵み深い絞殺以外の何ものでもない。これによってあなたがたのうちにある罪は水に沈められる、それはあなたがたが恵みの下にとどまり、また罪によって神の怒りの下に滅びることのないためである。というのは、このようにあなたがバプテスマを受けるなら、あなたはあなたの愛する神の恵み深い溺殺、憐れみ深い殺害に身を委ね、そしてこう語るからである、〈愛する主よ、わたしを溺殺し、絞殺してください、というのは、わたしは今から先はあなたの御子と共に罪に死んでしまいたいと思うからです〉と」（ルター）。この死が恵みである。

「われわれは今やかれと共に死のバプテスマによって葬られた。それはキリストが父の栄光によって死者の中からよみがえらされたように、われわれもまた生の新しさのうちを歩くためでもある」。なぜこの死が恵みなのか。なぜならこの死が「死の死、罪の罪、毒の毒、拘束の拘束だから」（ルター）である。それはこの死から生じる危害、転覆、崩壊が神の行為だからである。それはこの死の否定の強力さがきわめて強力な肯定だからである。それはこの死がこの人間についての究極の言葉として同時に新しい人間への要《かなめ》の点、入り口、移行点、転回点だからである。それはバプテスマを受けた者が（死んだ一方の方と同一人物なのではなくて）生まれたもう一方の方と同一人物だからである。死が、単に相対的な否定であるなら、この人間に対する攻撃があれこれの所与に対する単なる批判、反対、革命のうちにはまり込んでいるなら、相対的な人間の可能性が、禁欲、「自然へかえれ」、「沈黙の礼拝」、神秘的な死、仏教の涅槃、ボルシェヴィズム、ダダイズムなどなどのようなもっと進んだいくつかの（否定的な！）人間の可能性によってあるいは単に増し加えられるなら、したがってこの攻撃が（「かれと共に葬られて！」）この人間とその可能性の根本的否定にまで進まないなら、そのかぎりで死は恵みではない。しかしそのときには——そしてそれがこの攻撃に初めて真の攻撃力を与える——危機、終末、最後のラッパの響きが、然りと否、生と死、一切と無を対角線で貫いて、享受と欠如、語りかけと沈黙、維持と転覆を貫いて、この人間の活動的な行動を貫き、また静観的な期待を貫いてとおる。というのは、復活の力において、「父の栄光によって死者の中からよみがえらされる」ことにおいて（人間にとって不可能なことが可能になることにおいて）現実的否定、すなわちキリストがこの人間に対してそなえた埋葬の真剣さ、エネルギー、ラディカリズムが実証され、裏付けられて、さらに新しい、不可視的人間の創造において、遂行された和解の真理（五・一〇—一一）が、またキリストにあるわれわれの存在において、アダムにあるわれわれの存在の廃棄が、実証され、裏付けられるからである。そしてまさに、復活のこの力、すなわち死の概念によって性格づけられ、保証された、死線の此岸にあるすべての生に対抗する復活自身の絶対的他者性と自律的前所与性にひそむその力、あのキリストの死によって創造された空洞を満たす神の生命の新しい内容としての復活の力は、なお罪の中に生きつづけること（六・二）を妨げるだけでなく、端的に不可能にする第一級の肯定である。復活の力とは人間が、すなわち、罪を知りまた罪を望む人間が、周知の、可視的な、唯一可能な人間が、それによって窮地に追いつめられ、自分自身が問題とされるその当のものである。もしわれわれが現にあるわれわれとして、この点からこのような仕方で問われるとするなら、われわれはどうして罪の中に生き続けるべきであろうか。死刑によって葬られたのだから、「われわれは生の新しさのうちを歩むべきである」。またしてもこれは（二・一三、三・三〇、五・一七、一九などと同様に、またこの章の六・二、五、八、一四と同様に）この復活の未来《フートゥルム・レスルクティオニス》、すなわち、われわれの永遠性の比喩としてのわれわれの未来である。しかしただ比喩としてのみだ。というのは、死者の中からのイエスのよみがえりは、かれの生と死といった他の出来事と並んだ歴史的延長上のどのような出来事でもなく、むしろかれの歴史的生全体の、神にあるその根源との「非歴史的」（四・一七後半など）関係であることがきわめて明らかであるように、他面において、復活の力において必然性と現実性としてわたしの存在の中に突入してくるわたしの「生の新しさのうちを行く歩み」もまた、わたしの過去においても、わたしの現在においても、わたしの未来においても、他の出来事と並ぶといった出来事ではなくまたそういった出来事とはならないことは明らかだからである。むしろキリストにあって新たに創造されたわたしの自我の資格、能力、必然、意欲として、わたしの「天にある国籍」（フィリピ書三・二〇）の確証として、キリストと共に神の内に隠されたわたしの生（コロサイ書三・三）の生きた姿として、この「生の新しさのうちを行く歩み」は、わたしの不可視的な視点また関係点であり、わたしの有限がわたしの無限によって経験する危機であり、「わたし」の生の時間的・可視的なすべての出来事の彼岸に非時間的・不可視的に存在している脅迫と約束であり——この世がこの世であるから、またこの世であるかぎり、時間が時間であるから、また瞬間であるかぎり、人間が人間であるから、また人間であるかぎりで、あらゆるものの彼岸にある。復活の持つ比べようのない死の力として、根底的排他性をもって、わたしが「罪のうちに生きつづけること」へと入り込む、わたしの「生の新しさのうちを行く歩み」のこの永遠の未来は、わたしの時間的な存在、思考、意欲の意味であり、同時に批判でもある。わたしが「キリストと共に葬られ」、現にわたしでない者として、あの意味とあの批判とを（現にわたしがそれである一切のものと反対に）自分のものにするという不可能なことが可能となるかぎりで、わたしは実際「罪に死んだ」（六・二）のである。というのは、新しい人間が神の栄光のために歩む不可視的な生の新しさの中で、罪は、イエスの死者の中からのよみがえりのうちに現われる父の不可視的な栄光の中の死と同様、ほとんど空間、光、空気を持たないからである。われわれは、新しい人間のこの不可能な可能性をあえて考慮に入れてもよいのか、また実際に考慮に入れるのかどうか（五・一、六・一）ということの問いは、繰り返してわれわれを焚き付けるであろう。この不可能な可能性が罪の可能な可能性を排除すること、そのことはどのような問いにもなりえない。

「というのは、われわれがかれの死の比喩によってかれと似るなら、われわれは復活においてもまた同様似るであろうから」。われわれの存在が艱難の中の存在として明らかにわれわれとは何のかかわりもなく、比喩であり、かれの死の類比物である（八・一七、ガラテヤ書六・一七、コリント第二書四・一〇、フィリピ書三・一〇、コロサイ書一・二四）とするなら、そのかぎりにおいて、可視的に、時間的に理解すれば、われわれはキリストと「似て」いる。しかしかれの死は、人間にとって自分自身を神において理解しようとするきっかけであり、すなわち、自己の衰退のうちに自己の成長を、自己の弱さのうちに自己の力を、自己の死のうちに自己の生を理解しようとするきっかけである（コリント第二書四・一六、一七）。まさにこのような裁きから裁く者へ至る、艱難から、自由であって、しかも自由をもたらす者へ至る、危急から希望へ至る（五・三、四）この入り口として、われわれ自身を神において認識するこの機会として（しかしそれは場合によっては起こるかも知れないどのような「体験」とも同一ではないのだ）、キリストの死はわれわれにとって重要である。まさにそれゆえにこそ、バプテスマの印はわれわれにとっては神とのわれわれの不可視的な交わり（六・三）の記念である。キリストとの、キリスト者の、それと違ったある類似性、すなわち、キリストの十字架を負うことにおいて成立するものとは違ったあるキリストへの信従、何らかの意味で積極的な、人間によって初めて獲得されるべき、あるいは体験されるべきイエスらしく振舞うこと（たとえば神信頼、兄弟愛、自由、幼な子性、または人間性におけるそれ）は、精神的・歴史的現実の領域には存在しない。キリストとのわれわれの可視的類似性は（それはかれの十字架の死という鏡に映して初めてそのものとしてわれわれに認識されるのであるが）それ自身、この世の中の人間の態度と状況と共に与えられており、それ自身人間存在一般のいやすことのできない問題性の事実と同一である。われわれは、われわれを裁く者は恵み深く、聖なる者は憐れみ深いという洞察の狭い門の入り口に立っている（しかしだれがわれわれと共に立たないというのか）。われわれは無常、不名誉、弱さにおいてわれわれがキリストと類似しているということから、不滅、栄光、力においてわれわれが不可視的にキリストと類似しているという、われわれの別の類似性に目を向ける（しかしだれがわれわれと共に目を向けないというのか）。われわれがこの点から（またしても永遠の未来《フートゥルム・アエテルヌム》として）洞察するもの、それが、この洞察にともなってくるかも知れない体験、心情などでは決してなく、時間の中に生きる人間が積極的にイエスにふさわしいあり方のことなのである。それは決してその他の可能なふさわしいあり方とも比べられたり、対立させられたりするべきでない。それはどのような人間の性質または活動とならない。それは決して、どこでも歴史的・心理的広がりを得ることはない。どのような人間も直接それを要求されてはならない。積極的にイエスにふさわしいのは、今ここでただ永遠の未来《フートゥルム》として「われわれの」生である、キリストと共に神において隠されているわれわれの生である。――そして決してそれ以外のものではない。しかしそれで十分である。神の恵みは十分である（コリント第二書一二・九）。神の恵みは、神の行為であり、それによって新しい人間が生まれ、存在する。そしてこの新しい人間は、そのような者として罪を免れている。しかしあまりイエスにふさわしくないわれわれの古い人間の存在の消極性は希望において復活のひそかな積極性に満ちている。

六―七節　このことをわれわれは認める。すなわち、われわれの古い人間はキリストと共に十字架につけられた。それは罪の体《からだ》が廃棄され、その結果われわれがもはや罪に仕えないですむためである。というのは、死んだ者は罪から解放されるからである。

「このことをわれわれは認める」。われわれはバプテスマの印《しるし》を理解することによって自分自身を理解し、神がわれわれについて知っていることを知っている。すなわち、「主は、われわれがどのような被造物であるかを知っており、われわれが塵にすぎないことを心に留めている」（詩編一〇三・一四）。まさにわれわれ自身が置かれている無力において、相対性において、貫き通る危機において、キリストの十字架上の死の比喩において、われわれはかれとの類似性を認める（六・三―五）。そしてこの洞察は展望に変わる。恵みの心理学への出発点は（しかしこの心理学は、すべての無益な言葉、すなわち、すべてに、直接的で、非弁証法的な意味を持つ言葉を差し控えるであろうが）、この類似性の認識と共に与えられている――それは人間の心の存立に対しては非所与として、すなわち、罪のすべての心理学の廃棄としては有効であることが実証されるに違いない非所与として与えられている。われわれが自分自身をキリストと（その死の道において）類似した者であると認めるかぎりで、われわれは、不可視的なものを、すなわち、神の憐れみ、神の子としての自分自身を、罪によるわれわれの規定性の遅延、消滅、非存在を、新しい人間の圧倒的な力強さを見る。

「われわれの古い人間」は「最初の罪によって決定的なものとなった、自己愛の力に支配されてこの世に到来するすべての人間の自我のうちにふたたび現われる堕落したアダム」（ゴデ）である。われわれが時間と事物と人間との世界を確かに考慮に入れるかぎり、またわれわれが所与の生の内容の総計全体を絶えず確かに考慮に入れるかぎり、われわれはこの人間を認め、この人間を考慮に入れる。この世にはまさにこの古い人間以外の人間はいない。人間についてのすべての直接的な発言、すべての存在判断あるいは価値判断もただちに、ただこの人間にのみ関係する。わたしという主語は（「わたしがではなく、キリストがわたしの内に生きている」（ガラテヤ書二・二〇）ということによって根本的に廃棄されているのでないかぎり）、それに付けられるありとあらゆる述語において、それに付けることができるどのような妨害、洗練、深化、高揚があっても、いつでもこの人間である。しかしこの人間とのわたしの全体的な同一性に対するこのような告白は、そこからわたしがわたし自身を認識する、いやむしろ認識されている立場、すなわちそこからわたしがわたし自身をこの人間として資格づける、いやむしろ資格づけられているこの全体的同一性の外にある立場を指し示す。それはどのような立場なのか。それはどのような力学なのか。すなわち、余すところなく自己内に閉ざされた、(自我としての) わたしがその中にいる、円環の直観を、非常に力強く、非常に抵抗できない力でわたしに強制する力学、この自我に対して、その自我がわたしにとって可能な認識の対象となるための距離をとることをわたしに可能とする力学、また、わたしとこの自我とを相互に他なるもの、遠いもの、異質のものとして、認識する者の前提的Xとして、また認識された「古い」人間の所与として引き離し、対立させる力学とはどのような力学なのか。

　その答えは、われわれの古い人間が「**キリストと共に十字架につけられ**」ていると言うのである。明らかにキリストの死の比喩においてキリストとのわたしの類似性の認識において、わたし自身との全体的なわたしの同一性の外にあるあの立場の不可視的な現存在とそこから認識するXの力学が効力を発揮する。わたしは、まさにこの人間が（われわれが知っているただ一人の、またその究極の、最高の可能性を持つこの人間が）キリストにおいて裁かれ、死に渡され、究極的な明確なかたちで廃棄され、神の前に義でありまた神において生きている新しい人間の不可視的対置に対する、鋭い、根元的な対立の中に置かれているのを見る。したがってまさにこの裁きにおいて、この放棄、廃棄あるいは対立において、つまりわたしがキリストに対するまなざしにおいて見るのは、その中へと置かれている自分自身だが、そこにおいて、（現われないものとして）わたしに現われるのは、この対置、このわたしを認識するX、そこからわたしが否定され、「古い」人間として確認されている、そしてまさにそれゆえに積極的な点、積極的なXでなければならない点である。キリストが、わたしに代わって死に、わたしが、かれと共に死ぬ十字架上の死に「対する」この不可視的な積極的Xは、今や明らかに古い人間から新しい人間への優越的転回が遂行される軸である。この転回は、一連の自己矛盾する瞬間映像（飛行中の鳥なのだ）という形で描かれるにすぎない。（したがってこの転回は、これらの瞬間中の一瞬間それ自体においても、これら一連の瞬間においても与えられない。この転回はそれ自体としては、決してどこにも与えられない運動そのものなのだ。）あの対立するXからすれば、第一に、あの古い人間、罪の人間は容赦なくそのような者として確定される。というのは、この然りから生まれた否は冷厳だからである。そこからすれば第二に、わたしは、このような古い人間と同一であるという点に不可避的に取りつかれている。わたし自身はキリストの死の鏡においてわたしに立ち向かう特徴ある者である。そこからすれば第三に、わたしはこの古い人間そのものに対する十字架刑の判決に署名するよう強いられる。というのは、「キリストがわれわれのところへ到来し、われわれのために復活したということによって、現にあるがままのわれわれ人間が、古びて、年をとり、役に立たなくなった」（シュラッター）からである。そこからすれば第四に、あの古い人間とわたしとの間に、あの距離が、すなわち、まるでわたしがわたし自身と同一でないかのように、わたしがわたし自身と対立的となることがありうるという謎のような可能性が造り出される。そこからすれば、第五に、不可視的な新しい人間とのわたしの同一性が（「出来事」ではない）出来事全体の意味と条件として措定され、前提とされる。

「**それは罪の体**《からだ》**が廃棄されるためである**」。「体」とは身体のことである。しかし生、感性、人格、個人、奴隷のことでもある。罪は体を持つ。すなわち、罪は一つの本質であり、影響範囲、行動基盤、基体を持つ。罪は時間と事物と人間との世界における存在、延長、自立性、実体、活動性を持つ。罪は「体」として絶えず可視的、歴史的となる。はたしてわれわれが罪の中に生き続けることができるのか、すなわち、はたしてわれわれが罪のこの可視化、歴史化をなお知り、また望むことができるのかどうかについてまさに問われる。罪のこの体は、わたしの体、すなわち、わたしがそれと限界なしに、解き放ちがたく一体であるわたしの時間的・事物的・人間的存在である。わたしは体において生きるかぎり、すなわち、わたしが現にあるわたしであるかぎり、わたしはまた罪人でもあり、わたしが「罪の中にとどまること」（六・一）、わたしが「罪のうちに生き続けること」（六・二）が根本的に自然であり必然的である。まさにこの「かぎり」ということの排除が、この体の、このわたしの時間的・事物的・人間的に規定された存在の廃棄が、古い人間を十字架につけるにさいして問題となる。それゆえ、またその点でわたしはもちろん古い人間である。それはわたしが体において生きており、無限に解き放ちがたくその体と一体であるからであり、またそのかぎりでのことである。古い人間の死、古い人間とのわたしの同一性の廃棄は、したがってこの体とわたしの一体性の廃棄を意味する。わたしは新しい人間としてはもはやこの体で生きる者、時間的・事物的・人間的に規定されて存在する者ではない。キリストの死という危機において、わたしの身体性、わたしの存在《ダア・ザイン》とその在り方《ゾオ・ザイン》そのものの全体が問われる。それは、このようにして「廃棄されて」、わたしがキリストと共に十字架につけられて一体となっている不可視的な新しい人間との関係に置かれるためである。わたしの身体性の全体は神の義の身体、生、感性、人格、個人、奴隷として新しい人間の体であるあの体を待望する。それは復活を待望する。

「その結果われわれがもはや罪に仕えないですむためである」。古い人間（その意味からいってここでもまた復活の未来《フートゥルム・レスルクティオニス》として）を十字架につけると共に告知され、不可視的でわれわれの視野に現われたこの体の廃棄は、罪の力が取り除かれていることを含んでいる。もしもわたしが、この体と無限に解き放ちがたく一体である古い人間と同一でないなら、わたしはもはや罪に仕える必要はない。罪が生きる場はなくなる。罪は陸地に上げられた魚となる。罪は新しい和音とかかわり偽りの属音となる。（わたしが現にない者としての）わたしは、自由の中に置かれている。罪は新しい人間に対して力をふるわない。新しい人間の「体」は別の秩序の下にあるので力をふるわない。復活を期待し、キリストの死の彼岸に新しい人間とのわたしの同一性を考えれば、わたしは罪人であるはずがないし、ありえないし、あってはならないし、あろうとも思わない。

「というのは、死んだ者は罪から解放されるからである」。したがって恵みは、それと並んでは他の可能性、たとえば罪の可能性もまたなお余地を持つかも知れない人間の人間的可能性ではない。恵みは、人間の神的可能性であり、そのようなものとして人間から人間自身の可能性を奪う。恵みは、可視的人間の、神に基礎づけられた不可視的人間の人格性との関係であり、この関係は死が生とかかわるように、人間にかかわる。疑い、不安、衝撃、不可能性を広めつつ、われわれの存在《ダア・ザイン》とその在り方《ゾオ・ザイン》の永遠の未来《フートウルム・アエテルヌム》、すなわち、神においてわれわれがあり、神においてわれわれが知り、願うものが、はり出した岩壁のように、われわれの過去、現在、未来を凌駕する。この攻撃が始まると共に視界に入ってくるあの人間、復活のさいにキリストに似る「であろう」（六・五）あの人間は、現にわたしがあるところの者、現にわたしの知っていることを知る者、現にわたしの望むことを望む者ではない。かれは死んだ者として生きている人間の機能を果たすことができない。かれは、わたしが過去、現在、未来において不可避的に犯す人間の神格化と神の人間化とを行なうことができない。かれは罪の赦しによって、可視的な人間的な所与を無視する神の法廷上の無罪判決によって、神自身の（われわれからすれば不可能な）生の可能性によって生きる。かれは否定の否定、すなわち、離反の否定によって、アダムの不可視的な罪の否定によって生きる。したがって罪の人間の存在、知識、行為はいずれにせよ、かれからは（また恵みがかれとわたしとの同一性を立てることであるかぎり、わたしからは）決して養分を取らないだろう。罪の人は、かれから（わたしから）かろうじて飢餓、転覆、懐疑を期待しうるにすぎない。かれから（わたしから）その裏のページに何があろうと、ページはめくられる。わたしは現にあるがままの者としてのわたしの可視的存在、知識、行為において罪を犯すということがどれほど不可避的であろうとも、現にそれでないわたしと、すなわち、新しい人間と関係を持たされて、恵みを受けた者として、わたしは決してこの不可避的なものの可能性を考慮することができない。この不可避的なものが――不可避的である過去、現在、未来は、わたしにとっては、わたしが恵みによって新しい人間と同一であるかぎり、過ぎ去ったきのうの日である。

八―一一節　しかし、もしわれわれがキリストと共に死んだのなら、われわれは信じる、われわれもまたかれと共に生きるであろうと。すなわち、われわれは、キリストは死者の中から復活させられて、もはや死なない、死はもはやかれを支配しないということを知っている。というのは、かれの死は罪に対する死であったからである。すなわち、それは一回かぎりのことである。しかしかれの生は神に対する生である。このようにあなたがたもまた自分自身を罪に対して死んだ者、しかしキリスト・イエスにある神に対しては生きた者と考慮すべきである。

「しかし、もしわれわれがキリストと共に死んだのなら、われわれは信じる、われわれもまたかれと共に生きるであろうと」。主題《ザッヘ》の本質にあるのは、先に主張された（六・一）罪のうちに「とどまる」ことが不可能であることの証明が主として、罪の人間にとっては、その彼岸にわれわれが恵みを与えられた者として立っている、深淵によって特徴づけられた「キリストと共に死ぬこと」を意味する強力な否定によってもたらされるべきであるということである。わたしは、われわれにとって既知の人間のこの廃棄の彼岸に立っているXとキリストにあって同一であるかぎり、罪人として十字架につけられ、死んで、葬られている。すなわち、この否の独特の重みが、それ自身においてすべての然りと否、すべての此岸と彼岸、すべての「あれも―これも」、すべての二元性、緊張、両極性、異種性、二律背反《アンチノミー》の否認である一つの然りに由来することを、したがって、これまでのところで、しばしば単なる否定として覆われていて、罪の可能性と対抗したのは一つの積極的な不可能性であることを、（すでに六・四で語られたことを強調して）注意深く、しかし力強く指摘することがわれわれにかろうじて残っている。――「もしわれわれがキリストと共に死んだのなら、われわれは信じる」。信仰は、神にある人間の存在の非所与を与えられたものとして思い切って確定するあの恵みの心理学の最初で最後の、唯一で決定的な素材である。信仰は、古い人間から新しい人間への、古い世界から新しい世界への境界を越える比較できない、取り消すことのできない、呼びもどすことのない歩みである。信仰は、まさにその概念の全くの逆説において人間の空洞として、否、むしろ神の内容として、人間の沈黙、無知、期待として、否、むしろ神の語りかけ、知恵、行為として、最後の人間的な、否、むしろ最初の神的な可能性として、人間における然りと否、恵みと罪、善と悪とがそこに存在する平衡状態が阻害され、廃棄される転回、旋回、逆転である。われわれがキリストと共に死んだのなら、かれの十字架がわれわれにとって、われわれの存在の問題性をその神的な、自分自身を越え出た必然性において理解し、人間の終極点において神の出発点を、神の怒りの雷雨の中に神の愛の光を認める機会であるなら、そのときわれわれはまさにそのかぎりで信仰者でもある。すなわち、神にある人間の存在の原＝事実がはじまり、比類のない歩みが生起し、取り消すことのできない、それどころかすべての顧みをも排除する逆転が遂行される。――というのは、信仰が絶対的瞬間の光の中で、すなわち、キリストの十字架の光の中でただ輝くだけでなく現に存在し、空洞であるだけでなく内容であり、人間の信仰であるだけでなく神の真実であるかぎり、われわれは「何」を信じるのか。われわれは、キリストがわれわれに代わって死んだこと、そしてそれゆえ、われわれはかれと共に死んだことを信じる。われわれは、十字架上の死の彼岸に現われる不可視的な新しい人間との、われわれの同一性を信じる。われわれは、死の認識に、復活に、神に基礎づけられたわれわれ自身の永遠の実存を信じる。われわれは信じる、「われわれもまたかれと共に生きるであろう」と。したがってわれわれは——復活の未来《フートゥルム・レスルクティオニス》の不可視的主体としてのわれわれ自身を信じる。それ相当のすべての差し控えと、すべての留保と、疑問符と、感嘆符を伴ったこの信仰が、「われわれ」の信仰として立てられるならば、ふつうの、ありうる心理学の、正確に境界外に成立する積極的不可能性は恵みと並んで一つの可能性としての罪を考慮に入れることはできない。「あなたが信じるならあなたは持つのだ」。われわれが信じるなら、われわれは罪を取り除かれている。

「すなわち、われわれは、**キリストは死者の中から復活させられて、もはや死なない、死はもはやかれを支配しないということを知っている**」。信仰は、神が知っていることを知ろうとする、したがって——神がもはや知っていないことを知ろうとしない冒険である。この冒険の可能性は、次の点にある、すなわち、それが人間の可能性としては決して考察されていないという点、それが人間のすべての可能性の疑問視を前提とするという点、それは神にある、神そのものにある、神のみにある人間自身のすべての可能性を汲み尽くしたのちに人間が持つ可能性であるという点にある。信仰とは、停止すること、沈黙すること、礼拝すること——知らないことである。神と人間との質的差異は見あやまることのないものとなり、時間と事物と人間との世界との神の衝突は、不可避的に必然的な洞察となり、死は天国の唯一の(唯一のだ)比喩となる。これが「イエスの生涯」の可視的意味である。すなわち、医者で救い主であるイエス、預言者イエス、メシアであるイエス、父の子であるイエスである——これらすべてのことは、次第に増大する明快さと鋭さをもって、十字架につけられた者イエスという規定を受け入れる。これらすべてのことは明らかに人間の可能性とは考えられず、またそのようなものと解釈されることはできない。そしてこれがキリスト教の信仰の可視的意味である。すなわち、イエスの生涯を貫いて通る死線がすべての人間の生の法則であると共にまた必然性であるという認識、われわれはキリストと共に死んだという認識、したがって、われわれは神に対して無知な者であり、われわれは神の前にただ停止し、沈黙し、礼拝することができるという認識である。——人間的可能性の廃棄としてのみ記述される、イエスの生涯のあの特有の可視的な意味は、今やしかし明らかに、この危機が出てきた不可視的中心点を前提し、すべての可視的なイエスの可能性が測定される不可能なものを、すなわち、方向を指示し集約させるものを前提とする。究極的にはただ苦難を受ける者と解釈されるべきイエスに対して、明らかに不可視的に活動するイエスが対立し、神殿とこの世との終末を告知する者に対して、天の雲にのって再来して自分の父の国をもたらす人の子が対立し、十字架につけられた者に対しては、復活した者が対立する。この生の可視的意味は、かれにおいて遂行された神の不可視的な栄光の啓示と直視なしである。すなわちイエスが自らに引き受けるあの裁きは義である。かれが死ぬあの死は生である。かれが宣べ伝えるあの否は然りである。ここで暴露される神に対する人間のあの反抗は和解である。イエスの可視的生の傾向のこのような逆転が表わされるのは新しい人間イエスの不可視的全体において、したがって肉体的に、身体的に、人格的に体において復活した者においてであり、この逆転においてその全体は見られる。しかしこの逆転の啓示と直視は、そのようなものとしては人間的に可視的な歴史の、またナザレのイエスの人間的に可視的な歴史の限界である。それはそのようなものとしてはこの歴史の他の出来事と並ぶ「歴史的な」一つの出来事ではなく、これらの他の出来事をその限界として取り囲む出来事、すなわち、復活日の前日と当日と次の日の出来事が指摘する「非歴史的な」出来事である。もしそれ自身が「歴史的」（心理的、自然的、あるいは超自然的）出来事であるなら、もしそれが、あの平面上の、すなわち、あらゆる種類の、多かれ少なかれ「信仰深い」堅固さとこざかしい詮索と並んで霊感主義的また人知論的可能性の他にやはり仮死説、欺瞞説、客観的また主観的幻想説が論議することを許さなければならないようなあの平面上の一つの出来事であるなら、ここでイエスの可視的な死の道の逆転において、十字架につけられた者という不可視的な相手を計画に入れて登場し、発言するのは、明らかに神自身、神のみではないだろう。そうなれば復活はあれこれと解釈されて、イエスが死ぬために後に残したあの一連の人間的可能性を増し加えることになるだろう。そうなれば、イエスは、かれの生の意味が実現するために、またすべての可視的な心理、自然、超自然がその前では塵また灰にすぎない、未知の神に、すなわち、光の中に住み、だれも近づくことのできない神に〔テモテ第一書六・一六〕、当然神に帰すべき従順と神にふさわしい栄光が帰せられるために、イエスはもう一度死ななければならないことになるであろう。歴史において可能であり、ありそうなことであり、必然的であり、あるいは現実的であるもの、それは過ぎ去るもの、死滅すべきもの、死ぬべきものであり、それを支配するのは死である。もしも直接的、無媒介的連続性が復活史の「歴史的」事実（したがって、例えば、共観福音書の空虚な墓やコリント第一書一五章〔五―八〕の「〔キリストの〕出現」）と復活そのものとの間に成立するとするなら、したがって何らかの意味で復活がそれ自身歴史の一事実であるとするなら、どのような非常に強力な断言も、どのような非常に洗練された熟慮も、歴史的平面を言い表わす然りと否との、生と死との、神と人間とのぶらんこ遊びに復活もまた巻き込まれているように見えるのを妨げることはできないであろう。というのは、どのような存在でも出来事でも、どのような人目を引く革新でも、どのような前代未聞の体験でも、どのような特異な奇跡でも、この天の下、この地の上にあって、大きいものも小さいものも並べて見、入りまじって考慮する相対主義から守られてはいないからである。もしそうだとすれば復活は、すべての歴史的事物の遠さ、不明確さ、不正、根本的問題性とかかわりを持つことになるであろう。もしそうだとすれば個々の人間の魂に刻まれた、復活から出た刻印に対しては、復活のなおはるかに明確な抹殺と曲解が対立し、復活に起因する社会学的影響に対しては、なおはるかに物をいう「キリスト教的」無力状態と歪曲とが対立し、そしてそのもっとも純粋で最高の光の照射には、おそらくなおいっそう強力な他の光と力とを持つ光の照射が対立するであろう（オーヴァーベックを参照せよ）。もしそうだとすればあの十五万年の人類史についての、また、すなわち、「ほんのわずかの極点の移動の結果である、過去の氷河時代と、おそらくは再来する氷河時代についての、また、偉大な文化体系の興隆、没落についての」（トレルチ）思想は、品位と意義とを獲得し、その思想と、その思想のようなものには元来本当はふさわしくない神の事柄への発言権を獲得するであろう。しかも単にその思想だけではないのだ。というのは、この世を通じて、歴史を通じて受ける「キリスト教」のこの脅威全体は、事実もちろん明確に生じはするが、それは「キリスト教」が歴史の中の、時間の中の、この世の中のある勢力となるかぎりにおいてのことであり、それは「キリスト教」が神学者たちの裏切りのために、自分の真理はただ否の彼岸において、死の彼岸において、人間の彼岸において求められるべきであるだけでなく、然りと否、生と死、神と人間を一般的に対照させ、いずれかの仕方で連続的に並列させたり、互いに対立させたりする可能性の彼岸に求められるべきだということについてのすべての意識を非常に広い範囲にわたって失ったかぎりにおいてのことだからである。というのは、「死者の中からの復活」という概念は、このこと、つまり「なぜあなたがたは生きている方を死者の中に捜すのか」（ルカ福音書二四・五）ということを、すなわち、あなたがたはなぜ、「キリスト教」という歴史的勢力が興隆、下降し、生成、消滅し、その可能性と限界とを持つあの平面上で、あの空間において、神の真理を求めるのかということを意味するからである。復活の概念は、死の概念において、すなわち、すべての歴史的事物そのものの終極の概念において成立する。身体的に復活したキリストは、いつも変わらず身体的に十字架につけられたキリストに対立するのであって、それ以外の点で対立するのではない。キリストは、いつも変わらず「霊では生かされ」新しい天の下、新しい地の上の新しい人間として啓示され、直観されている。それはかれが「肉では死に渡された」（ペトロ第一書三・一八）かぎりで、すなわち、かれがすべての可視的、人間的、歴史的可能性を（しかもたとえそれが驚くべき超自然的存在の可能性であるとしても）まさにそのようなものとして（可視的、人間的、歴史的可能性として）犠牲として、放棄して死んだかぎりにおいてである。しかしかれが十字架につけられた者でありながら復活した者であり、またこの世における古い人間の終極でありながら神において不可視的な新しい人間であるならば、かれはこのような者として歴史的事物の相対性、時間による根本的脅威を捨て去り、こうしてかれは死を捨て去る。「かれは死者の中から復活させられて、もはや死なない」。かれの復活は特別な意味《カタ・エクソケーン》で「非歴史的」出来事であるので、またそうであるからこそ、「死はもはやかれを支配しない」。この生は、解明することはできない。その生は、取り消しがたく生である。それは神の生である。それは神によって認められた人間の生である。――したがって信じつつわれわれは、人間のこの認識を神からわれわれ自身のものとしようと、この生、イエスの復活の生をわれわれの生として知ろうとあえて試みる。すなわち、「われわれはかれと共に生きる」（六・八）。この生を「われわれの」生と呼ぶ「われわれ」がわれわれなのではないこと、この知識は常にただわれわれの死についての知識としてのみ可視的となることができること、この生を知っている信仰はただキリストと共にわれわれが死ぬこととして、敬虔で、謙遜で、愛のある無知としてのみ出来事となること、これらのことは明らかである。この信仰がそのような出来事となるかぎり、また、イエスの死の道の可視性においてわれわれに立ち向かう不可視的な、不可能な、認識客体と共に、同じ様に不可視的な、不可能な認識主体（死と生とを分けまた結びつける線の彼岸にある）が措定されているかぎり、また、「われわれは生きるであろう」という復活の未来《フートゥルム・レスルクティオニス》がキリストの死の裏側として、新しい「われわれ」の前提であるかぎり、われわれは現に新しい人間であり、われわれは、罪がその一つの可能性である生を、ふたたび生きることができないという積極的不可能性の中にある。

「というのは、かれの死は罪に対する死であったからである。すなわち、それは一回かぎり

のことである。しかしかれの生は神に対する生である」。キリストの死の中にある人間の可能性の廃棄は、それ自体罪の可能性の廃棄である。死の全くの此岸にある人間の可能性そのものが罪の可能性であるのだから、まさにそれゆえにイエスの生涯の意味は死でなければならない。時間と事物と人間との世界における生は、それ自体離反という不可視的な神の遠さの中での生であり、神人同型説というただあまりにも可視的な神の近さにおける生である。神の前でこの生において妥当するどのような明確さも、純粋さも、無罪性も、義も存在しないのだ。このような生の中にある意味、究極のもの、生が常に罪である。そして今やキリストが死んだ。この死の中にある意味、究極のもの、死が神である。すなわち、この生の死の彼岸にある、そしてそれゆえにただ死の比喩によってのみ可視化されることができる人間の新しい（不可能な）可能性としての神である。まさに人間のこの新しい可能性が、人間の真の神の近さ、人間の無罪性、人間の義であるので、この可能性は死の比喩によってだけ、すべてのその古い生の可能性の原理的否定において可視化されることができる。しかしこの可能性がキリストの死において事実可視化されるかぎり、また、キリストが事実その死において、神に生きる人間としてわたしの代わりに立つかぎり、また、わたしは事実「信じつつ」（六・八）、かれと共に生きるために、かれの死にも与るかぎり、根本的に他なる者が「一回かぎり」わたしの視界に入りこんできた。わたしは死にかかっているキリストと確かに可視的に一体であるが、わたしとは不可視的に一体である対抗者としてのこの他なる者、この復活した者、罪において生に死んだこの者、この神に生きる者が人間そのもの、個人そのもの、心そのもの、体そのものである——かれはわたしの身代わりに立つ。かれはわたしである。そしてキリストの死は、死ぬことができ、死ななければならない生の終極であるので、また罪の可能性に対する根本的無罪性の勝利、〈あなたの罪は赦されたのだ〉という告知であるので、キリストはもはや死なないので、死と復活という順序は逆転できないので——罪と恵みという順序もまた逆転できないので、そのためにわたしは、キリストにおいて神に対して生きつつ、そのような人間として罪に死んだ者である。わたしは罪人でありまた同時に恵みを受けた者であることはできない。わたしはただ罪から恵みへの逆転の中に（裏返すことのできない逆転の中に）のみ立つことができる。

「このようにあなたがたもまた自分自身を罪に対して死んだ者、しかしキリスト・イエスにある神に対しては生きた者と考慮すべきである」。実証の実証、実証された事態に対するわれわれの洞察についての決定は、はたして信仰の冒険が断行されているかという問いにかかっている。信仰とは神が見るものを見ること、神が知るものを知ること、神が計算に入れるものを計算に入れることである。罪に対して死に、神に対して生きる（六・一〇）あの人間を神は「計算に入れる」（三・二八、四・三）。この新しい人間の、すなわち、神の喜ぶ人間の啓示と直視は死者の中からのキリスト・イエスの復活である。しかし復活の力は、われわれがそこに神を認め、いやむしろ神によって認められる（ガラテヤ書四・九、コリント第一書八・二―三、一三・一二）この新しい人間の認識である。恵みは復活の力である。ここで、全くひとりでに直接法は、真理の現実、すなわち、必然《ノッセ》の中の存在《エッセ》、認識されたものの、認識するものの、認識の実在以外の何ものも意味できない命令法になる。罪人であると共にまた恵みを受けた者でもあるという積極的不可能性が存立する――だからこの不可能性を存立させなさい。罪の赦しが行なわれる――だからそれが行なわれるままにしなさい。「あなたはキリストと共に罪に死んだ。だからあなたも死になさい。あなたはキリストと共に神に対して生へと復活した。だから今や生に生きなさい。あなたは自由にされている。だから自由になりなさい」（シュラッター）。「あなたはキリストにあってすでにあるとおりのものになりなさい」（ゴデ）。復活の力は鍵であり、開かれる扉であり、入り口を越えて行く歩みである。恵みは平衡を阻害することであり、廃棄することである。「われわれ」の生の現実を（繰り返して）偽りと呼び、われわれに対し神にあるわれわれの生の現実を（繰り返して）――求めようとする不可能な可能性が存在する。われわれ（われわれが現にそれでない者としてのわれわれ、復活の未来《フートゥルム・レスルクティオニス》の主体としてのわれわれ）は、神が――もはや知っていないことに対しては問いを投げかけることができない。

従順の力（六・一二―一三）

一二―一四節　そこであなたがたの死ぬべき体の中に宿る罪の支配にまかせ、あなたがたを体の欲望に従わせることをせず、またあなたがたの肢体を不服従の武器として罪のために使用させず、むしろ死から生へ帰って来た者として、あなたがた自身を神のために使用させ――そして、このようにしてまた、あなたがたの肢体を義の武器として神のために使用させなさい。というのは、罪はあなたがたを支配することはないであろうが、あなたがたは律法の下にあるのではなく、恵みの下にあるからである。

「そこであなたがたの死ぬべき体の中の罪の支配にまかせ、あなたがたを体の欲望に従わせることをするな」。恵みは従順の力である。恵みは、それ自体実践でもあるような理論そのものであり、それ自体把握でもあるような理解そのものである。恵みは絶対的な、定言命令法の意味を持つ直接法そのものである。そして恵みはあの命令法、あの訴え、あの戒め、われわれが聞き従わないわけにはいかない、端的な確認の力を持つあの要求である。恵みは知識に対応する意欲を自分と並んだ他なるもの、第二のもの、補足的なものとしてでなく、直接自分の中に持つあの知識である。恵みは神が意欲するものの知識として神の意志の意欲と同一である。

というのは恵みは復活の力だからである。恵みは人間が神によって認識されていることの認識である。恵みはすべての所与性の、すべての生の内容の、すべての本質の、すべての存在《ダア・ザイン》とその在り方《ソオ・ザイン》の彼岸で、神によって生み出され、神によって動かされ、神に安らう実存についての人間の意識である。恵みは、人間がこの実存のうちに再発見されるかぎり、神から生み出されたこの実存そのものである。恵みは、神によって創造され、救われた新しい人間、神の前に正しい人間、神の御心に適《かな》う人間、父が自分の子において自分自身を再発見するように、神がそこに自分自身を発見する人間である。復活の力において、死から生への分岐点《クリージス》において、ただ信仰によってのみ、恵みによってわたしは、新しい人間であるがこの新しい人間に対して、すなわち、この恵みを与えられた人間に対して、〈神が望むことを望みなさい〉と要求することは意味深い。というのは、この人間はもちろん実存的であり、本来神が望んでいる人間、神を拠り所として生きる人間だからである。このように恵みを与えられた人間として、わたしはその要求を聞き、理解することができる。すなわち、わたし自身の根源に対する想起として、わたし自身の実存の肯定として、〈わたし（〔傍点なしの〕わたしではないのだ）は存在する〉という洞察と同じ意味を持つものとして、である。このような恵みを与えられた者として、わたしはそのような者としてこのような要求によって創造され、生かされ、目覚めさせられ、不安にさせられて、人間世界に対する、この世界の人間に対する——わたし自身に対する攻撃の、つまりこのような要求において表現される攻撃の主体、担い手、武器である。この恵みを与えられた者としてのわたしにとって、罪は、ただ単に相対的にではなく、ただ単に他のより善い可能性と対立した一つの運命的な可能性としてだけではなく、可能性一般として、悪いまた善い人間のすべての可能性の背後にあり、それを越えたところにある規定と力として、わたしの「死ぬべき体」（この体とわたしとは解きがたく、限界づけもできないほど一体である）という事実と共に外見上与えられ、わたしの上に置かれている支配として、絶対的に問題的なものである。恵みを与えられた者として、わたしはこの支配を承認することができず、それに賛成することができず、それを考慮に入れることができない。わたしは、まさに所与、つまり前提であろうとするその支配の要求に対して、ただ絶対的懐疑をもって対応できるにすぎない。なるほどわたしは罪を見るが、しかし、わたしはそれを（まさに、すべての人間的可能性の必然性である罪を）ただ不可能性として見ることができるだけである。この死ぬべき体の中に罪が宿っていたし、宿っているし、宿るであろう。それは時間が時間であり、人間が人間であり、世界が世界であるかぎりにおいてであり、死が勝利に飲まれず、死ぬべきものが生に飲まれないかぎりにおいてであり、わたしが（キリストの死の此岸において、新しい人間と同一でなく、恵みを与えられず、打ち砕かれず）現にあるわたし——であるかぎりにおいてであり、わたしが左足をまだ墓の中に入れているうちに、グロテスクな偶然性と奇妙さの中にあって、生まれたり死んだりという最も恐ろしい出来事に制限されて、同一となるまでからみ合って、それどころか全く謎に満ちた宇宙の偶然的事物性と一体となっている一般の個人であるかぎりにおいてである。この体は自然のままの、純粋な体、罪のない体であることはできない。もし体がそういうものであるなら、可死的なものは不死性を着、朽ちるべきものは不朽性を着るであろう。この体は不死性と不朽性をまだ着なかったなら、その体はそれと共に自分を罪の体として特徴づけるのであるが、しかしこの特徴づけられているということは、われわれにとって恵みと罪という二元論の中に、然りと否との対置の中に留まるきっかけとなることはできない。というのは、この体がまさに死ぬべきであり、罪であるものとして特徴づけられていることは「古い人間の十字架刑」（六・六）と共に廃棄され、問題視され、攻撃され、究明され、「その結果われわれはもはや罪に仕えないですむ」からである。「古い人間」、人間の諸可能性を持つ人間は、死ぬべき、罪ある者として特徴づけられた体と解きがたく、無限に一体の自我である。しかしこの自我に当てはまることは、恵みを与えられ、キリストと共に死んだわたしにも当てはまる。わたしはそのような者として、わたしの死ぬべき体に宿る罪の支配を承認することができず、またこのわたしの死ぬべき体の領域における罪の支配も、罪によって体が特徴づけられていることも承認することができない。罪がそこにおいても脅威を受け、問われ、根本的に退位させられるのも、確かにキリストが古い人間を十字架につけるというかたちで、わたしの希望であるから、わたしの体もまた新しい人間の不死性と無罪性との希望に与ることによってである。わたしの体はわたしがそれであるわたしと共に、わたしがそれでないわたしとの関係に置かれる。その体は、わたしと共に議論の余地のない罪の領域また活動基盤であるのでなく、罪がそこで自分の支配をめぐって戦わざるをえない戦争の舞台である。そして罪に対して戦う者、罪の支配をわたしの死ぬべき体に対しても、生活環境に対しても、歴史に対しても、有限な目的の国全体に対しても、わたしの実存の外に対しても（然り、まさに外に対してである。というのは、「内」にもないようなものが実存的に考えて、「外」にもありうるだろうか）。罪の支配を承認できず、正当化できず、認めることができない戦う人、このような戦う人間が恵みを与えられた人間、新しい人間としてのわたしである。わたしはこの罪の支配に対する懐疑論者であり、わたしは革命家である。したがってわたしは、同時に恵みと罪との間の傍観者であり、中立者であることはできない。わたしは罪を恵みと並ぶ可能性と見ることができず、ただ恵みそのものの不可能性によって不可能性となる（あの人間的な）可能性と見ることができるにすぎない。罪が人間の可能性として存在することは、目のとどくかぎり理解できることである。しかしもしわたしが、この可能性をわたしの可能性として考慮するなら、それは理解できることではないだろう。罪がわたしの死ぬべき体の中に宿ることは理解できる。しかし、もしわたしが罪との妥協、調停、協調的態度《モドゥス・ヴィヴェンディ》を見いだすなら、それは理解できないと言えるだろう。

わたしの死ぬべき体の「欲望」が、その死滅性、罪性の特質として、爆発として、力として実在であるということは理解できる。すべてこれらの欲望は、すなわち、わたしの飢えと睡眠欲、わたしの性欲と自己主張欲、わたしの気質と独創性、わたしの知識衝動の貪欲、わたしの芸術衝動の活動、わたしの意志力の盲目的突進、そしてまた最後、最高の、わたしの「宗教的要求」、これらすべてのものに対応する大宇宙的、社会的「欲望」とあわせて、すべてこれらの欲望は、それ自身、時間性、事物性、偶然性の全体に根ざしていることによって、またわたしの体、つまりわたしの宇宙的存在の死滅性の中に徹底的にまぎれ込んでいることによって、わたしの――可死性と罪性の生命力として、また罪ある者としてすでに死の犠牲となっている生そのものとして特徴づけられる。この欲望という生の現実はただあまりにも分かりきったことであるにすぎない。しかしもしわたしが恵みを受けた者としてわたし自身をこのように特徴づけることに同意するなら、もしわたしがそれに「聞き従う」なら、もしわたしがこの実在の相対性を見そこない、そしてその相対性に超越的実在性を帰するなら、もしわたしがこれを形而上学的に（ある第二のもの、所与として）実体化するなら、したがってもしわたしがこれをあがめ、清め、聖化し、宗教的に変容させるなら、もし新しい人間としてのわたしの生が、非存在が存在と対立するのとは違って、わたしの死ぬべき体の生と対立するとするなら、理解できることではないと言えよう。もしわたしがすべての過ぎ去るものは比喩にすぎない〔ゲーテ

『ファウスト』〕ということを忘れるなら、もしわたしが、現にあるわたしを世の終わりにいたる日まで現にわたしでないものから区別する深淵に対する有益な驚きを忘れ去ってしまうなら、もしわたしが、絶え間ない、もはや原理的否定によって断ち切られることのない一本の線を求め、神の自然性とわたしの自然性との間にそれを見いだすなら、理解できないことであると言えるであろう。もしわたしが恵みを受けた者として他の秩序を持つわたし自身の生命力を「わたしの死ぬべき体の欲望」に対立して持ち、それを実証するのでないなら、理解できないことであると言えるであろう。われわれは恵みを受けた者として「義の賜物」(五・一七)を受けた。この戦力を働かせないことはあまりにも愚かなことであると言えるであろう。われわれは「生の中で王となるであろう」(五・一七)。しかも同時に死の中にあってわれわれの奴隷状態を肯定することはナンセンスであろう。「聖徒たちもまた肉の中に悪い欲望を持つ——が、ただしかれらはこれに従わない、ということに注意せよ」(ルター)。

「あなたがたの肢体を不服従の武器として罪のために使用させず、むしろ死から生へ帰って来た者として、あなたがた自身を神のために使用させなさい」。人間の「肢体」、人間の心理的・身体的有機体、人間の宇宙的存在は、その原因と結果の全体において、「不服従の武器」として、人間が自分自身を神と同一視することによって(一六・一八)、真理を捕らえるあの傲慢な道具として、またこの奴隷一揆そのものの偽りの自由の中にあって、罪に捕らわれた者であって、かれのものであるすべてのものを「使用」せざるをえない人間——それは、いつも変わらずわれわれの可視的な生の可能性である。しかしこの可視的な生の可能性は、恵みを受けた者の従順の不可視的な力のうちで否定される。それは実存的にはわたしの可能性ではない。あなたは捕らわれた者ではないのだ。あなたの肢体は、バベルの塔を建てるように定められていず、それを建てることもできないのだ。それを罪のために使用するな。あなた自身を（恵みを受けた者であるあなたは救われていないあなたを、新しい人間であるあなたは古い人間であるあなたを、その体のすべての肢体と共に）神のために使用しなさい。あなたは（実存的に）神のものであるのだ。「しばしば死にいたるまでその全本質をもって、多かれ少なかれ神に反逆すること、あるいは神が与えた手で、いわば神の顔を打ち、それでいてキリストに希望を寄せようとするなどということがいったい可能でありうるだろうか」（J・Chr・ブルームハルト）。目のとどくかぎり、実際存在するこの可能性はそれ自身、人間が不可視的に恵みを与えられていることによって底を掘り崩されて、崩落させられ、動揺させられる。ここの可能性の山の中にひとつの穴、ひとつの空洞が成立し、ここに他の秩序を持つ可能性として、あの可能性を崩壊させる従順の力が始まる。しかし第三の可能性、すなわち、「神に逆らう罪の傭兵として、また罪に反対する神の傭兵として交互的に戦ったり、あるいはそれどころか身体的生の領域において罪に仕え、精神的生の領域において神に仕えようと願う」（ツァーン）可能性、それはありえない可能性である。あなたがたは死から生へとよみがえった。生と死との間には第三の可能性はない。この戦いにおいては脱走兵、仲介者、中立者は存在しない。山があるところ谷はない。谷のあるところ山はない。

「――このようにしてまた、あなたがたの肢体を義の武器として神のために使用させなさい」。ここがロドス《ヒック・ロドゥス・》だ、ここで踊れ《ヒック・サルタ》。☆65 これは実存的に神に使われることである。すなわち、死ぬべき体の肢体も、しかもそれが積極的に意のままに用いられるということ、従順の不可視的な力が、われわれの可視的な生の可能性の総体を廃棄することによってそれを逆転させるということ、そこで（まさにそこでであって他のどこにおいてでもないのだ）つまり罪が死において支配したところで、いま恵みが、義によって、罪の赦しの創造的な言葉によって、神が公然とわれわれの味方となり、われわれを自分の味方と考えるあの〈にもかかわらず〉によって支配するということ、したがって、われわれの死ぬべき体はその問題性と放棄された姿全体のまま、神の愛の賛美、神の栄光の器、神の義の武器に変わるということである。どうしてこのことは、不可能なものが可能となること以外の仕方によって可能となるであろうか。死から生に帰って来た人でなければ、だれがこの要求を聞きとることができるだろうか。しかしまさにそのことが問題である。恵みの直接法がこの命令法として、すなわち、不可能なものが可能となる（六・一九）ようにという絶対的要求として人間に向けられることによって、またその点で恵みは神秘主義の限界をも道徳の限界をも打ち破る。

「というのは、罪はあなたがたを支配することはないであろうが、あなたがたは律法の下にあるのではなく、恵みの下にあるからである」。恵みは従順の力である。なぜなら、恵みは復活の力であり、われわれが自分自身を復活の未来《フートゥルム・レスルクティオニス》の主体として認識する認識の力であり、新しい人間の存在としてのわれわれの存在を計算に入れる冒険の力であり、われわれの実存の「生」から死への、「死」から生への逆転の力であるからであり、またそのような力であるかぎりにおいてのことである。恵みを受けた者は神の意のままになり、その「肢体」は、神の望むままになる。人間は、宗教的人間として神の意のままになるよう要求されているのではなく、恵みを受けた人間としてそうなるよう要求されている。したがって人間がおそらくは「律法の下に」もあるかぎりにおいてではなく、神と共に何ものかを「体験」したり、その魂の中に、その心情の中に、その振舞いの中に、何らかの方法で不可視的なものの可視的な痕跡、神の恵みとの出会いの刻印を指し示されなければならないというかぎりにおいてなのである。すなわち、それはまた、この人間が、生きた水が流れる――可能性のあるあの水路のかたわらに住む者であるかも知れないというそのかぎりにおいてなのである。人間が罪を克服する従順の力は、決心、性向、感激、（たとえどんなに最高のものであれ）動揺、変化、規定性の力ではない。いやおそらくはすべてのことのいくらかが人間自身のものともなるであろう。かれもまた宗教を持つであろう。それどころか教会を持つであろう。かれはまたあれこれのものを「信じる」であろう。かれもまた祈りの生活を持つであろう。またすべての人に対応する宗教的・道徳的態度を持つであろう。かれは予感しつつまた希望しつつ、戦いつつまた苦しみつつ、所有しつつまた無くて困りつつ、どこかに何らかの方法で人間の敬虔という大きな悪霊の国にその場所を持つであろう。宗教史と宗教心理学が物語ることのできる多くの「類型」の中のどれか一つが不可避的にかれの「類型」であるだろう（六・一七）。しかしこれらすべてのものがなるほど印であり証言でありうるが、しかしそこでかれが（「罪はあなたがたに対する主とはならないであろう」と）希望しつつも神に対して然りを語るがゆえに罪に対して否を語る従順の力ではありえない。この従順の力は、類型的ではなく原型的であり、（きわめて洗練された意味においても）対象的でなく根源的であり、宗教的でなく神のものであり、律法でなく恵みである。もしこの力が敬虔、経験、体験などとして可視的で歴史的になるのが常であるようなものと同一であるなら、明らかに〈罪の欲することを欲するな。神の望むことを望め〉という命令法は無意味であろう。というのは明らかに、高度のまた最高の、悪霊的《デモーニッシュ》また宗教的な心の体験も、その全領域にわたって所属しているあの人間の可能性の領域を、どうして罪は支配しないのだろうか。そして人間、すなわちこの人間は、神が望むことをどうして望むことだけでもできるだろうか。たとえかれが敬虔な人間であるとしても。有限なものが――もしそれが最高度の宗教であっても——どうして無限なものを捕らえることができるだろうか。有限は無限を捕らえ《フィニトゥム・ノン・カパクス・インフ》えない《イニティ》〔カルヴァン〕。宗教的人間においても、もちろん恵みの体験はこれ以外のかれの生の内容の、罪の規定性との戦いのうちにある。しかしここで生じることは、一つの人間的可能性と他のもう一つの可能性との戦いである。ここでは恵みの勝利は、率直に言って全然問題となりえない。ここでは事実、神の真理と罪の真理がせいぜい均衡を保つのであって、ここでは然りと同時に否が妥当する。というのはここではもちろん根本的には人間の実存の逆転（生から死への、死から生への）が問題となるのではないからであり、それゆえに、ここで人間が決して神に実存的に用いられるのではないからである。ここに神の現実は、人間の「欲望」の現実とは違って、（この人間的欲望の下には性欲、知的欲望などと並んで宗教的欲望が置かれるのだ）非難の余地のないものとして、批判を通して確立されているわけではない。それゆえにここでは人間のうちに働く神の意志の現実もまた（情欲《リビドー》の意志とは反対に）疑わしいものであり、それゆえまたこの領域における「罪」に対する「恵み」のすべての勝利もまた最高に疑わしい。ここでは人間の生命力の限界は根本的には踏み越えられておらず、それゆえ神的生の土台もまた根本的には踏み込まれていない。ここでは罪に対しては否を、神に対しては然りを語る従順の力は真剣な意味では存在できない。この場合むしろ（人間の生の衝動のもっとも高く、もっとも美しい絶頂で、すなわち、宗教において　五・二〇）、罪が溢れ出ることが人間に神の怒りをもたらす（四・一五）。あなたがたは「しかし律法の下にあるのではなく」、むしろこの究極最高の人間的可能性の彼岸で根本的にはかろうじて罪の赦しが考察されるところ（四・一五、五・一三）に、しかし罪の赦しが問題となるところにいる。すなわち、あなたがたは「恵みの下に」いるのである。それは「倫理的に観念的な楽観主義の定式」（リーツマン）なのか。まさにそういうものではないのだ。恵みとは、神の国、神の王権であり、実存的に神の意のままになることであり、人間における神の意志の現実的な自由であり、あらゆる楽観主義と悲観主義の彼岸にある。恵みは、従順が不可避的に、疑う余地なく、否応なしに存在するあの平面上に、あの空間内に、この世の中にある人間の存在であるので、そのために恵みは従順の力である。恵みは、従順の力である。なぜなら、恵みは復活の力だからである。そして恵みは復活の力である。なぜなら、恵みは死の力、死から生へ帰った人間の力、自分を神そのものにおいて、神においてのみ――失ったことによって、自分自身を再発見した人間の力だからである。

一五―一六節　ではそれからどういう結果になるのか。「われわれは律法の下にではなく、恵みの下にいるのであるから罪を犯そう」と言うのか。そんなことは〔言うことが〕できないのだ。あなたがたは知らないのか。もしあなたがたが僕《しもべ》として従順のために自分自身を献げるなら、あなたがたはその場合自分自身を献げた人の僕でもあって、その人に聞き従わなければならない。すなわち、あなたがたは死にいたる罪の僕であるか、あるいは義にいたる神に対する従順の僕であるかのいずれかである。

「『われわれは律法の下にではなく、恵みの下にいるのであるから罪を犯そう』と言うのか」。恵みは、あるいは何かの意味で罪を犯す自由を意味しているというのか。神にある人間の生の不＝可視性、不＝可能性、非＝現実性への洞察は、罪に対する宗教の戦いがやはり決してどのような目標にも達することはできないという意識をもって、人間が、あきらめるか、あるいは祝福に満ちて微笑しつつ、可視的、可能的、現実的生にそれ自身の、罪によって規定された進路を与えるという結果になるというのか。恵みを与えられているということは、死ぬべき体の欲望に対して、この救われない世界を支配している力に対して、平安を与えられていることを意味するというのか。この体とこの世の（たとえば創造の助けをかりて）存在《ダァ・ザイン》とその在り方《ゾオ・ザイン》を神によってもも望まれ、あるいはそうでないとしても許されていると理解し、それゆえ、今ここでは決して出来事とならない救済そのものを顧慮して、神との平和条約、あるいは軍事停戦を結ぶ可能性を意味しているというのか。「恵みを受けた者」とは、興奮させられて、土台を崩され、罪との戦いでほとんど自分を食いつくし、絶望している律法の人間とは反対に、平穏な市民とこの世の人間の満足できる調停、賢明なヒューマニストの懐疑的で・優越感を持った、しかも人間らしく親切な平衡、あるいは神秘主義者の多かれ少なかれ濁ったり澄んだりしている中心観照を、神と世界、彼岸と此岸、終極的救いと堕落した創造の間の善い方として選んだ者だというのだろうか。罪に支配された存在《ダア・ザイン》とその在り方《ゾオ・ザィン》の、われわれの、包括的な否定は、結果において同様に包括的な肯定と匹敵するというのだろうか。すなわち、一方の否定は実際的には無意味に、生の「他の側面」として、生の他方の可能な照明として、何らかの方法でこの肯定に平和的に対立するものだろうか。――「恵み」がたとえばそれ自身ただ律法の新しい現象形式、新しい、非常に極端な、非常にけわしい人間の可能性、すなわち、二律背反《アンチノミー》的、神秘的、静寂主義的可能性、受動性と「待つこと」の可能性、したがってその他のもっと積極的な可能性に対して、もっと消極的な可能性であるにすぎないなら、明らかにこの解釈を阻止する必要はないであろう。恵みが人間の一つの可能性であるなら、他のある種の人間の可能性が平和に、それと協調して自分の進路をとることは明らかに当然のことである。その場合、明らかに「恵み」は非常にさまざまな意味で罪を犯す自由を意味する。――パウロと宗教改革者たちと違って、「恵み」をもただ律法の観点から、神をもただ人間の宗教と道徳の観点、すなわち、人間が行為するかしないかの観点から見ることができない者、神においては可能である不可能事というカテゴリーを落ちついてはっきりと目にとめることができず、永遠の思想を考えることのできない者、このような者は、繰り返して、恵みをこの最後の、相対的に否定的な人間の可能性と取り違えて、その結果、この可能性を選ぶか、捨てるか、興奮してそれにだまされるか、つまらない論争で恵みに攻撃を加えるかといった、おびただしい混乱を引き起こすことになる。というのは、もし神がすべてのことをするので人間は何もできないし、するべきでないということそのことが恵みであるなら、明らかに次のことが残るだけだからである。あるいは、このことを知っているため、現世主義者のほとんど隠すことのできない満足をもって、この「何もしない」を選ぶのか（それは、人間、すなわち、「罪の体」が初めて本当に王座に高められるという結果を伴うのであるが）、あるいは、宗教的道徳家の陰鬱な真剣さでこの「何もしない」を捨て去るのか（それは、人間が罪に対する戦いにおいてこれからも、かれの「する」ことができることをし、「罪の満ち溢れ（五・二〇）」に終わるという結果を伴うのであるが）、あるいはしかし（そしてそれは確実な中道またもっともたくさんのものとなるであろうが）選びと棄却との間、「静寂主義」と「行動主義」との間を、中途半端な知識と良心とをもって行ったり来たりするのか（それは罪が人間の普通の不遜と宗教的不遜とにおいて交互的にまた互いに自分の勝利を祝うという結果を伴うのであるが）。このように解釈されること、受け入れられようと拒否されようと、人間の可能性として普通この人間に可能な結果を生むのが常であること、それはどちらにしてもわれわれが恵みとして宣べ伝えることではない。われわれは言う。それが恵みであることはありえないのだ。

「そんなことは〔言うことが〕できないのだ。あなたがたは知らないのか。もしあなたがたが僕《しもべ》として従順のために自分自身を献げるなら、あなたがたはその場合自分自身を献げた人の僕でもあって、その人に聞き従わなければならない」。恵みとは、人間が何かをすることができる、また、するべきであるということでもなければ、何もできないしすべきでないということでもない。恵みとは神が何かをするということである。恵みとは神が「すべてのこと」をするということではなく、かれが何か全く特定のことをするということ、しかも一般的に、そこやここにおいてではなく、人間においてそれをするということである。恵みとは、神が人間の罪を赦すことである。恵みとは、新しい人間の自己意識である。恵みとは、われわれの実存の応答的問いである。この洞察がとぎすまされて、すべての汎神論に対してもキリストの十字架の危機的意義に対する想起によって保証されて、われわれが何をすることができ、またするべきであるか、何をすることができず、またするべきでないのかという問いによって根本的に混乱することもなく、それが確定する時初めて、事態に即して恵みと罪について語られることができる。恵みは、人間に対する神の国、支配、権力、力である。それは罪による規定、すなわち、最初の可能性から最後の可能性にいたるまでのわれわれ人間のすべての可能性の基礎にある罪による規定に対する根本的反論である。恵みは、まさにこのような反論そのものとしては根本的にはすべての人間の可能性の彼岸にある。しかし恵みは、まさにこの反論としては同時にその新しい規定性、その危機、その意味、その困惑、その攻撃者であり、またここでその反論をするのが神であるかぎり、その約束であり希望である。恵みは人間に対する神の権力また力として決してどこにおいてもこの人間が行為することと行為しないことと同一であることはできない。しかし恵みは、この人間の（不可視的）真理であり、かれが行為するかまたはしないかの（不可能な）真の可能性であり、（かれの非＝存在として規定されるべき）かれの真の存在である。恵みを持つことはこの反論を自分自身において持つことであり、われわれがわれわれ自身において持つかも知れない「あるもの」としてではなく、神自身がわれわれにおいて持つものとして持つことである。すなわち、罪の人間に対する反論を持つ、というのはしかしわれわれは他のどのような人間も知らないのであるから、人間そのものに対する、すなわち、われわれわれ自身——に対する反論を持つことである。恵みを持つということは、端的に言って、自分があれこれのものであったりあるいはなかったり、あれこれのことをしたりあるいはしなかったりすることではない。恵みを持つということは、われわれ自身がそれであったりなかったり、したりしなかったりするすべてのことに対する神の反論に対し、実存的にその思いのままになり、自分をこの「従順のために献げる」こと、かれの「僕」であることである。このような恵みを持つ行為は、われわれ自身のすべての可能性の彼岸で神の不可能な可能性として生じる。その行為は神がわれわれにおいて自分のものとする自由そのものである。しかし神はその自由を自分のものとし、神はその自由をわれわれにおいて自分のものとする。われわれは恵みを与えられた者である。恵みによって攻撃されたわれわれの自己は、ただ単にこの攻撃から逃れることができないだけではない。それがことによると終わるように待望しながら、傍観者としてこの攻撃のかたわらにとどまることもできない。それは――自ら攻撃者とならなければならないが、そうなるのもこの自己が攻撃を受けた者として死に（十字架につけられ　六・六）、それから神の反論の死から生へと至って、自分が神の反論と一体を成していることを発見することによってである。というのは、もちろん神の反論の内容は、われわれが――われわれでないということ、新しい個人、神によって創造され、救われた個人が、われわれの個人の存在《ダア・ザイン》とその在り方《ゾオ・ザイン》の非所与的真理として、その前ではその所与の真理は非真理となる真理として宣べ伝えられるということだからである。われわれは攻撃されている――それは神にあるわれわれの実存から。それゆえ「あなたがたはその場合自分自身を献げた人の僕でもある」。あなたがたはそういう者である。実存的に、あなたがたはそれと並ぶ他のどのような者であることもできない。あなたがたは僕（奴隷）である。あなたがたは実存的に聞き従うために存在している。あなたがたは神の僕である。すなわち、あなたがたは、あなたがた自身において、あなたがた自身に対して、罪に対してかかげられた神の否に聞き従うために実存的に存在する。あなたがたは実存的に罪に対して怒りを言うことができない。

　あなたがたは僕であり、「**死にいたる罪の僕《しもべ》であるか、あるいは義にいたる従順の僕であるかのいずれかである**」。恵みを受けている場合と同様罪を犯す場合にも、実存的関係、奴隷であることが問題であり、それゆえ一方が他方を排除し、両者は中間状態を排除するということ、両者はただ、われわれ自身が神にあるわれわれの実存から攻撃され、われわれが一人の主の手から他の主の手に移る不可視的な瞬間にのみ並んで立つことができるということ、このことがここで洞察されるべきである。ただ一義的にのみ規定されることができるものの一つの規定、すなわち、まさにわれわれの実存の規定、不可分な一人の人間の一つの規定、しかも人間の全体性の一つの規定、言い換えると、その規定は人間のすべての可能性の彼岸に在ることによって、この規定のすべてを含む規定、すなわち、言葉のもっとも厳密な意味での「僕の状態」はそれゆえ罪であると共に恵みである。まさにそれゆえにこそ両者はただ〈あれか－これか〉としてしか対立できない。まさにそれゆえにこそ、恵みを受けた者は安心して罪の対立に折り合いをつけたり、罪との妥協の中に暮らしたり、その罪を可能性として考察することはできず、また同様に罪人は、ありうる一可能性として恵みをもてあそぶこともできない。両者は仇同士であり、しかも、罪人は恵みを、恵みを与えられた者は罪を見る目を断じて持たず、かえって相手にとって唯一の可能性があるところに不可能性を見るにすぎないというほどに真に排他的に仇同士である。というのは、「従順の力」もまた罪から出てくるからである。したがっていずれにせよ、たとえわれわれがこの従順について知るにすぎないとしても、罪と恵みとの間の平衡はありえない。われわれは「罪の僕」としてもまた、恵みがおそらくはすでに確定され、すでに赦され、すでに売りとばされた者であるわれわれに対して掲げるであろう要求に対して絶対的にただ反抗せざるをえないであろう。そしてもしわれわれが「従順の僕」であるなら初めて真にそうであり、いやそれどころか「なおさらそうである」（五・一五、一七）。あちらの僕であることとこちらの僕であることとの間に、アダムにある一人の人間の存在とキリストにある一人の人間の存在の間に完全な不一致、「両立不可能性」が成立する。さてその場合に注意すべきことは、律法、宗教、道徳が、人間を罪に反対させる場合の全くのきびしい真剣さは、恵みと罪、神と世界、彼岸と此岸の間のすべての相互保証のこの分裂、この不安、この不可能化を実現することができず、むしろ反対に究極的に抹殺し、宥め、媒介しつつ働くのが常であるということ――またしたがって、もしわれわれが人間の生の状態と生の問題を「律法の下ではなく、恵みの下で」考察しようと願っても、したがってわれわれが罪に対する勝利をどのような意味においても人間に期待せず、かえって神に期待するとしても、傍観者の問いはそう推測するように見えるが（六・一五）、この人間の生の状態と生の問題の緩和や無害化を決して意味せず、かえってそれの根本的な尖鋭化を意味するということである。われわれは「律法の下にではなく、恵みの下に」立っているのであるから、それゆえに罪を犯す自由はない。それゆえにわれわれは両者の間に渡す橋のない〈あれか―これか〉に直面している。

一七―一九節　**神は感謝すべきかな。あなたがたは罪の僕であったが、あなたがたがその**

下に置かれている教えの刻印に基づいて心から従順となった。あなたがたは罪から解放され、義の僕となった。わたしはあなたがたの肉の弱さを考慮して人間的に語るのだ。だから、あなたがたはあなたがたの肢体を道具として汚れと不法の用いるに任せて不法を行なったように、今やあなたがたの肢体を道具として義の用いるに任せ、聖化するがよい。

「神は感謝すべきかな。あなたがたは罪の僕であったが、心から従順となった」。最終審に訴えて、人間の可能性そのものに対して、この「神は感謝すべきかな」という言葉で命じられている自明の手控えの下に、しかしまた「神は感謝すべきかな」ということの言葉で与えられている、人間的可能性をできうるかぎり無視できる完全な自由をもって、今や決定的な攻撃が行なわれるかも知れず、また行なわなければならない。それは、それによって即事的伝達が説教となり、宣教《ケリュグマ》となり、告知となる。すなわち、特定の人たち、この場合ローマの「キリスト者」を、恵みの下に立つ者と呼ぶ企てとなる突撃、突破、侵入である。したがってこれら特定の人間たちのもとでは従順の力は所与のものとして前提され、それゆえかれらに対しては、意味深い仕方で、恵みによる罪の克服を認識において実証し、実際に認識するようにとの要求が向けられてもよい。「神は感謝すべきかな」という言葉で、この特定の人間に、あえて次のことを負わせるかも知れないし、また負わせなければならなくなる。すなわち、かれらの堕落は罪の僕の状態の堕落なのではなく、神の僕の状態の堕落であるということ、またかれらにとっては罪の僕の状態は実存的にありえないこと、廃棄されたこと、片づけられたことであるということ、かれらにとっては可視的な（ただ可視的にすぎないのだ）罪の奉仕がかれらの過去であり、恵みに対する不可視的な従順がかれらの現在であり、また未来であるということである。「あなたがたは罪の僕であったが、従順となったのだ」。また「心から」そうなのだ。したがってこのような直接の語りかけにおいては、全く意識的に、大胆な先取観念《プロレープシス》という形式によってでなければ全く行なわれえない企てが、すなわち、あれこれの人間の「心」を、神が認識するとおり（二・一六）に認識し、悔い改めへの呼びかけと罪の赦しの告知をまるでそれがかれらに対する神の言葉であるかのようにかれらに向け、実存的に恵みを受けた者であるかれらに単に要求し、かれらを神のものと考え、かれらを復活の力の中に引き入れ、かれらのために十字架に付けられた者を顧みて自分たちの従順の力を――信じるという、これらの企てが問題なのである。この企ては断固行なわれなければならない。それでは、恵みや神の国についての語りかけの対象となっている人間に対して、その人間が念頭に置かれ、かれが恵みを受け、かれがこの国〔の支配〕に従うのだと話されることなしに、どうして恵みについて、神の国について語られることができるだろうか。恵みはすべての人間の神真理とは違った仕方でどのようにして証明されるというのか。大胆不敵というより以上の〈にもかかわらず〉をもってあえて行なわれた、あの人間とこの人間との、その人間とその特定の人間との、すべての人間の関係による以外に、実存的にまさにかれにおいて、かれ自身において遂行される実証そのものによる他に証明されるというのか。そしてもし恵みが全くひとつかみで個々の（一人一人の個々の）人間の可視的な罪の僕の状態を越えて人間のためにあらかじめ信じられ、その人間に入りこんで信じられるのでないなら、どうして恵みは罪に対する不可視的な従順の力の勝利として信じられるだろうか。恵みは、それが（「われらに罪を犯す者を、われらが赦すごとく、われらの罪をも赦したまえ」〔主の祈りの第五の祈り〕）「心から」恵みを受けていることをあえて前提し、それを見ないでしかも信じるということが論証され、確認され、実証される。使徒というものは、恵みの体験を見張ることなく、恵みを持った人間が存在すると思い切って信じるという点で宗教家と区別される。

「あなたがたがその下に置かれている教えの刻印に基づいて」。なぜまさにこれらの人間たちなのか。それは決して他の人たちの除外を意味しない。原則的には同じ先取観念《プロレープシス》という冒険によってこの使徒（パウロ）は「ユダヤ人」にも「異邦人」にも接近する。ローマにあって「すでに」回心した人たちの宣教者で手紙の発信者であるかれも、人間が神を求めたより前に人間を発見した（未知の！）神、しかもかれらがただその神を想起するべきであるにすぎない神に感謝をもって訴えることとは何か違ったことができるわけではない。そして両者ともできるわけではない。しかしなぜ「キリスト者」の可視的な恵みの体験は〈神は感謝すべきかな〉という言葉で、まさにかれらを恵みを受けた者と呼ぶ激励、要求であってはならないのか。「あなたがたがその下に置かれている教えの刻印」は（六・三のバプテスマのように）、「キリスト教」が他の宗教と並んで、またそれとの多様な接触がないわけでもないが、体験として、制度として、教義として、礼拝として、さまざまな「類型」をとって現われる宗教的告知として、人間的・可視的形態をとる平面上の一つの「印」である。パウロの教えも、ローマの「キリスト教」にとって「類型的」となったおそらくは少しばかり違った教えもこの「類型」に属する。違っているということが決して原理的な重要性を持つのではない。指示し、証言することができて、人々がこれら「キリスト者たち」に想起させることのできる印として、パウロはかれらの「類型的なもの」を要求する。かれはこの類型的なもの、偶然的なもの、可視的なものを引き合いに出して、かれらに原像的なもの、実存的なもの、不可視的なもの、すなわち、神がかれらを見いだしたし、かれらは罪の赦しを得ており、かれらは恵みを受けた者であるということを想起させても、キリストにある新しい人間を、従順の力である復活の力を想起させても、間違っていないと考える。その場合、この想起はまさに単に想起にすぎないということは自明のことであり、一方ここで想起される恵みを受けているというこの現実性は神に由来し、その神の感謝すべき呼びかけは、それゆえ本当にこの想起にただ単に外面的に先行するだけではない。

「あなたがたは罪から解放され、義の僕となった」。これは、パウロがローマのキリスト者に要求する恵みを与えられた姿である。分裂、不安、調停不可能性がかれらに対して存在する。（神にある）かれらの実存から、かれらの存在に対する攻撃が生起した。罪に対するかれらの奴隷関係が解かれ、かれらは義の奴隷となった。復活の力、死者を生かす神の認識がかれらを逆転させた、――かれらを逆転させた。この逆転はかれらのもっとも固有な、もっとも個人的な歩みであり、かれらにおいて生じる機械的出来事ではなかった。復活の力において、かれらが、かれら自身がこのように歩んだ。そしてこの出来事は明確で、取り消しがきかず、逆転できない。義は恵みを受けた人間の可能性ではなく、この人間の必然性である。変わりやすい心情ではなく、人間の生の不変的意味である。より高度のあるいはより低度の温度と強度を持つ一つの気分《シュティムング》ではなく、かれの置かれている定め《ベシュティムング》である。人間の一つの所有物ではなく、人間の自己所有である。人間の自由は、神の喜びにおいて基礎づけられるのであって、その他のどこかにおいてではない。しかしこの自由は、人間における神の意志の自由であって、他のどのような自由でもない。あなたがたは神にあって自由に、神にあって捕らえられているのだ。これは恵みの、すなわち、実存的に神に属しているということの定言命令法であり、この命令法を認識する時、古い人間と新しい人間の二元性が成立し、その結果、ただちに新しい人間の一元性において廃棄される。あなたがたはこの命令法の下に立つ。

「わたしはあなたがたの肉の弱さを考慮して人間的に語るのだ」。わたしは言う。あなたがたは、こちらでは自由に、あちらでは奴隷となって立ち、存在している、と。そのことは「人間的に」語られている。問題となる不可視的な人間の実存関係についての直接的な、弁証法的に断絶のない発言は、まさに言い表わされることのできない何かあるものを必然的に言い表わしているということをわれわれは知っている。われわれはこのような発言をあえてすることによって、「罪」と「恵み」と、あるいは「信仰」と「不信仰」とが、人間が「持ったり」「持たなかったり」する所与として、人間がこれやあれで「あったり」、「なかったり」するところに現われる宗教的な、ロマン主義的な言いまわしのある種の薄明に入りこむということをわれわれは知っている。復活の力による死から生への逆転、罪からの自由、さらに義の僕の状態は、あれこれの名をもって呼ばれるべき特定の人間についても言い表わされるべきでないということ、その名を持つ人たちによってこのことが言い表わされるべき人の名は生命の書の中に書かれてあるだけであるということ、しかし恵みという主題《ザッヘ》の核心においてはあれこれの人間の（たとえば子どもたちの、社会主義者の、ロシア民族やドイツ民族の――ドストエフスキーやクッターを見よ）可視的な存在と非存在、所有と非所有は存在しないということをわれわれは知っている。それにもかかわらずわれわれはこのような発言をする。われわれは――このようなロマン主義的心理主義という外見をとる。なぜなら罪の赦しという神の直接性に対しては、このような人間の直接性という比喩以外のどのような言葉も存在しないからであり、間接的な語りかけは「存在」とか「所有」とかの言いまわしなしには、「肉の弱さ」にとって、すなわち、人間がやっと開いている耳にとって必然的に罪の赦しをあいまいにするもの、弱めるものとして現われるより他ないであろうからであり、神の側から人間を変革することに対する理解を妨げるかも知れないような傍観主義という最後の壁をも、またまるで人間が神を「客観的に」理解できるかも知れないというような究極の外見をも打ち壊すことが問題であるからであり、また「あなたがた」は罪を知ることができず、望むこともできないということの証明が、神はあなたがたを、あなたがた自身を、他でもないあなたがたの罪を赦したのだということの洞察においてその要点を持つからである。したがってわれわれは、このような直接的な語り方（不可避的であると共に考慮すべき、あらゆる説教の特徴）をあえて試みる時、自分が何をするかを知っているつもりでいる。そしてそれゆえ――われわれは、打ち砕かれた者として打ち砕かれることなく思い切って語ろうと試みる。しかし、われわれはそれと共に「人間的に」、比喩で語るということ、信仰において語られることが、信仰において聞かれるということ、恵みは恵みとして、すなわち、可視的、非所与的な神にある人間の基礎づけとして宣べ伝えられ、取り上げられなければならないということを想起すること、この想起は、まさにここで欠けることは許されない。

さてこの〔警告のために〕差し上げられた指は、次の句を読むさいに、今や初めて本当に注意されなければならない。**「あなたがたはあなたがたの肢体を道具として汚れと不法の用いるに任せて不法を行なったように、今やあなたがたの肢体を道具として義の用いるに任せ、聖化するがよい」**。あなたがたは恵みの命令法の下にある。恵みの命令法の下だ。恵みは、あなたがたの死ぬべき体の中に宿る罪の廃棄である。人間の肢体は恵みが用いるのに任せるのであって、罪に任せてはいけない。恵みは、死ぬべき人間の規定であって罪がそうなのではない。恵みにおいて神は人間の味方をするのであって、罪においてではない。恵みとは、神が人間の実存をその総体のまま自分のものと計算し、要求することを意味する。恵みとは、一人の不可分な人間に対する神の支配権である。恵みとは、まさに個体の徹底的危機であるために、またそうであるかぎりにおいて、その個体の存在《ダア・ザイン》とその在り方《ゾオ・ザイン》の全領域におけるその個体の真理である。恵みは静まることができず、静止することができない。恵みは沈黙することも、断念することもできない――たとえ不可視的なものを可視的なものから、無限なものを有限なものから分ける鉄の障壁に直面しても。恵みは可視的な生を罪にゆだねて、義という「他の」「彼岸的な」、不可視的な生に満足することはできない。まさにそのようなことはできない。そのようなことはもちろん恵みと罪の二元論であろう。二元論を廃棄することによってまさに恵みは自らが恵みであることを証明しなければならない。まさに可視的な生を恵みが攻撃し、この恵みが義に対する生の降伏を求める。まさに人間の「肢体」こそ義の用いるに任せられなければならない。というのは、「この可死的なものが不死性を着る」〔コリント第一書一五・五四〕ということ、まさにそれが恵みを受けた人間の復活の未来《フートウルム・レスルクティオニス》の内容、言明だからである。われわれの具体的な生の内容である罪の規定性が所与として対立する恵みは、恵みではないだろう。よりよい彼岸に対するどのような落ちついた指示も、われわれの此岸的生、「肢体」の生、すなわち、時間と事物と人間とのこの世界におけるわれわれの生がさらされている要求、攻撃、危機を阻止することはできない——たとえ神がわれわれに対して恵み深いとしても。というのは、もし神がわれわれに対して恵み深ければ、それはやはり、あのよりよい彼岸によって、それが公然と存在しないことによって、またそれが公然と近づき、戸をたたき、侵入してくることによってわれわれの此岸そのものが疑問とされるということを意味するからである。そして同様に、悪い此岸のどのような運命的な信用失墜もあの危機の前でわれわれに平安をもたらすことができない——たとえ神がわれわれに対して恵み深くても。というのは、もし神がわれわれに対して恵み深ければ、その場合、このことは、われわれが此岸のこの悪に順応することができず、もはやそれに没入することもできず、むしろそれとの根本的な矛盾の中に置かれているということ、まさにその単なる此岸性、その純粋な否定性がわれわれにとって意識された窮地とも、しかしまた約束ともなり、われわれの欠乏の認識とも、しかしまたわれわれの希望の認識ともなるということに他ならないからである。神はわれわれに対して恵み深いということ、それはすなわち、「彼岸」がわれわれの此岸とかかわり、われわれの此岸はこの「彼岸」とかかわりをもたされることであり、これと共に一方を他方から引き離すことをわれわれが認めないように禁じることに他ならない。不可視的真理である恵みは、すなわち、不可能なものの可能性をもって、日の終わるまで罪に規定された存在と出来事、可視性の意欲と実現を手さぐりせずにはいられない。恵みは、徹底的に目で見られ、耳で聞かれ、手で捕らえられようと欲する。恵みは、啓示されることを欲し、見られることを欲する。キリストの死者の中からの復活(六・九)は、神の不可視的な恵みの(非歴史的なものの周辺では歴史的に、また歴史的なものの周辺では非歴史的に)啓示でありそれを直視することである。そしてわたしはもちろん新しい人間として、わたしでないわたしであるだけでなく、わたしはわたしでないわたしでもある(五・一、九—一一)。恵みとは、「御心の天になるごとく地にもなさせたまえ」〔主の祈りの第三の祈り〕ということである。そしてそこで、実際、神に対する人間の実存関係としての恵みは、この人間についての神の真理を言い表わす直接法から、この人間に神の現実を要求する命令法に、すなわち、あなたがたは今までそれを望まなかったが、今や神の望むことを望みなさい、という命令法に突発的に変わることができる。今や、あなたがたが今まで「汚れと不法」に仕えた際に用いたのと同じ可視性によって、同じ具体性において、同じ「肢体」を使って義に仕えなさい。あなたがたが今まで「不法」を行なったのと同じ手段と道具を使って、今「聖化」を行ないなさい。あなたがたが今まで神を辱めてきたのと同じ生の条件、機能、関係の中で、あなたがたの体において今や神をたたえなさい。ある他なる存在、所有、行為が、あなたがたに、あなたがた自身に、まさにあなたがたに求められるのだ。まるで「聖化」は人間の可能性であるかのように。まるで罪は、あなたがたが解放できない仕方で、限界づけられない仕方で一体である死ぬべき体の中に宿っていないかのように。まるで時間は時間でなく、人間は人間でなく、事物性は事物性でないかのように。まるであなたがたも左足をすでに確かに墓の中に入れてはいないかのように。まるで身体的なものがすでに生に飲みこまれ、死が勝利に飲みこまれたかのように。まるであなたがたは、この要求、絶対の要求が向けられることができる人間であるかのように。この要求が満たされる可能性、神の意志が人間において、人間によって地にも行なわれうるという可能性、したがって、聖化された人間の生そのものが歴史的、可視的となる可能性、無限が有限をとらえる可能性、この可能性はただ意義を差しはさむことはできないだけでなく、それは恵みの立場からは最後究極的には唯一の可能性として主張され、その出現はまさに嵐のような焦燥、渇望、熱中をもって期待されないわけにはいかない。もしわれわれがこの可能性なしに耐えることができるとするなら、もしわれわれがわずかなもので満足し、この可能性とそれ以外の可能性とを調停して生きるための緩和を持つなら、もしわれわれが本来キリスト教的な（ゴティク風の）魂の不安をふたたび免れることができるなら、したがってわれわれのうちにあるすべてのものが、神の義に対して聖化され、準備され、開かれ、それといわば並行する生の可能性を求めて身を伸ばすのでなく、しかもわれわれの「肢体」、つまりわれわれの死ぬべき体に見られるこの並行性を可視化するという意味でそうするのでないなら、恵みは恵みでないだろう。というのは、確かに「生」という述語を持つ恵みを受けた人間の復活の未来《フートゥルム・レスルクティオニス》は、人間全体、すなわち、人間の天的「部分」と地上的「部分」、すなわち新しい人間（「魂」）と、十字架につけられた古い人間の「廃棄された」体にも当てはまるからであり、確かにこの述語はふつうの意味で（まるでこの述語化を時間的な意味で「待た」なければならないかのように）未来的に考えられているのではなく、そうではなく、人間の過去、現在、未来を広い前面に包みまたくり広げるから、確かにそれは、一瞬間でも「待命」期を与えることなく、「罪はあなたがたを支配することはないであろう」（六・一四）という他の述語を持つ全体としての人間にも当てはまるからである。しかし十分理解してほしい。この可能性は不可能なものの可能性である。この出来事は非歴史なものの歴史化である。この啓示は永遠の秘義の啓示であり、この直視は不可視的なものの直視である。人間のこの存在、所有、行為は、そのようなものとしては奇跡であり、新しい創造であり、それはそのようなものとしては、人間のそれ以外のすべての存在、本質、行為とは違った、他なる（本当に他なる）秩序に属している。全く他なる秩序に属しているので、あの「それ以外のもの」と並ぶ、特殊な中の、第二のものとして、あるいは現われるかも知れないというようなことは問題にもなりえないほどである。それはそのようなものとして天から与えられる住みか（コリント第二書五・二）を着せられるということである。それはそのようなものとして新しい地の上と新しい天の下に生じる。この外見上の制限は実際はどのような制限でもなく、この命令法の、考えられるかぎりもっとも強い尖鋭化を意味するということ、この〈しかし〉が〈それゆえに〉であるということ、そのことを理解できる者は理解するがよい。もし人間の言語がこの事柄《ザッヘ》において明確な、「人間的で」ない言葉を持つとするなら、明らかに全くすばらしいことであろう。というのは、この命令法が（すでにそれと対応する直接法　六・一八のように）「人間的で」、どのような制限であるはずもないあの制限を必要としているということ、そのことは疑うべきでないからである。この命令法は、人間に全く要求できないことを人間に要求する。この命令法は、この〈今〉と〈ここ〉の廃棄、その徹底的な新しい評価が前提しているものを今ここで要求する。それは直接知ることができる、明確な（「肢体」における）出来事、すなわち、それがキリストにおいて生起した時もまた、それが復活の日に生起した時もまた、直接知ることができるようにはならず、信仰と躓きのどちらをとるかの選択を他の人たちにゆだねる出来事を要求する。このことは「人間的に」語れば、神の存在、所有、行為としてのみ理解されるべきことを人間の直接的語り方の比喩において要求することを意味する。もしそのことが熟慮されていないなら、もしこの命令法の、すなわち、それに聞き従う力は神の力であることを想起させるこの命令法の、人を動かし、同時に阻止する「かのように」が聞きもらされるなら、われわれは宗教的道徳主義の先取観念《プロレープシス》のただ中に、ロマン主義のきわめて粗野な幻想のただ中に、すべての種類の人間の義と神の義とを、すべての種類の救われた状態と救いとを、われわれが場合によっては——体験できるあの生と永遠の生とを、きわめて甘味を付けて取り違え、混同してしまうただ中にいる。このことが熟考されないかも知れないということ(「われわれは死ななければならないのだ」ということは熟考されない——しかしいつ、どこで、だれによってそのことは徹底的に考え抜かれているのか)、そのことが、まさにそれが恵みについて語ることであるかぎり、またそのかぎりで、恵みについて語るすべてのことが被るあいまいさである。もしわれわれが恵みについて語らなければならないとすれば、もしわれわれが多かれ少なかれ信じるに値する根拠に基づいてそれをやろうと試みるなら、われわれは明らかに(われわれが何を行なうのかを知りながらなのだ)「人間らしく」語らなければならないし、それがわれわれの唇に載ると陳腐なこと、あるいは幻想となるという危険を冒して、恵みにその究極の、突発的に出て広がる言葉、われわれの死ぬべき体を義の道具にまで聖化する言葉を発言させなければならない。というのは、まさにわれわれの唇に載ることのできないこの言葉こそが、そのようなものとして罪の不可能化、裁きとしての神の義、力としての神の赦し、創造としての神の言葉だからである。

二〇—二三節　というのは、あなたがたが罪の僕であった時、あなたがたはもちろん義から離れていたからである。当時あなたがたはどのような収穫物を得たか。あなたがたが今では吐き気をもよおすようなものである。というのは、そのようなものの終極は死であるから。しかし今やあなたがたは罪から解放され、神の僕となり、聖化に通じるものにおいてあなたがたの収穫物を得る。しかし終極としては永遠の生命がある。というのは、罪の支払う報酬は死であるが、神の与える恵みはわれわれの主キリスト・イエスにおける永遠の生命であるから。

恵みは死から生への分岐点《クリージス》である。それゆえに、恵みは罪に対しては絶対的な要求であり、また共に絶対的な従順の力である。それゆえに、恵みと罪の間にはどのような緊張もどのような両極性もありえず、調停も、平衡も、中間的解決もありえない。それゆえに、「われわれ」は恵みを受けた者として、傍観したり、つり合いをとったり、恵みを可能性あるいは必然性として考慮に入れ、その権利を認めさせ、また罪を別のものとすることはできない。それゆえに、キリストの救済の音信は、動揺、衝撃、すべてを疑問視する攻撃そのものである。それゆえに、それを一つの宗教とする試み、すなわち、それと並んで他のものも存在する人間の可能性、または必然性とする試み以上に無意味なものは存在しない。シュライアーマッハー以来、これまで以上に意識的に、プロテスタント神学によって企てられてきたこの試みは、キリストに対する裏切りである。恵みを受けた者がそのような者として無条件にその味方をする。かれは平和も、暫定協定、合意もない生死をかける戦いに巻き込まれているのである。

人間は、ある種の無関心と中立性という薄明りの中で、活動し苦しみつつ、今生きまた生かされて、蒔いたり刈り入れたりして自分の道を進んでいるように見える。この「収穫物」とはどういうものか。この歩みの成果とは何か。対象となった自分自身を人間が再認識する体験と特性と習慣、言葉と行為と業は何を意味するのか。人間の歴史の動きと関係と秩序とは何を意味し、歴史の「進歩」、その「発展」はどこへ通じるのか。「目標」とは、目的とは、人間が追求し、多かれ少なかれ達成する事柄の無限の充実の中にある諸目標中の目標とは何か。人間はそれを知っているのか。人間はそれを知ることができるか。その刈り入れの際に、雑草と麦とは、すなわち「不法」をもたらすものと「聖化」をもたらすもの（六・一九）とは明らかに互いにもつれ合い、混じり合い、一緒になり入り乱れて解くことができない。人間が自分の死ぬべき体の「肢体」によって成し遂げるあれやこれやのこと、すなわち、有限な被造物特有の精神のあれやこれやの作品、与えられた生の内容のさまざまな可能性に対するあれやこれやの態度、あれやこれやの心の状態、あれやこれやの歴史の波が、あるいは不法にかあるいは聖化にかどちらに属するのかについてだれが裁くというのか、あるいはどのような客観的規範がこれを決定するべきだというのか。人間が考え、語り、行ない、造り出すすべてのものは、すなわち、収穫物の全体が不法に属することができるのかあるいは聖化に属することができるのか。ある場合には全く「聖化」とは解釈できないような可視的「不法」が存在するのか。またある場合には全く「不法」とは解釈できないような可視的「聖化」が存在するのか。われわれは、人間の生の内容という暗号が明確に解読されうる手掛かりとなる典拠を明らかに所有していない。主なる神が、われわれの生の刈り入れに際して、神の、永遠の倉に収めるあの収穫物についてはわれわれは明らかにどのような知識も所有していない。そしてわれわれは、何を刈り入れるのかを知らないとすれば、その場合どうしてわれわれが何を蒔いたのかを知るというのか。われわれが、われわれの生産が何を意味するかを見通さないなら、どうしてわれわれは、われわれの実存が何を意味するかを見ようとするのか。われわれがわれわれの目標を知らないとするなら、その場合どうしてわれわれはわれわれの出発点を知るべきだというのか。もし人間が然りにおいてあるいは否において人間の規定を認識するなら、もし人間が犯罪者としてあるいは聖者として自分の道を進み、天においても地獄においても自己の運命を見いだそうとし、またやがて見いだすなら、そしてもし「善人たちがますますよくなり、悪人たちがますます悪くなるなら」（ハルナック）それは偶然と気まぐれ以上のものなのか。善いとは何か。悪いとは何か。ここのこのような薄明りの中に、明らかにあの緊張、両極性、異種性、二元性という正当な領域が存在する。ここは明らかに、然りと否とが等しく必然的に、等しく価値を持ち、等しく神的に対立する場所である（その場合、然りと否との必然性、価値、神性についてどのような大きすぎる幻想も成立しえないのだ）。ここでは調停、平衡状態、合意、あちらこちらと摩擦なくゆれ動く知恵のぶらんこを発見することが最高の結論となるであろう。

　しかしイエス・キリストにある神の義とは、この薄明りに命中し、まさにそこで人間の実存を炎上させるような認識の所有のことである。それは（未知の神の）啓示と直視であり、そこにおいては人間は、この方、すなわち、人間ではない方、この方から人間へは、どのような連続性も、どのような関係も、どのような道も、どのような橋も通じていない方、この方を人間は自分の造り主としてのみ、自分の純粋な根源としてのみ把握できるにすぎない方、またこの方は自分自身を啓示し、われわれの父として直視させることによって、自ら不可能なことを可能とする方、この方によって認識されたものとして、生み出されたものとして自分自身を認識するのである。この啓示とそれの直視が恵みである。恵みを受けて人間は、自分がだれであるかを知る。すなわち、「**義から離れて**」、罪の赦しと裁きとの言葉によって煩わされずに「**罪の僕**」、生ける神からの離反という負い目ある者、またその犠牲、これが――かれであった。「**罪から解放されて**」、「**神の僕**」、これが――今のかれである。人間は恵みを受けて実存的にこちらからあちらへ移され、動かされ、押しやられる。深淵がこの「であった」をあの「である」から分ける。「死」はこの「であった」を支配し、「生」はあの「である」を支配する。というのは、死から生への歩みこそが、死から生じる生こそが、神の啓示とその直視の内容だからである。われわれは恵みを受けて、われわれが何を蒔くのかを知っている。われわれはわれわれの実存が何を意味しているのかが見えており、われわれはわれわれの出発点を知っている。しかしそのつぎに、われわれの収穫物も、われわれの生産の意味、目標、われわれの生の内容の目的をも知っている。われわれの実存を燃え上がらせる雷光は、ためらわないであろう。われわれの存在、知識、思考、談話、意欲、実行、われわれの精神的、歴史的存在《ダア・ザイン》とその在り方《ゾオ・ザイン》、われわれの求められ達成された目標を照らし出すのをためらわないであろう。その結果その雷光は、それらのものをも――おそらく無傷のままにしておいて、おそらくそれを溶かし、純化し、おそらく炭化させ、おそらく他の物質に変化させ、おそらく徹底的に（しかも完全にではないのだ。わたしが死ぬことは全くないのだ《ノーン・オムニス・モリアル》）食いつくし、滅ぼし、いずれにせよ、それらのものをあのわれわれの実存の「であった」と「である」との関係において、神の啓示と直視によってあばかれた深淵の此岸や彼岸の立場に立って、またその生の内容と（あるいは！）死の内容上、根拠と土台に基づいてなされる吟味にゆだねることになる。というのは、その点でわれわれの「収穫物」は分けられ、つまり雑草と小麦とは分けられ、その点で諸目的中の目的が明らかにされるからである。それが人間の生の内容という謎の文字《ルーネ》の解釈である。すなわち、すべてのものは、われわれがそれ「であった」、あるいはそれ「である」ものによって、実存的に解決済みのわれわれの罪の僕の状態によって、あるいは実存的に造り出されたわれわれの神の僕の状態によって生の内容の規定された状態にしたがって、死の目的の下にかあるいは生の目的の下にあるかであるが、確かに死と生の両者は決して同時的ではないのだから、両者は決して同時的でない。その場合われわれは、死の概念は繰り返してわれわれが「生」と呼ぶものにおいて獲得され、生の概念は常に変わらずわれわれが「死」と呼ぶものにおいて獲得されるということを想起する。その根源的意義が神の啓示と直視の内容であるこの目的――それが死か生なのだ――からして、今や「無法」が何であり、「聖化」が何であるかが明確に規定される。確かに絶対的に明確な「無法」が存在する。人間が考え、望み、行なうべきではない悪が存在する。**「あなたがたが今では吐き気をもよおすようなもの」**が、すなわち、時間的状態の全体を解明する瞬間の光に照らされて、端的に考えられないもの、禁止されたものとして認定されている可能性が存在する。なぜ禁止されたのか。なぜなら、**「その終極が死」**であるからであり、その可能性がただ「可死性の生命力」に由来することができるからであり、その可能性がただ死を広めながら、ただ死にささげられることができるからであり、その可能性が、死の概念において認識された生の、食いつくす火に耐えないからである。これを所有する人間にとっては基準ははっきりしている。すなわち、「**罪の支払う報酬は死である**」。またそれゆえに今や絶対的に明確な「聖化」も存在する。「**聖化に通じる収穫物**」が存在する。神の認識において、端的に必然的で命令されたものとして認定されている、人間の存在、所有、行為の可能性が存在する。人間が考え、望み、行なうべき善が存在する。しかもつまりそれが人間の、そのように規定された存在《ダア・ザイン》とその在り方《ゾオ・ザイン》が、つまり、この目標、業、関係、運動がその出発点と終極点を生の中において持ち、またこれらのその出発点と終極点を、死によって支配された時間と事物と人間との世界の中で、その「中心」において全く隠してしまうことはできないから、生として理解された死の食いつくす火にそれらは耐ええないから——おそらくは変化し、おそらくは炭化し、おそらくは純化し——おそらくは無傷のままであろうが、いずれにしてもその火に耐えうるのである。この基準も、もしそれが——存在するなら、明確である。「**神の与える恵みはわれわれの主キリスト・イエスにおける永遠の生命である**」。

死と生とが全く同時的に、並列的に、あるいは一つの系列の各項として前後して存在しえないように、罪と恵みもそのようには存在しえない。ここに口を開く深淵を越えてはどのような橋もかけられない。ここで造り出される明確さは、どのような混同もゆるさない。恵みを受けない人間の薄明りの世界の中では——どのような明確さも、どのような区別も造ることのできない「善」と「悪」、「価値」と「無価値」、「聖」と「非聖」の裂け目をよぎり貫いて、この深淵は新しい秩序の方向づけとして、はっきりした基準そのものとして走っている。この深淵の存在することが一つの倫理学の試み、つまり罪ある生の目的と正しい生の目的、すなわち（一方は死んだものであり他方は生きたものであるから）、禁じられた生の目的と命じられた生の目的の表を作る試みを繰り返して厳格に必然的な課題とするであろう。その結果試み以上のものであるはずの倫理学を、繰り返して同様に厳密に不可能とするであろう。というのは、あの方向づけが遂行される神の認識、つまり罪ある人間と義なる人間のあの明確な基準が生み出される神の認識は、繰り返して人間の認識を廃棄することによって人間の認識を造り出すからである。われわれは不可能なものの可能性を理解し、われわれ自身の課題として把握するということ、それがわれわれがその中に立たされている従順の力である。なぜならこの従順の力は復活の力だからである。

第七章　自由

恵みは従順である。それが何を意味するかを語るのは復活という概念である。それは人間の存在、所有、行為を意味する。すなわち、これは、人間のこれまでの存在、所有、行為とかかわる。さらに言えば、これは、生が死とかかわるのと同様に、人間のすべての可能な存在、所有、行為とかかわる。われわれの生存は、はっきりした、すでに決定的な〈あれか―これか〉の光の中に歩み入るのだ。われわれの生存はその究極の、否、その不可能な可能性の領域に歩み入る。恵みとは人間に対する神の関係、すなわち、戦士として登場すると同時に、すでに勝利を収めた神の、われわれに対しどのような中道をも開かず、かれを嘲笑することも許さない神の、すなわち、焼きつくす火であり、われわれに対する答える責任のない神の、またわれわれがわずかに「かのように」、〈然り〉また〈否〉と口ごもることしかできない時、〈然り〉と〈アーメン〉と言う神の人間に対する関係である。この関係は、義とされ、救われた人間、善であり生きている人間、イエス・キリストにある新しい世界の新しい人間が、入場許可を求めつつ、わたしの生存の門口に現われたということを意味する――そのさい、あのすべての属性は、わたしが決してそれでなかったし、また現にそれでなく、また将来それであることはないであろうものを意味するのだ——そしてそのことは、どのような歴史的な事柄、どのような形而上学的亡霊、わたしと並ぶどのような他者、第二の者であるようにというのでなく、むしろ——わたし自身、わたしの不可視的、実存的自我、神の中にいるわたし、それゆえにどのような瞬間にもわたしに対して「期待」できないという十分根拠のある要請を伴って言えることである。この約束、この要求、この要請の、不可避的な真剣さの全体、緊急性の全体、激烈と強烈の全体にさらされているということであり、それが恵みを受けているということであり、それがキリストの音信《おとずれ》を聞いたということであり、それがおそらくは「キリスト者」であるということなのである。この恵みの授与が不可視的な、かつて聞いたこともない神の自由において実現され、それが繰り返してただ奇跡として、出発点として、創造として見られ、理解され、見いだされ、求められるべきであるということ、そのことをわれわれは「歴史的に」アブラハムの例によって明らかにした（第四章）。われわれは今や根本的に、そのことを事実上究極的な、宗教的な人間の可能性との、これまでの箇所において（二・一—一三、一四—二九、三・一—二〇、二七—三〇、三一、四・九—一二、一三—一七、五・一三、二〇、六・一四、一五）十分に用意された対決の中で確認しなければならない。この可能性が人間の可能性であり、そのような可能性として限界づけられた可能性であり、人間に恵みを与える神の自由がそれ自身において確かめられ、保証されてこの可能性と対立して立つということが、今やまず示されるべきである。

一節　それとも兄弟たちよ。あなたがたは気がつかないのか——もちろんわたしは律法を知っている人たちに対して語る——人間が生きているかぎり律法は人間を支配しているということを。

「兄弟たちよ——わたしは律法を知っている人たちに対して語る」。ローマのキリスト者たちは宗教的可能性を知っている。パウロもまたそれを知っている。だれがそれを知らないというのか。何かある段階において、何かある程度においてすべての人がそれを利用する。あるときはいっそう濃い、あるときはいっそう薄い宗教という煙幕がすべての人間の出来事を覆う。未知の神はユダヤ人と異邦人の神であることは全く確かである。神に対する人間の失われた直接性を人間が不可避的に想起することは、常に精神的・歴史的出来事ともなるということは全く確かである。人間と神との不可視的な、非＝所与的な一致が、人間を支配するものに対する人間の畏敬、愛、感激という事実の中に、常に、いたるところで、その——陰画《ネガ》を残すことは全く確かである。恵みもまたことさら恵みの体験がないわけでなく、ことさらこの体験を巡って結晶する宗教、道徳、教会制度、教義学がないわけではないことは全く確かである。われわれは「聞き」、われわれは「信じ」、われわれは従い、われわれは告白し、われわれは祈り、われわれは語りまた書く。あるときはいっそう肯定的に、またあるときはいっそう否定的に（またその両方の場合に必ずしも情熱なしではないのだ）。われわれはこれこれのものと呼ばれ、またこれこれのものである。われわれは諸宗教と諸世界観と諸道徳性の年の市に多少なりともある特定の立場を占めている。われわれは、なるほど常に新しく態度を変えることによって、見ることのできる者たちに対して、これこれのものが問題となる、ということや、この立場はどのような立場でもない、ということを暗示することができる。しかしわれわれは、われわれの足がどの個々の瞬間にも土地に触れるのを阻止することはできない。われわれは、現にある者として、すなわち、この世に生きる人間として、宗教的可能性から逃れ出たいと望むことはできない。このような者として（思い違いをして）「宙に」浮くことはほんの少ししか思慮のない、少ししか見込みのない企てであろう。というのは、われわれはなるほど一つの部屋から他の部屋に移ることはできても、しかし家から外へとび出すことはできないからである。しかしわれわれは、この逃れ出ることのできない究極の可能性も、そのもっとも大胆で、もっとも鋭い、もっとも強い「もっとも不可能な」変種においても、人間の一つの可能性であり、それはそのような可能性として限界づけられた可能性であり、またそれはまさにこのような限界づけられた可能性として、ただ単に特別な危険性によってだけでなく、特別な約束によっても取り囲まれているということを洞察することができる。ただしそれはこの可能性がそのような可能性として、新しいより高度の秩序を限界づけるものを指示するからである。われわれは、われわれが恵みを与えられる自由は、宗教において頂点に達した人間性のちょうど彼岸において成立するが、それはしたがってもっと進んだ可能性としてではなく、ただ神において可能性である不可能性そのものとして、しかしまさにそれゆえに、その場合、まさにあの究極の人間的可能性のあいまいさにかかわりを持たされることも、損なわれることもないということをはっきりさせることができる。「罪の支払う報酬は死であるが、神の与える恵みはわれわれの主キリスト・イエスにおける**永遠の命**である」（六・二三）。

あなたがたはこのことを見抜いているか。「**それともあなたがたは気がつかないのか、人間が生きているかぎり律法は人間を支配しているということを**」。「律法は人間を支配している」ということは、宗教的可能性の内部に存立する問題の全体に、人間が全く引き渡されているということを意味する。人間は宗教的人間として、水上に落ちた油滴のようにいろいろに輝かなければならない。人間は、どの瞬間にも最高点に立たなければならず、奈落に落ちなければならず、モーセであると共にアロンであり、パウロであると共にサウロであり、神に感動させられた者であると共に無知蒙昧の者であり、預言者であると共にファリサイ人であり、祭司であると共に坊主であり、人間の現実内における神的なものの積極性に対する最高の指示であると共に神的なものの現実に対する人間の否定性のもっとも強い展開でなければならない。人間は常にこの両者である。すなわち、後者でもあることによって前者である。まさに宗教的可能性の内において「従順」が問題となり、「復活」が問題となり、「神」が問題となるのではない。

というのは、ここでおそらくこの名の下に問題となりそうなもの、それは常にただ他の何ものかに対立するあるもの、反対の極に対立する一つの極、他のものに並ぶ一つのもの、否にかかわる一つの然り、しかし、二者のうちの一者をすでに廃棄した残りの一者そのものでもなく、然りと否との彼岸にある然りそのものでもなく、死から生への逆転の力でもないからである。まさに宗教的可能性とは、人間性の内部にあるすべての可能性の中でも、彼岸と此岸との、前提と活動との、規定と存在との、真理と現実との二元論をもっともはっきりと特徴的に表わし、この「内部」を不可避的に支配する可能性である。まさにここにおいて罪は「溢れ出る」(五・二〇)。というのは、なお他なるものと対立するあるもの、対立する極に対する極、否に対する然りである神、全く絶対的に自由な、唯一の、優越した、勝利に満ちた者でない神は、神でない神、この世の神だからである。「律法の下に立つとは罪の下に立つことである」(キュール)。そして人間は、「生きているかぎり」、すなわち、人間の存在《ダア・ザイン》とその在り方《ゾオ・ザイン》が、この世におけるこの人間として、この誕生とこの死に取り囲まれて、人間の「生」であるかぎり、またそのかぎりで、律法の下に立っている。律法の支配は、この生と共に立ちまた倒れる。したがって、まさに宗教が人間を限界へと突き落とす場合のその宗教の限界と不可避的問題性の限界は、人間に可能なものの一般の限界と同一である。わたしが人間に可能なものの限界内で動くより他の選択を持たないかぎり、わたしもまた、何らかの意味で宗教的人間に見え、またそうあるより他のどのような選択をも持たない。つまり、せいぜいのところフランチェスコであり、いずれにせよ〔ドストエフスキーの〕「大審問官」でもあり、その意図においてもおそらくブルームハルトであり、効果においては確かに「ブラント」[☆66]でもあるより他はない――そしてわたしは、第一の者であるよりもむしろ第二の者であるのかも知れないという全く当然の推測に対し、どうして自分を（自分をだ）擁護できるだろうか。「あなたがたは気がつかないのか」、まさに宗教的可能性がその然りと否とによってこのように限界づけられているということにおいて、わたしに関係するのではなく、すなわち、「生きているかぎり」の人間に関係するのではなく、死から生へ到来する新しい人間に関係する然りそのものの優越性に対する保証があるということを。

二―四節　もちろん結婚した女は、夫が生きている間は律法によって夫に拘束されている。しかし夫が死ねば、その女は自分を夫の側に拘束する律法の領域の外に抜け出す。したがって夫の生存中に、この女が他の男のものとなれば、この女は不倫の妻となる。しかしもし夫が死ねば、この女はその律法から解放され、それゆえ他の男のものとなっても、不倫の妻とはならない。わたしの兄弟たちよ、このようにあなたがたも死によって、すなわち、キリストの殺された体と共に、律法によって支配されている生から奪い去られている。それはこのようにあなたがたが他の人、すなわち、死者の中から復活した者のものとなり、

こうしてわれわれが神のための収穫物となるためである。

一つの比喩が、右に述べた「人間が生きているかぎり」（七・一）という言葉の区別的な意味を明らかにするはずである。この比喩は、人間が生きているかぎり、然りを意味するのだが、しかしそれはただ人間が生きているかぎりにおいてのみのことなのだ。この生を特徴づけ、限界づける死の概念のうちには、あの生のうちに「存在する」ものの存在か非＝存在かについての決定がある。夫がまだ死んでいない者であるときは、夫は自分の妻を、自分に義務を負い、自分に拘束された妻と認定し、この妻が他の男に向かう場合には、不真実で、不倫の妻と認定する。しかし夫が死んでしまえば、夫は妻を自由にする。妻は夫の死によって、もはやかれの妻ではなく、妻が他の男に向かう場合も、不真実ではなく、不倫の妻でもない。したがって、婚姻関係の倫理的・法律的秩序においても人間はある一定の可能性に拘束されており、人間を拘束する者、契約の当事者である自分の配偶者の生によって拘束されている。この場合においてもまた、この特定の可能性への拘束から解放されるのは、死によって、すなわち、配偶者の死によってである。この死がなければ、人間は現行秩序内では、この可能性に属するすべてのものをひっくるめてまさにこの可能性以外には選択を一切持たない。そのような死によって人間は同じ現行法規内で他の可能性を選ぶ自由を得る。したがって死の概念の内には、この場合にもまた根本的な変更、方向転換、逆転、すべての述語の交替という概念がある。比喩についてはここまでにしておこう。その解釈を聞いてほしい。

「このようにあなたがたも死によって、キリストの体と共に、律法から奪い去られている」。これはあなたがたのことだ。すなわち死の概念によって制約され、それでいて解放されているあなたがた恵みを受けた者たちのことだ。あなたがたは「生きているかぎり」、しかしただ「生きているかぎり」律法によって規定されている人間である。あなたがたは、神と人間との関係の必然的秩序内にあって、現にあるあなたがた自身であり、人間として持つことができるであろう可能性（その人間のもとでは究極的なものとして、宗教的可能性）を持つかぎり、すなわちあなたがたが人間として罪の下に立ちながら、律法の下にも立つより他ないかぎり、（夫が死ななければ妻は夫に義務を負うように）あなたがたは宗教の問題によって限定され、拘束され、閉ざされ、あなたがたをその問題の中に見出すよう不可避的に義務を負わされている。しかしあなたがたは、神と人間との関係の同じ必然的な秩序内にあって現にあるあなたがたでないかぎり、またあなたがたが恵みの下に立って、律法の下に立つ必要がないかぎり、（妻が夫の死によって、夫に対する義務を免除されるように）あなたがたは制約を取り除かれ、解放され、宗教的問題の彼岸にある神の可能性の永遠の実存的統一性、本質性、明晰性、充実に対して開かれている。あなたがたは——その両方なのか、すなわち、限定されていると共に制限を取り除かれているのか、拘束されていると共に解放されているのか、閉ざされていると共に開かれているのか。あなたがたは死の概念において変えられ、方向転換を与えられ、逆転させられているのか。あなたがたはキリストにあって恵みを与えられて、そういう者である。というのは、あなたがたはキリストを把握しつつキリストの死において捕らえられていて、かれの人間としての身体と共に「死によって、奪い去られて」いるからである。ゴルゴタにおいてすべての人間の可能性と共に宗教的な可能性もまた神に献げられ、犠牲とされる。「律法の下に置かれた」（ガラテヤ書四・四）、イスラエルの真剣で敬虔なすべての者と共にバプテスマのヨハネの悔い改めのバプテスマを受けたキリスト（マルコ福音書一・九―一一）、すなわち、預言者、賢者、教師、人間の友、メシアである王が死ぬ。それは神の子が生きるためである。ゴルゴタは律法の終極点であり、宗教の限界である。殺された律法上のキリストにおいて、究極、最高の人間の可能性、すなわち、信仰的な、敬虔な、霊感的な、祈る人間である可能性は、その可能性が全く――取り除かれることによって、すなわち、この人間もまた、現にかれがそれであり、所有し、行為することのすべてを問題にしないで、神自身に、神のみに栄光を帰することによってその実現を見た。しかしこの人間としての「キリストの体」と共に、われわれもまた律法に対して殺され、死によって、律法に支配されている生そのものから奪い去られている。十字架から見れば、精神的・歴史的所与性としての宗教は、すなわち、これこれの規定を持った可視的な人間の態度としての宗教は、「わきへ取り除かれて」（コロサイ書二・一四）いる。

人間は「宗教的」人間として神の前に立つのでない、何らかの他の人間的特性においてそうでないのと同様である。そうではなくて、キリストの「宗教的意識」が、神に捨てられているという意識であったまさにそのときに、キリストが神の前に立ったという神的特性においてそうなのである。そこから、すなわち、キリストの殺された体において可視的となった人間の（まさに宗教的な人間の、なのだ）非存在から、和解、赦し、義認、救いが生じる。この死から生が生じる。そして死が何であるかを告げるのはこの死である。したがって、われわれが生きているかぎり（七・一）、現にあるところのものであるかぎり、われわれは人間として「生きている」キリストの体と共に、「肉によるキリスト」と共に、律法の下に置かれ、宗教の問題の中へ、然りと否との、約束に満ちた危険な遊戯の中へ、敬虔な体験と敬虔な歴史のあいまいさの全体の中へと巻きこまれ、そして妻がその夫の存命中は他の男のものとなりえないということと何か違ったことを見いだす期待を持つことはできない。しかしこのような殺害という点から見て、「われわれ」はもはや生きているのではなく、むしろ現にそれでないところのものであるかぎり、われわれはキリストの「殺された」体と共に、律法と、宗教的な可能性と必然性とから、他の人間的な可能性と必然性のすべてと共に奪い去られ、引き離されて、そのかぎりで事実上制約が取り除かれ、解放され、あいまいではないあの他のものへと開かれている。それは確かに、未亡人となった者は法律の上からは他の男のものとなってもかまわないのと同じである。

「それはこのようにあなたがたが他の人、すなわち、死者の中から復活した者のものとなり、こうしてわれわれが神のための収穫物となるためである」。これは、人間の諸可能性の頂点を形成するキリストの「生きている」体に対する他者、すなわち、死者の中から復活した者である。そしてこれが他なるものであり、決着が付けられたから、キリストにおいて実現された宗教的な人間の業《わざ》の彼岸で、われわれの制約が取り除かれ、解放され、開かれているのはこの他なるものに対してである。すなわち、それがキリストの復活の力でもあるかれの従順の力である。まず、限界をこのように一掃する際に、宗教と恵みが死と生のように対立するということによって、われわれへの恵みの授与が根拠づけられる神の自由がわれわれに可視的となるより他ない。われわれは、宗教的人間としてあの前代未聞の命令法に従順となり、「罪から自由」となり、「神の僕《しもべ》」となるのではなく、われわれはわれわれの思考、意欲、行為において、われわれの「聖化に通じる収穫物」（六・二二）、すなわち、神がその倉に取り集める収穫物を持つのではなく、むしろ恵みを受けた者として、あらゆる理性より高い平和のうちに立つ者として、死から生へ帰った者としてそれを持つ。そして今やかれと共に「律法を知っている」（七・一）人間たち、ただあまりにも十分に知りすぎる人間たちに、「わたしの兄弟たちよ」とあえて呼びかけるのはパウロなのだが、その人間たちにとっては既知の宗教的可能性の限界の彼岸で、神におけるこのような不可視的な基礎づけもまた、十字架につけられたキリストから復活したキリストへの転換点においては——未知ではないといった人間たちとしてなのだ。

五—六節　というのは、われわれが肉において生きていた時、われわれの肢体の中に、律法と共に与えられた罪の欲情の力《エネルギー》が働いて——死のための収穫物をもたらしたからである。しかし今やわれわれは、われわれを捕らえたままにしていたものに対して死んで、律法の領域の外に抜け出した。その結果、われわれは今や霊の新しい意味において僕であり、文字の古い意味において僕なのではない。

神の自由に基礎づけられた恵みの授与を無視するなら、あの「神のための収穫物」(六・二二、七・四)、「聖《きよ》い」ものと認定された人間のあの思考、意欲、行為はありえない。人間そのものは、宗教的人間もまた、「肉において」生きている。すなわち、人間の思考、意欲、行為は認定できないほどこの世的なものであり、あるいはむしろきわめて決定的に聖ではなく、罪深く、神に背き、死に向けられている。そしてその場合、いずれにせよ人間が神に似ているという夢をありありと見れば見るほど、このことはいっそうそうなる。人間そのもの、すなわち、まっすぐな、くじけることのない、二本足を持つ人間、躓きとのどのような戦いによっても足が麻痺したり、あるいは身障者になったり、片目になってしまわない人間は、実存的に神喪失の人間である。人間の力《エネルギー》は「罪の欲情の力」、あの「死ぬべき体の欲」の力(六・一二)であって、その尺度によって、より高い欲情がより低い欲情から、したがって例えば、ただ程度の差によってのみ宗教的興奮が睡眠欲から区別される。根本的にやっかいで疑わしいのは——罪の赦しという最後の言葉を留保すれば——エロス的な情念と政治的な情念《パトス》、道徳的な情念と美的情念である。砕けることのない、明確な情念はそのままの形では存在できないようなものである。そして「罪の欲情」が初めから「死ぬべきものの活力」であるように、それらの情念のうちに宿る衝動によって、活力によって、力《エネルギー》によって——復活という最後の言葉を留保すれば——究極的に「**死のための収穫物を**」目指す活動、すなわち、時間の中においてのみ延長を獲得することができ、永遠の中においては全然延長を獲得することができない目的、目標、成果、すなわち、すべての事物そのものが屈服させられている生から死へと突然入り込んでくる危機《クリージス》においては存立できない目的、目標、成果を目指す以外の他の活動はひとつも展開されえない。

しかし「**律法**」は、肉の世界においては、この経過全体に対して阻止する作用をするのではなくて、促進する作用をする。律法は人間性の頂点であり——この言葉の持つ切迫した二重の意味において頂点である。この経過の意味と方向が原則的に決定された後に、なお宗教的可能性も現われるのだが、これはさまざまな「欲情」に対する対照可能性としてであって、確かに、それはこれらの欲情を包括する「罪」という括弧の内においてのみのことである。フォイエルバッハは、きわめてはっきりとした意味において正しい。すなわち、宗教的可能性と共に、いやそれ以上に、まさにこの宗教的可能性によって、罪の欲情が与えられ、目覚めさせられ、力を発揮させられる。この可能性は、究極的かつ最高に出現しつつ、諸可能性の中のひそかな可能性である。律法において人間は罪人となる（七・七―一三）。というのは、一切の人間的な情念《パトス》は、何らかの方法で、結局は、まさに宗教的可能性において意識的な、可視的な体験と出来事となる「あなたは神のようになるであろう《エリティス・シクト・デウス》」という情念によって生きるからである。あるいは、プロメテウスがゼウスの火という形で奪いとったあの欲情そのもの以上にそれぞれの欲情のより強い肯定が存在するだろうか。この盗みとられた火は決して神の焼きつくす火ではなく、ある特定の煙のかまどにすぎず、その煙は他の多くの濛々《もうもう》とした煙、蒸気、もやと並んで、人間性の平面に広がり、おそらくあの平面よりいっそう烈しく多彩ではあるが、しかし全く他なるものではなく、すなわち、決して、ことによると有限な欲情を終わらせる生から死への歩みではなく、むしろそれら欲情のすべてを無限性の情念《パトス》をもって飾り、それらを神々しくする有限者の欲情そのもの、これを通してあの有限な欲情はもっとも深い基礎づけと最高の聖別を受けたということは明白ではないのか。だがまさに人間の「宗教的意識」においては、神の思考、意欲、行為が可視的になるというより、むしろたとえ奇妙で、偉大で、重要であっても、全く不可欠ではない、端的に必須な、どうしても客観的でなければならない人間の思考、意欲、行為が可視的となるとすれば、すなわち、人間はもちろん「宗教的に振舞う」ことができるし、あるいは振舞わないでいることもできるが、そしてもしそのように振舞うなら、人間は自分のために何かあまりにも善いことを行なったのであり、こうして人間はまさにこの場合――自分自身において義とされ、強められ、実証され、――自分自身において、自分――自身の関心、能力、努力――において支えられる。だがまさに宗教的可能性は、人間をたとえば実存的に廃棄したり、展開したり、窮地に陥れたり、克服したり、変形したりするつもりは全くなく、むしろ確かに注意深く配慮して実現され、危険のない対照作用として、自然の変化として、もっとも望ましい幻想を保持するための確かな手段として、実存的に神を喪失した人間の力《エネルギー》にまさに役に立つことが、繰り返して証明されるのか。それゆえ、まさにこの可能性の領域には、相対的に目立って豊かな「死のための収穫物」もまた実際存在する。あるいはどのような人間の情念《パトス》がその外面的展開において死といっそう似た姿を持つだろうか。どのような情念が宗教的情念より短命であるだろうか。たとえばキリスト教的弁証論、教義学、倫理学、社会教説の歴史以外のどのような領域がこのような墓地跡を示すのだろうか。まさに「律法は怒りをもたらす」（四・一五）という洞察は抑えることはできず、そしてまさにこの洞察においてこそ宗教の限界は明らかにすることができるし、またされなければならない。

「しかし今やわれわれは、律法の領域の外に抜け出した」。これは「バプテスマ体験」（キュール）の記述なのか。まさにそういうものではないのだ。むしろそれに反して、われわれは

（それに反して六・一九のように、われわれが何をあえてなそうとするのかを知っているが、しかもあえてそうせざるをえないのだ）われわれ自身によって承認され、言い表わされた障壁（七・一）を破ることによって、だれも自分について言えないことを、すなわち、われわれは究極の、宗教的な人間的可能性の彼岸に立っているということを、あえてわれわれについて言うのである。「われわれ」が恵みの下に立っている（六・一四）ということは体験ではなく、人間の態度、精神状態、活動でもない。われわれの人間的な宗教的体験と歴史との相対性によって損なわれることなく、その内面的矛盾に巻き込まれることなく、「罪の欲情」とのそのあいまいな類似性によって濁らされずまた悲しまされずに、われわれはわれわれが現にそれでないものとして現にあるところのものであり、われわれ自身の自由の中にあるのではなく、神の自由の中にある。すなわち、認識、復活、神の永遠の瞬間の光の中にある。この永遠の瞬間においてこの天が裂け、その結果、人間がではなく、神が人間において望み、考え、なすことに自由にまなざしを向けるのである。なおも律法の陰の中にあって、われわれは、すでにこの「しかし今や！」（三・二一）の光の中で（非被造的光の光の中で！）律法とその弁証法とを片づいたものとして顧みる。われわれは宗教的体験の急転回（われわれも本当はこれをほんの少し知っているのだ）によって動かされ、ゆさぶられ、あちこちへぶつけられ、すでにゆれ動く振子が寄りかかっている、静止した、不動の点をつかまえる。すべてのこと（すべてのことだ）が人間的である宗教的な出来事という網の中にさらにもつれ込み、巻き込まれて、われわれはすでに原歴史と終末史の中に立つ。ここにおいては、すべての二義性、すべての両極性、すべての〈あれも―これも〉、すべての色彩変化がなくなり、神がすべてにおいてすべてであるから、それゆえに、われわれが免れることのできない時間性は、イエス・キリストの日によって限定された、一つの閉鎖された全体としてわれわれに対立している。そしてわれわれは結局まさに宗教的に人間的なものとして、もっとも息を詰まらせるものにおいてわれわれを圧迫し、絞めつける人間的、あまりに人間的なものの網から――解放されたと感じる。解放されたのか?! われわれは確かに「人間的に語って」（六・一九）、すでにあまりにも多くのことを言いすぎた。「結局」とはどういうことか。「解放された」とはどういうことか。われわれ自身において、またそれらがどのように呼ばれようと、他のものにおいてもわれわれにとって可視的となるものは、宗教であり、いつも変わらず宗教であり、常に新しい屈折と可能性における「律法」である。もしそういう者が生きているとして、女から生まれた者のうちのだれがキリストと共に律法の下に置かれないような超人であるだろうか。われわれが、律法とはもはや「われわれ」が立っている領域ではなく、宗教的可能性は片づけられて「われわれ」の背後にあると言う時、われわれは、われわれの語ることを知らず、われわれはわれわれの知らないことを語っている。われわれはそれにもかかわらずそれを語る。われわれは、人間の耳や口に入りうるようなものをはるかに越えて、聖化というこれまで聞いたことのない命令法をも認識し発言したのと同様に（六・一二—一三）、それを不可能なこととして語る。すなわち、われわれが決して渡ることがないであろう対岸から射られて、しかもわれわれに当たった矢として、われわれが決して越えることがないであろう限界の彼岸にあるが、そこからわれわれに語りかけた真理として語る。不可視的なもの——以外にはもはや何も可視的でない場合に、もしわれわれが、語られなければならないことを、語らなかったなら、われわれはわざわいである。われわれは捕らわれた者でありながら自由な者として、目が見えない者でありながら見ている者として、死者でありながら、見よ、生きている者としてこれを語る。キリストは律法の終極であり、宗教の限界である、と語るのはわれわれではない。

「われわれを捕らえたままにしていたものに対して死んで」。宗教の限界は、人間において可能なことと神において可能なこととの間、肉と霊との間、時と永遠との間を分ける死線である。この鋭い剣が切断するかぎり、十字架が裁きと恵みのしるしとしてのその力と意義とをもってその影を投げるかぎり、そのかぎりにおいてわれわれは「律法の領域の外に」抜け出す。われわれを捕らえたままにしていたものは、純粋な、まさにそれゆえに不純な、破れのない、まさにそれゆえに破れやすい、直線的な、まさにそれゆえに曲がった、厚かましくまた頑固に（おそらくもっとも深い、あるいはもっとも活動的な敬虔においてであろうとも）「死を忘れるな《メメント・モリ》」

を避ける人間性であった。この地盤の上に最後の可能性として宗教が成長する。だれがこの人間性を免れるだろうか。最後の、もっとも深い、もっとも本来的な精神的・歴史的な所与は、常にいたるところで、敬虔な人たちにおいても、まさにかれらにおいてこそ、——死ぬつもりなどないこの厚かましさ、頑固さ、ブルジョア根性であるということは明白ではないのか。そうしたものは死なざるをえず、われわれは神においてそれから解放され、免れているということで十分である。われわれは、いつもいたるところでそうしたものが制限され、しかも徹底的に制限され、疑問視されているのを見ること、また時間と事物と人間との世界におけるわれわれの実際の状態は、われわれがそれを認めようと認めまいとヨブからドストエフスキーにいたるまで洞察力を持つ者には隠されていないあの影をこの頑固さの上に投げかけるということで十分である。もしわれわれは、このわれわれが影を投げかけられている状態の中にあって、自分がキリストと似ていること（六・五）を認めるなら、われわれは（無知な者として）もしもわれわれが律法の領域の外に抜け出していると言うなら、自分が何を行なっているのかを知っている。この場合われわれは、当然のことながら、律法の下にもあり——そしてしかもむしろそれ以上に恵みの下にいるかも知れない。この場合、われわれは「敬虔」である——あたかもわれわれがそうでないかのように。われわれは——われわれの体験を通り過ぎ、あるいはむしろその体験を通り抜けて生きる。この場合われわれは、われわれ自身と、われわれから生じ、われわれにおいてあり、われわれ自身を通じて生じるものを常に多少とも無視し、常に多少ともほほえみ、悲しむことができる。この場合われわれの宗教性は、それがどれほど根本的に重要でなく、強調されず、荘厳でもなく、限界を意識したものであるかを多少とも明るみに出すこともあるだろうし、またおそらく明るみに出さないこともあるだろう。しかしこの宗教性は、それが自分自身をそのようなものとして悲劇的に取り上げること、また、それがそのようなものとして勝利を収めようとせず、決して正しいものであろうとしないこと、またそれが常に自分自身を越えて、たとえ人間が「律法の下に」あろうとも、目指されているものを指示するということにおいて（見られても見られなくても）見られるべきものであるだろう。この宗教性は、本質的には、すべての預言を語ること、異言を語ること、秘義を知ること、信仰を保持すること、身体を燃え上がらせること、貧しい者への慈善行為などなどという一切の行為によって斜めに貫かれた奇妙なことではあるが、ほとんど否定においてしか叙述できない愛のあの「理解のむずかしい道」（コリント第一書一二・三一）を進むことである。この道を進むのか。否、どのような道を進むのでもない。見ることではなく、考えることでもなく、踏み込むことでもなく、ただ進むことができる道を行くだけである。そのかぎりで、然り、その道を進むのだ。それは十字架から、すべての「健全な」人間性におちかかるあの影、人間性《フマニテート》のもっとも強靭な箇所で、このような動揺、放縦、解消が生じるところの、また神の可能性、霊、永遠がわれわれの視野に入ることができるところの空間を不可視的に、効果的に造り出すあの影である。「われわれを捕らえたままにしていたものに対して死んで」、すなわち、肉に対して死んで、われわれを支え動かし、導くものが神の確かな自由、明確な自由、勝利に満ちた自由であり、また人間性の最高の山を覆う罪の洪水に「ここまで来い、そしてこれ以上は行くな」と命じられるということがわれわれに不可視的に可視的となるだろう。

「**その結果、われわれは今や霊の新しい意味において僕であり、文字の古い意味において僕なのではない**」。あなたがたは自分を聖としなさい。神の僕でありなさい。恵みの命令法（六・一九）はそう命じる。これは、「文字の古い意味において」何らかの新しい、洗練された、尖鋭化された宗教的な人間の可能性、すなわち、新しい「敬虔」を意味するであろう。「霊の新しい意味において」それは――このことがここで示されるべきであったのだが――厳密にすべての新旧の宗教的な人間の可能性の限界の彼岸に始まる可能性、神から始まる可能性そのものを意味する。われわれは宗教が限界を持つことを理解しようと試みた。それは消極的な真理なのか。然り、その積極的な側面は、霊自らがわれわれのために、言葉に表わせない嘆きをもって執り成す（八・二六）という側面である。

宗教の意味（七・七―一三）

七節前半　さてわれわれはそれで何を言おうとするのか。律法そのものは罪であるというのか。それはありえないことだ。

さて、二つの世界の入り口において、つまりその転回点において、ただし――罪を犯した人間を恵みを受けた人間から区別する深淵の此岸で、「律法」として、宗教としてわれわれと出会う、あの最後の、最高の人間の可能性の意味、本質、経綸的な意義はいったい何であるかという問いが当然生じる。明らかに次のことが直接対立し合う。すなわち、最初の不可視的なもの、つまり、神の自由が人間を捕らえる場合の、その恵みの授与、言い換えると人間の、精神的・歴史的所与の内においてはまさにこのような捕らえられた存在としてはただ空虚、ただ空洞、ただ開放でしかありえず、まさにそのかぎりで深淵の彼岸にある恵みの授与――と、最後の可視的なもの、律法、宗教、つまり同じ人間の同じ対象に対する見かけ上の関係、その両者が対立し合うが、ただしこの関係は、世界の中の人間のあれこれと規定された態度として他の所与中の一つの所与、一つの措定であり、まさにそのかぎりで、前＝提ではなく、深淵の此岸にあるものである。この限界を越えての歩みは、たとえば少しずつの移行、段階的な上昇、発展ではなく、こちらにおいては急激な断絶、あちらにおいては全く他なるものの無媒介的な開始なのである。というのは、おそらく、他の宗教的体験の連続的発展のうちにある恵みの体験として指摘されうるようなものは、もともとなお此岸にあるからである。恵みそのものは対立するものであって、恵みに通じる橋はない。むしろナイフのように鋭い「まさにそれではないのだ」という言葉をもって恵みは律法と対立し、最初の神の可能性は最後の人間の可能性と対立し、「霊の新しい意味においての奉仕」は「文字の古い意味においての奉仕」（七・六）と全面的に対立する。前者の近さの下での、後者の遠さは、前者の並行性の下での、後者の無限の距離は、前者の類似性の下での、後者の敵対性は何を意味するのか。もし宗教がこのような徹底した否定によって人間に対する神の関係とは区別されるとするならば、われわれは神に対する人間の関係を、すなわち、「人間が生きているかぎり」免れることのない（七・一）宗教をどのようなものとして理解しなければならないのか。

「律法は罪か」。この文章は執拗に頭に浮かんでくるように見える。それでわれわれが繰り返して（四・一五、五・二〇、六・一四―一五、七・五）、どのような二重の意味において、律法が人間の可能性の頂点を形成するかを見た後に、われわれ自身はしばしばこの文章についてほんの少し言及しないわけにはいかなかった。たとえば、なるほど少しはびっくりさせる、しかしともかく明白な提題《テーゼ》によって、つまり、まさに宗教が、すなわち、神に手を伸ばす人間の大胆な不遜さが、それ自身、神に対する簒奪であり、したがってわれわれの生存全体の無気味な背景を形成する神からのあの離反であるという提題《テーゼ》によってなぜこのもっとも当然のことを表明しないのか。さらにもう一つ別の、もっとよい人間の可能性をどこかあの頂点の上方に指し示す目的を持った反宗教的な論争がなぜ起こらないのか。マルキオンと共に律法の古い神に対立して新しい神を宣言するところまでなぜ進まないのか。あるいはロツキー[☆67]と共に「宗教」に対抗して「神の国」[☆68]の全く明白な役割を演じるところまでなぜ進まないのか。あるいはヨハネス・ミュラーと共に確かに失われた、あるいはともかく今ここでふたたび発見できる直接性の国へと間接性から戻る道を指し示すところまでなぜ進まないのか。あるいはラガツと共に希望を失ってしまった教会と神学から信徒のよりよい世界へ移住することを、勧告するところまでなぜ進まないのか。あるいはこの本の初版の多くのページと共にベックと古ヴュルテンベルク自然主義と関連して、理想主義的要求の空虚さと対立して、人間の有機的に成長する神的な存在と所有を主張するところまで、なぜ進まないのか。あるいはしかもすべての時代の「健全な」神秘主義と共に、宗教と平行して進む神秘的な真の超宗教を設立するところまで、なぜ進まないのか。それに対する答えは、「**それはありえないことだ**」。このようなすべての試みの急進主義はただ見せかけにすぎない。すなわち、「あなたはまだ罪がどんなに重いかを考えたことがな《ノンドゥム・コンシデラスティ・クワンティ・ポンデリス・シント・ペッカト》い《ウム》」（アンセルムス）。罪、すなわち腐った木は、他の可能性の中の一つの可能性ではない。したがって宗教的可能性と同一でもなく、したがってまたたとえばそれが可能だとしても、この罪は避けられ、凌駕されることによってはそれを避けることができない。罪はすべての人間の可能性そのものの可能性であり、また善い木である恵みもまた宗教的可能性の上方に、あるいはそれと並んで、あるいはその内にある一つの可能性ではなく、むしろ人間のすべての可能性の彼岸に存立する、人間の神的可能性である。罪によって支配された人間性の頂点は律法であるという正しい洞察によって、律法を罪と混同し、いっそう粗野な仕方やはるかに洗練された仕方でのこの短絡推理に基づいて、律法を廃止するところまで進み、律法なしに（またそれゆえに見かけの上では罪もなしになのだ）この世におけるこの人間の生を要請する者、つまり宗教的・人間的なものに反対するあまりにも理由のある憎悪《ルサンティマン》だけに基づいてマルキオンと共に旧約聖書を拒否する者（かれは同じ憎悪《ルサンティマン》の結果として、新約聖書をも、しかもその全体性において拒否せざるをえないであろうということを忘れて）、そのような者は、それによってただ、かれがまだ本当は律法と批判的に対決していないということを示しているにすぎない。というのは、宗教が置かれている真の危機は、宗教が、「人間が生きているかぎり」人間によって振るい落とされることができないだけでなく、振るい落とされるべきでもないということにおいて成り立つからである。まさにそうなるのは、宗教が人間としての人間の（この人間の）特徴をよく表わすからであり、まさにこの宗教において人間の可能性が神の可能性によって制限されているからであり、また、われわれが〈ここに神は存在しない、しかしわれわれは一歩も先に進むことができない〉という意識をもって、この人間の可能性の下で停止し、そこに留まらなければならないからであり、それはこの可能性によって言い表わされている限界の彼岸で神がわれわれに出会うためである。神の否から神の然りへの転回が、この最後の所与の廃棄において成就するなら、このような最後の所与を避け、それをこのようなものとして除去し、一つの他の所与に取り替えようと望むことは、われわれにとって問題となることはできない。律法は罪と同一ではない。そして律法の全面的なあるいは部分的な廃止は、罪の国から恵みの国への歩みではない。

七節後半　しかし、もしわたしが律法によって経験するのでないなら、罪については何の経験もしないだろう。というのは、もし律法が「あなたは欲望を起こしてはいけない」と言わなかったなら、わたしはもちろん欲望については何も知らないだろうから。

「もしわたしが律法によって経験するのでないなら、罪については何の経験もしないだろう」。もし宗教が、罪の国の内部での最高の段階として現われても、あるいは罪と同一でないとするなら、宗教とは何であるか。それは明らかに、すべての人間の可能性がそれと共に、徹底した危機の光の中に入り込み、罪がそれと共に可視的な、また経験可能なものとなる可能性である。人間が呼び出され、選ばれていることによって、神に対する人間の関係の（意識的あるいは無意識的な）経過と状態によって、失われた直接性を思い出す行為によって、人間は罪人であってそれ以外の者ではない。宗教的可能性は別として、被造物中の被造物として、人間は一人で神の秘義のうちにあって罪人であって、不可視的、非歴史的である。神は何が善であり悪であるかを知っている。しかし人間はこの悪のために訴えられるべきでない。悪は負い目としても、運命としても人間にのしかからない。人間は自分に向けられた裁きの刃を見ない。またこのような運命的確認を人間にもたらし、強いることは不可能である。まさにかれと同じように、もし二度目に、対置された側面から、更新された創造から見て、宗教的可能性は無視されて、義人は一人で神の前にあり、この場合もまた不可視的でまた非歴史的であって、そのことで訴えられるべきでもなく、そのことを誇ることもできない。この双方の不可視性の間の中間点に、律法の、宗教の可視性がある。すなわち、その他の意識の（あるいは潜在意識の）内容の中には啓示の刻印、善悪を知る知識、すなわち人間が神に属するということの何らかの確固とした認識、人間の永遠の根源、つまり人間が祝福か罰かへと選ばれているその永遠の根源に対する想起などが存在する。この最高の意識の普遍性の例外は五・一三―一五で取り上げられた。だがそれは、ただ理論上のことにすぎなかった。しかしここでは、このような例外が存在するかどうかは、ほとんど問題にならない。われわれはこの特殊な最後の意識の内容の意味を問う。またいずれにせよただちにこの意識内容は、相対的であるにしても、しかし確固とした、鋭い対立の関係の中でその他のすべての意識内容と対立するというこの一事を認めるのである。何らかの種類の神的なもの《ヌーメン》についての思想は、他のすべての思想を追い立て、不安にし、妨げる作用をする。ある神が人間の側に立って存在するかぎり、多かれ少なかれ人間自身が明確に、精力的に問題視される。多かれ少なかれ橋渡しをするのが困難な間隙が、人間の存在とそれと対立する脅威的な非＝存在との間に、現実と真理との間に口を開く。多かれ少なかれ力強い疑いが、すなわち、可能なことが不可能なことなのかどうか、存在者は存在するべきでない者であるかどうかという疑いが生じる。このような危機の持つ何ものかが、すべての宗教の意味であって、そしてこの危機がいっそう強力に働けば働くほど、われわれは該当する現象において実際に、意識的または無意識的宗教を問題とするより他ないということは、それだけいっそう明確である。それゆえ、イスラエルの「律法」において実現されている人間に対する預言者的攻撃の鋭さのうちに、宗教的現象は、発展史的に考察して、その最高の、もっとも純粋な段階に到達したように見える。しかしこの危機は何を意味しているのか。実際に今言われなければならないことは、神に対する人間の奴隷一揆はまさに宗教的出来事において可視的に表明されるということである。すなわち、人間は「真理を不服従の中に拘束して」しまった。人間は自分自身を喪失してしまった。人間は「あなたは神のようになるであろう《エリティス・シクト・デウス》」という言葉を聞いたし、聞こうとした。人間は自分自身が、人間にとって神でなければならないようなものである。人間は時間を永遠と混同する。そしてそれゆえにまた永遠を時間と混同する。人間は思い切ってしてはならないことを思い切ってやる。人間は、自分に対して引かれた死線を越えて、不死の、未知の神を捕らえ神から神のものを奪い、自分を神と同列に並べ、神を自分のすぐ近くに引き寄せる。人間は、距離のおそろしい誤認によって自分自身がかかわることのできない者と自分自身をかかわらせる。なぜなら、神は神であって、神に対する人間のこのような関係が生じるかも知れない場合にはもはや神ではないだろうからである。人間は、神を人間の世界のさまざまな事物の中の一事物とする。これら一切のことは、明らかにまさに宗教的な可能性の中で可視的出来事となる。しかしまさにここで可視的となることの結果は、今やあの憂慮すべき、究極の可能性と共に、人間の存在《ダア・ザイン》とその在り方《ソオ・ザイン》の全体がその中へと転落させられるすべての危機である。したがって、それこそが人間、すなわち、人間の世界の問題に苦しめられて、もっとも深く自覚する時、宗教的可能性、すなわち、不可能なことを思い切って行ない、またどのような状態の下でも行なうべきでないことを途方もなく思い上がって行ない、つまり、自分と同じようなものに対するように神に対するという可能性を持つ存在である。もしこれが人間の可能性の究極の、もっとも深い、絶頂であるとすれば、人間のその他の可能性とはどういうものだろうか。もしまさに最高の、人間の義が――瀆神であるとすれば、どうだろうか。すると明らかに、裁きが突然、人間のその他の可能性にも襲いかかる。人間が行なうことのできるこの究極のものの光に照らされて、人間の行なう究極以前のものもすべて現われる。最後の鎖の環と共に、鎖全体が一連の不可能性となって現われる。人間の努力の最高の幻想が現われると共に、もっと深いところにある努力にも含まれる幻想的なものが明らかに暴露される。宗教的人間として、人間は自分自身を神と対立させる。今や人間は神――に対立しなければならない。まさに神に対する人間の直接性を想起することにおいて、この直接性の喪失状態が出来事となる。死にいたる病が突然襲う。宗教は人間の文化体系全体に対する疑問符となる。人間は宗教的人間として体験を持つ。何についての体験か。明らかに、罪――によって人間が不可視的に規定されているということについての体験である。神からの人間の離反、すなわち、人間の根源と人間との間の一致の引き裂きが、宗教において突然の〔先行《フォア》する〕出来事《ファル》となる。人間が祝福かあるいは罰に永遠に予定されているという二元性が「律法によって」精神的・歴史的所与性となる。「罪が溢れ出る」（五・二〇）。

「**もし律法が「あなたは欲望を起こしてはいけない」と言わなかったなら、わたしはもちろん欲望については何も知らないだろう**」。わたしの生命力が罪深いものであり、わたしの欲望そのものが廃棄されるべきものであることは、本当に自明のことではなく、そのことは、わたしの存在《ダア・ザイン》とその在り方《ゾオ・ザイン》の資格づけであるが、宗教的可能性はさておき、それには何の根拠もないのである。感覚の無資格宣告に反対し、感覚を感性として嫌疑をかけ非難することに反対し、「単なる」自然の信用を失わせる態度に反対して、感覚が抵抗するのは正当である（そして、われわれが宗教的可能性を無視することが根源的・終極的に何を意味するかを考えるかぎり、いよいよそれは究極的な正当さを持つのだ！）。なぜ自然性が悪であるのか。もしわたしが運命的な仕方で宗教的人間として、わたしの自然性の全体をもって、わたしには隠された神の厳粛さとユーモアのうちにその義認を持った無性格なこの世性の陰の存在から脱出して、あまりにも無思慮に、わたしの神的可能性の、最高度に資格づける力を持った光の中へ思い切って入らなかったならば、「わたしは欲望については何も知らないだろう」（「律法を無視すれば罪は死んでいる」七・八のだから）。しかし、わたしが今ここで知っているかぎり、わたしの欲望、わたしの生命力が、この光の中に入ってくるのを妨げることはできない。この世におけるこの人間の生存の問題性は、たとえ隠れていても、言い換えるならば、神の存在がこの世におけるこの人間にとって意味する問題は、たとえ隠れていても、宗教が、あれこれの仕方で、武装した男のようにわたしを支配するように配慮する。すなわち、わたしは自分のできないこと、またしてはならないことを、しなければならない。わたしは「宗教的関係」という全く不十分、不適当な形式において、神の永遠性をわたしの時間性に関係させ、わたしの時間性を神の永遠性に関係させなければならない。しかし、この可能性がいわば必然的に実現されると共に、「律法」がわたしの生の中に入ってきた。すなわち、わたしの「欲望」の、つまりわたしの生命力の、たとえ絶対的ではないにしても、少なくとも恐るべき否定が、たとえ伝達可能であるにしても、少なくとも強烈な照明が、たとえ究極的ではないにしても、少なくとも全く活発な問題化が入ってきたのである。人間のこの生の内容と他のすべての生の内容との間に、相対的には非常に根本的な（たとえば預言者的宗教という形式による本当に恐ろしい）断絶が生じる。まさに、ユダヤ人の「優れた点」とは、ユダヤ人がその非常に険しい斜面で、その全く思いがけない厳しさで、あのさらに全く違った仕方で険しく厳しい境界、すなわち、すべての人間的な生の内容を、つまりすべての所与を神自身から区別する境界を指示するに至るかも知れないような、あの境界のはるか外に立っているということである（三・一―二〇）。わたしがまさに欲望を持ったわたしの被造性以外に何も知らないかぎり、わたしが素朴なわたしの被造性にしたがって「欲望を起こし」てもよいとすれば、わたしがわたしの被造性以外になお何かを知ろうと試みるかぎり、すなわち、わたしがわたしの被造的な実存を疑問視する神的可能性の限界にぴったりと接近するかぎり、わたしはもはや「欲望を起こし」てはならない。――いずれにせよわたしは、もはや破砕されず、もはや義と認められず、もはや罪責のないものとはなりえない。宗教は一切の欲望をほとんど全く越え出る欲望でありながら、そのようなものとしてその口を開いて、すべての欲望に対して「あなたはしてはならない」と告げる。神の永遠性は人間の時間性と関係する時、その時間性を罪とする。人間の時間性は神の永遠性と関係する時、罪となる——まさに行ったり来たりのこの関係が、まさにそれによって神から離反する人間の行為であり、神自身の、神のみの行為でないかぎりそうなる。人間の生命力のこの危機、この対比、この認識が、実際にはどのような形式で、どれほどの拡がりでどのような鋭さで生じるのかということは、発展史的な問題であって、ここではわれわれの関心の対象とはならない。われわれは、ほかの生の諸事象と並ぶ宗教的事象の原理的な意義、すなわち、宗教の意味を問うた。そしてわれわれが第一のものとして見いだしたのは、宗教において罪がわれわれの実存の可視的な所与となること、すなわち、神に対する人間の奴隷一揆が宗教において可視的な姿で爆発することであった。そして、神の自由とわれわれの自由——この所与性と可視性との彼岸にそれが成立するのだが——の意味を考慮することであった。

八—一一節　しかし、罪は要求をかかげて梃子《てこ》の働きをさせることによって、わたしのうちに、ただ可能なかぎりのあらゆる欲望を起こさせた。というのは、律法を無視すれば、罪は死んでいるからである。しかしわたしはかつては律法を無視して生きていた。しかし要求が来た時、罪は生きはじめたが、わたしは死んだ。そして、命を目指す要求、まさにそれこそが、わたしを死に至らせることが明らかとなった。というのは、罪は要求をかかげて梃子を獲得し、それによってわたしを欺き、わたしを殺したからである。

「罪は要求をかかげて梃子の働きをさせることによって、わたしのうちに、ただ可能なかぎりのあらゆる欲望を起こさせた」。論理《ロゴス》が神話《ミュトス》になるその出来事については、全く神話を抜きにしては語ることはできないのだ。罪とは、その根源において、神自身の秘義において（これは決して罪の原因なのではなく、むしろ罪の究極的な真理なのである）神との一致が分裂する可能性、祝福か罰かのどちらかに予定される可能性のことである。人間は、反逆する奴隷となり、永遠の一者と分裂し、その無内容な否定としてただ神の光にしたがうであろう影を固持して、これを永遠化する機会、すなわち、それなりの仕方で自ら神となる機会を、神において持っている。この可能性について知っており、またそれによってすでに与えられているこの機会を利用することが、罪である。水路の水が開かれた水門を通って低い区間へ流れこみ、そこに潜在する惰力によってあるべき下方のところへ落ちるように、罪も不可視性や非所与性や永遠性に反対して、可視性へ、所与性へ、時間性へと流れこむ。なぜなら、罪の本性が「上方のところ」とは反対に、この「下方のところへ」向かう衝動、すなわち、相対的なものへ向かう、間接的なもの、分離したものへ向かう、対立するものへ向かう衝動だからである。罪は、創造に対する宇宙の、存在《ザイン》に対する存在《ダア・ザイン》とその在り方《ゾオ・ザイン》の、神に対する人間の対立の表明としての罪である。この対立の表明に必要な水門が開かれていることは、自明のことではない。もともと確かに、この対立は成立しない。もともと確かに人間は、パラダイスに暮らしていて、そこには上と下も、絶対者と相対者も、彼岸と此岸も存在しない（というのは、この「と」の中にこそ離反が潜むからだ）。そこでは、宇宙は創造と一体であり、人間は神と一体であり、そこでは、聖なるものもまた自然的であるから、すべての自然的なものそのものは聖でもある。したがってそこには「欲望」が存在せず、むしろそこでは人間には園のあらゆる果実を味わうことが許されており、しかも命じられてさえいるのである。ただ「園の中央にある」一本の木、すなわち、「善悪を知る」木の実は、例外である。というのは、根源と他者性との、神の中に隠されている対立は、人間の生の内容となるはずはないからである。人間は、自体的《アン・ジッヒ》に神においてあるものに、自覚的《フュル・ジッヒ》になってはならないであろう。すなわち、創造者と並ぶ第二の者としての被造者となってはならないであろう。人間は、神が人間について知っていること、しかも恵みによって人間に隠されていること、すなわち、人間は――人間にすぎないということを、知るべきではないであろう。主は、園において夕方の涼しい風の中を無知な人間たちと共に、自分と同等の者とするように散歩する。そして、ミケランジェロの「エバの創造」で、エバが感覚的な魅力に溢れて舞台に登場する時の、あの宿命的な礼拝の身ぶりに注意せよ。警告するように挙げられた神の手と、まさにこの身ぶりにこたえる、非常に憂わしげな神の表情に注意せよ。これは明らかに、あるべきでないことが起こる準備である。エバは（彼女にとって本当に名誉なことなのだが、最初の宗教的人格なのだ）最初の女性として、神を礼拝しつつ、しかしまさに彼女は――神を礼拝することによって、かつて聞いたこともない大胆な仕方で自分と神とを区別しつつ神と対面するのである。すると、ただちに「有名な蛇」が舞台に現われる。すなわち、神についての最初の会話（これがすべての説教の原型なのだ）がなされ、神の命令が人間の助言（牧会）の対象となり、賢くなる可能性、すなわちアダムの巨人的な可能性が（エバの前に）現われ、それが悲劇的な現実に変わる。悲劇的な現実に。というのは、もし人間が「神のようになり」、何が善であり、悪であるかを知るなら、したがって、もし神に対する人間の直接性が人間自身の生の内容となって、他の内容と同列に並ぶものとなるなら、それは真の直接性の破壊となるからである。「園の中央の」木に触れるならば、つまり、人間を神に結びつけるものに人間が触れるならば、かれがそれに触れるや否や、たちまち神からも引き離される（まさにそれゆえにこそ、それは人間が触れてはならないものなのだ）。その場合には、死線という帯電鉄条網に触れたことになる。その場合には、人間はかれが現にそれでないところの者を追い求めながら、自分自身の障壁に突き当たって、かれが現にあるところの者であるより他はない。その場合には、人間は目を開いて自分を神から引き離すものを見ながら、同時に自分自身が——裸であることを見るより他ない。すなわち、人間は衝動的、欲望的、情熱的であって、全く過ぎ去るより他ないものにのみ方向づけられており、それゆえに、それ自身は過ぎ去るものなのである。人間はこの運命の線に触れるのだろうか。それとも、運命の線に触れずに済ますことができるだろうか。一方では創造者としての神が、他方では被造物としての人間が共に示唆する問いが、このように急迫した、このように有無を言わせない、このように明白なものであるので、われわれから見れば、この問題は触れられないでおくことはできず、爆発しないでいることができないのはなぜか。われわれは、アダムのしたことをまさかしないでおれるかも知れない人間について何も知らない。アダムがしないままにしておくべきであったことをしてしまったのを、不思議に思うことはできない。すなわち、あの木とあの問いに触れ、この問いの中に含まれた対立、神がわれわれを救うために、それを知り、それに耐えるために自分自身に保留したその対立が人間の生の内容となり、善悪を知る知恵と同時に人間に向けられた要求が成立し、それと同時に楽園が——失われた楽園となった。というのは、善を、在るべきものとして人間に提示する要求によって、現に在るものそれ自体は信頼を失い——少なくとも疑惑を持たれ、おそらくすでに告発され、おそらくすでに断罪されているからである、すなわち、悪——として。人間があの木の実を求めるこの欲望によって、すべての木の実を求める欲求も多かれ少なかれ禁止されたものとなった。というのは、この欲望は、その要求を、人間が人間として考え、意志し、行なうすべてのことと対立する、聖なる、厳格な、永遠の神の要求を明らかにするからである。何が起こったのか。罪が勝利した。罪はその「座」を荒れ狂って求めそして今は欲望という烙印を押された多様な生命力の中にこれを見いだした。神に対する反論は、神の言葉が引き出されることによって、不可視的なものに対立する可視的なものを、絶対的なものに対立する相対的なものを、根源に対立する他者性を表わす標識となった。そしてこうなったのは、神の要求という手段によってであり、入りこんできた人間の宗教的可能性によってであり、神に対する人間の直接性についての（蛇の）誘惑的説教によってであり、さらにその説教によって人間が、とくに間接性の謎によって一層激しく動揺させられた女性の人間が、あまりにも興味をもって聞いた聴覚を働かせることによってである。したがって、とりわけ宗教は、人間とその世界とを真の直接性から引き離して被造性の中に、すなわち、さまざまな対立の抗争の中に、突き落とそうとする企てにおいて、梃子として、運転資本として、支点として罪に仕える。

「というのは、律法を無視すれば、罪は死んでいるからである。しかしわたしはかつては律法を無視して生きていた」。「わたしは生きていた」という言葉は、これと対応する「わたしは生きるであろう」（六・二以下）という言葉を、未来と解すべきでないのと同様に、文字どおり過去として解されるべきではない。この「生きる」ということは、後の場合には原歴史的であり、前の場合には終末史的であって、歴史的なものではない。それはまるで、たとえば一人の、あるいは多数の、あるいはすべての人間の歴史において他の時間と対立する一定の時間を満たすかのようであり、それはまたまるで、無時間的でないかのようであって、すべての人間の時間のある特定の資格づけであるかのようである。したがって、われわれが子どもの無罪責について、またもはや子どもでない者たちの罪責について、「若い」または「齢を重ねた」民族や文化などなどについて語っても、それは、せいぜい比喩によるしかないであろう（しかしその場合もよく注意して、なのだ）。あの「過去」と「未来」が指し示す生は、歴史的な広がりを持たない。それは、「現在」の与えられた生と対立する永遠の生である。「わたしは生きた」、そして罪は「死んだ」のである。というのは、わたしは「律法を無視して」生きたからである。しかし、「律法を無視すれば」、罪は死んでおり、人間は生きている。被造物は、創造者に対するその対立を無視すれば、罪あるものではなく、神に反論するものではなく、単なる自然として、単なる相対物として疑惑を持たれるべきものではない。被造物のこの対立と、それと共にその罪性は、宗教という巨人的な人間の可能性において初めて尖鋭化する。この生は根源的、不可視的、原歴史的には、神と人間とを分ける死線に触れない生、すなわち、園の中央にある運命の木に触れない生でもありうる。創造者と被造物のあの結合態と分離態が、宗教においてはすぐに持つことになるような悲劇的な意義を持っていない生でもありうる。ミケランジェロの「アダムの創造」では、神と人間が互いに見つめ合う時の純粋な眼差しをもって、互いにその手を差し出す時の遊び戯れるような自由さをもって、またその平和が創造の永遠の瞬間に栄冠を与えると同時に、また――この瞬間を「古い」創造として、後に「新しい」創造を待望しなければならないものと区別している、もっとも深い、しかももっとも感動的な平和の勝利をもって〔描こうとしているもの〕これらすべてのものは、まだ失われない、全く非宗教的なこの直接性について語っているように思われる。人間はこの直接性の中で生きるのだが、それはあれこれの人間ではなく、神が自分の像に似せて造った人間であり、また神が自分の像に似せてふたたび造り直すであろうはずの人間である。この直接性は、いつどのようなところにも「あった」ことがなく、いつどのようなところにも「あるであろう」ことのないものであるが、われわれはそこから来て、またそこへ帰るのである。それは、神の唯一の行為と業《わざ》として、罪によっても破壊されない、われわれに対する神の関係である。この直接性は、マルキオンがこれを全くの異郷と書き表わしたのは適切であるが、それはわれわれの故郷であり、われわれはそれを忘れることはできず、その現実性と近さと素晴らしさとは、赦し、復活、救い、愛、神という福音の究極の言葉において、われわれにとって——困惑と約束となる。というのは、これらの言葉が言い表わすものの彼岸にはさらにまた律法や宗教は存在しないのだから（四・一五）。そして、五・一三において明らかに認められているように、生と歴史において比較的純粋で無罪責な被造性として常にわれわれに可視的となりうるものは、われわれがそこから来て、そこへ帰る生の反映として、これにふさわしい無心と——慎重さとをもって受け取られるならば、われわれにとって意味深く、また希望に満ちたものとなるであろう。

「しかし要求が来た時、罪は生きはじめたが、わたしは死んだ」。創造の〈永遠の今〉は、ばらばらに飛び散らされている。すなわち、「要求が来た」のである。その要求が来たのは、善と悪、選びと棄却、然りと否を知る知識をもって、神のようになり、神の秘義に与らなければならない人間のもとに、要求が来なければならなかったからである。われわれが知るかぎり、要求が来なかった時代はない。神に対する人間の関係は、神の前＝提から人間の措定となり、神の前＝提の措定として、他のすべての人間の措定に対して、もっぱら解体的に作用することができるだけである。人間の可能性の限界にある恐ろしい可能性、すなわち、神に関する人間の無＝知についての人間の知と、自己の他者性と、創造者に対立する自己の被造性についての人間の知、すなわち未知なるものに対して礼拝の身振りをするという恐ろしい可能性、これはほかのすべての人間の可能性――に不可能性という宿命的な光を投げる。このようなことを行なうことができて、行なわなければならない者、それが人間であるとすれば、すなわち、人間とはその道の終極そのものにおいて二重の予定を信じ、またそれを宣べ伝えなければならない（それを洞察できないのは、宗教的な弱い心の持ち主だけだ）とすれば、――人間とはその時、いったい何であるのか。「その時罪は生きはじめた」。今や永遠の創造の瞬間は過ぎ去って呼びかえすことはできない。そして神としての神と人間としての人間が二つでなく一体であるようなあの生の純粋さと明朗さと平和は、救いがたく消え去る。今や神が人間の優勢な敵対者として、人間が神の無力な敵対者として、神は人間を、人間は神を制限しつつ、疑問視しつつ、かかわり合いを持ちつつ、対立する、あの二元性の生が避けがたく始まった。「しかしわたしは死んだ」。もちろん、この「わたしは死んだ」も原歴史的な（時間的でない）過去である。すなわち、この死は、永遠から時間への移行を表わす。今やすべてのものは間接的となった。今やわれわれの生はその全領域において、神の生の解消できない対照と対立し、したがって死の不可避の刻印の下に立つ。今や有限者の無限者への展望だけが開かれる、あの繰り返して閉ざされ、いつも新たに開かれなければならない狭い門は、危機的な否定である。われわれは死ななければならないという考慮が、今や賢明になるかあるいは（そしてこの場合、これは非常に悪い意味で言われているのだ）愚かなままでいるかの決まる点である。というのは、何の容赦もなく、今や死において、可視的なものと不可視的なものとの対照において、すなわち、常にただ過去や未来となるだけで決して現在にはならない時間の像において、常にただ宇宙《コスモス》であるだけで決して創造とはならない自然の像において、常にただ史実《ヒストリー》であるだけで決して出来事《ゲシエーエン》とはならない歴史《ゲシヒテ》の像において、すなわち、何の容赦もなく、今や否において、然りの問題、生の問題、神の問題が提示される。われわれだけが知っている世界は、時間と人間と事物との世界である。われわれがこの世界において得ることのできる究極的な経験と、すべての経験のア・プリオリは、「しかしわたしは死んだ」という命題において出会う。究極的な経験とすべての経験のア・プリオリとが出会うのは、まさに宗教的人間自体においてである、「そこでわたしは言った、わたしは災いである、わたしは滅びる。というのは、わたしは自分の目をもって万軍の主なる王を見たからである」（イザヤ書六・五）。そしてこれを見ないでいることも、滅びないでいることもできない。

「そして、命を目指す要求、まさにそれこそが、わたしを死に至らせることが明らかとなった。というのは、罪は要求をかかげて梃子を獲得し、それによってわたしを欺き、わたしを殺したからである」。堕罪の完全な逆説性は、罪が直接的な生を破壊したその可能性が、罪によって支配された間接的な命の内部で、われわれにとって最高の、もっとも切実な必然性であるものにおいてまさに成立するという点にある。すなわち、死線に触れることによって、善悪の認識を得ることによって、神としての神と人間としての人間の対立が現われることによってその逆説性は成立する。

もし「要求」、律法が宗教的可能性、危機的な否定の遂行、「われわれは死ななければならないという考慮」でないとしたら、それではいったい世界と時間と事物と人間との中にあって、われわれにとって「命」を目指し、まさに失われたが回復されるべき、神における直接的な命を目指すものは何であるか。われわれはいったい、「理性的に認めて」、「神の観念を知っている」（二・二〇）人間として、「死の知恵」という狭い道以外のどんな道を通って、不可視的なものの可視性にたどりつくことができるのだろうか。われわれはいったい（どうしてもわれわれが立たなければならない今とここという場所で）――「堕落のアダム」（ルター）のいるところ、またわれわれがもはや彼岸には立つことができないでいるところ、すなわち、あの一線のぎりぎりの此岸以外に――どんなにうまく行って、もっとも大胆な場合でもせいぜい、「史的イエス」と共に、アブラハムとヨブとすべての預言者たちと使徒たちが立っている場所へ、すなわち人間がもっとも明白に人間であり、すべての直接性から本当にもっとも遠ざかっており、その人間としての実存の全問題性を、もっとも重く担わされている人間の可能性のもっとも外の境界以外に、身を置こうと望み、また置くことができるだろうか。それではわれわれは、いったい、正直に言って、まさに――宗教的人間以外の何になることができるのか。すなわち、塵と灰をかぶって悔い改めつつ、恐れおののいて祝福に与るよう格闘し、そして本当に、もし何か身振りをするとすれば、礼拝する者の身ぶりよりほかはないのだ⁈　われわれにそれを強いる要求は、命を目指す。われわれは、そのことを知り過ぎるほど知っている。われわれは今ここでは、それ以外のことを何も知ることはできない。もしわれわれが結論を引き出して、本当に、宗教的可能性の境界のもっとも外の境界にまで踏み込むことをためらい、カルヴァンの厳格さや、キルケゴールの弁証法的な勇気や、オーヴァーベックの畏敬や、ドストエフスキーの永遠への渇望や、ブルームハルトの希望が、われわれにとってあまりに大きすぎて、危険過ぎると思われるなら、われわれはもっと弱く、悪い宗教的可能性で、たとえば何らかの理性主義や敬虔主義で満足してよいであろう。しかし、われわれはこれらの可能性も、あのもっとも外の境界を厳しく指し示す結論を担っていて、いつかはこれを生み出すのを、妨げることはできないであろう。そして、もしもアダムがもっと低いところにある他の可能性ではるかに簡単に満足して、人間とはどういうものであり、人間だけに残っているものが何であるかを忘れたとしても、かれほど容易に直接性なしで済ますことができないエバによって、かれは繰り返してあの最高の間接性を想起するように配慮されている。——しかし、また、これこそが悲劇的な逆説性である。すなわち、やはりわれわれの故郷でもある異郷へ向かう行為として、この世界の中のこの人間の精神的・歴史的な現実の中で、われわれが今ここで、絶対なおざりにできないこと、それがまさに、行為として、措定として、その前提に対するもっとも強烈な裏切りであり、それがまさに、最高の間接性として、われわれが直接的なものからもっとも根本的に疎隔していることの表現であり、それがまさに、人間の可能性の絶頂として、神に対する人間の不可能性の表現であり、破局であり、それがまさに、神から見れば、なおざりにされてはならないことである。というのは、「要求、まさにそれこそがわたしを死に至らせた」からである。まさに宗教的可能性の必然化、すなわち、中央の木に手を出し、善と悪、生と死、神と人間を知ろうとする意欲は、この世界の中のこの人間の精神的・歴史的な現実に先行する転回であり、したがって、この現実の内部において逆転できない転回である。人間はこの転回によって悪いもの、死ぬべきもの、すなわち——人間と認定され、絶対者に対する相対者の対照の中に陥れられ、そこに連結されて、この転回によって、せいぜいのところただ然りだけが隠されているあの否の前に立たされる。死が宗教の意味である。この可能性が人間にとって尖鋭化すると、人間の相対的な無邪気さや素朴さや内面の静けさは、すべて駄目になってしまうという事実がその比喩となる。宗教は全く自分自身との調和ではなく、まして無限者との調和でもない。ここには、高尚な感情や高貴な人間性の入る余地はない。悪気のない中欧人や西欧人は、そう思っていられる間は、そう思っていてもよいであろう。ここには深淵があり、ここには戦慄がある。ここに悪魔が現われる（イヴァン・カラマーゾフとルター）。ここには悪意の宿敵が気味が悪いほど近くにいる。このようになること、すなわち、要求は人間の死であるということ、それが、罪の欺瞞である。「蛇がわたしをだました」（創世記三・一三）。罪とは、今ここでわれわれの必然性であることの可能化、すなわち、善悪を知る知恵というあの最高の間接性の可能化である。この間接性は死を意味するのに、それがあたかも生を意味するかのようにだますのが、その欺瞞である。欺瞞が行なわれるのは、人間が、自分自身の純粋に人間的な必然性そのものが、神の前にあるべきではないものだということを、認めないためである。欺瞞が成功するのは、神に対してそのような特性を、ただ可能性としても自分自身に受けとめる人間そのものが——人間だからである。罪の手中にある「梃子」としての要求、直接性を装った間接性、自分の行為、自分の業としての敬虔、世界がではなく、自分が——どれほど問題のあるものかを知らない宗教、神の前に沈黙しないで、祈りのために挙げた腕を、挙げることによって下ろし、下ろすことによって挙げる礼拝の儀式、——それが人間の堕落である。

われわれは宗教の意味を問う際に、第二のことを見いだした。すなわち、宗教はまさにその必然性において、この世の中のこの人間に対して罪が持つ力を実証するものであることを。そして、さらにまたわれわれは、宗教の中に自己を閉じ込める人間性の輪と対立する神の自由の意味についてよく考えてみる。

一二—一三節　したがって、律法は確かに聖であり、要求も聖であって、正しく、また善である。では、善が、わたしにとって死となったのか。そんなことはありえないのだ。それはむしろ、罪が罪として現われるために、罪がわたしに造り出したことであり、罪が要求によって、自ら全く罪深いものであることを立証するために、善を通して死を造り出したのである。

「律法は聖であり、要求も聖であって、正しく、また善である」。人間は、自分の状態の恐ろしい圧迫の下で、この世の中の人間としてついには自分自身と自分に向けられた要求と、神に対する自分の距離とを意識するに至り、それと共に宗教的人間となることによって、〈われわれは何をなすべきか〉と問う。この問いに対する答えは、〈何よりもまずそう問うべきだ〉と言うより他ありえない。神がわれわれにこの問いをいつまでも問いつづけさせるように！　この問いが問いとして、われわれを四方から取り囲み、それ自身ふたたび問いとなるのとは多少違っているすべての答えをわれわれから奪い取り、すべての脱出路、すべての緩和策をわれわれから切り取るように！　この問いが、すでに老子が知っていたあの車輪の真中にある穴のふちを的確に表わすように！〔『老子』第十一章〕。というのは、この答えはあの円環の内容を構成するものであって、問いの意味はこれを叙述することだからである。だからこそ、問いは一瞬間も、問いであることを止めてはならない。「律法は聖である」。罪は一つの可能性をはるかに越えたものであるから、何らかの他の人間の可能性と同様に、宗教は罪ではない。反対に、宗教はすべての人間の可能性が神の可能性の光の中に歩み出る地点を明示する。宗教は神的なものを代表する。宗教は神的なものの代表者であり、その刻印であり、その陰画《ネガ》である——ただし、神的なもの自身の外においてであるが。人間性の中にあっては、疑いもなく宗教は、人間的なものを捨てて神的なものを指示する聖なるものであり、神の意志の相関物、相等物、比喩である義なるものであり、またもしそのようなものがあるとすれば、間接性として、失われた直接性の証人である事件と状態である善である。意識的あるいは無意識的に感じとられた宗教の二義性と危険性のゆえに、宗教を避けようとすれば、もっと程度の低い他の人間の可能性、おそらく倫理的、論理的、あるいは美的可能性や、おそらくさらにもっと低い可能性にもどるか――あるいは横すべりに新旧さまざまな宗教の変種に戻るかである。この宗教の変種は、もしその変革者がたとえば宗教的事象そのものの制限について根本的に知っていない場合には、かならず劣悪な変種となるであろう。宗教的可能性の彼岸には〈人間として前進しなさい〉は存在しない！　宗教的可能性は、人間性の内部と神的なものの外部にあって、神的内部である人間性の外部を指示することによって、人間にとって可能な最後の〈前進しなさい！〉である。それゆえに、われわれは――宗教的可能性の内部で、しかも「ねたまない〔追い求めない〕」愛（コリント第一書一二・三一、一四・一。一三・四参照）の支配圏外で、ただ最善の賜物を「追い求め」たいだけである。われわれはただ宗教的人間になりたいだけである。すなわち、心の全体を尽くして、感情の全体を尽くして、われわれのすべての力を尽くして礼拝し、待望し、急ぐ者になりたいだけである。そして宗教を呼び覚まし、これを眠らせないように配慮すること、けれども何よりもまずこれを改革すること、否、繰り返して革命を起こすことは、もし何か高貴な人たちが汗するのに値する課題が、人間性の内部にあるとすれば、これこそまさにその一つの課題である。

しかし――宗教がますます徹底的に宗教であればあるほど、人間を覆う死の陰はいよいよ濃くなる。人間的に見れば、なおわずかに問いとしての問いだけが残っているところで、すべてのものは、そのはるかに背後にあるすべてのものをも含めて、みなこの問いの光に照らし出されるところでは、大抵の人たちがこの可能性のもっとも外側の境界に踏み込むことに逆らうのは、確かに理解できる。この世的人間の精神の眠りと、聖であり正しく善である律法の徹底した宗教との間にあって何らかの中間的な解決を見いだそうとする無数の試みがあるのは、理解できる。「善が、わたしにとって死となったのか」という問いは、確かに理解できる。この問いは、〈律法そのものが罪であるというのか〉（七・七）というわれわれの出発点にある問いと内容的に重なるものであって、宗教の薄明と危険とを回避しようとするあのさまざまな試みのうちのどれか一つに帰着することであろう。だがわれわれは、われわれがまさに宗教的人間としておかれている状態の緊張、動揺、不可能性を感じる。すべてのエジプトの肉鍋からこんなに遠く離れたところへ、すなわち荒野の奥深くへわれわれを連れだすもの、われわれをこのように廃棄して大地にたたきつけ、われわれをこんなに常軌を逸して、奇妙に、隠遁者、よそ者とするもの、死と非常によく似ているとするもの、それが、善であるはずはないのではないか。神はこんなにも厳しいのか。これに比べると、あの半ば、あるいは完全に反律法主義的な解決は、すべて何らかの仕方で、結局、人間を宗教の厳しい、恐るべき真剣さから解放しようとする試みとなり、人間がそんなにも苦しまないでよいという誘いとなり、（それだけが救いをもたらす恵みを宣べ伝えた偉大な宣教者たちが、かえって事実その死の陰の下にこの世における生をすごしたのであるが）神の律法の持つ死の陰と対立して、危険地帯の彼岸にある謙遜＝

明朗な救いの状態を、人間に指示しようという試みとなるこの解決は、何と分かりやすく、何と魅力的で単純であることか。宗教からそのダイナマイトを除去し、厳格に考えてよいとされるよりむしろ宗教を多少やさしいものと考え、そうすることによって、宗教的人間に対してより他のだれに対してももはや重荷とならないわれわれの生存の間接性、その単に人間的な可能性、その相対性と他者性と此岸性の呪いと悲惨をいくらか回避しようという誘惑は、あまりにも大きくはないか。

「そんなことはありえないのだ」とわれわれは答える。われわれはどんな犠牲を払っても耐えぬかなければならない。われわれは盃を底まで飲み干さなければならない。善は、それが単純なものでなく、分かりやすいものでなく、すぐに受け入れることができるものではないので、またそれがわれわれを疑いもなく死の門に導くので、それは善である。われわれは、人間の生の状態の完全な逆説性を身に引き受けなければならない。この逆説性が成立するのは、われわれがそもそもわれわれ自身と世界の中のわれわれの状況を意識する時、われわれの実存の認識された問題性において、われわれに出会い、神の聖なる要求によって、一歩一歩と先へ導かれて、われわれが深い危急の中から、認めつつ、滅びつつ、切に願いつつ、叫びつつ、偉大な未知なる者、すなわちわれわれが捕らえられている否と不可視的に対立する然りの方に手を差し延べて、究極の可能性へと達することによってであり、――またわれわれが、そのように認めても、滅びても、切願しても、叫んでも、それによってわれわれは義と認められず、救われず、助けられず、むしろそれによってわれわれが――人間であることを実証し確証するにすぎないことを認識しなければならない時においてである。わたしは、すべての欲望を越えた欲望、すなわち、失われた生の直接性の欲望に従わなければならない。そして、わたしがこの欲望に従うことによって、その欲望はすべての欲望を、とりわけ重大なのは自分自身を、罪と認定する。すなわち、わたしは、「律法によって自分が神に対していかにかかわっているかを自覚することによって、いつでも恐れと問いと不安にかられていて、木の葉のざわめきにおびえ、雷鳴を恐れ、神が棍棒をもって後からやって来て、わたしの頭を打ちはしないかと絶えず心配せずにおられない」（ルター）。わたしは、そうしないと自分自身を臆病者、弱虫として軽蔑しなければならなくなるという危険を冒して、すべてを賭けなければ、あの一つのこと、「神のようになる」こと、創造の永遠の瞬間、わたしのすべての可能性の目標である〔園の〕中央に達し、それを得るために、すべてをそこで賭け、そこに与え、そこで犠牲にしなければならない。そして、もしわたしがすべてを賭け、すべてを与え、すべてを犠牲にしたとすれば、わたしは何も受け取らず、塵芥《ちりあくた》となり、以前よりはるかに、あの一つのことから遠く離れて異質なものとしてそこに立たなければならない。われわれは今は、ついに今は、罪とは何か、また、罪から逃れることはできないということを、知っているのではないか。罪はこのように原則的に人間のあらゆる可能性の中の可能性であって、われわれはまさに罪から逃れようと試みることによって（というのは、それが宗教なのだから）、かえって罪の負い目に巻きこまれ、死の運命に陥るのである。**「罪が罪として現われるために、罪がわたしに造り出したことであり、善を通して死を造り出したのである」**。善を通してだ。必然的なものを通してだ。不可避的なものを通してだ。われわれが最後に正直になったとき、捕らえようと手をのべる救いの麦わらのようなものを通してだ。われわれが初めてそれを発見する時には、闇夜の中の光のようにわれわれに現われる可能性を通してだ。われわれが人間性の内部で知っているもっとも純粋なもの、もっとも希望に満ちたもの、もっとも高尚なものを通してだ。信じる罪人、祈る罪人に比べれば、好色家やアルコール中毒者や主知主義者や拝金主義者や権力政治家が何であろう。また日常的俗人どもの大群が何であろう。この者たちではなく、あの罪人であるかれこそ、神が人間に命じる壊滅的な〈止まれ！〉を聞いて、これを聞き分ける。この者たちではなく、あの罪人であるかれこそ、この世におけるこの人間についての究極の言葉である死を死ぬ。「まことにかれが担ったのはわれわれの病、かれが負ったのはわれわれの痛みであった」（イザヤ書五三・四）。かれは、罪人である。しかも同時に、救いと生命とを宣べ伝える罪のない者、恵みの受領者であるとすれば、すなわち、「われわれの罪はかれにかかり、われわれは平和を得る」（イザヤ書五三・五）とすれば、それは人間の可能性ではなく、神の可能性が介入したのである。今やわれわれは罪が何であるかを知っているか。また宗教の意味は何であるかを知っているか。「罪が要求によって、自ら全く罪深いものであることを立証するためである」。これが宗教の意味である。すなわち、罪の力はこの最高の人間的可能性が持つ事実性（七・一三）と不可避性（七・八―一一）とにおいて、自己内に閉じられた人間性の輪を支配する力そのものであるが、しかしそれ自身、神の、神自身の、神のみの自由によって制限された力であることが、実証されるということなのである。ただ神の自由によってなのだ。これが律法の意味である。すなわち、律法はわれわれの目を鋭くして、われわれが宗教の限界を越え出て、すでに目を配っていたあの律法からの自由、すなわち、「霊の新しい意味における奉仕」（七・六）が、どのような場合にも、人間においては不可能なことであるに違いないと、われわれに了解させるに違いないということなのである。

宗教の現実（七・一四―二五）

宗教の意味は、罪がこの世の中のこの人間を支配する力であることを明らかにすることである。すなわち、宗教的人間もまた罪人である。まさにかれこそ、まさにかれそのものこそ、なのだ。それによって、罪が「溢れ出る」、そして恵みの「満ち溢れ」（五・二〇）によって、神の憐れみの〈それにもかかわらず〉によって、何が一番重要でなければならないかが明らかになる。しかし、われわれのすべての考慮のこの視点に、直接もう一度注目する前に、われわれは、あるいは（理論家の目で）ただ単に理論的に獲得された、宗教を人間の究極的な問いとするわれわれの見解に対して、答えとしての、負い目と運命の彼岸にあるもはや疑問の余地のない所与としての、いわゆる宗教的現実が対置されうるかも知れないという考え方にならないように身を守らなければならない。まさに宗教の現実が、すなわち、自らの独特の存在と所有とを持つ宗教的人間が、むしろなお発言すべきである（たとえば「宗教心理学」なのだ）。そこにおいて、罪がその勝利を祝うということ、罪が善によって、宗教的人間の最高の、絶対不可避な、もっとも希望に溢れた可能性によって、この人間にその奴隷の刻印を押し、死に引き渡すということ（七・一三）以外の何かを、宗教的人間は知っているだろうか。宗教的人間はそれ以外の何をも知らない。ロマン主義の心理学は、この事実を覆いかくし、「世界におけるすべての出来事を唯一の神の行為と考える」能力として宗教を賛美し、「人間のすべての行為に、聖なる音楽のように伴奏させる」（シュライアーマッハー）ように、繰り返して試みたが、宗教そのものは、すなわち、能動的な、戦闘的な、実弾を装塡した、非美学的、非修辞学的で、敬虔さを失った宗教、詩編第三九編の、ヨブの、ルターの、キルケゴールの宗教、パウロの宗教は、宗教の持つ真剣さをこのようにあたりさわりのないものとしてしまう態度に対して、それに劣らず執拗に、繰り返して防御を試みるであろう。このような宗教は、それ自身が真の人間性の総仕上げと実現だとは全く考えず、人間性の円環の中の、疑わしい、妨げとなる、危険な一点、その円環を完結し、そしてまさにそのことによってひそかに開かれた一点として、この世の中のすべての出来事、人間のすべての行為に対立する理解できないもの、耐えられないもの、受け入れられないものとして、人間の健康ではなく、その病気が気づかれるところ、すべてのものの協和音ではなく、不協和音が響きわたるところ、文化が基礎づけられないだけではなく、むしろその相手役である非文化と共に、もっとも根本的に問いの前に立たされるところの場所だと考える。このような宗教は、この世の子たちの判断では、正直な自覚の各瞬間において、いつもただこのようなものであって、それ以外のものではありえないことを知っている。

「幕は二つに裂け、楽の音は黙《もだ》さねばならぬ。
神殿も消え失せた。そしてかなたには、
古びたスフィンクスが巨大な姿を現わす」。

（F・シュレーゲル『シュライアーマッハーの宗教論について』）

そして宗教は、このような悔い改めない者の目を覚まさせようなどと考えない方がよいであろう。宗教の現実は、戦いと躓き、罪と死、悪魔と地獄である。宗教は、罪責と運命の問題性から、人間を全く脱出させないで、かえってなおさら初めて、その中に導き入れる。宗教は、人間に、人生の問題の解決をもたらさず、宗教はむしろ人間そのものを、全く解きがたい謎とする。宗教は、人間の救いでも、救いの発見でもない。むしろ、人間の救われがたさの発見である。宗教は、享受されることも、祝われることをも望まず、むしろ投げ捨てられることはありえないからこそ、厳しい軛《くびき》として背負われなければならない。われわれは宗教を、だれに対しても持つように願ったり、勧めたり、受け取るように推薦することはできない。宗教は、一つの不幸であって、運命的必然性をもってある人たちに降りかかり、その人たちからまた他の人たちへと移るものである。宗教は不幸であって、その圧迫の下で、バプテスマのヨハネは、悔い改めと裁きの説教をするために荒れ野に行き、その不幸の圧迫の下で、コリント第二書が書きとめたような、衝撃的な、長く引きのばされている嘆きが生まれ、その無気味な圧迫の下で、カルヴァンの顔つきが、最後に呈したような顔つきが生まれる。宗教は不幸であって、その下では、人間と名の付くすべての者は、しかしおそらくはひそかに、嘆きの吐息をもらさなければならないのである。

一四―一七節　第一の確認事項。というのは、律法は霊に由来することをわたしは知っているが[★6]――しかしわたしは肉においてあり、罪に売りわたされているからである。というのは、わたしは自分の実行していることが分からないからである。というのは、わたしは自分の望むことは行なわず、かえって自分の憎むことを行なうからである。しかし自分の望まないことを行なうかぎりは、わたしは律法が正しいことを承認している。しかしその場合には、それを実行しているのは、もはやわたしではなく、わたしの内に宿っている罪である。

「律法は霊に由来することをわたしは知っている」。この知識は、宗教的人間の本質にある第一の知識である。かれは、霊の圧倒的な刻印の下に立っており、その霊の刻印が圧倒的であるのは、霊が死の不可避的な〈どこへ〉〔目標〕と直接的に対立する〈どこから〉〔由来〕であるからである。かれは、一つの戦いの危急と希望の中に立っており、かれがこの戦いを回避することができないのは、その戦いがかれ自身の生存をかけた戦いだからである。かれはどんな犠牲を払っても実現しなければならない要求に直面している。なぜなら、かれの存在《ダア・ザイン》とその在り方《ゾオ・ザイン》にまつわるすべての不満は、この要求の必然性と正当さをさし示しているからである。かれは問われており、本来なら答えなければならないだろう。かれは呼ばれており、本来ならかれは従わなければならないだろう。神の存在は、すべての眺望をさえぎる低い隣家の防火壁のように、敵の城砦のように、固められた拳のように、かれの生のただ中に突き出る。かれはそれと対決しなければならない。それに対して態度を決めなければならない。それによって生きなければならない。パウロは、他の箇所で自分のことを「囚人」または「捕らわれの身」と呼ぶ時（エフェソ書三・一、四・一、テモテ第二書一・八、フィレモン書九）、自分が何を言っているのかを知っている。「主よ、あなたはわたしを説き伏せたので、わたしは説き伏せられました。あなたはわたしにとってあまり強すぎたので、あなたが勝ったのです」（〔ルター訳〕エレミヤ書二〇・七）。

「しかしわたしは肉においてあり、罪に売りわたされている」。もちろんただちに、もし神が存在するならば、わたしはだれであるのか、と問われなければならない。神に対するわたしのあのような関係が成立するとするならば、わたしが神の囚人、神に捕らわれた者であるとするならば、わたし、すなわち人間とは、いったいだれであるのか。そしてそこからただちに、経験によって、人間としての、わたしが現にあるところの者としてのわたしの存在には、あの強制するもの、不可避的なもの、必然的なもの、霊に由来する律法が入り込む余地はないとの洞察が生まれる。この刻印を身に引き受け、この危急と希望とに方向を定め、この要求を満たすことができるかも知れないのは、どのような存在であるのだろうか。いずれにしても、わたしが知っているわたしの存在ではなく、人間の存在でもない。もしわたしがそれを問われているならば、わたしはどう答えるべきであろうか。もしわたしがそこから呼ばれているならば、わたしはどのように従うべきであろうか。「わたしは肉においてある」。肉は、決して霊とならない。それは肉の復活においては、そうなることもあるだろう。「わたしは罪に売りわたされている」。この売り買いは、取り消し不可能である。罪の赦しにおいては、それは可能となることもあるだろう。わたしは人間である。それが何を意味するかについて、宗教的興奮も感動もわたしを欺くことはできない。新しい人間のみが、人間の克服が、永遠の生命が、わたしの人間存在にまつわる困惑からわたしを解放することができるかも知れない。霊はわたしにとって何であるというのか。霊に由来する律法はわたしにとって何であるというのか。わたしの「敬虔」は、わたしにとって何であるというのか。神の説得と支配はわたしにとって何であるというのか。そこには、どのような生み出す力もないことは明白ではないか。「主よ、わたしから離れて下さい。わたしは罪深い者なのです」（ルカ福音書五・八）。神と、わたしが現にそれである人間とは、これは一致しない。

「というのは、わたしは自分の実行していることが分からないからである。というのは、わたしは自分の望むことは行なわず、かえって自分の憎むことを行なうからである」。次のことは明らかである。もしも律法と、わたしの宗教的な存在と所有とがそれ自身霊であるとでもいうならば、もしも「宇宙の直観と感情」、「無限者に対する感覚と味覚」（シュライアーマッハー）が真剣に可能な可能性として注目されてよいとでもいうならば、もしも神と、わたしが現にそれである人間とが何らかの仕方で一致するべきだということがあるとでもいうならば、わたしは自分自身を、すなわち、わたしの実行を、わたしの言葉、行為、業を、わたしの現実の生活をそこから認識し、理解でき、それを、完全に、そうは言っても部分的に、そうは言っても少なくともある希望に満ちた端緒において、霊との連続性と一致において、あの問いに対する答えとして、あの要求に対する従順として、他の現実性と並ぶ、新しい、神に奉献された現実性として表わし、把握できるに違いない。もちろん、わたしがそういう状態にあると時おり考え、主張するほど単純で不遜であることもできる――しかしわたしがあまりにも確実にそうだと考えたり、あまりにも長い間そう主張したりしないように配慮されている。というのは、その要求は、わたしにとって全く明白で、明瞭であるので、神の意志がわたしの人生において出来事とならざるをえず、また神の戒めは困難ではないからであり、またそのことが、わたしの人生においては、もっとも簡単な事柄においても、どのような瞬間にも、たとえそれがわたしの最高の、もっとも純粋な、もっとも誠実な瞬間であっても、決してかつても起こらなかったし、今も起こらないし、将来も起こらないであろうということも、きわめて明白で明瞭であるからである。ことによるとわたしを圧倒する霊の表現であるかも知れないような思想を、ただ一つだけでもわたしは考えることができるだろうか。わたしの言葉のただ一語が、わたしが求めているその言葉、わたしの大きな危急と希望の中から、本来、語りたいと願っている言葉であるとでもいうのだろうか。一方の言葉が他方の言葉をふたたび廃棄しなければならない、という以外に、わたしがいったいどのように語ることができるだろうか。あるいは、わたしの行為によって、わたしはもっとよりよくなるとでもいうのだろうか。大事についてのわたしの不真実が、小事についてのわたしの不真実の適切な代用であったり、またその逆でもあるというのだろうか。もちろん真剣に受け止められるべき思想家や詩人や政治家や芸術家が、その行なったことによって、その欲したことを真実に、自分自身を真実に、再発見したとでもいうのであろうか。わたしが仕事を実行した時、その実行したすべての仕事から、悲しみを持ちながらも決然と、永久に訣別する必要はないのだろうか。もしその訣別をわたしがあまりに長くほめたたえていたとすれば、災いである。そして、もしわたしが思想と言葉と業とによってそうしようとしているとするならば、波立つ海のようなわたしの感情や魔女の鍋のように混乱したわたしの無意識の行為といったものが、意識的にも明白にわたしに欠けているものの代用を提供することになるというのだろうか。自己の感情の永遠の価値を信じるのは、ただどうしようもない人たちだけである。否、わたしの実行した仕事を、わたしは一つ残らず、わたしの正嫡の子どもたちとは認めることができず、むしろ、それらは異質の、敵対的なものとして、またただちにわたし自身の嫌悪感を呼び起こしてわたしに対立している。わたしはそれらを理解しない。わたしはそれらを愛さない。わたしはそれらを否認したい。そして、悪い、みにくい取り換え子のように向こうからわたしをにらみつけている。われわれの知るところは一部分であり、われわれの認識も一部分である（コリント第一書一三・九）。否、それどころか、わたしが実行することをわたしは認識しない。わたしは自分の望むことは行なわず、自分の憎むことを行なう。

しかしこのような望むことと行なわないことの間、憎むこととそれにもかかわらず行なうこととの間に、あちらとこちらに引きさかれてその中間に立っているこのわたしとはだれであろうか。

「しかし自分の望まないことを行なうかぎりは、わたしは律法が正しいことを承認している」。

「わたしは自分の憎むことを行なっている」と、われわれは今まさに言ったばかりである。だがそのようにして、わたし自身と、霊に由来するのだが、把握できない、近づくことができない、伝達できないものとしてわたしにやって来るものと、すなわち、わたしの憎しみ、わたしの実生活に対するわたしの抗議、時間の中を進むわたし自身の歩みにいつもつきまとってきた不安、わたしが行なっていることをわたしが望まないということ、これらのこととわたしとの間に、一つの一致点が与えられているように思われる。少なくともわたしは、この否定によってわたし自身との調和の中にいるのではないだろうか。少なくともわたしは、わたしがわたし自身の罪性についての深い意識をもち、これに対して強力な反感を抱くかぎり、律法の実行者ではないのか。少なくともわたしがまさに——不安であることによって、安心してよいのではないか。「もし君が自分の中に霊と肉との争いがあるのを認め、君の望まないことをしばしば行なっているというならば、それは君が信仰深い心を持っていることの公示である。ところで、この争いが人間の中で続くかぎり、そのかぎり罪は人間を支配しない。そして人間が罪に逆らって争っており、罪に同意しないからこそ、この罪の責任は人間に負わせられることはない」（ヨハネス・アルント）。危険な文章だ。敬虔主義の弁証法のこの隠れ家を知らない者があるだろうか。また、静かに、いろいろな良心の嵐の後に静かに、まさにこのような争いが起こることを考慮に入れるのが常であるような、確かな、おだやかな夕焼けのような鎮静と諦めと妥協を知らない者があるだろうか。

「しかしその場合には、それを実行しているのは、もはやわたしではなく、わたしの内に宿っている罪である」。それでは、わたしがわたし自身の行為を憎み、わたし自身に対して抗議するというのは、いったいどういうことなのであろうか。ただ明らかなのは、わたし自身が、わたしと――わたしとの間に溝を掘るという点だけである。それが、将来有望な企てであるとでもいえるだろうか。それによって、〈神が存在するならば、わたしはだれか〉との問いに対して答えることがよりたやすくなったとでもいうのであろうか。「それを実行している」わたし、その行為を、わたし（それは別のわたしなのだ）が激しい不満をもって見つめているそのわたしは、明らかに、あの問いの前で持ちこたえることのできるわたしではない。その激怒する者、不満を持つ者、永遠に抗議する者は別のわたしであるはずだというのか。しかし、この別なわたしとはだれであるのか。この無力な傍観者、このあわれな故郷喪失者、あの本来のわたしが行なうこと、しかも、実際に、しかもかれ自身の立場で行なうことをただ望まないだけで、頭を振って不満の意を表わしながらお付き合いができるだけの者、このような者があの問いに立ち向かう能力があるというのだろうか。わたしが行なうことを、わたしは全く行なっていないということ、わたしが自分の家の主人ではないということ、別な者がわたしの抗議にもかかわらずそこで勝手に振舞い、考え、語り、行動し、感じているということ、わたしが全く関係を持っていない実行に、ただ場所と名前を提供しているにすぎない、などと言っても、それがわたしの弁明だということになるのだろうか。この弁明、すなわち、律法とのこのわたしの一致は、いったい罪がわたしの内に宿っているというわたし自身についてのわたし自身の判定以外の何を意味するというのだろうか。まさかこの自己有罪判決によって、わたしは足下に確かな土台を得たというのだろうか。自分の気に入ったように行なうあのわたしと、自分が行なうことを望まないあの別のわたしとが、そのもっとも深い根拠においては同一でないかどうかと、わたしに言うのはだれか。自分自身に対するわたしのすべての、激しい拒絶も、結局は、全くのところ「わたし」という一つの罪の家の四つの壁の内部で演じられるミュンヒハウゼン流[☆69]のお芝居にすぎないのではないのか。わたしの内に宿っている罪の彼岸に実際に実存しているわたしについては、宗教の現実は、本当は決して何も語らない。宗教の現実が語るのは、わたしがわたしの望まないことを常に実行し、わたしの実行することを望まないときに伴う分裂についてだけである。宗教の現実は、人間の生がその知識と一致しないことについてだけ語る。

一つの現実についてだけ、すなわち、罪の現実についてだけ語る。

一八―二〇節　第二の確認事項。というのは、わたしの内に、すなわち、わたしの肉の内には、善が宿っていないことをわたしは知っているからである。というのは、その意欲はわたしにあるが、正しいことを実行することができないからである。というのは、わたしは自分の望んでいる善は行なわないで、望んでいない悪は、これを行なうからである。しかし自分の望んでいないことを行なうかぎりは、それを実行しているのはわたしではなく、わたしの内に宿っている罪である。

「わたしの内に、すなわち、わたしの肉の内には、善が宿っていないことをわたしは知っている」。この知識は、宗教的人間の本質の中にある第二のものであって、あの第一のもののうちに、またその第一のものと共にただちに与えられている。「わたしの内には、善はない」。ここにおいて、われわれはもう一度啓示を担う者たちの「優れた点」（三・一―二〇）に突き当たる。すなわち、かれらはそのような者として、もともとまさにそのことを知ることができるし、知っているべきなのである。まさにかれらこそがだ。イエス・キリストにおける神の啓示もまた、人間をこの恐ろしい秘義へと導き入れずにはおかない。この啓示は、すべての啓示中の啓示そのものであるから、まさにこの啓示こそそうせずにはおかない。「愛するパウロは、罪の中に留まっていたくないと願っていたが、その中に留まらざるをえない。わたしも他のより多くの者たちも罪から免れていたいと願っているが、どうしてもそうはならない。われわれはそれを静めるのだが、罪に陥り、ふたたび立ち上がって、日夜絶えまなくそのことで苦しみ、自分を打つ。しかしわれわれはこの肉の中に留まっており、この悪臭を放つ袋を首にかけている間は、それは本当に消え去ることは全くないであろうし、また無力になってしまうこともないであろう。われわれは、それを無力にしようと努力するかも知れないが、古いアダムは、墓に入るまでは生き続けようとする。要約すれば、神の国は奇妙な国であり、どのような聖者もここでは〈全能の神よ。わたしはあわれな罪人であることを告白します。どうか、古い負い目を数え上げないで下さい〉と言うより他はないであろう。……罪を犯さず、また感じもしない者はキリスト者ではない。もしそのような者がいるならば、それは反キリスト者であり、真のキリスト者ではない。したがってキリストの国は罪のただ中にあり、そこに潜んでいる。というのは、キリストは、ダビデの家の中に罪を置いたからである」（ルター）。したがってここでは、制限するものとしての「しかしわたしは」（七・一四）が、宗教的人間が本来知っていることに対抗して現われることもない。というのは、あの「すなわち、わたしの肉の内には」は制限ではなく、かれが、まさにかれが自分自身に対して行なわなければならない告発の尖鋭化だからである。わたしは肉なのだ。それがこの言葉の意味である。われわれは「肉」が何を意味するのか（三・二〇）を覚えている。それは認定されていない、そして（人間から、まさに宗教的人間から見れば)、究極的に認定できないこの世性である。肉とは、関係を失った相対性、虚無性、無意味《ナンセンス》のことである。それがわたしなのだ。金銭的人間、享楽的人間、権力的人間が自分のことをそう言わなければならないのではない(どうしてかれもまた、そう言うべきなのか、どうしてかれもまた、そう言うことができるのか。かれが自分自身について知っていることが、神の怒りより大きい神の憐れみから発する光線なのかも知れないではないか)。むしろ、神に聖別された者、現実的な、真剣な、真の宗教的な体験をした人、預言者、使徒、宗教改革者、神の聖《きよ》さと憐れみの一致が全く個人的な問題、実存問題となっている人こそがそう言わなければならないのである。「なぜわたしを善いと言うのか。一人の者、すなわち、神のほかに善い者はだれもいない」(マルコ福音書一〇・一八)。そしてそれを言うのはイエスである。したがって、われわれが霊についてのわれわれの知識(七・一四)から出発してただちに出会う洞察、すなわち、神と、わたしが現にそれであるところの人間とは一緒になることはないとの洞察は、もしかするとあまりに性急な悲観論的考え方に基づいていたのではない。そうではなくて、われわれがその場合に経験に即して確認することは、主題的事実《ザッヘ》の論理に対応している。神についての知識と共に、人間についてのこのような知識が措定されるのであって、それ以外のものではない。

「というのは、その意欲はわたしにあるが、正しいことを実行することができないからである。というのは、わたしは自分の望んでいる善は行なわないで、望んでいない悪は、これを行なうからである」。わたしの意欲は、わたしの中にない善をわたしに想起させる。しかしそれはわたしの意欲だけである――もちろんその意志は、律法の神的性格についてのわたしの知識（七・一四）と同一である。というのは、神的なことを望むことなしには、わたしはそれを知ることもできないからである。「その意欲はわたしにある」。しかし意欲とは何であるか。それはまさに、努力すること、欲求すること、要求すること、問うこと、求めること、願うこと、戸をたたくことである。それは、すべての牧会と説教の、約束に満ちた究極の言葉であり、すべての時代のすべての真理の証人たちによって、絶えず新しい高揚と変化と強調を伴って、息もつかずに繰り返され、更新されてきた。おそらく、それほど息もつかずに語られてきたのは、その意味が驚くほど単純であるからであり、また、この単純なことが、宗教的現実の内部では、事実究極の言葉であることは、驚くほど明瞭だからである。これが役に立たなければ、いったい何が役に立つというのだろうか。だから、それは疑いもなく役に立つ。〈神を求めよ〉という標語は、いつも変わらず注意深く耳をかたむける聞き手を見出すであろう。それはまさに人間の耳がなお聞くことのできる究極のことだからである。そして確かに、率直に意欲する者、率直に神を求める者の数は、過去においても現在においても、表面的な観察において見えているであろうよりは、無限にはるかに、大きいからである。いったいだれがだれに対して、この正直な意欲を否認してよいだろうか。おそらくわたしもまた神を求める者であろう。「その意欲はわたしにある」。もちろんそれはありうる。しかし、このことを確認することによっておそらくわたしが逃げ込みたいと考える宗教的避難所は、「わたしが行なうことを望まない」（七・一六）と書かれている別の避難所と同様、不十分なものである。というのは、そこでは行なわないことにかかっているように、ここではわたしが非常に喜んで確認するであろうわたしの内の善の存在に対しては、すべては行なうことに、つまり「正しいことを実行すること」にかかっているであろうから。そして今や、もっとも正直な、もっとも深い、もっとも徹底的な意欲が、一貫して「正しいことを実行する」という栄冠を与えられるとはかぎらないという疑問の生じる余地はない。われわれはもう一度、そこでは全くあの誠実な意欲に事欠かなかったキリスト教の教会史や精神史という墓地跡のことを考えてみたい。たとえばエレミヤの「行為」と、かれと対立した偽預言者たちの「行為」とを区別するものは何であるか。コンスタンティヌスにおいて頂点に達する古代キリスト教の「成功」と（非神学的な関心を持つ歴史家がそれについて述べるところを聞くべきであるが）ミトラ教やキュベレ教の同時代における「成功」とを区別するものは何であるか。ヴィッテンベルク、チューリッヒ、ジュネーブの宗教改革者たちの「成功」を、ローマの教皇たちや優れて宗教的なバベルの塔の建設者たちの「成功」とを区別するものは何であるか。システの聖母像の、多くの賛嘆を受けた目に秘められた内的敬虔の「実行」と、エル・グレコの聖母像の目が語っているかつて例のない信心に凝り固まった「実行」とを区別するものは何であるか。人間のすべての行為そのものは、一つの梯子の段ではないのか。せいぜいのところ、それらすべては、全く別な行為の比喩にすぎないのではないか。主がそれを成功させる場合のその誠実さそのものは、われわれが——望むことができ、時にはそれで満足したいと願うあの正直な意欲と全く同じものではないこと、また、この正直な意欲から、主が成功させるあの成功へ至る道について、われわれは、その道が断絶する路線、常に繰り返して断絶する路線であって、絶対にその目標に到達しない路線であるということ以外には何も知っていないということは明らかではないのか。「というのは、望んでいる善は行なわないで、望んでいない悪は、これを行なうからである」。これが、宗教的人間が、まさにかれこそが、かれの意志の外で、そもそもいったい何を行なうことができるのかとの問いに答えなければならない時の答えである。したがって、ここでもまた、否、善を望むわたしの意欲をも、善と混同することはできないと答えなければならない。というのは、善は、どこまでも現実性を求め、意志されるだけでなく、実行され、行なわれることを求めるという性質を持っているからである。しかしわたしは善を行なわないで、わたしの望まないあらゆる種類の悪は行なう。そしてもう一度わたしは問わなければならない。耐えられないような仕方で、同時に意欲する者と実行しない者の両方でなくてはならないわたし、また率直な意欲を持ちながら、善は——かれの内にはないとの事実をただ思い出させることができるだけであるわたし、このわたしとはだれなのかと。

「しかし自分の望んでいないことを行なうかぎりは、それを実行しているのはわたしではなく、わたしの内に宿っている罪である」。したがって、わたしの意欲から見れば、「正しいことを実行すること」はできない（七・一八後半—一九）。それゆえに、何が行なわれるかという決定的な視点に帰らなければならない。それに対する答えは、「自分の望まないことをわたしは行なっている」というのである。したがってわたしの誠実な善を望む意欲がわたしのことをもしかして正当化しているとか、ましてわたしの悪を望まない誠実な意欲がわたしのことを正当化している（七・一六—一七）ということは問題にもならない。むしろ、この箇所を二度目に読んでみれば、〈それを実行するのはわたしではない〉という自分自身についてのわたし自身の判決が確認された。わたしは締め出され、壁に押しつけられて、わたしの家の中で事実実行されることをただ傍観していなければならないのである。わたしの善意志を引き合いに出すことは、罪がわたしの中に宿っている——ということの承認以外何を意味しているだろうか。罪が行なうのである。罪が実行するのである。罪がやり遂げるのである。しかしそれはやはり、わたしにとって責任免除ではなく、むしろまさに、わたしが自分で下した判決に他ならない。というのは、わたしは、どのような根拠によって、実行するそのわたしと、そのわたしが実行することを望まないそのわたしとの非同一性を主張すべきだというのだろうか。現実は、宗教の現実もまた、一人の人間を知っているだけであり、そしてそれがわたしであり、他のだれでもない。そしてこの一人の者が、明らかに望んでいながらそれを実行せず、望まないのに実行しながら、罪の家の四つの壁に取り囲まれて住んでいる。かれの罪とは、まとめて言えば、宗教的体験の現実が告げ知らせる事実のことである。

二一―二三節　結果。そこで、善を行なおうと望んでいながら、わたしに悪が入り込んでいるというところに、律法がその現実性を持つのをわたしは見る。というのは、わたしは内なる人間としては神の律法を喜んでいるが、わたしの肢体の中には別の律法があって、わたしの理性の律法に対して戦いをいどみ、わたしの肢体の中にある罪の律法の下にわたしをとりこにしているからである。

「そこで、善を行なおうと望んでいながら、わたしに悪が入り込んでいるというところに、律法がその現実性を持つのをわたしは見る」。宗教的人間であるということは、引き裂かれた人間、調和を失った人間、平和を持たない人間であるということである。自己自身と同一でありうるのは、ただ神と自分が一致しているのかという大問題にまだ目覚めていない者だけであろう。われわれはすべて、われわれが自分自身と同一ではないということを、またそれと共に、われわれがどれほど深く神によって動揺させられているかを、われわれの行為と態度の全体において、十分明瞭に明らかにする。必要があれば、単純な心の動きから、そのことを否認できる人たちは幸いである。もっと長く、あの問いに目覚めないように用心することにかれらが成功するように！　宗教の現実は、わたしが望んでいながら実行せず、実行しながら望んでいないことに対して、わたしの自我、これらすべての述語の主語が、全く疑わしいものになる、生きることも死ぬこともできないXになることにある。わたしは律法によって神を認識するのであるが、その律法によって、わたしは「善を行なおう」と望んでいるのである。そしてわたしは律法によって神に知られているのであるが、その律法によって「わたしに悪が入り込んでいる」のである。わたしにとって最高の可能性が最高の困惑となり、最高の約束が最高の危急となり、最高の賜物が最高の脅威となる。シュライアーマッハーがかれの『宗教論』を書きあげた日に、「生みの親としての喜びに満たされると共に死への恐怖に襲われて」、「わたしが今夜死ぬとすれば、それは残念である」と考えることができたと信じられるだろうか。宗教についてーーあれほど印象深く、美しく語った後に、あたかも死が何か非常に身近にあるものではないかのように！　悪意のない、根本的には心からただ安らぎを求めているだけの人間に、何かただ耐えられるだけのものでなく、歓迎に値するもの、興味あるもの、豊かにしてくれるものとして、宗教を勧めることができると信じられるのだろうか。すべての文化と非文化の固有の内的問題性と誠実にまさに十分に取り組んでいる人たちに、価値ある文化の補充として、あるいはまた文化の代替品として、宗教を押しつけることができると信じられるのだろうか。いつもあの不幸な「宗教と……」という考え方が真剣な形をとるところでは、草一本も生えないことが、数かぎりない経験によって確かになっていないかのように、意気揚々と宗教を科学、芸術、道徳、社会主義、青年、民族、国家と関係づけることができると信じられるのだろうか。また、これらすべてのことを宣べ伝える奇妙な指導者たちが、何百万という人たちがまさにそのように導かれることを願い、違った仕方で導かれることを願っていないということにかれらの正当化を見出し、まさに宗教の可能性を、かれらのその他の諸可能性の基礎づけ、あるいはやはり改良、あるいは、やはり慰めに満ちた聖別として捕らえ、まさに無限性の情念《パトス》に励まされて、かれら自身のその他の情念を見、まさに他のすべてのことに対して敬虔な態度を取ることによって、ほしいままにするという希望を持っていると信じられるのだろうか。しかし、この出来事の異常な事実性は、指導者も指導される者も、とにかくかれらすべてが、そのような行為によって、自分が止まっている枝にのこぎりを入れ、かれらが眠りたいと願っているその家に火をつけ、かれらが深い淵の上を渡ろうとしている船に自分で穴を開けてみても、何一つ変わらない。個人的な安らぎや人間性の美しい均斉や、人間文化（あるいはまた非文化をも含めて）の不変性を真剣に問題とする人は、レッシングやリヒテンベルクやカントやゲーテと共に、宗教がかれの領域に突入してこないように、できるかぎり努力するであろう。その人は、美的、歴史的、感傷的、または政治的理由から堤防に穴をあけ、まず第一にあまりに無思慮な人たちを押し流す洪水に向かって、人間たちの小屋や宮殿にまで押しよせる水路を造るそれらの無思慮な人たちに対して警告の声をあげるであろう。それによってかれは、いずれにしても、敬虔についてのあの見かけだけの専門家たち（本当は敬虔についての全くひどいディレッタントにすぎないのだ）より、はるかにすぐれた洞察と即事性を示すであろう。だがかれらは、自分が何をしているのかを知らず、宗教についてのロマン主義的喜びをもって諸霊を呼び出すのであるが、それをかれらは取り鎮めないであろう。だがかれは、その努力によって何の成果を上げることもできないであろう。というのは、宗教の可能性は、かれがそこから手を引くことができるよりはるかに深く人間の中に座をしめており、近代の西欧世界の文化は、本当に、かれがあのような可能性に陥らないように守る能力を持ってはいないからである。人間性の戸口に立つ見張番であるかれは、恐れられて当然である敵との間に、あるいは最後の瞬間になって自ら小さな平和協定を結んでしまわないように用心しておくべきだ。というのは宗教は、敵、ギリシア人であるか野蛮人であるかを問わず、人間全体の、もっとも忠実な友を装った敵、文化と非文化との危機だからである。宗教は（神を別にして）、人間が死の此岸で持つもっとも危険な敵である。というのは、宗教は、われわれが死ななければならないということを思い出す、すなわち神の可能性を思い出す人間の可能性だからである。宗教は、時間と事物と人間との世界の内部において、〈きみはだれか〉という問いが、耐えきれない仕方で現われる場所そのものである。「神の律法が人間にとって呪いとなる。というのは、かれらが律法の下にあればあるだけ、罪の僕《しもべ》であり、またそのようにして死の罪責を負っているからである」（カルヴァン）。

「というのは、わたしは内なる人間としては神の律法を喜んでいるが、わたしの肢体の中には別の律法があって、わたしの理性の律法に対して戦いをいどみ、わたしの肢体の中にある罪の律法の下にわたしをとりこにしているからである」。宗教は、爆発的に現われる二元論である。この実状を、一元論的に聞こえる美辞麗句で覆い隠す人は、「宗教の優れた裏切者」（オーヴァーベック）であり、それによってこの世の気に入ることをしようとしながら、この世に対して、考えうるかぎりで最悪の奉仕をしているのである。というのは、かれが覆い隠そうと努力している秘密は、隠しきれるものではなく、花で包まれたダイナマイトの薬筒は、いつかは爆発するであろうからである。宗教とは、人間を二つの部分に引き裂くことである。すなわち、一方には、神の律法を喜んでいる内的人間の「霊」があり（わたしはもしかしてこの「霊」と同一なのだろうか、わたしはもしかしてただ「内的」であるだけなのだろうか、だれがあえてそう主張するのだろうか）、他方には、全く別な律法、全く別な可能性、全く別な生命力の一部分が発言を要求し、戦いをいどみ、「理性の律法」とその然りに対して否を語るわたしの肢体の「自然」がある。ここにおいて、ここに現われるこの対立において、この第二のものにおいて、この他者性の原理において、魂とは区別されたわたしの身体性において具体化されて、すべての律法中の律法、すべての可能性中の可能性、すなわち、わたしをとりこにする罪が明らかになる。（わたしは、それでは、もしかして罪に支配されたこの「自然」と同一なのだろうか。だれがあえてそう主張するのだろうか。）もちろんこの一対の対立者を、内面性と外面性、彼岸と此岸、理想性と物質性と名付けることもできるであろう。しかしそれではきみはいったいどちらに属しているのか。きみはいったいだれなのか。「霊」なのか、それとも「自然」なのか。きみは「霊」を否認して、ただ単に「自然」であろうと欲することはできない。というのは、もちろん宗教的人間としてのきみの独特の知識は（きみは、神について知っているのだ）、自然は徹底して霊であろうとするということだからである。しかしまた、きみは、「自然」をも否認して、ただ単に「霊」であろうと欲することはできない。というのは、他方では、きみは宗教的人間として（きみは神について知っている）、霊こそはまさに、徹底して自然であろうとすることを、あまりによく知りすぎているからである。このように、わたしはこの両方なのだ、すなわち、「霊」と「自然」、おそらく、霊自然、自然霊などだときみは答えたいのであろう。――このような大胆不遜な先取りを試みてみよ。そうすればただちにきみは、一つになろうとするものが、まさにそれゆえに、徹頭徹尾単に並立し、融合し、結合することを許しはせず、反抗するものの合一の努力をきみが熱狂的にやればやるほど、より確実に、また鋭く分裂することになるのをやがて知るであろう。むしろきみは、あちらこちらに駆り立てられて、前者になったり、後者になったりしつづけて、決して前者即後者になりきることはない。後者によって排除されている前者となるかと思うと、前者によって排除されている後者となる――それでいて究極的、決定的に排除されているのではなく、いつもそのもっとも徹底的な排撃も、同様に徹底的な再帰の、弱々しくはあるが、展望にみちた可能性を開いておくというようにして。

二四―二五節前半　わたしはみじめな人間なのだ。だれが、この死の体からわたしを救い出してくれるだろうか。――わたしたちの主イエス・キリストによって、神に感謝すべきである。

われわれは、この章の初めにわれわれが出発した地点にふたたび立っている。すなわち、宗教的人間は「生きているかぎりの人間」（七・一）である。すなわち、この世のこの人間であり、われわれだけが知っている人間の可能性を持つ人間である。現にあるところの者であるはずのない、またあるべき者では決してない、その人間である。その死ぬべき体と、分離も区別もできないような仕方で一体であり、かれが（ほかのだれでもなく、かれが！）死に属するという記憶を忘れず持ち回っているその人間である。宗教の現実についてのすべての確認事項は、この人間の可能性についての、もっとも根本的な疑いに導くのでなければ、われわれをどこへ導くことができるのか。もちろん本当に、かれは生きることも死ぬこともできない。もちろん本当に、かれはまさにその敬虔さをもって、天と地の間にかかっている。しかし、もしわたしが確かにこの人間であるならば、またもしすべての心理的な無理な姿勢と、すべての弁証法的な逆転が、この「わたしは現にある」という生々しい事実をわたしが乗り切るのを助けることができないならば、またもしわたしがまさに宗教的可能性によって見えるようにされて、かえってこの人間である可能性以外に、どのような他の可能性をも見ないならば、この人間の可能性に対するもっとも根本的な疑いがわたしにとって何の役に立つのか。「わたしはみじめな人間なのだ」。われわれは今、ようやく今、人間とは何であるかを知るのか。そして、宗教の現実が何であるのかをも知るのか。また十九世紀の発言者たちが好んで宗教と名付けたものの発端にあった、あの勝利者的気分が、宗教の現実からどのように縁遠いものであるかということをも知るのか。宗教の現実とは、人間が自分自身におののくことである。——しかし、イエス・キリストは、人間に可能な人間の彼岸、とりわけ敬虔な人間の彼岸にある新しい人間である。イエス・キリストは、この人間をその全体において廃棄することである。かれは死から生へと到来した人間である。かれは——わたしではなく、わたしの実存的な自我であり、神または神の自由の中にあるわたしである。神に感謝すべきである——われわれの主イエス・キリストによって、わたしは、わたしが現にそうであるみじめな人間ではない。

二五節後半　したがってこのようにして、わたしは、その同じ一人の人間として、理性によっては神の律法に仕えているが、肉によっては罪の律法に仕えているのである。

みじめな人間、それがわたしである。われわれは、この「わたしはそれである」という重荷の全重量に耐えぬかなければならない。われわれはこの重荷を投げ捨てない。まさに、パウロはここで「その回心前」の出来事を語っているのではない。回心においては、この人間のその全体における廃棄が問題であるとすれば、「前」とは何のことか。むしろ、パウロは宗教改革者たちと気心を合わせて理解したのであって、敬虔主義の眼鏡をかけて読む近代神学と気心を合わせて理解したのでない、過去、現在、未来におけるかれの存在を確認したのである。この現実は、ダマスコ「以前」と「以後」とのかれの存在の現実である。同じ一人の人間が神の律法のために二つに分裂し、しかもその二つが神の律法のために二つではありえない。二元論に陥ったが、その二元論は自己矛盾なのである。神に砕かれたが、神を忘れることができない。われわれは今神の自由とは何であるか、神の恵みとは何であるかを知っているのであるか!?

原注

★1――本書の完成間ぎわになって、たった今しがた『新教会雑誌』(Neue Kirchliche Zeit-schrift) 一九二一年十月号所載のPh・バッハマン☆2の論文に気がついた。そこにはわたしも正当で本質的なものと認めざるをえない非難が、非常に寛大に述べられている。この筆者は、わたし自身もその間にそれらの問題と取り組んでいたことに気づかれるであろう。

★2――ベンゲルは確かに正当にも「かれは裁く《クリネイ》であろう」と読まず、七節の「わたしは裁く《クリノマイ》」に対応して、二・一六のように「かれは裁く《クリネイ》」と読んでいる。現在形の「世を裁く」はコリント第一書六・二にもある。

★3――「見いだす《ヘウレーケナイ》」という語は、テキストに存在したと十分立証されてはいるが、読みやすくするために挿入された語として除去されるべきであろう。

★4――エコメン（「われわれは……を得ている」）と読む。エコーメン（「われわれに……を得させよ」）という読み方は古いが、よくない。この読み方は、パウロの発言の覚醒を求める面を強調しようという要求から現われたのであろうが、その要求はこの箇所にとっては、特に不適当である（テオドレートス☆54、「神に対して実現された平和を保つようあなたがたは努力すべきである」）。リーツマンの推測によれば、この誤解は、テルティオが行なった口述筆記（一六・二二）の誤記にまでさかのぼりうるかもしれない。

★5――「信仰によって《テー・ピスティ》」は、削るべきではない。ここで仮定したように、もしパウロが「この恵みに《エイス・カリン・タウテーン》」という言葉によって、一節において「平和《エイレーネー》」として叙述した出来事を一般的に考えているだけでなく、とくにかれ自身の使徒職のことを考えているとするならば、不必要に見えるこの繰り返しは説明がつく。

★6――「一方ではわたしは知っている《オイダ・メン》」と読む。なぜなら、わたしは「われわれは知っている《オイダメン》」と読む読者のキリスト教的同意を引き合いに出すことをホフマンやツァーンと共に――この同意は、事柄そのものとしては全く除外することはできないが（というのは、この部分は、伝記的挿入部ではないからだ）――この前後の関連では正しくないように思われるからである。それと対応している「他方ではわたしは《エゴー・デ》」（「一方ではわたしは知っている《オイダ・メン》」という読み方の反対者、たとえばキュールによって期待された、「他方ではわたしはある《エイミ・デ》」の代わりに）は、神に身を献げた者の「わたし《エゴー》」は、以下においては、かれの知識と意欲と行為と成果に対して、問題を含んだものそのものとして対立していることに十分注意が払われるならば、説明がつく。したがってこの読み方を採用する場合には、まさに、「わたしは肉にある《サルキノス・エイミ》が強調されるべきではない」（この点ではベックに反対）。

訳注

☆1――ゲーテの詩『遺言』(“Vermächtnis” 1829) の第二節の引用 (in: J.G. Goethe, Gott und Welt)。

☆2――Philipp Bachmann (1864-1931) はドイツのルター派の神学者。T・ツァーンが新約学の領域で、エルランゲン学派の伝統を守ろうとして、急進的な歴史批判的研究法と戦ったのを、バッハマンは組織神学の領域から後援した。この点では本書におけるバルトの立場と一致したが、のちにバルトは、かれらのルター派的・保守的教派主義と戦うこととなる。

☆3――Franz Overbeck (1837-1905) は、ペトログラード生まれのドイツ系ロシア人で、バーゼル大学の新約学と古代教会史の教授。F・ニーチェと親交があり、ニーチェの問題提起を歴史神学の領域で受けとめた。そのためキリスト教を批判した神学教授として非難された。彼が提起した問題は、近代主義的キリスト教の本質を突いた、見逃すことのできないものであるとバルトが論じたのは、E・トゥルナイゼンとの共著論文「キリスト教の内的状況について」(一九二〇年) であった。この論文はのちに「今日の神学に対する未解決の問い」と改題されて、バルトの第二論文集『神学と教会』(一九二八年) の巻頭に収められた (邦訳『カール・バルト著作集』4、新教出版社、一九九九年)。バルトは、この論文の発表には慎重にならざるをえず、発表前にオーヴァーベック未亡人を訪ね、かれの神学批判が、その誠実さから来たものであることを確かめてから出版に踏み切っている。本書に現われる〈原歴史〉、〈死の知恵〉などの言葉は、オーヴァーベックの著作から取られたものである。E・ブッシュ『カール・バルトの生涯』(München, 1975) 小川圭治訳、新教出版社、一九八九年、III (以下『バルトの生涯』と表記、章はローマ数字で表わす)。

☆4――Eduard Thurneysen (1888-1974) は、スイスのバーゼルの牧師。バーゼル大学の実践神学の員外教授であり、バーゼル大聖堂《ミュンスター》での名説教で知られる。学生時代以来、バルトの蔭にそうように協力してきた。初期の共著の説教集などは、どの説教がどちらのものであるかを明らかにすることをかれらは拒否したほどの一心同体の協力者であった。『バルトの生涯』III。

☆5――Eberhard Vischer (1865-1946) は、スイスのバーゼル大学の神学教授。リッチュル主義者の一人にも数えられるが、ヨハネ黙示録の資料研究でも知られる。のちにオーヴァーベックの『自己証言』(一九四〇年) を編集した。

☆6――Heinrich Barth (1890-1965) は、バーゼル大学の哲学教授。特に一九一九年九月スイスのアーラウで開かれたキリスト教学生協議会での講演「神認識」は、カール・バルトやE・ブルンナーらに大きな影響を与えた。そこからバルトは、理想主義哲学の新しい理解の方向を学んだ。

☆7――Adolf Jülicher (1857-1938) は、ドイツの代表的な新約学の教授。歴史批判的研究を代表する神学者。かれは『ローマ書講解』第一版について、『キリスト教世界』誌、一九二〇年、二九、三〇号に、否定的な評価を公表した。『バルトの生涯』Ⅲ。

☆8——Leonhard Ragaz（1868-1945）は、スイス宗教社会主義運動の一方の旗頭であった神学者。バルトは、一九一二年頃からH・クッターらの影響で宗教社会主義運動に接近し、ザーフェンヴィルの町の牧師として労働争議に関係して、一九一五年にはスイス社会民主党に入党している。しかしバルトの立場はラガツよりも、クッターに近かった。『バルトの生涯』Ⅲ。

☆9——Arthur Bonus（1864-1941）は、キリスト教のドイツ化を主張した神学者。この主張は、はじめはキリスト教とドイツ的世界観の結合という哲学的な立場から出たものであったが、後にナチに協力した〈ドイツ・キリスト者〉の運動の前段階となった。『バルトの生涯』Ⅲ。

☆10——Johann Christoph Blumhardt（1805-80）は、ドイツの牧師。精神病の女性の治療のために苦闘し、その病気がこの女性の姉の〈イエスは勝利者〉という叫び声と共にいやされるという体験をし、教会の覚醒運動の中心となった。晩年には、終末論的な信仰に移り、バルトらに深い影響を与えた。その子 Christoph Friedrich Blumhardt（1842-1919）は、父から受け継いだキリストの世界支配の信仰の実現を社会主義に見出し、ドイツ社会民主党の議員となって教会に論議を巻き起こした。バルトは一九一五年に子ブルームハルトをバート・ボルに訪問し、かれの新しい神学の立場を形成するきっかけとなる出会いを体験した。井上良雄著『神の国の証人・ブルームハルト父子』新教出版社、一九八一年。

☆11――Paul Wernle（1872-1939）は、スイスのバーゼル大学の教会史と新約学の教授。宗教史学派の方法を受け継いだ神学者であるが、一九一九年十月の『スイス改革派教会報』（四一、四二号）に「新しい光の下に見られたローマ書」と題する本書についての書評を発表し、批判的ではあるが、バルトの意図を誠実に汲み取ろうとする努力を示している。『バルトの生涯』Ⅲ。

☆12――「積極主義者たち」　一八四六年に結成された積極主義同盟《ポジティーフエ・ウニオン》は、ドイツの教会の保守的な教派主義と急進的な自由主義の中道を選ぶことを目標としたが、保守的正統主義がその存立の基盤を失うとともに、積極主義《ポジティーフ》はその伝統の中にあるよい点を積極的に生かそうとする立場をとり、自由主義《リベラール》と対立して、教会内の二つの傾向を形成するに至った。教会史家でいえば、A・v・ハルナックは自由主義に立つが、E・ゼーベルクは積極主義を代表する。教会内のあらゆる領域にこのような対立があった。ドイツでは、第二次世界大戦中の反ナチ教会闘争において、その中核となった〈告白教会〉と、ナチに協力した〈ドイツ・キリスト者〉の対立は、積極主義と自由主義、ルター派とカルヴァン派という古い対立を縦断する結果となり、積極主義と自由主義の対立は表面に現われなくなった。しかしスイスにおいては今日でも牧師や一般信徒の教会内の傾向を表わすのに積極主義者（die Positiven）と自由主義者（die Liberalen, die Freisinnigen）が用いられる。

☆13――A.Schlatter（1852-1938）は、スイス人の神学者で、主としてドイツで活躍し、ベルリン、テューービンゲンなどで新約学と組織神学の教授となった。積極主義神学の立場から、聖書主義神学のよい点を生かし、リッチュルらの近代主義神学を批判した。

☆14――Friedrich Niebergall（1866-1932）は、ハイデルベルク、のちにマールブルクの実践神学の教授。宗教史学派の代表者として、近代的歴史批判の神学的評価と意義づけに尽力した。リーツマン編集の新約聖書の注解 Handbuch zum Neuen Testament の4冊に合本された版の別冊として、ニーバーガルが書いた『説教者と宗教教員のための新約聖書への実践的注解』（Praktische Auslegung des Neuen Testaments für Prediger und Religionslehrer, 1909）が加えられていた。

☆15――読み出し　Der Verdacht, hier werde mehr ein- als ausgelegt……. の auslegen は本文にひそんでいる意味を引き（aus-）出し（legen）解釈する「聖書釈義」（Exegese）の方法であるが、それにかけて einlegen は、あるものを中へ（ein-）挿入する（legen）との意味であるから、解釈者または釈義者が自分の考えを本文に主観的に読み込む意味に拡張して用いた。したがって、auslegen（読み出し）よりは、むしろ einlegen（読み込み）がなされるというのは、本文に対する主観的読み込みの姿勢を意味している。

☆16――アレクサンドリア主義　バルトは第一版において、人間の堕罪と救済をプラトンのイデア説の論理によって解明しようとした。それはいわばキリスト教化されたプラトン主義であるから、オリゲネスらのアレクサンドリアの教父神学に通じるものであり、また歴史的背景の解明よりも、思想的内容を重んじるバルトの「神学的釈義」が、フィロン以来アレクサンドリアに受け継がれていた聖書の比喩的解釈法に似ているところから、アレクサンドリア主義であるとの批判が行なわれた。第二版では、このようなプラトン主義的図式は、キルケゴールやドストエフスキーの弁証法的表現に置き換えられているが、すでに第一版から、カント・プラトン的な理想主義の超越的解釈の可能性が目指されており、それが第二版ではさらに明確になったというのが、今日のバルト解釈の通説になっている。なおこの点については小川圭治著『主体と超越――キルケゴールからバルトへ――』創文社、一九七五年、二八三ページ。

☆17――聖書主義　キリスト教信仰の内容を聖書のみから理解することを主張する立場。バルトは、G・メンケンらの立場をその代表的なものと考えている。かれは、その基本的姿勢を肯定しつつも、教理を否定することが、やがて一種の超自然主義的理性主義になってしまう点に対しては批判的である。

☆18――「鉄の時代」　O. Spengler（1880–1936）の有名な著書『西欧の没落』（1918–22）に用いられた時代区分。この書は、バルトらの弁証法神学や哲学上の実存哲学の運動の出発点となった一九一〇～二〇年頃の精神的状況の一面を表明するものとしてバルトも言及している。後の比較文明論の出発点となった相対主義の立場そのものを全面的に評価しているのではない。

☆19――ハルナックのマルキオンについての書物　A.v.Harnack（1851–1930）は歴史主義神学を代表する教会史家で、バルトらの神学上の新しい世代に対する古い世代を代表する神学者。一九二三年には、『キリスト教世界』誌上でバルトと論争をした（『バルト著作集』第一巻、新教出版社、一九六八年、III「ハルナックとの往復書簡」)。この論争は、神学上の二つの世代の対比を浮きぼりにするものであった。ここに言われている『マルキオン――異なる神の福音』(一九二一)は、かれの著作の中で一番広く読まれたものである。マルキオンは、二世紀の異端で、グノーシス的キリスト教と呼ばれる。キリスト教の急激なギリシア化によって、パウロの意義を強調し、ついには旧約聖書を拒否するに至った。パウロ主義重視の意義を評価する点でハルナックの書物と本書は同じ傾向を持つが、バルトの立場は後に明らかになったように、根本的に違ったものである。

☆20――Thomas Münzer または Müntzer (1490頃-1525) は、宗教改革期の熱狂派の一人で、再洗礼派の指導者として農民戦争を指導し、その急進的な宗教改革のすすめ方でルターとも対立した。極端な教会批判者という意味でバルトの立場と対比したのであろう。

☆21――Walther Koehler (1870-1946) は、トレルチの評伝や『教理史』で知られるドイツの教会史家。

☆22――Kaspar Schwenkfeld (1489-1561) は、宗教改革期のドイツの熱狂派の神学者。神秘主義的傾向も強く、見えない教会のみを強調しすぎたためプロテスタントからも批判された。その極端な立場がバルトのそれと対比されたのであろう。

☆23――ピスティス　ギリシア語のピスティスの語から「信じる」との動詞も派生してくるので一般には「信仰」と訳されているが、バルトはドイツ語で Treue Gottes と訳した。この言葉は真実、誠実などの意味をも持つ。本訳書では「神の真実」と訳した。神を信じる人間の信仰だけでなく、人間やこの世に対する「神の真実」、または「誠実」の意味にも用いられている。

☆24――Rudolf Liechtenhan（1875–1947）はスイスの神学者。バーゼル大学新約学教授。スイス宗教社会主義運動の指導者の一人。バルトの縁戚に当たる。

☆25――七十人訳　紀元前三世紀頃アレクサンドリアで完成した旧約聖書のギリシア語訳。ここでいうハバクク書二・四の異本文とは、共同訳聖書の「神に従う人は信仰によって生きる」に対して、七十人訳には「義人は、わたしの真実《ピスティス》によって生きる」という写本があることを意味している。以下七十人訳と表記する。

☆26――C.H.Rieger も次の Fr. Chr. Steinhofer も共に、ヴュルテンベルクの神学者である。シュタインホーファーについては☆59を見よ。

☆27――Rudolf Pestalozzi は、チューリッヒの実業家で、バルトが『ローマ書講解』第一版の出版を引き受ける出版社がなく困っていた時、その出版資金を援助して、ともかくも出版にまで漕ぎつけるのに尽力した。バルトは、夏休み中はチューリッヒ州ベルグリにあるかれ所有の山荘で仕事をした。

☆28――G.Merz（1892–1959）は、ドイツの神学者で、バルトの『ローマ書講解』第一版の意義を初めて認め、ドイツの神学界に紹介した人。その間の事情については『バルトの生涯』III参照。

☆29――「……また流れ去るからである」　ヘラクレイトスの言葉。引用は　Diels & Kranz : Die

Fragmente der Vorsokratiker, 1934, Nr. 41, 42 から。以下の引用も同じ。

☆30——R. Bultmann (1884-1976) は、W・ブセットらの宗教史学派の立場から新約聖書の歴史的研究に入った神学者で、様式史的研究法の代表者の一人でもあった。後にその方法を実存論的解釈に発展させ、聖書の非神話化を提唱したころから、バルトとは全く正反対の立場に立つに至った。ここに言われている書評は、『キリスト教世界』(1922, Nr. 18, 19, 20, 21) に載ったもので、近代主義神学を支配していた心理主義、歴史主義の批判としての意義を評価しつつ、信仰の、主体的告白としての面はなお弱いと批判している。その後のブルトマンとの立場の相違の基本的な点は、本書の以下の「序」の言葉にも表われている。

☆31——ここに言うシュラッターの書評は、雑誌『航跡』(Die Furche, 12. Jg., 1922, Nr. 6) に出たもので、バルトの解釈のいくつかの点を批判している。

☆32——ディオクレティアヌス的迫害　Diocletianus (245頃-313) は、ローマ皇帝 (在位284-305) で、かれによるキリスト教徒の迫害 (三〇四年以降) が、もっとも残忍をきわめた。

☆33——Wilhelm Kolfhaus (1870-1954) は、ドイツ改革派教会の指導者で、ラインラント州ラーデフォルムヴァルトなどの牧師。『改革派教会新聞』(Reformierte Kirchenzeitung) の編集長。本書に対する独特な書評を書いた。

☆34——E.Przywara (1889-1972) は、ドイツのカトリックの神学者。『キルケゴールの秘密』(一九三〇年) などで知られる。ここで言われているバルトについての論文は、『われわれの中なる神とわれわれを越えた神』(一九二三年) である。

☆35――Alfred Tirpiz（1849–1936） ドイツの提督。第一次大戦で潜水艦による無警告攻撃を行なった。

☆36――『キリスト教教義学試論』は、一九二七年に出版された。ここではバルトはこの書に満足しているようであるが、二年後にはそれを破棄し、あらためて『教会教義学』（一九三二―未完）を書き始める。『バルトの生涯』IV。

☆37――音信《おとずれ》は、Botschaft の訳。Bote または Sendbote（使者）によってもたらされた報知の内容。Heilsbotschaft（救いの音信）と熟語になっている場合が多い。それはギリシア語のエウアンゲリオンの訳である。よい《エウ》と音信《アンゲリオン》が結合している。アンゲリオンは、アンゲロス（使者または天使）によって伝えられたこと、を意味する。そこからエウアンゲリオンは福音と訳された。この「よい（福）音信」の後半だけが切り離して用いられたとき「音信」と訳した。

☆38――Friedrich Zündel（1827–91）は、スイスの牧師、神学者。シュトゥットガルト工科大学の学生時代にブルームハルトに出会い、牧師となった。『J・C・ブルームハルト牧師』（一八八〇年）という伝記を書いた。本文の引用は『使徒時代から』（一八八六年）という主著からである。以下の引用も同じ。

☆39――S・キルケゴール『二つの倫理的・宗教的小論』（一八四九年）の第二論文、「天才と使徒との相違について」から引用。

☆40――A・シュラッター『新約聖書注解』からの引用はこのように名前のみを入れている。以下、ルターとカルヴァンの『ローマ書注解』についても同様である。

☆41――待ちつつ、急ぎつつある者　井上良雄によると、ブルームハルト父子の町であるバート・ボルの療養所の玄関正面上にレリーフでWとPが掲げられている。これは、ここを設立したヴィルヘルム一世の頭文字Wとその妻パウリーネのPを刻んだものであったが、ブルームハルトはこれを「待つ」(warten)と「急ぐ」(pressieren)と読み、これを「神の日の来るのを待ち望み……早めるようにすべきです」(ペトロ第二書三・一二)と結びつけて、自らのモットーにした。バルトはこのブルームハルト父子から決定的な影響を受けた。

☆42――応答真実　この語は本書三七ページ以下の「神の真実」(Treue Gottes)に対応するものとしての「(人間の)神に対する応答の真実」という意味で、バルトは、あえて「応答真実」(Gegentreue)という言葉を用いた。この言葉は、その後も繰り返して用いられ、『教会教義学』とくにその『和解論』の巻にもよく用いられている。

☆43――キルケゴール『キリスト教の修練』第二部「躓き」の思想的規定、3「直接的伝達の不可能なこと」から引用。

☆44――Johann Albrecht Bengel (1687-1752)は、敬虔主義の立場に立った聖書学者。Gnomon Novi Testamenti『新約聖書の指針』(一七四二年)の著者。

☆45――救済の秩序《オルド・サルーティス》　改革派正統主義教義学の救済論の用語。この表題の下で、召命、回心、再生、聖化、神秘的一致などが論じられる。

☆46――「世界史は世界法廷」　F・v・シラーの詩『諦念』の言葉に由来し、ヘーゲルの『法の哲学』や『ハイデルベルク・エンツィクロペディー』などに引用された言葉。

☆47——宗教軽蔑者に対するどのような講話　シュライアーマッハーの『宗教論』の原題『宗教について——宗教軽蔑者の中の教養人のための講話——』（一七九九年）にかけた表現。

☆48——Theodor von Zahn（1838-1933）は、ドイツの新約聖書学者。『新約聖書注解』（一二巻）の編著者。自ら『ローマ書』の注解の巻（一九一〇年）を担当した。そこからの引用。

☆49——ポチョムキンの村々　一七八七年、ロシアのエカテリーナ二世の臣G・A・ポチョムキンは、各国大使にロシアの発展を誇示するために仮設の村々を急造し、背景に村々を描いた絵を立てた。この故事にならって、見せかけの立派さを誇示することをいう。

☆50——消えない印号《カラクテル・インデレビリス》　中世のカトリック教会の礼典論において、洗礼式や叙任式の一回性と対応して、礼典受領者の側に与えられる「消えないしるし」の意味に用いられた。その後正教会や宗教改革後のプロテスタント神学の礼典論でも用いられてきた。

☆51——キルケゴール前掲書第二部5「躓きの可能性は直接的伝達の拒否の中にある」から引用。

☆52——Angelus Silesius（1624-77）はドイツの神秘主義宗教詩人。本名 Johann Scheffler。

☆53——Hans Lassen Martensen（1808-84）は、デンマークの神学者、牧師。キルケゴールの先輩で、キルケゴールは大学時代テューターとしてかれの指導も受けた。キルケゴールの実存的信仰理解に対立し、ヘーゲル右派の神学的立場に立つと見なされてきた。後にデンマークのシェーラン教区の監督となり、キルケゴールの晩年の教会攻撃の標的となった。小川圭治著『キルケゴール』（「人と思想」シリーズ四八、講談社、一九七九年）参照。

☆54——Theodoretos（393頃-460）は、シリアのキュロスの主教となった神学者。『教会史』などの著作で知られる。引用の原文はギリシア語である。

☆55——無限の情熱　キルケゴール『おそれとおののき』「問題　三」、『死に至る病』第一部、「この病の諸形態」、B・b・「α・絶望しても自己自身であろうと欲しない場合——弱気の絶望」、その他にも、『非学問的あとがき』、『愛の業』などに繰り返して出てくる言葉。

☆56——D.S.Merezhkovskii（1865-1941）は、ウクライナ出身のロシアの詩人、ロシア象徴主義の指導者、評論家。代表作『キリストと反キリスト』、評論『トルストイとドストエフスキー』などの著作で知られる。

☆57——Nikolaus Ludwig Graf von Zinzendorf（1700-60）はヘルンフート兄弟団の設立者。後期の敬虔主義を代表する牧師、神学者。

☆58——Ernst Kühl（1861-1918）はゲッティンゲン大学の新約学の教授。

☆59——Fr.Chr. Steinhofer（1706-61）はツィンツェンドルフの協力者で、自らもヘルンフート兄弟団に参加。またヘルンフート兄弟団に似た兄弟団を設立した。敬虔主義の牧師、神学者。

☆60——三重の職務《ムヌス・トリプレクス》「三重の職務」とはキリストが父なる神から委託を受けた、預言者、祭司、王の三つの職務のことを言う。古代では王と祭司の二職務のみであったが、後に預言者職が追加された。中世のスコラ神学では、あまり注目されなかったが、カルヴァンの晩年には三職が強調され、プロテスタント正統主義神学は三職論を重要視した。バルトも、ここではあまり積極的に取り上げてはいないが、後の『教会教義学』Ⅳの『和解論』では、このキリストの三職論を軸にして全体を構成した。

☆61――H. Weinel（1874-1936）は『キリスト教世界』誌を中心とした自由主義神学を代表する神学者。イエナ大学で新約学、組織神学を担当した。

☆62――アナンケー　バルトはギリシア語で「必然性」を意味するアナンケーをローマ文字で書いている。

☆63――ダモクレスの剣　ギリシアのシェラクサの王ディオニュシオスは、あまりにも王者の幸福をたたえる廷臣ダモクレスに、その幸福が危険を伴うものであることを示すため、宴席で王座につかせ、頭上に馬の毛一本で抜き身の剣を吊るしたという故事による。

☆64――「歴史と現在の宗教」　ドイツ語の宗教史辞典（略称RGG）のタイトルであるが、それを借用している。

☆65――ここがロドスだ、ここで踊れ　アイソーポス（イソップ）寓話集の中の「駄ぼらふき」の言葉からもじった言葉。アイソーポスでは〈ここで跳べ《サルトウス》〉となっている。バルトのこの書き換えにへーゲルの『法の哲学』序文の「ここにバラが、ここで踊れ」の影響が認められる。

☆66――ブラント　H・イプセンの詩劇『ブラント』の主人公。かれは、「一切か、しからずば無か」というキルケゴール的テーマを追って行って、最後に「神は愛の神なり」との叫びをのこして死んで行く。ヨーロッパでも日本でも、かれのモデルはS・キルケゴールであったと考えられていたが、その後の研究で、このモデルは、キルケゴールの影響を強く受けたノルウェーのシーエンの牧師G・A・ランメルスであることがわかった。ドストエフスキーの小説の主人公たちなどとならんで、この時期の精神状況を表明する人物像の一つとしてバルトはその名を挙げている。

☆67――Heinrich Lhotzky (1859-1930) は『宗教か神の国か』の著者で、ブルームハルトの影響を受け、「宗教ではなくて、神の国を」という提題《テーゼ》を掲げた。

☆68――Johannes Mueller (1864-1949) はドイツの宗教家、神学者。かれにとって重要なことは教会よりも新約聖書そのものの規則正しい解釈であった。

☆69――ミュンヒハウゼン流のお芝居　ミュンヒハウゼン Münchhausen (1720-97) が行なった荒唐無稽な旅行や冒険が後に色々の人によって『ほらふき男爵』という名でまとめられている。

平凡社ライブラリー　396

ローマ書講解《しよこうかい》 上

発行日…………2001年6月6日　初版第1刷
2022年5月26日　初版第5刷

著者……………カール・バルト
訳者……………小川圭治・岩波哲男
発行者…………下中美都
発行所…………株式会社平凡社
〒101-0051　東京都千代田区神田神保町3-29
電話　東京(03)3230-6579[編集]
東京(03)3230-6573[営業]
振替　00180-0-29639

印刷・製本 ……中央精版印刷株式会社
装幀……………中垣信夫

ISBN978-4-582-76396-6
NDC分類番号191
B6変型判(16.0cm)　総ページ562

平凡社ホームページ https://www.heibonsha.co.jp/
落丁・乱丁本のお取り替えは小社読者サービス係まで
直接お送りください（送料，小社負担）.

平凡社ライブラリー　既刊より

【思想・精神史】